Volker Schneider · Frank Janning

Politikfeldanalyse

Grundwissen Politik
Band 43

Begründet von Ulrich von Alemann

Herausgegeben von

Arthur Benz
Susanne Lütz
Georg Simonis

Volker Schneider
Frank Janning

Politikfeldanalyse

Akteure, Diskurse
und Netzwerke in der
öffentlichen Politik

VS VERLAG FÜR SOZIALWISSENSCHAFTEN

Bibliografische Information Der Deutschen Nationalbibliothek
Die Deutsche Nationalbibliothek verzeichnet diese Publikation in der
Deutschen Nationalbibliografie; detaillierte bibliografische Daten sind im Internet über
<http://dnb.d-nb.de> abrufbar.

1. Auflage Oktober 2006

Alle Rechte vorbehalten
© VS Verlag für Sozialwissenschaften | GWV Fachverlage GmbH, Wiesbaden 2006

Lektorat: Frank Schindler

Der VS Verlag für Sozialwissenschaften ist ein Unternehmen von Springer Science+Business Media.
www.vs-verlag.de

Umschlaggestaltung: KünkelLopka Medienentwicklung, Heidelberg
Druck und buchbinderische Verarbeitung: Krips b.v., Meppel
Gedruckt auf säurefreiem und chlorfrei gebleichtem Papier
Printed in the Netherlands

ISBN 978-3-531-14549-5

Vorwort der Reihenherausgeber

Mit der Politikfeldanalyse hat sich die Politikwissenschaft als theoriegeleitete und gleichwohl anwendungsorientierte empirische Wissenschaft weiterentwickelt. Die Politikfeldanalyse fragt danach, was politische Akteure tun, warum sie es tun und was sie letztlich bewirken. Im Mittelpunkt des Analyseinteresses stehen politische Entscheidungen und deren Umsetzung in konkreten Handlungszusammenhängen unter Berücksichtigung ihrer Bedingungsfaktoren. Mit dem Fokus auf empirisch beobachtbares Handeln unterscheidet sich die Untersuchungsperspektive der Politikfeldanalyse von legalistisch-institutionalistischen Fragestellungen, welche die deutsche Politikwissenschaft bis in die 1960er und 1970er Jahre dominierten. Diese zielten darauf, die Funktionsweise der politischen Institutionen in der Demokratie mit ihrem verfassungsmäßigen Rahmen und normativen Auftrag zu konfrontieren. Die Politikfeldanalyse begreift die Institutionen des politischen Systems vielmehr neben situativen und ideellen Faktoren als einen relevanten Kontext für politische Entscheidungen.

Mit dem vorliegenden Lehrbuch, das auf einem Kurs der FernUniversität in Hagen beruht, legen Volker Schneider und Frank Janning die erste Monografie zur Politikfeldanalyse seit 15 Jahren vor. Zunächst folgt ein Abriss der Geschichte und der allgemeinen Ziele der Politikfeldforschung. Nachfolgend werden Grundbegriffe und unterschiedliche Theorieansätze zur Erklärung staatlichen Handelns vorgestellt und ihre Anwendung wird anhand von Fallbeispielen aus unterschiedlichen Politikfeldern illustriert. Der Akzent liegt hierbei auf akteur- und strukturzentrierten Ansätzen, die als Theorierahmen für die Integration qualitativer und quantitativer Forschungsmethoden wie der Spieltheorie, der Netzwerkanalyse und der Inhaltsanalyse genutzt werden. Zudem vermittelt der Kurs einen Überblick über neuere Diskurs- und Wissensmodelle des Policy-Making, welche situationsrelevante Problemlösungszwänge und die Frage der demokratischen Legitimation von politischen Entscheidungsprozessen miteinbeziehen.

Das Lehrbuch vermittelt den Studierenden und allen anderen Lesern somit eine Art Werkzeugkasten, der zur Analyse kollektiver Entscheidungsprozesse in Politikfeldern eingesetzt werden kann. Es ist damit unverzichtbar für die politikwissenschaftliche Analyse von Staatstätigkeit und für das Studium öffentlicher Koordinations- und Entscheidungsprozesse im engeren Sinne.

Hagen, im Frühling 2006

Arthur Benz
Susanne Lütz
Georg Simonis

Inhaltsverzeichnis

Einleitung   11

1   Fragen, Geschichte und Methoden der Policy-Forschung   15
1.1   Hintergründe und Ziele der Analyse öffentlicher Politik   15
1.2   Geschichte der Policy-Forschung   18
      1.2.1   Die Entwicklung der Policy-Forschung in den USA   18
      1.2.2   Die Entwicklung der Policy-Forschung in Deutschland   27
1.3   Methoden, Forschungs- und Erklärungsansätze   32
      1.3.1   Policy-Analysen in der Forschungspraxis   40
      1.3.2   Untersuchungspläne und Forschungsstrategien   42
1.4   Der Vergleich in der Policy-Forschung   45

**2   Der Gegenstand der Politikfeldanalyse: Strukturen und Prozesse
       politischer Problemverarbeitung**   48
2.1   Der Policy-Zyklus als Problemverarbeitungsprozess   48
      2.1.1   Problemdefinition und Agenda-Setting   50
      2.1.2   Programmformulierung   56
      2.1.3   Implementation   58
2.2   Das Politikfeld als Problemverarbeitungszusammenhang und
      Konfliktstruktur   64
      2.2.1   Eingrenzung, Komponenten und Binnenstrukturen   65
      2.2.2   Akteurkonstellationen und Interessenkonflikte   67
      2.2.3   Diskursfelder und Policy-Frames   69
      2.2.4   Der fehlende gesellschaftstheoretische Bezugsrahmen
              der Politikfeldanalyse   69

3   Die Theorienlandschaft der Politikfeldanalyse   76
3.1   Quantitativ-vergleichende Analyse der Staatstätigkeit   79
3.2   Akteur- und strukturzentrierte Ansätze   84
      3.2.1   Beziehungsstrukturelle Ansätze   86
      3.2.2   Rational Choice-Institutionalismus   88
      3.2.3   Akteurzentrierter Institutionalismus   92
3.3   Kulturalistische Ansätze der Policy-Forschung   96

4   Quantitativ-vergleichende Staatstätigkeitsforschung   102
4.1   Fallbeispiel: Wohlfahrtsstaatliche Politik bürgerlicher
      Regierungen (Manfred G. Schmidt)   104
4.2   Zeit- und kontextabhängige Erklärung am Beispiel der
      Privatisierung   110

5 Akteurzentrierte Ansätze: Netzwerke, Institutionen und strategische Interaktion 116
5.1 Beziehungsstrukturen 117
    5.1.1 Tauschnetzwerke 122
    5.1.2 Fallbeispiel: Politiknetzwerke der Chemikalienkontrolle (Volker Schneider) 124
    5.1.3 Politische Tauschsysteme 131
5.2 Strategische Interaktion 135
    5.2.1 Entscheidungsarenen und Entscheidungsregeln 140
    5.2.2 Verhandlungssysteme 146
    5.2.3 Fallstudie: Sozialdemokratische Krisenpolitik in Europa (Fritz W. Scharpf) 151
5.3 Politiknetzwerke, Policy-Regime und politische Steuerung 157
    5.3.1 Politiknetzwerke und politische Steuerung 158
    5.3.2 Policy Regime 164

6 Policy-Diskurse, deliberative Verhandlungssysteme und Advocacy-Koalitionen 169
6.1 Das neue Interesse an normativen und kulturalistischen Ansätzen 170
6.2 Policy Narratives, Policy Frames und Policy Diskurse 173
    6.2.1 Policy Narratives 173
    6.2.2 Policy Frames 176
    6.2.3 Policy Diskurse 180
    6.2.4 Fallstudie: Diskurskoalitionen in der Umweltpolitik (Maarten A. Hajer) 182
6.3 Diskursive Verhandlungssysteme 187
    6.3.1 Verhandeln oder Argumentieren? 188
    6.3.2 Empirische Analyse 190
6.4 Advocacy-Koalitionen 194
    6.4.1 Der Advocacy-Koalitionen-Ansatz von Sabatier 195
    6.4.2 Fallstudie: Advocacy-Koalitionen in der Gentechnologiepolitik (Nils C. Bandelow) 200
6.5 Partizipative Policy-Forschung 212
    6.5.1 Der Reformoptimismus der partizipatorischen Policy-Forschung 212
    6.5.2 Reformblockaden aus der Sicht der Politikfeldanalyse 214

7 Die Zukunft der Policy-Forschung 216
7.1 Die Entwicklung der Forschungsansätze und –methoden der Politikfeldanalyse 217
7.2 Die Internationalisierung von Politikfeldern 219
7.3 Die Politikfeldanalyse und das Studium der politischen Macht 223

Literaturverzeichnis 225

Abbildungsverzeichnis

Abbildung 1-1:   Eastons Modell des politischen Systems als Black Box   22
Abbildung 1-2:   Das Boudon-Coleman-Diagramm einer Policy-Erklärung   39
Abbildung 2-1:   Der idealtypische Policy-Cycle   50
Abbildung 3-1:   Die Determinanten von Bildungspolitik nach Dye   80
Abbildung 3-2:   A Framework for Institutional Analysis   91
Abbildung 3-3:   Das analytische Modell des akteurzentrierten Institutionalismus   94
Abbildung 4-1:   Integriertes Modell zur Erklärung von Politikinhalten   105
Abbildung 4-2:   Unterschiedliche Privatisierungsverläufe in vier OECD-Ländern   111
Abbildung 4-3:   Zusammenhang zwischen Ideologie und Privatisierung   113
Abbildung 4-4:   Der Erklärungswert rechter Parteienideologie über die Zeit   114
Abbildung 5-1:   Der Policy-Zyklus als sequentieller Entscheidungsprozess   116
Abbildung 5-2:   Binärmatrix und Graph   118
Abbildung 5-3:   Zentralität   120
Abbildung 5-4:   Überschneidung von Cliquen   121
Abbildung 5-5:   Struktur des Politiknetzwerkes „Chemikalienkontrolle" Anfang der 80er Jahre   129
Abbildung 5-6:   Streudiagramm: Einflussreputation und Ressourcenaustausch   130
Abbildung 5-7:   Tauschprozesse   132
Abbildung 5-8:   Die amerikanische Parteimaschine als Tauschsystem   133
Abbildung 5-9:   Das Gefangenendilemma als Matrix und Spielbaum   138
Abbildung 5-10:   Räumliche Modelle   144
Abbildung 5-11:   Produktions- und Verteilungsprobleme bei Verhandlungen   148
Abbildung 5-12:   Positive und negative Koordination   150
Abbildung 6-1:   Der Advocacy-Koalitionen-Ansatz   198
Abbildung 6-2:   Clusteranalyse der Überzeugungen für 1973-1983   207

Tabellenverzeichnis

Tabelle 1.1:   Staatsaufgaben vs. Öffentliche Aufgaben   16
Tabelle 1.2:   Forschungsdesigns   41
Tabelle 2.1:   Phasen-Perspektiven der Politikentwicklung   49
Tabelle 2.2:   Ausgangspunkte von Thematisierung und Agenda-Setting   55
Tabelle 2.3:   Programmtypen und Vollzugsprobleme   59
Tabelle 2.4:   Ausdifferenzierung des politischen Systems und
               Partizipationsprofile von Akteuren   66
Tabelle 2.5:   Das Beispiel Deutschland   67
Tabelle 4.1:   Arbeitslosenquoten und politische und ökonomische
               Strukturmerkmale in 21 Ländern   106
Tabelle 4.2:   Der Zusammenhang zwischen Korporatismus und
               Arbeitslosigkeit   107
Tabelle 4.3:   Hypothesentests zu den Ursachen von Arbeitslosigkeit   108
Tabelle 4.4:   Erklärung von Privatisierung   112
Tabelle 5.1:   Das Policy-Akteur-System der Chemikalienkontrolle   126
Tabelle 5.2:   Die Handlungsmöglichkeiten im Gefangenendilemma
               (SK = Nr. der Strategiekombination)   137
Tabelle 5.3:   Verhandlungsformen   149
Tabelle 5.4:   Auszahlungen   153
Tabelle 5.5:   Wirtschaftspolitische „Spiele" in Großbritannien
               (Auszahlungen)   156
Tabelle 5.6:   Regimetypen   167
Tabelle 6.1:   Prozessbestimmende Eigenschaften des Argumentierens und
               des Verhandelns   189
Tabelle 6.2:   Diskursive und konventionelle Verhandlungssysteme im
               Vergleich   192
Tabelle 6.3:   Dimensionen politischen Lernens   202

Einleitung

Mit der Politikfeldanalyse hat sich die Politikwissenschaft als eine theoriegeleitete und anwendungsorientierte empirische Wissenschaft erfolgreich weiterentwickelt. Sie verdankt ihre Entstehung einem wissenschaftlichen Paradigmenwechsel nach dem 2. Weltkrieg, der in den amerikanischen Sozialwissenschaften als die ‚behavioristische Revolution' bezeichnet wird. Der Behaviorismus als wissenschaftliche Bewegung wurde maßgeblich von dem Psychologen *Watson* (*Watson* 1968 [1930]) initiiert und fußt auf einer Ablehnung der Bewusstseinserforschung und einem Insistieren auf (experimentelle) Verhaltensforschung. Aber auch der amerikanische Pragmatismus hat mit seinem Plädoyer für die Gestaltbarkeit der sozialen und politischen Ordnung durch kreatives und kooperatives Handeln in der Policy-Forschung seine Spuren hinterlassen (*Schubert* 2003). Die Hinwendung zu einer Analyse des konkreten sozialen, ökonomischen, kulturellen und politischen Verhaltens oder Handelns mit avancierten Methoden der Beobachtung und Befragung unter Hinzuziehung elaborierter Auswertungsverfahren hat nicht nur die amerikanische, sondern auch die deutsche Politikwissenschaft nachhaltig verändert (*Falter* 1980).

Behaviorismus als Einflussfaktor

Bis weit in die 60er und 70er Jahre hinein dominierten legalistisch-institutionalistische Fragestellungen, welche die Funktionsweisen der politischen Institutionen in der Demokratie mit ihrer verfassungsgemäßen Satzung und ihrem normativen Auftrag konfrontierten. Die Form der Politikanalyse, die mit den Äquivalenzbezeichnungen Policy-Forschung oder Politikfeldanalyse operiert (zur genaueren Abgrenzung siehe Kap. 1.1), stellt demgegenüber ganz das empirisch aufweisbare politische Handeln in den Mittelpunkt der Aufmerksamkeit. Politikfeldanalyse fragt danach, was politische Akteure tun, warum sie es tun und was sie letztlich bewirken (*Dye* 1972: 1, *Schubert/Bandelow* 2003a: 4). Politikfeldanalyse fokussiert demnach auf politische Entscheidungen und deren Umsetzung in konkreten Handlungszusammenhängen unter Berücksichtigung der situativen oder strukturellen Voraussetzungen und Determinanten. Die formalen politischen Institutionen der Legislative und Exekutive stellen einen relevanten Kontext für politische Entscheidungen dar. Die empirisch interessanten Faktoren und Wirkungskräfte lassen sich aber nicht auf diese formellen institutionellen Imperative reduzieren.

Fragestellungen der Politikfeldanalyse

In den letzten 15 Jahren hat die Politikfeldanalyse eine imponierende Entwicklung durchgemacht. Sowohl hinsichtlich der Theoriebildung als auch im Bereich der Anwendung empirischer Methoden in der Policy-Forschung konnten deutliche Erfolge erzielt werden. Diese Erfolge verdanken sich einer konsequenten Anwendung sozialwissenschaftlicher Methoden wie der multivariaten Datenanalyse, der sozialen Netzwerkanalyse, der Spieltheorie sowie der Diskurs- und Inhaltsanalyse auf Akteurkonstellationen in politischen Willensbildungs-, Entscheidungs- und Umsetzungsprozessen öffentlicher Politik (*Héritier* 1993, *Schubert/Bandelow* 2003b). Die Policy-Forschung hat dadurch von der allgemeinen sozialwissenschaftlichen Methoden- und Theorieentwicklung sehr profitieren

Jüngere Entwicklung der Politikfeldanalyse

können. Allerdings sind dadurch auch die einführenden Darstellungen über Ansätze und Methoden der Policy-Forschung aus den späten 80er und frühen 90er Jahren nicht mehr auf dem neuesten Stand der Entwicklung innerhalb dieser Subdisziplin der Politikwissenschaften. Zwar machten die Arbeiten von *Windhoff-Héritier* (1987) und *Schubert* (1991) deutlich, dass die Policy-Analyse mittlerweile über einen eigenen Bestand an Fragestellungen verfügt und bereits auf einen reichen Ertrag aus Fallstudien der empirischen Politikforschung aufbauen kann; die vorgestellten Konzepte (Policy-Netz, Politikfeld) konnten aber nicht hinreichend abgeleitet und aufgefächert werden und eine Rezeption avancierter quantitativer wie qualitativer Forschungsansätze und -methoden fand nur ansatzweise statt.

Mangel an einführender Literatur

So steht man angesichts der jüngsten positiven Entwicklung in der Politikfeldanalyse vor dem Problem, dass für die Ausbildung von Studenten an Deutschen Universitäten kein aktuelles einführendes Lehrbuch verwandt werden kann, und die Seminar- und Vorlesungskonzeptionen primär auf die konzeptuellen Einzeldarstellungen und empirischen Fallstudien zurückgreifen müssen. In dem seit kurzem vorliegenden Einführungsband von *Schubert* und *Bandelow* (2003b) werden in Einzelaufsätzen unterschiedliche Stränge der modernen Policy-Forschung behandelt, ein integratives Lehrbuch ist dadurch nicht entstanden. Selbst für die anglo-amerikanische Policy-Forschung fehlt eine Gesamtdarstellung, die sich bemüht, nicht nur einen Überblick über anwendungsrelevante Theorien des politischen Prozesses, sondern auch über die angemessenen Analysemethoden zu geben; immerhin wird die konzeptuelle Entwicklung in einzelnen Einführungsbänden gut zusammengefasst (*Birkland* 2001, *Considine* 2005, *Dunn* 2003, *Howlett/Ramesh* 2003, *John* 1998, *Kraft/ Furlong* 2003, *Parsons* 1995).

Akteur- und strukturzentrierter Fokus

Der vorliegende Einführungsband stellt sich die Aufgabe, umfassend in die Forschungsperspektiven der Politikfeldanalyse auf der Basis aktueller Analyseergebnisse einzuführen. Dabei haben wir allerdings versucht, die Darstellung auf diejenigen Ansätze und Forschungen zu konzentrieren, die sich als besonders ertragreich für die Politikfeldanalyse erwiesen haben. Eine besondere Bedeutung kommt dabei der Forschungsperspektive eines *akteur- und strukturzentrierten Ansatzes* zu, der als allgemeiner Theorierahmen anschlussfähig für quantitative wie qualitative Forschungsmethoden ist und vielleicht am ehesten geeignet für die Integration der Spieltheorie, der Netzwerkanalyse und der Inhaltsanalyse von Problemlösungsstrategien. Wir haben uns deshalb bei der Abfassung dieser Einführung darum bemüht, diesen akteur- und strukturzentrierten Ansatz für die Politikfeldanalyse nicht bloß zu rekonstruieren, sondern auch weiterzuentwickeln und ihn durch einzelne konzeptuelle Beiträge und wissenschaftstheoretische Diskussionen zu ergänzen.

Gliederung des Buches

Wir haben unsere Einführung in drei gleichwertige Einheiten gegliedert: Im ersten Teil (*Kapitel 1 bis 3*) werden zunächst die Geschichte und die allgemeinen Ziele von *Policy-Analyse* und Politikfeldforschung erörtert. Darauf folgt ein Abriss von Modellen und Theorieansätzen zur Erklärung staatlichen Handelns und zur theoretischen Beschreibung von Politikfeldern, der schließlich in einer Skizze der Grundelemente des hierbei verwendeten Ansatzes einer akteur- und strukturzentrierten Politikanalyse mündet, der sich als für quantitative und qualitative Politikdimensionen und deren angemessene Analyseformen anschlussfähig erweist.

Diese Grundelemente werden im zweiten Teil (*Kapitel 4 und 5*) mit verschiedenen Prozess- und Analyseperspektiven kombiniert, um die Entwicklungsdynamiken darzustellen, durch welche die Formulierung und Umsetzung öffentlicher Politiken gekennzeichnet ist und um die adäquaten Analysemethoden für einzelne Policy-Phasen aufzuzeigen. Hierzu gehören aus einer prozessorientierten Perspektive der Ansatz des Policy-Zyklus, der eine öffentliche Politik vornehmlich unter dem Aspekt der Problem- und Informationsverarbeitung betrachtet, aus einer modelltheoretischen Perspektive die Ansätze kollektiver und strategischer Entscheidungen, Ressourcentausch- und Verhandlungssysteme und aus der strukturanalytischen Perspektive der Politiknetzwerk- und Governanceansatz, der die strukturierte Interaktion vernetzter Policy-Akteure beschreibt und hinsichtlich seiner Steuerungswirkungen untersucht.

Im dritten Teil (*Kapitel 6 und 7*) wird schließlich die Auseinandersetzung mit neueren Strömungen der Politikfeldanalyse gesucht, die die rationalistischen und strukturalistischen Modellvorstellungen der quantitativen Forschungsansätze kritisieren. Die hier diskutierten qualitative-kognitiven Studien und Konzepte entwickeln aus einer problemlösungsorientierten Perspektive Diskurs- und Wissensmodelle des Policy-Makings, die politische Entscheidungsprozesse nicht bloß auf Akteurkonstellationen reduzieren, sondern auch die situationsrelevanten Problemlösungszwänge und die Debatte über die demokratische Legitimation von Problemlösungsvorschlägen mit einbeziehen.

Zur Einschätzung der methodischen Umsetzung dieser Ansätze werden die wichtigsten netzwerkanalytischen, spieltheoretischen und diskurs- und inhaltsanalytischen Analyseinstrumente einführend skizziert und in Kapitel 5 und 6 an jeweils zwei Fallstudien, die mit den vorgestellten Analysemethoden operierten, verdeutlicht. Die Fallstudien illustrieren die verschiedenen Analyseperspektiven an ausgewählten Problemstellungen und Entscheidungsprozessen in Politikfeldern, die von der Umwelt- und Chemikalienpolitik bis zur Arbeitsmarkt- und Gentechnologiepolitik reichen. Bei den einzelnen Politikfeldern handelt es sich sowohl um vorwiegend national orientierte als auch um weitgehend internationalisierte staatliche Handlungsfelder. Ziel ist es, die Analyse von Politiken, Politikfeldern sowie Strukturen generalisierter Politikproduktion unterstützt durch ein umfangreiches Methodenarsenal der Akteur-, Struktur- und Diskursanalyse an konkreten Beispielen zu verdeutlichen. Besonderer Wert wird dabei auf verschiedene Visualisierungsformen gelegt, durch welche komplexen Zusammenhänge im Policy-Prozess und in Politikfeldern intuitiv verständlich präsentiert werden können.

Die hier vorgelegte Einführung in die Politikfeldanalyse geht ursprünglich auf ein für die FernUniversität Hagen erstelltes Kursmanuskript über Politikfeldanalyse zurück, das zuerst von Volker Schneider im Jahre 1997 konzipiert und verfasst worden ist. Für die Planung und Veröffentlichung des neuen Bandes wurde die Gliederung und inhaltliche Ausrichtung des Kursmanuskripts durch Beiträge von Frank Janning verändert bzw. erweitert. Holger Bähr, zuerst Diplomand dann Doktorand am Fachbereich Politik- und Verwaltungswissenschaft und heute an der Universität Wien tätig, hat an verschiedenen Abschnitten (1.4, 3.1, 4.1.1, 6.4.1) des neuen Kursmanuskripts mitgearbeitet und den Autoren zahlreiche Hinweise für Korrekturen gegeben. Für wichtige Anregungen möchten die Autoren ferner Nils Bandelow, Susanne Lütz, Herbert Obinger, Thomas Saretzki, Manfred G. Schmidt, Susanne Schmidt und Klaus Schubert danken.

Für die Unterstützung bei der Abfassung und Produktion des ersten Kursmanuskripts möchte Volker Schneider seinen studentischen Mitarbeitern Stefan Loos, Christoph Petersen, Kristin Radlmayr, Simona Scheele und Andreas Vogelsang herzlich danken. Ein Dank geht auch an die Studenten des Fachbereichs Politik- und Verwaltungswissenschaften der Universität Konstanz, die in mehreren Veranstaltungen zur Politikfeldanalyse von Volker Schneider und Frank Janning durch ihre Kommentare und Diskussionsbeiträge das Entstehen des neuen Einführungsbandes mit beeinflusst haben. Großer Dank gebührt schließlich Gabriele Feistner-Schneider und Benjamin Raschke für die konzentrierte und tatkräftige Unterstützung bei Redaktion und Layout des vorliegenden Textes.

Meersburg und Konstanz, im Juni 2006

Volker Schneider
Frank Janning

1 Fragen, Geschichte und Methoden der Policy-Forschung

Die Politikfeldanalyse richtet ihr Hauptaugenmerk auf die inhaltliche Dimension von Politik, die mit dem englischen Begriff *Policy* erfasst wird. Der deutsche Begriff Politik differenziert sich im Englischen in die drei Begriffe Polity, Politics und Policy aus, die jeweils analytisch unterschiedliche Dimensionen von Politik benennen. *Polity* bezieht sich auf die Institutionen, die sowohl politische Ideen und Ideologien als auch die formalen Regeln und Normen eines politischen Systems umfassen. *Politics* bezeichnet den politischen Prozess, in dem Akteure mit unterschiedlichen Wertvorstellungen und Interessen versuchen, auf die Gestaltung öffentlicher Politik Einfluss zu nehmen, wodurch Konflikte und Machtbeziehungen unter den Akteuren entstehen. Schließlich verweist *Policy* auf die politischen Inhalte, die in Gesetzen, Verordnungen, Programmen und Einzelentscheidungen, die sich auf die Gestaltung gesellschaftlicher Verhältnisse auswirken, zum Ausdruck kommen. Dabei unterliegt der Policy-Begriff einer zeitlichen Differenzierung im Verlauf der Politikgestaltung: Das Ergebnis des formalen Entscheidungsprozesses wird als Politikinhalt (Policy-Output) bezeichnet. Das Resultat des unmittelbaren Durchführungshandelns durch die öffentliche Verwaltung oder durch eine mit der Durchführung betrauten privaten Organisation stellt das Policy-Ergebnis (Policy-Outcome) und das Eintreten längerfristiger Veränderungen die Policy-Wirkung (Policy-Impact) dar (*Schubert/Bandelow 2003a*: 3-6, *Windhoff-Héritier* 1987: 17-19). Polity, Politics und Policy

Darüber hinaus kann der Policy-Begriff auch auf ein einzelnes Politikfeld bezogen werden, indem Policies nach nominellen Kriterien unterschieden werden. Auf diese Weise können verschiedene Politikfelder, wie Bildungspolitik, Umweltpolitik, Entwicklungspolitik oder Wirtschaftspolitik, voneinander abgegrenzt werden (*Windhoff-Héritier* 1987: 21f.). Im Folgenden werden über diese ersten begrifflichen Klärungen hinaus der Untersuchungsgegenstand und die Zielsetzung der Politikfeldanalyse genauer beleuchtet. Danach wird die historische Entwicklung der Policy-Forschung in den USA und in Deutschland dargestellt. Schließlich werden Methoden und Erklärungsansätze innerhalb der Policy-Forschung diskutiert. Politikfeld

1.1 Hintergründe und Ziele der Analyse öffentlicher Politik

Ein zentrales Kennzeichen moderner Gesellschaften ist die *funktionale Ausdifferenzierung* eines institutionellen Bereichs, der für allgemeine und gemeinschaftliche Aufgaben zuständig ist, an deren Erbringung einzelne Privatpersonen oder Gesellschaftsgruppen entweder kein Interesse haben oder nicht über die Kapazität verfügen, diese Güter zu erstellen. Anders ausgedrückt wird für die Reproduktion des sozialen Gesamtzusammenhangs die Ausbildung eines Teilsystem Staat und Politik als funktionales Teilsystem notwendig, das auf die Formulierung und Durchsetzung von Zielen und Handlungsprogrammen, die von übergreifendem Interesse und für alle Gesellschaftsmitglieder verbindlich sind, spezialisiert ist (*Easton* 1953, *Parsons* 1972). In den angelsächsischen Ländern wurde dieser institutionelle Komplex in der Regel „Regierung und Verwaltung" („government and administration"), in den kontinentaleuropäischen Ländern „Staat" genannt, der aus Personen und Funktionsträgern bestand, die für die Erbringung dieser Leistungen mit bestimmten Vorrechten (z.B. Steuerrecht, Monopol der Zwangsgewalt) ausgestattet wurden. Die wichtigsten Funktionen und Leistungen waren hierbei stets die Garantie von äußerer und innerer Sicherheit, wobei sich die Spannbreite dessen, was unter Sicherheit verstanden wird, in den letzten Jahrhunderten kontinuierlich ausgeweitet hat – von der rein militärischen und polizeilichen Sicherheit für Leib und Leben über die ökonomische Sicherheit mit dem Schutz von Eigentumsrechten bis zu den vielen Formen der sozialen Sicherheit, die den heutigen Wohlfahrtsstaat kennzeichnen (*Creveld* 1999, *De Swaan* 1988).

Öffentliche Aufgaben vs. Staatsaufgaben

Da auch öffentliche Leistungsträger Menschen sind, die nicht nur Allgemeinwohlinteressen verfolgen, sondern ebenfalls Privatinteressen im Auge haben, war es natürlich nicht zu verhindern, dass die mit öffentlichen Funktionen betrauten Individuen und Gruppen sich oft nicht nur auf jene öffentlichen Aufgaben beschränkten, die nicht-staatliche Akteure nicht leisten konnten oder wollten, sondern auch in Aufgabenbereiche vordrangen, die ebenso gut oder besser von Privatpersonen bedient oder betreut werden konnten (man denke z.B. an die immer noch existierenden staatlichen Weingüter), gleichzeitig jedoch oft auch an der Erbringung bestimmter öffentlicher Leistungen nicht interessiert waren. Das tatsächliche Leistungs- und Tätigkeitsprofil moderner Staaten ist daher in der Regel eine Mischung aus öffentlichen und nicht-öffentlichen Aufgaben (siehe hierzu *Grimm* 1998). Staatsaufgaben sind somit eine Schnittmenge öffentlicher und privater Aufgaben (siehe Tabelle 1.1.). Öffentliche Güter sind nach der Finanzwissenschaft dadurch charakterisiert, dass ihr Konsum mit der Nutzung anderer Güter nicht rivalisiert und vor allem niemand davon ausgeschlossen werden kann.

Tabelle 1.1: Staatsaufgaben vs. Öffentliche Aufgaben

	Öffentliche Güter	Private Güter
Öffentliche / staatliche Akteure	Verteidigung Umweltschutz Rundfunk, Straßen	Eisenbahnen Wein Postdienst
Private bzw. gesellschaftliche Akteure	Private Beiträge zum Umweltschutz	Nahrungsmittel Computer, Häuser

Öffentliche Politik

Insofern ist es aus dieser Perspektive etwas merkwürdig, dass heute alle Formen von Staatstätigkeit öffentliche Politik (*public policy*) genannt werden. Auf diese Weise hat sich auch für die Analyse und Erklärung dieser empirischen Leistungs- und Tätigkeitsprofile der Begriff der Analyse öffentlicher Politiken (*public policy analysis*) eingebürgert. Public policy analysis, so formuliert (*Dye* 1972: 1) sehr einfach und doch treffend, "is finding out, what governments choose to do or not to do". Weiter heißt es: "Policy Analysis is finding out what

governments do, why they do it, and what difference it makes (Dye 1972: 2)."
Dies bedeutet, dass die Analyse öffentlicher Politik im Wesentlichen über das
Explanandum, das zu Erklärende, also über die abhängige Variable definiert
wird.

Aus dieser Sichtweise geht es darum, sämtliche Kräfte, Einflüsse und Bedingungen zu untersuchen, die das Handeln der Träger öffentlicher Politiken
formen oder bestimmen, und deren Resultate sich in Absichten, Programmen
und deren Umsetzungen manifestieren. Gleichzeitig impliziert es aber auch das
Studium von Faktoren, die verantwortlich dafür sind, dass manchmal Ziele und
Intentionen nur Absichten bleiben und letztlich bestimmte öffentliche Aufgaben
vom staatlich-institutionellen Sektor nicht erbracht werden. Insofern umfasst die
Analyse öffentlicher Politikentwicklungen auch die Untersuchung von Bedingungen und Einflüssen, die für akzidentelle oder systematische Unterlassungen
verantwortlich sind. Eine solche Sichtweise, die eine beliebige Policy als abhängige Variable oder als Resultat eines Wechselspiels zwischen politischen Institutionen (Polity) und politische Kräfteverhältnisse und Interessenkonstellationen
(Politics) erklärt, taugt aber nur bedingt dafür, die Policy-Analyse schon in ihren
Grundbegriffen klar abzugrenzen.

Klaus Schubert (1991: 21f.) stellt der Policy-Forschung beispielsweise eine
klassische Fragestellung und eine moderne politische Fragestellung gegenüber.
Die klassische Frage in der Politikwissenschaft bzw. in der Politischen Philosophie orientiert sich an der Ermittlung der richtigen, gerechten oder guten politischen Ordnung, strebt also an, eine aus gewissen Prinzipien entwickelte normative Idee eines wohlgeordneten politischen Gemeinwesens mit kontingenten
politischen Verhältnissen und Machtkämpfen abzugleichen. Auf dem Prüfstand
stehen hier die bisherigen politischen Institutionen zur Entscheidungsfindung
und die vorherrschenden politischen Leitideen und Interessen relevanter Akteure.

Für die moderne Politikanalyse ist nicht mehr ein normatives Politikideal
forschungsleitend, sondern das konkrete politische Verhalten soll als Gegenstand
der Analyse fungieren. Gefragt wird deshalb nach den institutionellen Voraussetzungen und sozio-politischen Gestaltungsaufgaben, die ein besonderes politisches Verhalten oder eine besondere politische Interessenkonstellation produzieren oder begünstigen. Übertragen auf die Politikfeldanalyse wird durch die entsprechende Leitfrage ebenso die Aufmerksamkeit von dem eigentlich wirkungs-
mächtigen Tatbestand abgelenkt. Es handelt sich um die Frage, „welches Resultat (policy) sich ergibt, wenn in einem gegebenen politischen System (polity)
eine bestimmte – aber prinzipiell veränderbare – Problemlösungsstrategie (politics) eingeschlagen wurde oder – antizipierend – eingeschlagen werden soll"
(*Schubert* 1991: 21). Deutlich wird, dass bei einer solchen Gegenüberstellung
von Polity, Politics und Policy die letztere Politikdimension die schwächste inhaltliche Bestimmung erfährt und darüber hinaus auch keine genuine Analyse-
perspektive produziert. Wir werden noch weiter unten verdeutlichen, dass ein
komplexeres Verständnis von Policy-Forschung sich aber genau der Aufgabe
stellen muss, die von politischen Maßnahmen ausgehenden Steuerungsleistungen
und Akteurbezüge als genuine Erklärungs- und Wirkungsfaktoren mit herauszu-
stellen.

Marginalien:
Faktoren und Determinanten

Normative Politikwissenschaft

Analytische Politikforschung

Zur Begriffsklärung ist deshalb eine weitere Spezifizierung nötig: In der politikwissenschaftlichen Literatur wird *public policy* oft auf den Terminus *policy* verkürzt und in dieser Form dann synonym für Regierungshandeln gebraucht. Hierbei sollte jedoch nicht vergessen werden, dass eine solche Einengung auf staatliche Akteure nur Ausschnitte dieses begrifflichen Bedeutungsspektrums umfasst. Der Begriff Policy selbst ist abstrakter und bezieht sich auf jeden abstrakten Handlungsentwurf, jedes „projected program of goal values and practices" (*Lasswell/Kaplan* 1950: 71), sei es auf der Ebene von Individuen, von Organisationen (z.B. Verbandspolitik, Unternehmenspolitik oder Politiken internationaler Organisationen) oder auch von Regierungen. Insofern ist es sinnvoll, den Policy-Begriff hier ganz allgemein zu definieren: Eine Policy umfasst die verbindliche Festlegung bewerteter Handlungsoperationen oder Strategien, um bestimmte Ziele zu erreichen bzw. Probleme zu lösen.

Aus dieser Sicht wird sich eine öffentliche Politik unter bestimmten Umständen nicht nur auf Staatshandeln beschränken, sondern auch Strategien privater Akteure einschließen, wenn sie auf die Erfüllung öffentlicher Aufgaben, der Produktion öffentlicher Güter bzw. die Lösung allgemeiner, gesellschaftlicher Probleme zielen. Ohne einen solchen Zuschnitt des Begriffs wäre es nicht möglich, auch Selbstregelungskontexte zu erfassen, in denen private Akteure (z.B. Wirtschafts- oder Wohlfahrtsverbände) als Träger öffentlicher Politiken wirken (*Streeck/Schmitter* 1996).

1.2 Geschichte der Policy-Forschung

Die Policy-Forschung stellt sich heute als ein internationaler Forschungszusammenhang dar, wobei der Transfer von Theorien und Methoden über die nationalen Grenzen und den jeweiligen Anwendungsfall hinweg mithin die Regel darstellt. Nichtsdestotrotz dokumentiert der Aufstieg der Policy-Forschung in Europa in den letzten 20-30 Jahren unverkennbar auch eine Dominanz der behavioristisch geprägten anglo-amerikanischen Politikwissenschaft und deren Bemühungen, innerhalb von überschaubaren Forschungsdesigns zu empirisch haltbaren Erkenntnissen zu kommen (*Jann* 1983). Interessanterweise deutet sich in den letzten Jahren eine Entwicklung an, dass über die neueren Diskussionen für eine stärkere qualitative Orientierung in der amerikanischen Policy-Forschung auch die ursprünglich weitaus normativer gefasste Orientierung der kontinentalen Politikwissenschaft eine gewisse Aufnahme und Weiterverbreitung im Rahmen der internationalen Wissenschaftsdiskussion findet (*Fischer* 1993, *Fischer/Forester* 1993).

1.2.1 Die Entwicklung der Policy-Forschung in den USA

Wie bereits erwähnt ist die Analyse öffentlicher Politik weitgehend über die abhängige Variable, das zu Erklärende, definiert und weniger durch spezifische Methoden oder Theorien. Dies wird besonders an der Geburtsstunde dieser Forschungsrichtung deutlich, die gewöhnlich auf das Erscheinen des Buches „The Policy Sciences" im Jahre 1951 in den USA datiert wird (*Hesse* 1985, *Parsons*

1995, *Schubert* 1991). Durch den empirisch-analytischen Elan der behavioristischen Revolution motiviert, ging es den beiden Herausgebern *Lerner/Lasswell* (1951) – letzterer wird gemeinhin als Wegbereiter des politikwissenschaftlichen Behaviorismus betrachtet – in diesem Sammelband darum, eine Art gesellschaftliche Problemlösungswissenschaft zu begründen, eine neue sozialwissenschaftliche Querschnittsdisziplin, die für die Gesellschaft ungefähr das leisten sollte, was die Medizin für den menschlichen Körper leistet. In diesem konkreten Fall bedeutet dies, das gesamte in den Sozialwissenschaften bislang vorliegende Spektrum von Theorieansätzen und insbesondere wissenschaftlich-exakten Methoden (z.B. statistische Entscheidungstheorie, Kommunikationstheorie, Computersimulation, Kosten-Nutzenanalyse, Kybernetik, ökonometrische Modelle) zu mobilisieren, um das Problemlösungshandeln von privaten und öffentlichen Organisationen besser erklären zu können. Das hierzu verfügbare Wissen sollte in einer Art von Theorie- und Methodenbank zusammengetragen werden, ohne sich dabei um die existierenden disziplinären Schranken zu scheren. Diesen problembezogenen, interdisziplinären und multimethodischen Ansatz erläuterte *Lasswell* rund 15 Jahre später in einem Artikel in der „International Encyclopedia of the Social Sciences" wie folgt:

> "The policy sciences study the process of deciding or choosing and evaluate the relevance of available knowledge for the solution of particular problems. When policy scientists are concerned with government, law, and political mobilization, they focus on particular decisions. Policy scientists also study the choosing process of nongovernmental organizations and individuals and consider the significance of the current stock of knowledge for specific issues. Since an official decision of a private choice is a problem-solving activity, the five intellectual tasks are performed at varying levels of insights and understanding: clarification of goals; description of trends; analysis of conditions; projection of future developments; and invention, evaluation, and selection of alternatives. The policy sciences integrate philosophy, history, science, prophecy, and commitment." (*Lasswell* 1968: 182).

Innerhalb der real existierenden sozialwissenschaftlichen Landschaft mit seiner   Policy Sciences
tradierten institutionellen Zerklüftung musste eine solche interdisziplinäre Orientierung – bis auf wenige Ausnahmen, wie z.B. die berühmte Yale Law School – weitgehend Vision bleiben, wie zeitgenössische Beobachter bereits früh bemerkten (etwa *Coleman* 1972, *Schelling* 1972). Deutlich wird in den frühen Beiträgen zur Policy-Analyse aber auch eine stark *normative Orientierung*. Die interdisziplinäre Policy-Forschung sollte zur Rationalisierung der politischen Entscheidungsprozesse beitragen und damit der Demokratie gegen alle ideologische Verblendungen und Verzerrungen zum Durchbruch verhelfen. Für *Lasswell* und *Lerner* war mit dieser Stärkung der Demokratie durch Wissenschaft aber nicht nur die Stabilisierung und Rationalisierung einer beliebigen Ordnung verbunden, vielmehr zielt die Demokratie und die Policy-Forschung als praktische Demokratiewissenschaft auf das höchste Ziel der „fuller realization of human dignity" ab und setzt hierfür Standards und Maßstäbe. Offensichtlich überschreitet diese normative Ausrichtung den heutigen Begriff der Policy-Analyse Die Autoren waren aber schon damals bemüht, zwischen der wissenschaftlichen Betrachtung der politischen Prozesse (*policy study*) und der Bereitstellung von Informationen

und Probleminterpretationen für die politischen Entscheider (*policy intelligence*) zu trennen.

Ausbreitung durch
Politikberatung

Eine merkliche Ausbreitung gelang der Policy-Forschung erst in den 1960er-Jahren, als die Sozialwissenschaften verstärkt zur Politikberatung herangezogen und hierdurch auch stärker finanziell und institutionell gefördert wurden. Auslöser hierfür waren einflussreiche Studien über die mangelhafte Integration der afro-amerikanischen Bevölkerungsgruppe in die amerikanische Gesellschaft und über die Mängel der bisherigen staatlichen Integrations- und Wohlfahrtsprogramme (*Harrington* 1964, *Moynihan* 1969, *Myrdal* 1962). Für die staatliche Adressierung dieser Probleme durch angemessene staatliche Programme wurde eine Erweiterung der staatlichen Problemlösungskapazitäten angestrebt. Die Policy-Analyse als junger, noch aufstrebender Zweig der Sozialwissenschaft konnte gerade im Bereich der Generierung neuer Problemlösungsvorschläge und der Evaluation ihrer Auswirkungen nach ihrer politischen Verabschiedung relevantes Wissen präsentieren bzw. erheben (*De Leon* 1988: 60-63).

Erst seit dieser Zeit der großen politischen Reformbemühungen und des Ausbaus des amerikanischen Wohlfahrtsstaats begann sich diese Forschungsrichtung sprunghaft zu entwickeln. In diese Phase fällt auch die Gründung und Förderung der Zeitschrift „*Policy Sciences*" durch die Rand Corporation. Einen wahrhaftigen Boom erlebte diese Forschungsrichtung seit Mitte der 1970er-Jahre, als mit dem Erscheinen der ersten Lehrbücher die analytischen Konzepte und Methoden zunehmend kanonisiert wurden. Dieses wachsende Interesse war hauptsächlich durch die Diffusion in der Politikwissenschaft als (Public) Policy-Analysis begründet, in der die grundlegende Fragestellung der Policy-Science-Idee zwar aufgenommen wurde, das hierbei angewandte Methoden- und Theorienspektrum aber weitgehend auf den politikwissenschaftlichen disziplinären Rahmen beschränkt blieb. In der Folge entwickelten sich zum einen die *Policy Science* als interdisziplinäres Feld, in dem sich zunehmend auch Ökonomen und Ingenieure tummelten, und die so genannte *Policy Analysis* als eine Art Bindestrich-Politikwissenschaft, d.h. politikwissenschaftliche Teildisziplin, parallel. Unsere Darstellung der relevanten Forschungsansätze bleibt auf die Entwicklungen und Diskussionen der Policy Analysis beschränkt. Eine Aufarbeitung der verschiedenen Strömungen und Akteure der Policy-Science müsste sich vor allem mit der Rolle von Beraternetzwerken und „Ideenagenturen" (think tanks) in der amerikanischen Politik beschäftigen (*Gellner* 1995).

Policy-Arena

Ende der 1960er-Jahre wird aber auch die konzeptuelle Entwicklung in der amerikanischen Policy-Forschung forciert. Dabei lösen zwei Modelle besonders intensive Diskussionen aus. Es handelt sich um das Policy-Arenen-Modell von Theodore J. Lowi (*Lowi* 1964; 1972) und die explizite Aufnahme der politischen Systemtheorie von *David Easton* (1965, 1965a) durch *Thomas Dye* (1966, 1972) und ansatzweise durch *Richard I. Hofferbert* (1974). In beiden Modellvorstellungen gehen unterschiedliche Politikvorstellungen ein. In der durch die politische Systemtheorie beeinflussten Policy-Forschung erscheint die Politik als rationale Entscheidungsmaschinerie, die durch eine Umwelt von sozialen Rahmenbedingungen und störenden Einflüssen angetrieben wird. Die Arenenmodelle des politischen Prozesses weisen demgegenüber ein viel stärkere Akteurorientierung auf und stehen in der Tradition der pluralistischen Gruppenmodelle der Politik, die dem Wirken von Interessengruppen innerhalb des politischen Systems die größte Aufmerksamkeit widmen.

Bis heute fungiert David Eastons vereinfachte Systemkonzeption des politischen Prozesses als Bezugspunkt für einen Zweig der behavioristischen politischen Soziologie, die die internen Abläufe im politischen Institutionengefüge als gegeben hinnimmt und die äußeren Einflüsse auf die Politikgestaltung bzw. die sozio-politischen Rahmenbedingungen (politische Einstellungen und Werte, Wählerverhalten etc.) schwerpunktmäßig erforscht (*Fuchs* 1993). Für *Easton* (1953: 135f.) ist es eine Minimalvoraussetzung für die Existenzsicherung einer Gesellschaft, dass sie Mechanismen für kollektive Entscheidungen darüber einführt, wie Gemeinschaftsgüter (materieller, kultureller und rechtlicher Natur) verbindlich verteilt werden. Aus der Zuweisung von Abgaben, Aufgaben, Pflichten und Rechten leitet sich die Funktionsbestimmung des politischen Systems her: "A political system, therefore, will be identified as a set of interactions, abstracted from the totality of social behavior, through which values are authoritatively allocated for a society." (*Easton* 1965a: 57). Aus der notwendigen Funktionsübernahme der Politik, für die Gesamtgesellschaft verbindliche Regeln aufzustellen und durchzusetzen, leitet sich das Verhältnis des politischen Systems zur Systemumwelt her. Da Politik für den Bestand und die Prosperität des Gesamtsystems verantwortlich ist, können Veränderungen in den anderen Teilsystemen der Gesellschaft vom politischen System nicht unbeantwortet bleiben.

Aus der Sicht des politischen Systems ist die Systemumwelt ein potentieller Stressfaktor, der die Routinen konventioneller Politik immer wieder vor neue Anforderungen stellt. Für das politische System wird deshalb die Adressierung der Frage relevant, wie „sozialer Stress" von ihm bewältigt werden kann und stabile Beziehungen zwischen Politik und seiner Umwelt hergestellt werden können. Dies läuft darauf hinaus auch in der Analyse die Position des politischen Systems (als Hauptakteur) einzunehmen und den Austausch der Politik mit der Systemumwelt durch Input-Output-Relationen zu kennzeichnen. Als Input fungieren die Forderungen (*demands*) und die Folgebereitschaft (*support*), die an das politische System herangetragen bzw. ihm zur Verfügung gestellt werden. Den Output des politischen Systems stellen politische Entscheidungen und Gesetzesmaßnahmen dar, die in gewisser Weise auf den Input der gesellschaftlichen Forderungen und auf Unterstützungsleistungen reagieren und Problemlösungen im Sinne der Minimierung von gesellschaftlichen Inputs anvisieren. Die eigentliche Leistung der Politik stellt die Auswahl, Transformation und Bearbeitung von gesellschaftlichen Inputs zum Zwecke der Formulierung und Durchsetzung wirkungsvoller politischer Outputs dar (*Easton* 1965b).

Eine häufige Kritik dieses Systemmodells ist, dass es keine genaue Auskunft gibt über die beteiligten Verarbeitungseinheiten innerhalb des Systems (z.B. individuelle oder korporative Akteure) und auch nicht über die Beziehungsstruktur, die die beteiligten Einheiten verbindet. Das System ist im Wesentlichen eine *black box*. Ziel der Policy-Analyse muss es sein, diese schrittweise „aufzuhellen" (*Czayka* 1974) und in eine „*translucent box*", oder zumindest in eine „*grey box*" zu verwandeln (*Bunge* 1996: 110-113).

Systemkonzeption

Input – Output

Abbildung 1-1: Eastons Modell des politischen Systems als Black Box

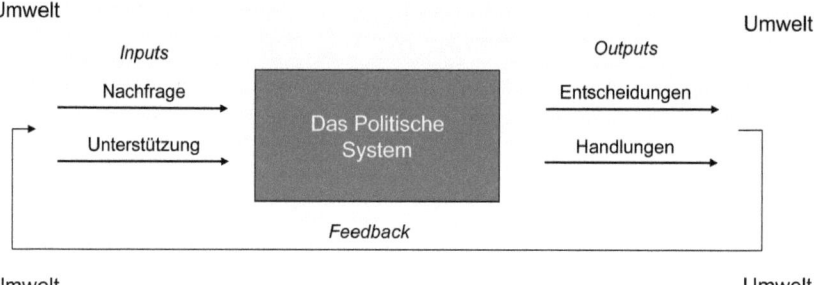

Quelle: nach *Easton* (1965b: 32).

Umweltfaktoren *Thomas Dye* (1966, 1972) nutzt Eastons politische Systemtheorie für eine Neuorientierung der Policy-Forschung. Bislang fokussierte die behavioristische Forschung auf interne Prozesses innerhalb des politischen Systems, um politische
Entscheidungen und die Formulierungen von Policies zu erklären (*Dye* 1972:
231). So wurde der ideologische Konflikt zwischen den beiden großen Parteien
und ihre Machtstellungen innerhalb der einzelnen Institutionen des amerikanischen Regierungssystems oder aber Veränderungen im Einstellungsprofil der
politischen Eliten für eine Erklärung der Veränderung oder Neuorientierung in
der öffentlichen Politik in Anspruch genommen. Eastons Input-Output-Modell
weist nun strukturellen Faktoren in der Umwelt des politischen Systems eine
besondere Verantwortung zu. Aus Sicht der Policy-Forschung müssen nun ganz
neue Fragen an die empirische Forschung gestellt werden (*Dye* 1972: 19):

- Welche sind die relevanten Dimensionen der Umwelt, die Anforderungen
  (demands) für das politische System produzieren?
- Welche sind die signifikanten Eigenschaften eines politischen Systems, die
  die Transformation von demands in politische Entscheidungen (public poli-
  cy) erlauben?
- Wie beeinflussen die Inputs der Umwelt die Eigenschaften des politischen
  Systems?
- Wie beeinflussen die Haupteigenschaften des politischen Systems den In-
  halt und die Ausrichtung der öffentlichen Politik?
- Wie beeinflussen schließlich die getroffenen politischen Entscheidungen die
  Strukturen und Probleme in der Umwelt des politischen Systems, aber auch
  die Charaktermerkmale des politischen Systems selber?

Dye rekurriert zur Illustration dieser neuen Frageorientierung auf eigene Forschungen über die unterschiedlichen Finanzausgaben der einzelnen Bundesstaaten der USA und der dafür verantwortlichen internen und externen Faktoren
(*Dye* 1966). Seine Ergebnisse bestätigen die Annahme, dass nicht so sehr die
politische Orientierung einer Regierungspartei oder ähnliche politikinterne Faktoren die Länderausgaben erklären können, aber ein positiver Zusammenhang
zwischen dem Wohlstand und Steueraufkommen der Bundesstaaten und ihren

22

Budgets für Länderausgaben besteht (*Dye* 1972: 235-238). Die empirische Überprüfung eines möglichen Zusammenhangs zwischen Makrostrukturdaten eines Gemeinwesens und den öffentlichen Politiken seines politischen Systems bewahrt die Policy-Forschung davor, systeminterne politische Determinanten wie den Parteienkonflikt oder die Zusammensetzung der Regierung zu überschätzen (*Dye* 1972: 245, ähnlich *Hofferbert* 1974: 141-148).

Lowi (1964, 1972) wendet sich in seinen frühen Beiträgen zur Policy-Forschung dezidiert gegen die im politikwissenschaftlichen Mainstream weit verbreitete Annahme des *„politics (and polity) determined policies"*. Diese konventionelle Politikvorstellung führt zu Policy-Typologien, die entweder rein gegenstandsorientiert (Energie-, Handels-, Außenpolitik etc.), rein zeitbezogen (Nachkriegspolitik, Politik der Ära X), rein ideologisch (konservative, liberale, sozialdemokratische Politik) oder rein institutionell (legislative Politik, Länderpolitik) operieren. Damit werden aber einzelne Wirkungsfaktoren unnötig hypostasiert und eigentlich wichtige Ressourcen- und Interessenbezüge des *Policy-Making* vernachlässigt. Für *Lowi (1964: 688)* ist vielmehr die Annahme zentral, dass eine politische Beziehung durch die policy bestimmt wird, die auf dem Spiel steht, was zur Folgerung "*policies determine politics*" (*Lowi* 1972: 299) führt.

> Policy determines politics

Genauer geht *Lowi* davon aus, dass sich politische Entscheidungen und Maßnahmen danach unterscheiden lassen, welche unterstützende oder diskriminierende Wirkung sie auf die Statusgruppen einer Gesellschaft und deren Interessenprofile ausüben. So gilt für *distributive Politik*, dass sie nur spezifische und individuell spürbare Auswirkungen hat und deshalb nicht zu einer Verletzung und anschließend zu einer Mobilisierung von Interessen führt. Als Beispiel für distributive Politik im Sinne einer klassischen Verteilungspolitik fungiert die Subventionspolitik, die einzelne Unternehmen oder Branchen unterstützt, ohne dass sich Konkurrenten dadurch direkt benachteiligt fühlen müssen, deshalb werden Unterstützungszahlungen relativ gleichmäßig an Betroffene und Bedürftige gestreut. Auch die *regulative Politik* mit ihrer Regel setzenden Autorität betrifft primär einzelne Unternehmen oder spezifische Interessengruppen, deren Verhalten staatlich kontrolliert und sanktioniert wird. In Politikfeldern wie Umweltpolitik, Gesundheitspolitik oder Wettbewerbspolitik bilden sich als Folge staatlicher Eingriffe allerdings Konstellationen von Gewinnern und Verlierern heraus – Interessengruppen, die von den regulativen Eingriffen profitieren oder die sich davon benachteiligt fühlen und die ihre Interessen zur Verhinderung oder Verstärkung einer politischen Maßnahme organisieren. Regulative Politik sorgt deshalb für (latente) Konfliktformationen im Politikfeld. *Redistributive Politik* hat einen vergleichsweise breiteren und größeren Wirkungseffekt, betrifft sie doch Strukturentscheidungen in der Wirtschafts- oder Steuerpolitik, die zur Umverteilung von Belastungen oder Rechten führen und deshalb das Politikfeld noch stärker als die regulative Politik in einen Konfliktantagonismus treiben.

> Distributive, regulative und redistributive Politik

Entsprechend der Interessenausrichtung und der erzielten Betroffenheiten der einzelnen Policy-Typen stellen sich auch typische Akteurkonstellationen in den Politikfeldern ein. In Politikfeldern, die von distributiven Maßnahmen geprägt sind, entstehen intensive Kooperationsbeziehungen zwischen Subventionsnehmern (Unternehmen) und Subventionsgebern (Staat, öffentliche Verwaltung),

> Akteurkonstellationen je nach Policy-Typ

die sich zu Patronage- oder Klientelbeziehungen auswachsen können, weil sie relativ unbeobachtet und unbehelligt bleiben. Politikfelder, die regulativer Politik ausgesetzt sind, machen eine Verrechtlichungsschub durch, d.h. für die Aktivitäten und Interaktionen der Akteure im Politikfeld sind rechtliche Standards verbindlich. Da diese Auflagen und Verbote für Interessen und Akteure spezifischer Wirtschaftssektoren auf je unterschiedliche Weise wirken bzw. besondere Regelungstypen nur für einzelne Sektoren greifen, verstärkt sich der Interessenkonflikt zwischen sektoriellen Unternehmen, Verbänden und anderen Produzenten oder Leistungsanbietern. Die in der regulativen Politik einsetzende Koalitionsbildung kann ebenfalls zu stabilen Konstellationen führen. Die Koalitionen verlaufen aber häufig nach sektoriellen Grenzen, werden durch inneradministrative Interessenkonflikte zwischen einzelnen Ministerien und Behörden unterstützt oder gefährdet und sind anfällig für Veränderungen durch neue Mobilisierungsschübe von Seiten bislang benachteiligter Koalitionen.

Die redistributive Politik ist auf diejenigen Politikfelder beschränkt, in denen die grundlegenden Mechanismen für die Verteilung von Status konstituierenden Ressourcen festgelegt und reguliert werden. Der Status konstituierende Charakter von redistributiver Politik betrifft die gesamtgesellschaftliche Positionierung von Einkunfts- und Besitzklassen und wirkt sich als Umverteilungspolitik markant auf das Verhältnis der relevanten sozialen Statusgruppen aus. Veränderungen im Gefüge der Statusgruppen durch politische Entscheidungen führen zu Konflikten und Mobilisierungen, die deutlich die Signatur der grundlegenden Klassen- oder sozialen Statusauseinandersetzungen tragen und etablieren in den entsprechenden Politikbereichen der Wirtschafts-, Steuer- und Arbeitsmarktpolitik eine antagonistische Struktur im Verhältnis zwischen den politikrelevanten Verbänden und sonstigen Interessengruppen.

Kritik   Die an *Lowis* Policy-Typologie ansetzende Kritik bezweifelt die Möglichkeit, einzelne Policies nach der *Lowi*'schen Typologie zu unterscheiden und entsprechend einzuordnen (*Greenberg et al.* 1977, *Wilson* 1973). Politische Entscheidungen mit einer gewissen Orientierung sind als Maßnahmenpakete aus verschiedenen Elementen zusammengesetzt. Dies schließt nicht aus, dass Policies eine distributive, regulative oder redistributive Funktion und Wirkung zugeordnet werden kann, aber selbst einfache Subventionszahlungen werden mithin durch Bußgelder oder Umverteilungszahlungen finanziert, ergeben sich somit im Anschluss an regulative oder redistributive Maßnahmen und können in langfristiger Perspektive und in der Bündelung distributiver Maßnahmen für einzelne Wirtschaftszweige umgestaltende Wirkungen für einen Politikbereich zeitigen. Aus dieser Kritik an *Lowi* folgt, dass es nur bedingt sinnvoll und möglich erscheint, einzelne Policies zeitlich abzugrenzen. Vielmehr sind sie selbst einzuordnen in einen Phasen-Verlauf vorheriger politischer Entscheidungen und daraus entstandener politischer Programme. Darüber hinaus scheint der objektive Charakter einer Policy strittig. Schließlich können politische Entscheidungen unterschiedlich wahrgenommen und aus verschiedenen Interessenperspektiven heraus interpretiert werden. Da gerade neue politische Maßnahmen und noch wenig geordnete Politikfelder (z.B. Telekommunikationspolitik) durch unsichere und ambivalente Interessenperspektiven geprägt werden, können die Kategorien, mit deren Hilfe Policies eingeordnet und bewertet werden, selbst zum Gegenstand der politischen Auseinandersetzungen im Politikfeld werden.

Nichtsdestotrotz hat *Lowis* Policy-Typologie und ihre Anwendung auf typische Akteurkonstellationen in Politikfeldern auch eine breite Aufnahme gefunden. *Lowi* wird hierbei in den besonderen Zusammenhang der idealtypischen Betrachtungen von Akteurkonstellationen im Regierungssystem der USA gestellt. Als Reaktion auf die optimistischen Bewertungen der pluralistischen Demokratietheorie von *Robert A. Dahl* (1967) und anderen, die das politische System Amerikas aufgrund einer strikten Gewaltenteilung und einer Pluralität an institutionellen Anlaufpunkten für den Interessengruppeneinfluss als Modell der pluralistischen Demokratie feierten, wurden Gegenmodelle entwickelt. Besonders bekannt wurde eine Studie über so genannte *subgovernments* in der Handels- und Rüstungspolitik, in der *Cater* (1964) versucht, enge Kooperationsbeziehungen zwischen politischen Akteuren und privaten Interessengruppen in diesen Politikfeldern nachzuweisen. Da die ursprüngliche Gewaltenteilung zwischen Legislative und Exekutive durch institutionelle Verflechtung und Spezialisierung unterminiert wird, verlagern sich immer mehr Kompetenzen für die eigentliche Gesetzgebung an Untereinheiten innerhalb der Ministerien und an Unterausschüsse des Kongresses. Die administrativen wie parlamentarischen Untereinheiten fungieren als direkte Anlaufstellen für Interessengruppen und als Tummelplatz für regionale Sonderinteressen von Kongressabgeordneten (Rüstungsaufträge für bestimmte Firmen, Einfuhrbeschränkungen zur Unterstützung regionaler Produzenten etc.). Auf diese Weise entstehen *subgovernments*, in denen Fachbürokraten, Lobbyisten und Abgeordnete des Kongresses abgeschirmt von der Öffentlichkeit politische Entscheidungen und regionale Unterstützungsleistungen aushandeln.

Durch Einbeziehung der Policy-Typologie von *Lowi* wurde der *subgovernment*-Ansatz weiter spezifiziert (*Berry* 1989, *McCool* 1990, *Ripley/Franklin* 1984). *Subgovernment*-Phänomene erscheinen demnach höchstens in einzelnen Bereichen distributiver Politik nachweisbar, denn die Fortführung eines *subgovernments* setzt voraus, dass alle Mitglieder von seinem Wirken profitieren. Allerdings sind die abgeschotteten Policy-Zirkel in mehrer Hinsicht durch Störungen von außen und durch Veränderungen in der Umwelt bedroht. Die Delegation neuer Aufgaben und *issues* an die bestehenden Unterausschüsse oder Unterabteilungen eines Ministeriums schafft neue Entscheidungslagen und Konfliktkonstellationen für das etablierte *subgovernment*. Durch die Aktivitäten einzelner Kongressabgeordneter oder Ministerialbeamter, die sich in ihrem Wahlkreis zu profilieren streben oder höhere Ämter anstreben, können neue *subgovernments* entstehen, die mit den althergebrachten engen Kooperationsnetzen konkurrieren. Der explosionsartige Anstieg der Lobbyisten in der amerikanischen Politik in den 1970er- und 1980er-Jahren hat darüber hinaus die Bewahrung von Schutzzonen und Verhandlungsnischen erschwert. Da die Verallgemeinerung der *subgovernment*-Konstellation für alle Politikfelder und für alle Legislaturperioden wenig sinnvoll erschien, wurden alternative Konzeptionen des politischen Prozesses vorgestellt.

Besonders erfolgreich war dabei *Hugh Heclos* (1978) Plädoyer für die Analyse von so genannten *issue networks*. Auch er geht davon aus, dass Politiker und

Beamte zu Zwecken der Akquise von Sachverstand und politischer Unterstützung immer mehr die Zusammenarbeit mit Interessengruppen suchen. Dadurch verengen sich aber nicht die Einflusskanäle, sondern die Ausbildung neuer Kooperations- und Informationsnetzwerke bietet Zugang für viele Akteure und Handlungschancen selbst für schwach organisierte Interessen. Nach *Heclo* können politische Prozesse nicht mittels des Idealtypus von abgeschlossenen, überschaubaren Zirkeln der Politikproduktion beschrieben werden, statt dessen umfassen die *issue networks* in Politikfeldern eine große Anzahl von Akteuren, die durch Beziehungen unterschiedlichen Typs und unterschiedlicher Intensität miteinander verbunden sind und die je nach Interessenlage punktuell oder dauerhaft in das politische Geschehen involviert sind. Da die Teilnahme von Mitgliedern im Netzwerk flexibel gehandhabt wird, können sich auch nicht feste Zuordnungen für zentrale Akteure oder Kerngruppen etablieren.

Die Akteure in *issue networks* scheinen nicht immer auf ein bestimmtes Interesse – und sei es das des Eigennutzes – festgelegt. Da Politiker und Beamte auf die *issue networks* zurückgreifen, um sich gezielt über Politikstandpunkte und Problemlösungskonzepte der Interessengruppen, aber auch von Policy-Beratern und Wissenschaftlern mit Sachverstand zu informieren, lassen sich die *issue networks* als durch Spezialwissen programmierte Einfluss- und Diskussionsnetze charakterisieren, in denen sich politischer Einfluss aufgrund der *issue*-bezogenen Programmkompetenz ergibt. Dies führt dazu, dass viele Teilnehmer ihre Interessen nicht als fixe Größen betrachten, sondern ihre Positionen erst in den Verhandlungs- und Diskussionsprozessen angesichts der Beratung spezifischer Policies festlegen. Außerdem können auch diejenigen Akteure Zugang zu *issue networks* finden, die sich außerhalb etablierter Programmvorstellungen bewegen, dafür aber Alternativvorschläge und Neuüberlegungen für einen spezifischen Problemfall einbringen.

Die Analyse von *subgovernment*-Phänomenen und die Erforschung von *issue network*-Konstellationen nehmen zwei entgegengesetzte, idealtypische Standpunkte ein, um politische Prozesse im amerikanischen Regierungssystem zu beschreiben. Der extrem abgeschlossenen Politikgestaltung eines Elitenkartells steht das offene und dynamische Diskussionsszenario der *issue networks* gegenüber. Beide idealtypischen Modelle haben Anlass für Kritik und für Erweiterungen der ursprünglichen Ansätze gegeben. Einerseits wird die Öffnung der *subgovernments* und die damit in Verbindung stehende Veränderung der internen Konfliktstruktur des Arrangements in spezifischen Politikfeldern genauer beschrieben (*De Haven-Smith/Van Horn* 1984, *Jordan* 1990, *McCool* 1989; 1990, *Ripley/Franklin* 1984), andererseits wird auf Statushierarchien und Zugangsschranken auch in plural strukturierten Beziehungsnetzwerken in der amerikanischen Politikgestaltung hingewiesen (*Gais/Peterson/Walker* 1984, *Hamm* 1986). Gegenüber der Typologie *Lowis* bringt *Heclos* Ansatz allerdings einen neuen Gesichtspunkt ein, der die aktuellen Strömungen in der Policy-Forschung stark beeinflusst hat: Nicht mehr nur die rein zweckrationale Verfolgung von Eigeninteressen wird bei der Betrachtung von Akteurkonstellationen in der Politikgestaltung thematisiert, es wird auch zunehmend auf die Bedeutung von wissensbasierten Programmkoalitionen und auf die Veränderung von Interessen und Standpunkten in Policy-Diskursen hingewiesen, was zu einem wachsenden Interesse am Einsatz qualitativer Forschungsmethoden in der amerikanischen Policy-Analyse geführt hat (*Fischer* 1993, *Sabatier* 1988). Gerade die neueren qualitativen Forschungsansätze werden in diesem Lehrbuch in Kapitel 6 noch ausführlicher behandelt. Dabei werden in neueren Studien sowohl das Verhältnis zwischen Programmkoalitionen (Advocacy Koalitionen) im Zeitverlauf beschrieben, als auch verstärkt mit interpretativen Verfahren politische Debatten und Programmkonflikte analysiert. Heclos Kritik an dem subgoverment-Ansatz hat aber auch die Versuche von Politikwissenschaftlern in den 80er und 90er Jahren beeinflusst, Beziehungsnetzwerke in einzelnen Politikfeldern empirisch zu analysieren (*Heinz et al.* 1993, *Laumann/Knoke* 1987). Auf diese Analyseform wird in Kapitel 5 genauer eingegangen.

Den engen Fokus auf Interessenverfolgung hat noch ein anderer, in den USA sehr populärer Ansatz aufgeweicht, gemeint ist der von *John Kingdon* (1984) entwickelte Multiple-Streams-Ansatz (*Zahariadis* 1999; 2003). Hier wird unterstellt, das besondere Voraussetzungen vorliegen müssen, die dazu führen, dass bestimmte Problemthemen auf die politische Agenda gelangen und andere nicht. Der Ansatz geht davon aus, dass parallel drei Strömungen (streams) das politische System durchziehen: Die als wichtig wahrgenommenen Problemthemen (problems), die bislang dafür gefundenen Problemslösungen und Alternativen (policies) und die bei der Problemlösung und politischen Entscheidung auftretenden Interessenkonflikte und ideologischen Gegensätze (politics) (*Kingdon* 1984: 92f.). Nur unter der Voraussetzung, dass sich Gelegenheiten finden – sich sog. „windows of opportunity" öffnen –, um die drei Strömungen so miteinander zu verbinden, dass sich griffige Problemlösungen mit schlagkräftigen Interessenkoalitionen verbinden lassen, können Issues auf die nationale politische Agenda gelangen und erreichen eine Aufmerksamkeit, die über den konkreten Problemlösungszusammenhang in regionalen oder fachspezialsierten Subfeldern hinausweist. *Kingdon* diskutiert verschiedene Akteure (Kongressabgeordnete, Fachbeamte, der Präsident, Vertreter von Interessengruppen), die in ihrer Rolle als „Politische Unternehmer" (policy entrepreneurs) das politische Feld daraufhin beobachten, ob sich Sachthemen und Reformdebatten mit günstigen Interessenkonstellationen zusammenbringen lassen. Präsident Bush und sein Beraterumfeld haben beispielsweise die politische Bedrohungslage in den USA nach den 9/11-Terroranschlägen dazu genutzt, weit reichende Umstrukturierungen in den Bereichen Innere Sicherheit und Verteidigung vorzunehmen, ohne auf relevanten politischen Widerstand zu treffen.

Multiple Streams

1.2.2 Die Entwicklung der Policy-Forschung in Deutschland

In Deutschland begegnete man den beiden frühen Hauptausrichtungen in der amerikanischen Policy-Forschung – Politikberatung durch interdisziplinäre Problemlösungsvorschläge versus wissenschaftlichen Bezugsrahmen zur Analyse politischer Prozesse – mit einer gewissen Skepsis. Auf der einen Seite konnte sich der interdisziplinäre Ansatz überhaupt nicht durchsetzen, auf der anderen Seite rief der so genannte Bindestrich-Ansatz (Policy-Analyse als Schwerpunkt der Politikwissenschaft) zum Teil Irritationen hervor, wenn dieser – oft implizit – mit dem Anspruch auftrat, nicht nur durch den Forschungsgegenstand, sondern

Policy-Analyse in Deutschland

auch über spezifische Methoden und Theorieansätze begründet zu sein und daher eine vollkommen neue theoretisch-analytische Forschungsrichtung darzustellen. Manche Kritiker hielten Policy-Analyse dagegen für eine bloße sozialwissenschaftlich neue Mode, in der weitgehend Bekanntes in neuer Aufmachung verkauft werde (*Beyme* 1985, *Greven* 1985). Diese Einschätzung kann sich auf den Tatbestand berufen, dass die Ursprünge einer praxisorientierten Politik- und Verwaltungsforschung in der kontinentalen Policeywissenschaft des 17. und 18. Jahrhunderts liegen (*Maier* 1966, *Stolleis* 1988).

Policeywissenschaft Der Policeybegriff beschreibt allgemein öffentliche Tätigkeiten, die einer gewissen inneren Ordnung unterworfen sind. Erst im 19. Jahrhundert erfolgt mit dem Begriff der Polizeigewalt die Eingrenzung auf Aspekte der inneren Sicherheit. Die Policeywissenschaft versucht Maßnahmen und Modelle für die gute Ordnung eines Gemeinwesens zu entwickeln, wie auch der große Systematisierer der Policeywissenschaft *Johann Heinrich Gottlob von Justi* hervorhebt:

„Man muss die innerlichen Verfassungen des Gemeinwesen solchergestalt einrichten, dass dadurch das allgemeine Vermögen des Staates erhalten und vermehrt und die gemeinschaftliche Glückseligkeit immer mehr befördert wird." (*Justi* 1759).

Die Policeywissenschaft nimmt deshalb eine Zweiteilung vor, sie versucht im staatsrechtlichen Sinne den Zugriff des neuzeitlichen Staates auf die soziale Ordnung zu legitimieren, um im zweiten Schritt die nötigen staatlichen Maßnahmen und deren institutionell-administrative Voraussetzungen zu erfassen. Diese beiden Aufgaben werden zusammengeführt in der Lehre von den policeywissenschaftlich begründeten Verwaltungstätigkeiten, die nach ihrer Nähe zu den einzelnen relevanten Staatszwecken (allgemeine Wohlfahrt, Frieden nach innen und nach außen, Erhebung von Steuern und Abgaben, Schutz vor Willkür und Betrug) unterschieden und gegliedert und darüber hinaus als mit unterschiedlichen Sachfragen und Methoden ausgestattete Unterrichtsfelder einer Ausbildung für Beamte vermittelt werden (*Bleek* 2001).

Entwicklung in Die deutsche Entwicklung der Policy-Analyse begann mit der üblichen Ver-
Deutschland spätung, die in vielen sozialwissenschaftlichen Bereichen zu beobachten ist. Es sprechen gute Gründe dafür, dass diese zeitliche Verschiebung strukturelle Ursachen haben könnte (*Schmidt* 1988). Eine einfachere Sichtweise erklärt die Herausbildung der Policy-Analyse in der Bundesrepublik jedoch als ganz normalen Diffusionsprozess, der in den USA begann und sich hernach sukzessive über die übrigen Länder ausbreitete. Die lebendige Aufnahme der Policy-Forschung in der Bundesrepublik lässt sich indes auch mit ähnlichen Reformbemühungen und Umsetzungserfahrungen, wie sie in den USA in den 1960er-Jahren initiiert und gewonnen wurden, erklären. Allerdings stand in der Bundesrepublik die wissenschaftliche Begleitung und Beratung von (inner-) administrativen Reformen im Vordergrund, wohingegen in den USA die Formulierung und Durchsetzung von redistributiver und regulativer Reformpolitik die Hauptaufmerksamkeit fand.

Reformschub in den Obwohl man in der Bundesrepublik erst seit den 1980er-Jahren von einer
70er Jahren Etablierung der Policy-Analyse reden kann (erste Lehrbücher werden dort erst in den späten 1980er- und frühen 1990er-Jahren geschrieben), kann die Initialzündung hier auf die späten 1960er-Jahre datiert werden. Den entscheidenden Schub

28

erhielt diese Orientierung durch das Reformprogramm in der ersten Phase der sozial-liberalen Koalition nach 1969. In diesem Rahmen wurde sozial- und politikwissenschaftlicher Beratungsbedarf nicht nur erkannt, sondern in breitem Umfang auch genutzt. Die hierbei verwendeten, oft aus der amerikanischen Policy-Forschung stammenden Methoden und Konzepte wurden hauptsächlich durch deutsche Soziologen, Politologen und Verwaltungswissenschaftler verbreitet, die sich in den 1950er- und 1960er-Jahren zu Studium und Lehre in den Vereinigten Staaten aufhielten.

In der politik- und verwaltungswissenschaftlichen Literatur war Fritz W. Scharpf einer der ersten Rezipienten dieser amerikanischen Innovation, der unter anderem die Policy-Analyse als entwicklungsfähigen Bezugsrahmen für die Analyse politisch-administrativer Prozesse betonte und – durchaus in einer policy sciences-Orientierung – Methoden wie Cluster-Analyse, Graphentheorie und multidimensionale Skalierung als Methoden für Policy-Analyse und Planung präsentierte (*Scharpf* 1973: 20). Beispielhaft für erste praxisrelevante Umsetzungen dieser Forschungsrichtung war das Projekt einer Reform der Ministerialverwaltung, das Renate Mayntz und Fritz W. Scharpf in den frühen 1970er-Jahren durchführten. In akademischen Kreisen wurden die Ergebnisse dieser Forschung in der so genannten Planungsdiskussion rezipiert. Beeinflusst durch den technologischen und methodologischen Optimismus, der die amerikanische Politikwissenschaft in den 1950er- und 1960er-Jahren bestimmt hatte, wirkte auch in der Bundesrepublik der Glaube noch nach, dass die Anwendung neuer wissenschaftlicher Methoden die instrumentellen, informationellen und organisatorischen Kapazitäten des politischen Systems, gesellschaftliche Prozesse zu steuern und soziale Probleme zu lösen, beträchtlich steigern werde.

Methodologischer Optimismus

Im Mittelpunkt dieser policy-orientierten Reformbemühungen stand ein Konzept von „aktiver Politik", das unter der Voraussetzung der Verbesserung der inneradministrativen Planungskapazitäten den gesellschaftlichen Modernisierungsbedarf u.a. in der Bildungs-, Verkehrs-, Wohnungsbau- und Arbeitsmarktpolitik aufnehmen wollte (*Mayntz/Scharpf* 1973). Durch langfristige und politikbereichsspezifische Gestaltungspläne sollten die politischen Akteure in die Lage versetzt werden, Alternativen zur gängigen bloß reaktiven und kompensatorischen Politik zu entwickeln, die nur an jeweils akuten Problemen ansetzt und höchstens aktives Krisenmanagement betreibt. Mit Hilfe der aktiven Politik sollte eine antizipative, also vorausschauende Regelung und Steuerung der sozialen und ökonomischen Prozesse, deren ungesteuerte Dynamik die für das Gesamtsystem relevanten Probleme und Krisen hervorbringt, möglich werden. Die Ausrichtung der aktiven Politik formulierte dabei vier Schwerpunkte, die allerdings sehr voraussetzungsvoll erscheinen (*Mayntz/Scharpf* 1973: 122-125).

Aktive Politik

1. Aktive Politik setzt auf die Fähigkeit zur *autonomen Programmentwicklung*. Der Ausbau von Planungskompetenzen im administrativen Bereich muss allerdings berücksichtigen, dass das Wissen über Probleme und Lösungsmöglichkeiten in den planungsrelevanten Politikfeldern selbst steckt bzw. bei den policy-relevanten Behörden, Interessengruppen und Politiknetzwerken aufzufinden ist.

2. Die Formulierung und adäquate Durchsetzung einer aktiven Programmpolitik weist bei der Programmentwicklung einen *Primat der politischen Leitung* gegenüber der Verwaltung auf. Im deutschen Regierungssystem ergibt sich jedoch seit jeher eine enge Verflechtung zwischen Politik und Verwaltung auf der Ministerialebene, so dass die Programmentwicklung im Normalfall die bürokratischen Apparate einzubinden versucht, um deren Ressourcen und Sachkompetenz zu nutzen.

3. Aktive Politik macht die Entwicklung *umfassender, langfristiger und Umwelt verändernder Gestaltungsprogramme* notwendig. Das demokratische Regierungssystem sieht jedoch für eine legitime Politikgestaltung die Auseinandersetzung mit der interessierten politischen Öffentlichkeit vor, insbesondere bei Strukturentscheidungen, die von einer überwiegenden Mehrheit der politischen Repräsentanten getragen werden müssen. Außerdem wird eine autonome und langfristige Reformpolitik durch die zeitliche Begrenzung von Legislaturperioden und durch die Thematisierung der Reformpolitik in Wahlkämpfen auf der Länder- und Bundesebene erschwert.

4. Da aktive Politik langfristige Problemlösungsstrategien zu entwickeln trachtet, muss sie die Fähigkeit zu einer Form der Interessenberücksichtigung ausbilden, die nicht nur die kurzfristigen strategischen Interessen von organisations- und konfliktfähigen Gruppen einbindet, sondern auch die *schwach organisierten Interessen von Konsumenten und Umweltgruppen integriert*, weil gerade diese Akteurgruppen die Politik mit zusätzlichen Betroffenenperspektiven und Problemhorizonten versorgen. Häufig muss eine aktive Programmpolitik zur besseren Mobilisierung dieser Interessengruppen beitragen, um deren Position in einzelnen Politikfeldern zu verbessern und die Ausbildung von policy-relevanten Interessen- und Programmperspektiven gezielt anzuregen. Diese Aktivitäten zur Mobilisierung organisationsschwacher Interessen führen mithin zu einer Fremdorganisation dieser Verbandsformen durch den Staat und installieren eine Abhängigkeit von staatlichen Unterstützungsleistungen. Darüber hinaus setzt sich aktive Politik durch solche Initiativen über die etablierten Kräfteverhältnisse zwischen den Interessengruppen in Politikfeldern hinweg und muss mit Gegenmobilisierung von Seiten der ressourcen- und mitgliederstarken Verbände rechnen.

Implementations-
forschung
Nachdem die Wirtschafts- und Strukturkrisen der 1970er-Jahre die Grenzen staatlicher Gesellschaftssteuerung aufzeigten und die reformorientierten Politik- und Planungskonzepte somit mit der „realen Welt" konfrontiert wurden, begann die Policy-Forschung sich zunehmend auf das Problem der Umsetzung oder Implementation von Politiken zu konzentrieren. Manche fragten sich sogar, ob gesellschaftliche Entwicklungen überhaupt noch politisch zu steuern wären. Viele Erfahrungen in den Reformjahren hatten gezeigt, dass sich selbst die besten Absichten in der Praxis manchmal nicht umsetzen ließen. Aus der Perspektive der wissenschaftlichen Analyse wird die Policy-Implementation als Durchführungs- und Anwendungsprozess von Gesetzen oder anderen politischen Handlungsprogrammen gefasst (*Mayntz* 1977; 1980, *Windhoff-Héritier* 1980). Drei Einflussfaktoren wurden für die Strukturierung des Implementationsprozes-

ses verantwortlich gemacht (*Mayntz* 1980: 3). Dies sind jeweils die Merkmale von

1. Programmen (z.B. Gesetze, Pläne, verwaltungsinterne Anweisungen)
2. Durchführungsinstanzen (z.B. Gerichte, Behörden, Verbände)
3. Programmadressaten (z.B. Betriebe, hilfsbedürftige Menschen).

Im Anschluss an *Lowis* Policy-Typologie spezifiziert die Implementationsforschung die Programmtypen staatlicher Maßnahmen. Neben regulativer, distributiver und redistributiver Politik werden zusätzliche, komplexere Programmtypen identifiziert. Staatliche Maßnahmen können ebenso die Bereitstellung und den Ausbau einer Infrastruktur sowie technische und logistische Dienstleistungen betreffen, darüber hinaus auch auf das Instrument von Informations- und Überzeugungsprogrammen (z.B. Aufklärungskampagnen wie die Antiraucherkampagne) zurückgreifen und zuletzt in der Setzung von verbindlichen Verfahrensnormen (z.B. Mitbestimmungsgesetz) Ausdruck finden. Zusätzlich zur regulativen, distributiven und redistributiven Politik (strategische und operative Steuerung) und der damit einhergehenden Interessenmobilisierung muss deshalb auch der Institutionalisierungsgrad des Politikfeldes und damit der Aufbau einer Infrastruktur und verbindlicher Verhaltensregeln (institutionelle Steuerung) sowie die Voraussetzung für die Steuerung durch Wissensressourcen und ethische Appelle (wissensorientierte und normative Steuerung) untersucht werden. `Programmtypen`

Eine große Bedeutung bei der Umsetzung von politischen Programmen kommt den *staatlichen Behörden* zu, die die Umsetzung der Gesetze überwachen, bei Verstößen einschreiten und bei Anpassungsproblemen Interpretationshilfen für die Umsetzung der Gesetze bereitstellen. Art und Umfang der von einzelnen staatlichen Behörden übernommenen Aufgaben und die Fähigkeit zur Normkontrolle sind abhängig von der Ausstattung der Behörde mit Finanzmitteln und Personal sowie von der Entscheidungs- und Handlungskompetenz der Behörde, die ihr von der nächst höheren Instanz zugewiesen wird. Fehler und Probleme bei der Umsetzung und Kontrolle von Gesetzen können dadurch entstehen, dass das Prinzip der bürokratischen Hierarchie mit starren Berichts- und Unterordnungspflichten gegenüber der vorgesetzten Behörde die Aktivitäten einer regionalen oder lokalen Regulierungsbehörde lähmt und zusätzliche Transaktionskosten durch ständige Konsultation der höheren Instanz entstehen. Aber nicht nur der starre Instanzenzug vor allem in der deutschen Verwaltungslandschaft hemmt das verantwortliche Begleiten von politischen Maßnahmen, auch eigene Ziele der Verwaltungsbehörde können die Umsetzung von Policies verlangsamen oder verhindern. Organisationale Status-quo-Interessen wie die Vermeidung unnötigen Aufwands, die Schonung eigener Ressourcen und das Zurückschrecken vor Konflikten mit lokalen Interessengruppen können die politische Handlungsbereitschaft der Vollzugsbehörde entscheidend schwächen. `Implementationsinstanzen`

Neben den spezifischen Policy-Merkmalen und den vorhergehenden staatlichen Strukturierungsleistungen sowie der Handlungsfähigkeit und -bereitschaft der vollziehenden Behörden ist für die Implementation von Policies das eigentliche Feld der Programmumsetzung selbst besonders relevant. Dies umfasst neben den schon gekennzeichneten politischen Instanzen auf der nationalen, regionalen `Implementationsstruktur` und lokalen Ebene alle relevanten Interessengruppen des Politikfeldes wie auch alle eher spontan mobilisierten Bürger- und Betroffenengruppen. In der Implementationsforschung hat sich der Begriff der *Implementationsstruktur* zur Kennzeichnung dieses Akteursystems der Programmumsetzung etabliert (*Hjern/Porter* 1979; 1980). Mit der Implementationsstruktur als Analysefokus werden die spezifischen Akteurkonstellationen, die Netzwerke und Machtgefälle zwischen allen implementationsrelevanten Akteuren sowie deren politische Grundorientierungen (Staatsauffassung, Rechtsverständnis) thematisiert und für die Übernahme und Anpassung von Policies mitverantwortlich gemacht.

Abklingen der Reformeuphorie

Die Desillusionierung und Unzufriedenheit mit dem Planungsansatz verlagerten somit das analytische Interesse zunehmend weg von den Policy-Instrumenten hin zur Betonung der außerstaatlichen Erfolgsbedingungen für staatliches Handeln. Hierbei handelt es sich z.B. um die spezifischen Gegebenheiten (Kontextstrukturen) in einer Implementationsstruktur, wie etwa die mit einer spezifischen Akteurkonstellation zusammenhängende Konfliktstruktur, die die erfolgreiche Implementation eines politischen Programms sowohl unterstützen als auch verhindern kann. Im Kontext dieser Implementationsliteratur wurde bemerkt, dass die Umsetzung politischer Programme oft über horizontale und nicht-hierarchische Koordinationsformen verläuft und selbst im öffentlichen Sektor klare hierarchische Unterordnungen und damit zusammenhängende Kontrollpotentiale fehlen.

Steuerungsperspektive rückt in den Vordergrund

In der jüngsten Phase dieser Entwicklung wurde die Fokussierung der Policy-Analyse auf einzelne Phasen und Sequenzen von Politikentwicklungen, wie sie die Idee des Policy-Zyklus mit genau abgrenzbaren, zeitlich aufeinander folgenden Phasen des Agenda-Setting, der Programmformulierung, der Programmentscheidung, der Programmimplementation und der Programmevaluation vorgibt, jedoch aufgegeben und zu einer allgemeinen Perspektive gesellschaftlicher Regelung und Steuerung verbreitert. An der strengen Unterscheidung von Phasen im Policy-Zyklus wurde kritisiert, dass die Unterscheidung zwischen Politikformulierung (Planung) und Implementation oft ziemlich künstlich sei. Dies sei beispielsweise der Fall, wenn wichtige Akteure im Implementationsfeld eng mit den Planern zusammenarbeiten. Eine Verbreiterung der Perspektive wurde notwendig, weil eine Reihe von empirischen Forschungsprojekten zeigen konnten, dass öffentliche Probleme und Aufgaben, die in einem Land staatlich bewältigt und reguliert werden, in anderen Ländern durchaus eine Materie der Selbstregulierung darstellen können. In theoretischer Hinsicht werden derartige Regelungsoptionen heute im Kontext der *Governance-Debatte* diskutiert (*Benz* 2004, *Kenis/Schneider* 1991; 1996).

1.3 Methoden, Forschungs- und Erklärungsansätze

Allgemeine Erklärungsschemata

Aus der Perspektive der bislang diskutierten Ansätze – mit der wichtigen Ausnahme der *Lowi*'schen Policy-Typologie – ist die Analyse öffentlicher Politik primär durch den Forschungsgegenstand als abhängige Variable begründet. Das Ziel einer Politikfeldanalyse ist, das Zustandekommen einer öffentlichen Politik einschließlich deren Wirkungen zu erklären. Nun ist der Erklärungsbegriff in der

Wissenschaftstheorie selbst ein strittiges Objekt. So geht es dort nicht nur darum, mit welchen Mitteln und unter welchen Voraussetzungen die Sozialwissenschaften überhaupt so etwas wie Erklärungen liefern können. Der ganze Streit ist im Wesentlichen eine Kontroverse über die Reichweite dessen, was man unter einer Erklärung zu verstehen habe. Während auf der einen Seite das bekannte Erklärungsmodell von Hempel und Oppenheim sehr präzise Forderungen an die Logik einer kausalen Erklärung stellt – das Explanandum muss erstens logische Folge des Explanans sein, zweitens muss das Explanans mindestens ein Gesetz enthalten und drittens muss es empirisch überprüfbar sein – lassen auf der anderen Seite interpretative Ansätze weniger konkrete Methoden wie „Deutung" und „Verstehen" zu.

Die Unterscheidung zwischen „Erklären" und „Verstehen" lässt sich mit divergenten Analyseperspektiven *deduktiver und induktiver Forschung* in Verbindung bringen. Aus der ersten Perspektive sind Erklärungen als logisch-deduktive Begriffssysteme zu begreifen, die das zu erklärende Phänomen aus einer Theorie ableiten, was voraussetzt, dass in einer solchen Theorie logische und gesetzmäßige Zusammenhänge ausgedrückt sind. So gesprochen wäre dann die Erklärung einer staatlichen Politik die Anwendung einer oder mehrerer Staats- oder Politiktheorien auf die empirische Repräsentation des Entstehungs- und Verlaufsmusters einer Politikentwicklung. Die empirische Policy-Forschung dient hier dem Test und mithin der Falsifikation einer oder mehrerer theoretischer Annahmen, die anhand dieses Test dem übergeordneten Zusammenhang der logisch geschlossenen Sätze zugeordnet werden können oder nicht. Ein solcher Test theoretischer Annahmen muss sich an einer großen Anzahl von Fällen oder Varianten orientieren, um die Verallgemeinerbarkeit der theoretischen Aussagen beweisen zu können.

Für die induktive Vorgehensweise ist kennzeichnend, dass sie eher in der intensiven Auseinandersetzung mit einem Einzelfall oder in einem Tiefenvergleich weniger Fälle zur Anwendung kommt und dabei die Unübersichtlichkeit des empirischen Materials und die Widersprüchlichkeit einzelner Befunde in mehreren Schritten zur Konstruktion plausibler Zusammenhänge und tief liegender Muster nutzt. Hier steht die Theoriebildung nicht am Anfang, sondern am Ende wissenschaftlicher Prozeduren. Induktive Policy-Forschung kann somit dazu beitragen, dass wir überhaupt erst in die Lage versetzt werden, über bestimmte Politikfelder oder über die Auswirkungen spezifischer Maßnahmen, über die noch wenig Informationen vorliegen, plausible, logisch schlüssige theoretische Annahmen aufzustellen, die nicht an der Komplexität einzelner Fälle scheitern.

Die sich andeutende Arbeitsteilung zwischen deduktiven und induktiven Vorgehensweisen in der Policy-Forschung muss allerdings mit dem Vorbehalt versehen werden, dass die starke Scheidung zwischen deduktiven und induktiven Ansätzen und Forschungsperspektiven in den Sozialwissenschaften nur bedingt sinnvoll und möglich ist. Das liegt zum einen daran, dass sich die rein deduktiv verfahrende Theoriebildung kaum ohne Rückgriff auf empirische Erfahrungen und Beobachtungen (z.B. aus induktiven Fallstudien) denken lässt, ebenso operiert die induktive Interpretation von Einzelfällen immer schon mit kognitiven Schemata und Relevanzkriterien, die nicht direkt aus dem konkreten Fall gewonnen werden, sondern auf einen Bestand an impliziten Hintergrundtheorien zu-

Deduktion und Induktion

33

rückgehen. Darüber hinaus stünde die radikale Durchsetzung deduktiver Prinzipien in der Gefahr einer Zuschneidung empirischer Wirklichkeit auf logisch-deduktive Sätze und für die radikale induktive Variante ergäbe sich eine Theoriebildung, die immer nur für einen ganz bestimmten Einzelfall Geltung behaupten kann. Die enge Verschränkung von deduktiven und induktiven Vorgehensweisen verspricht deshalb die in mehrerer Hinsicht fruchtbarste Forschungsperspektive zu sein.

Erklärungsmuster   Jenseits einer starren Fixierung auf das deduktiv-logische Modell lassen sich in der Politikanalyse spezifische Erklärungsmuster entdecken, die zum Teil an unterschiedlichen Methoden und verschiedenen Metatheorien ansetzen. In der konkreten Forschungspraxis trifft man deshalb oft auf Kombinationen von Erklärungsmodellen. Wir wollen die Hauptrichtungen dieser Erklärungen kurz erläutern und unterscheiden zu diesem Zwecke:

1. Statistische Erklärungen
2. Historische Erklärungen
3. Funktionalistische Erklärungen
4. Individualistische Erklärungen
5. Strukturalistische Erklärungen
6. Institutionalistische Erklärungen

In der hauptsächlich auf methodischer Ebene operierenden *statistischen Erklärungsform* wird versucht, soziale oder politische Sachverhalte über die multivariate statistische Datenanalyse (mittels Techniken wie Regressions-, Pfad- und Faktorenanalyse) von Zusammenhängen zwischen politischen Merkmalen bzw. Variablen dadurch zu erklären, dass beobachtete gleichlaufende oder gegenläufige stochastische Zusammenhänge als kausale Wirkungsbeziehungen gedeutet werden. Policy-Analytiker, die sich auf diese Techniken stützen, vergleichen in der Regel viele Politikentwicklungen oder Politikfelder miteinander (z.B. die amerikanischen Bundesstaaten oder die OECD-Länder), um die relativen Häufigkeiten von unterschiedlichen und gemeinsamen Merkmalen dann statistisch zu interpretieren. Jene Variablen oder Faktoren, die große Teile der Varianz erklären, werden dann als die Determinanten einer öffentlichen Politik begriffen.

Historische Erklärungen   In *historischen Erklärungen* werden die kausalen Faktoren in vergangenen Perioden verortet, wobei sich die Bedingungen, die sowohl bestimmte Entscheidungen als auch Strukturen sein können, in der Zwischenzeit gravierend verändert haben können. Historische Erklärungen werden oft in Form von Narrationen (Erzählungen) präsentiert, in denen Ereignisketten dadurch rekonstruiert und plausibilisiert werden, dass mit dem Verweis auf jeweilige historische Kontexte nahe gelegt wird, dass eine bestimme Entwicklung nur so und nicht anders verlaufen konnte. Narrationen brauchen dabei keine einfachen Geschichten (*stories*) sein, sondern die Plausibilität bestimmter Interpretationen kann jeweils mit theoretischen Ansätzen und Modellen untermauert werden. In neueren Forschungsansätzen in den USA wird hierbei von *analytischen Narrationen* gesprochen (*Bates et al.* 1998).

Pfadabhängigkeit   In dem Bestreben, historische Erklärungen theoretisch anzureichern, wird oft auf die Konzepte Pfadabhängigkeit und Einschließungseffekt (lock-in) zurückgegriffen, die in der Lage sind, die Nachhaltigkeit historischer Strukturen und Entscheidungen in formalen Modellen darzustellen (*Liebowitz* 1995). Pfadabhängigkeit bedeutet, dass eine historische Entscheidung die Bedingungen für die nachfolgende Entscheidung ändert und somit eine Weichenstellung darstellt, ohne die die Entwicklung jeweils anders verlaufen wäre. Einschließungseffekte können dafür sorgen, dass der einmal gewählte Entwicklungspfad nicht mehr verlassen werden kann, weil positive Rückkopplungen immer höhere Barrieren für eine Kursänderung aufbauen (*Pierson* 2004).

Aus einer vollkommen anderen Perspektive sehen funktionale oder funktionalistische Erklärungen politische und gesellschaftliche Entwicklungen. Die Leitidee des Funktionalismus ist die Erklärung gesellschaftlicher Erscheinungen als Ausdruck von Funktionsbedürfnissen sozialer Gesamtorganismen oder Systeme (*Parsons* 1961). Ausgehend von dieser Grundvorstellung besteht die funktionalistische Erklärung grob schematisiert in folgenden Schritten:

- Identifikation und Auflistung der funktionalen Voraussetzungen für die Bestandserhaltung der Gesellschaft (*functional prerequisites*, systemische Bedürfnisse etc.);
- Identifikation derjenigen Strukturen und Prozesse innerhalb der Gesellschaft, durch welche diese funktionalen Erfordernisse im Normalfall erfüllt werden;
- Aufzeigen von Selbstregulierungsmechanismen und -automatismen, die dann subsidiär einsetzen, wenn bestimmte Funktionen ausfallen.

Aus dieser Perspektive wird der Staat oder die Politik als das gesellschaftliche Teilsystem betrachtet, das per se für bestimmte Aspekte der Systemerhaltung und Anpassung an neue Umweltbedingungen zuständig ist (*Parsons* 1972: 26-28). Insofern werden öffentliche Politiken dann als direkte oder ersatzweise Steuerungsleistungen interpretiert, die für die Bestandssicherung des Gesellschaftssystems unabdingbar sind. Spezifische Politiken korrespondieren dann mit einzelnen Systemproblemen, weshalb ein derartiges Erklärungsschema Politik oft auf „Problemlösen" reduziert. Problematisch an funktionalistischen Erklärungen ist meist, dass die Korrespondenzbeziehung zwischen Struktur und Funktion meist nur unterstellt wird, in der Regel aber nicht nachgewiesen werden kann, wie die Erfüllung einer Funktion sich im Detail herausgebildet hat. Kritiker fordern von funktionalistischen Erklärungen in der Regel eine präzise Mikrofundierung, in der die Mechanismen offen gelegt werden, die dafür sorgen, dass eine bestimmte Funktion als notwendig erkannt wird und dass sich bestimmte Strukturen oder Institutionen entwickeln, die auf diese Notwendigkeit Bezug nehmen.

Im Unterschied zum Funktionalismus steht in diesen Schemas nicht mehr „das Ganze" (System), sondern das handelnde Subjekt im Mittelpunkt. Staatliches Handeln wird dort im weitesten Sinne durch das Handeln und die Interaktion von individuellen Akteuren erklärt, die ihr Handeln in der Regel nach ihrem Eigennutz und ihrem Privatinteresse ausrichten. Staatliche Politik ist als bloßer Interessenkampf damit jeglicher moralischen Verzauberung entkleidet.

Funktionalistische Erklärungen

Individualistische Erklärungen

Der Ausgangspunkt einer individualistischen Analyse der Gesellschaft ist der Interaktionsprozess empirisch beobachtbarer Handlungseinheiten. Diese können sowohl Individuen als auch Organisationen sein. Individualistisch bedeutet jedoch nicht, nur die Handlungseinheiten selbst und keine Beziehungen zwischen diesen zu berücksichtigen und auch nicht interindividuelle Effekte und Strukturen grundsätzlich auszublenden. So genannte überindividuelle Erscheinungen und Wirkungen im sozialen und politischen Leben werden vom methodologischen Individualismus keineswegs geleugnet. Diese werden nur nicht fraglos als gegeben vorausgesetzt, sondern es wird versucht, auch kollektive Phänomene wie Normen und Institutionen letztlich – wenn auch oft nur in historischem Rekurs – auf individuelle Handlungen oder Handlungsstrategien zurückzuführen. Darin unterscheidet sich der methodologische vom ontologischen Individualismus.

Die Stärke der methodologisch individualistischen Erklärung liegt in der mikro-analytischen Tiefenschärfe und den explizit und klar formulierten Ausgangsprämissen und Randbedingungen: Die Individuen handeln zielorientiert, maximieren ihren Nutzen entsprechend ihren Werten und Präferenzen unter Bedingungen der Ressourcenknappheit. In diesem Sinne maximieren Parteipolitiker Stimmen, Bürokraten die Staatseinnahmen, Gewerkschaften die Löhne ihrer Mitglieder und Kapitalisten den Gewinn ihrer Unternehmen. Öffentliche Politiken erklären sich aus dieser Perspektive als ein Aggregat von Strategien und Handlungen der einzelnen politischen Akteure, die entsprechend ihrer Interessen politische Entscheidungen zu beeinflussen trachten.

Die rein individualistische, akteurzentrierte Erklärung zeigt jedoch schnell ihre Grenzen, wenn sich Interessen und Präferenzen der Akteure nur im Rückgriff auf überindividuelle Zusammenhänge erklären lassen. Interessen können sowohl auf der Ebene ihrer Genesis, ihrer Perzeption durch die Akteure, als auch in ihrer Politisierung und Durchsetzung strukturell bedingt sein. Insofern können Handlungen und Entscheidungen nicht ausschließlich auf individueller Ebene erklärt werden. Mit der Kernprämisse, dass Akteure unter verschiedenen Handlungsoptionen diejenigen auswählen, von denen sie sich die besten Resultate versprechen, kann zwar Handeln innerhalb einer Möglichkeitsstruktur erklärbar gemacht werden, aber nicht die Strukturierung der Handlungsoptionen selbst. Hierzu sind Rekurse auf inter- und überindividuelle strukturelle Arrangements notwendig, die das Thema des folgenden Erklärungsansatzes darstellen.

Strukturalistische Erklärungen

In einer strukturellen Erklärung bestehen die zentralen Elemente des Explanans aus Strukturen. Der Strukturbegriff ist lateinischer Herkunft. Er bedeutete ursprünglich „Bauwerk" oder „Gebäude" und beschrieb die Tätigkeit und das Ergebnis des Anordnens. Sowohl der Struktur- als auch der Systembegriff beziehen sich auf ein geordnetes Ganzes, wobei es hierbei zwei Möglichkeiten gibt: Sind die Teile eines Ganzen gleichartig, liegt die Struktur allein im Beziehungsgefüge zwischen den Teilen (Anwesenheit oder Abwesenheit einer Beziehung zwischen je zwei Teilen; eventuell in Abweichung von einer rein zufälligen Anordnung). Das Ganze ist dann definiert durch die Menge gleichartiger Teile plus die Menge der Beziehungen. Dies entspricht der mathematischen Definition eines Graphen und kann auch als Beziehungsstruktur bezeichnet werden. Sind die Teile des Ganzen verschieden, kann der Strukturbegriff auf ein einfaches

36

Verteilungsmuster verweisen, das jedes Teil einer spezifischen Klasse oder Gruppe zuordnet. In den Begriffen Bevölkerungs-, Klassen- und Branchenstruktur lässt sich die zweite Bedeutungsdimension finden, in der es um eine Verteilungsstruktur geht. Beide, sowohl der Begriff der Beziehungsstruktur als auch das Konzept der Verteilungsstruktur, bewegen sich auf der Ebene beobachtbarer Phänomene.

Eine weitere Bedeutungsdimension zielt weniger auf die äußerliche Gestalt einer Anordnung als auf deren inneres Gefüge. Auch hier besteht das Ganze aus unterschiedlichen Teilen. Die Struktur lässt sich hierbei aber nicht in der – möglicherweise rein zufällig ausfallenden – Verteilungs- oder Beziehungsstruktur finden, sondern in einer notwendigen An- und Zuordnung, die für das Funktionieren der Gesamtformation unabdingbar ist. Dieser Strukturbegriff bezieht sich also auf eine funktionelle Zuordnung, wie es bei Komponenten einer Maschine oder den Teilen eines Organismus der Fall ist. Ein weiterer wichtiger Unterschied zu den vorgenannten Strukturbegriffen ist, dass dieser funktionelle Strukturbegriff auf das hinzuweisen versucht, was der unmittelbaren Beobachtung nicht zugänglich ist und nur durch die Zergliederung der Teile und die Rekonstruktion ihrer Zuordnung sichtbar gemacht werden kann.

Wenn etwas strukturell erklärt werden soll, dann sind alle drei Formen denkbar. Um ein Beispiel zu geben: In einer strukturalen Analyse eines spezifischen Politikbereichs wie dem einer nationalen Verbandslandschaft könnten unter der Struktur organisierter Interessen verteilungsstrukturelle Aspekte wie etwa Verteilung der Verbände auf bestimmte Größenklassen, beziehungsstrukturelle Aspekte wie Kommunikations- und Ressourcenaustauschbeziehungen oder funktionelle, arbeitsteilige Zuordnungen in einem politischen Produktionszusammenhang verstanden werden. Aus der Struktur der Ressourcenverteilung könnte z.B. auf Machtunterschiede verwiesen werden, die im politischen Interessenkampf bestimmte Ergebnisse erklären. Die Struktur der Kommunikationsbeziehungen könnte als eine Art Kanalsystem betrachtet werden, das nur bestimmte Kommunikationen ermöglicht, andere jedoch ausschließt. Die Anwendung des funktionellen Strukturbegriffs auf politische Erklärungen schließlich würde auf bestimmte Handlungsimperative verweisen, denen sich bestimmte Personen und Organisationen beugen müssen, wie z.B. die Gewinnerzielung von Unternehmen in marktwirtschaftlichen Verhältnissen.

Ein anderer wichtiger Aspekt ist die temporäre Stabilität von Strukturzusammenhängen. Ganz generell sind die drei Strukturbegriffe sowohl als relativ kurzfristige – d. h. situative – als auch als langfristige und dauerhafte Zusammenhänge denkbar. Auch eine spezifische Situationskonstellation, die soziales Handeln weitgehend determiniert, stellt einen Strukturzusammenhang dar (*Zürn* 1992). Im Allgemeinen verbindet man mit diesem Begriff jedoch eine gewisse Dauerhaftigkeit, denn Strukturen verweisen auf notwendige Beziehungen, die nicht nur auf einem zufälligen Zusammentreffen situativer Bedingungen basieren. Insofern ist es sinnvoll, zwischen Situationskonstellationen und dauerhaften strukturellen Zusammenhängen klar zu unterscheiden.

Institutionalistische Erklärungen sind eine Teilmenge struktureller Erklärungen. Sie beschränken ihre Aussagen im Wesentlichen auf den Einfluss von institutionellen Strukturen. *Friedrich* (1953: 50) definiert diese wie folgt: „Eine

Institutionalistische Erklärungen

37

politische Institution ist ein gefestigtes Machtgebilde, in dem sich die Konformität des Verhaltens nach festen Regeln vollzieht, d.h. sie ist zu einer Gestalt geworden". Diese Vorstellung ist alt. Mehr als 200 Jahre zuvor hatte der schottische Philosoph *David Hume* geschrieben:

> „Die Macht der Gesetze und bestimmter Regierungsformen ist so groß und von den Launen und Gemütern der Menschen so wenig anhängig, dass sich daraus manche Folgerungen ziehen lassen, die ebenso verallgemeinerbar generalisierbar sind wie alle, die uns die mathematischen Wissenschaften liefern." (*Hume* 1988 [1741]).

Systemistische Erklärungen

Wenn strukturelle und institutionelle Restriktionen und Zwänge herausgearbeitet werden können, die dem individuellen und kollektiven Handeln bestimmte externe Grenzen setzen, dann ist in der Erklärung politischer Prozesse bereits viel gewonnen. Gleichzeitig sollte man immer im Auge behalten, dass dies keine maschinenmäßige Programmierung darstellt, sondern dass dem individuellen Handeln in der Regel Spielräume verbleiben. Denn die Idee der strukturellen Kausalität bzw. der Strukturierung sozialer Prozesse ist von manchen Analytikern in der Weise überstrapaziert worden, dass den konkreten Handlungssubjekten angesichts der überwältigenden objektiven Bedingungen und Strukturwirkungen sämtliche Handlungsfreiheiten genommen wurden. Fälle, in denen Akteuren nur eine Handlungsoption verbleibt, sind jedoch eher seltene Ausnahmen. In den meisten Fällen werden strukturelle Restriktionen und Möglichkeiten einen Handlungsprozess niemals vollständig bestimmen, sondern es bleiben immer Spielräume für Handlungsalternativen frei. Als Ergänzung einer strukturalistischen Erklärung ist somit immer ein individualistisches Komplement notwendig, das erklärt, warum ein Akteur eine mögliche Handlungsoption A einer ebenfalls möglichen Option B vorgezogen hat. Hierbei ist natürlich ein Rekurs auf individuelle Handlungsorientierungen unabdingbar. Dabei scheint das Theorem der Nutzenoptimierung aber eine Handlungsorientierung unter anderen zu sein: Innerhalb eines Möglichkeitsraums ergreifen Individuen jene Handlungen, von denen sie glauben, dass sie die besten Resultate (mit dem geringsten Aufwand) zeitigen.

Der hierdurch gekennzeichnete analytische Ansatz verfolgt eine *Kombinationsstrategie*, in der sowohl individualistische als auch strukturalistische Elemente eines Erklärungsschemas genutzt werden. Ein Ansatz, den *Mario Bunge* (1996, *Bunge* 2000) als „systemistisch" bezeichnet. Die Fruchtbarkeit strukturellen Denkens zeigt sich erst in dessen Mikrofundierung durch Konzepte rationalen bzw. quasi-rationalen Handelns, in dem bei der Herausbildung einer bestimmten Politik in detaillierten Zwischenschritten im Erklärungszusammenhang gezeigt wird, wie ein gesellschaftliches Problem auf bestimmte private und öffentliche Akteure wirkt und wie diese betroffenen Akteure wiederum innerhalb struktureller Möglichkeitsräume mittels kollektiver Entscheidungs- und Handlungsprozesse auf die Lösung bzw. Bearbeitung des entsprechenden Problems einwirken. Dieser Zusammenhang ist in Abbildung 1-2 im Schema der *Boudon-Coleman-Erklärung* dargestellt (*Boudon* 1978, *Bunge* 1996, *Coleman* 1991, *Esser* 1999).

Eine solche Synthese strukturalistischer und akteurzentrierter Perspektiven verhindert einerseits die verbreitete holistische Überstrapazierung strukturellen Denkens, hilft andererseits aber auch, die Verkürzungen vieler individualistischer Ansätze zu vermeiden. In dieser Perspektive bilden sich Strukturen und Regelmäßigkeiten in den Interaktionsbeziehungen zwischen den Akteuren nicht deswegen heraus, weil handlungsexogene Strukturen die Handlungsprozesse bestimmen, sondern weil Akteure unter ähnlichen Bedingungen und Einflüssen ähnliche Entscheidungen treffen. Diese Einflüsse können von strukturellen Normen, Verwandtschafts- und Freundschaftsbeziehungen über Ressourcenabhängigkeiten bis zu materiellen Restriktionen reichen, die durch die physikalische und ökologische Umwelt gesetzt sind. In diesem mehrschichtigen Netzwerk von Abhängigkeiten entscheiden sich Individuen und andere Akteure für die Handlungsoption, die für sie den höchsten Nutzen erbringt, und treffen Entscheidungen nicht, wie Strukturfunktionalisten meinen, nur auf der Basis anerkannter Verhaltenserwartungen.

Abbildung 1-2: Das Boudon-Coleman-Diagramm einer Policy-Erklärung

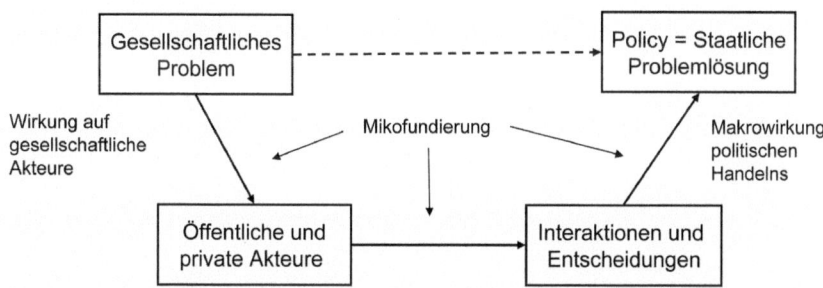

Die Anwendung diskurs- und inhaltsanalytischen Methoden verfolgt im Gegensatz zu den bislang vorgestellten Erklärungsweisen ein anderes Ziel. Die Hervorbringung und Verabschiedung einer Policy soll nicht nur mit Hilfe eines mehr oder weniger komplexen Policy-Modells erklärt werden, vielmehr führt die diskurs- und inhaltsanalytisch orientierte Policy-Forschung zu Vorschlägen, wie die Entscheidungsprozesse verbessert und antagonistische Konfliktsituationen vermieden bzw. gelöst werden können. Dieser Zweig der Erklärung von Policies ist somit eng mit normativen Vorstellungen von demokratischen politischen Entscheidungsprozessen und von rationaleren Wegen der Entscheidungsfindung verbunden (*Fischer/Forester* 1993, *Saretzki* 1998).

Diskurs- und inhaltsanalytische Forschungsstrategien

Bei einem inhaltsanalytischen Vorgehen in der Politikfeldanalyse können mehrere der aufgelisteten Erklärungsmuster kombiniert werden. Wenn es z.B. darum geht, Konflikte über spezifische issues und Policies in der aktuellen Situation eines Politikfeldes durch Hintergrundannahmen und implizite Theorien, die die Konfliktparteien in den vorgeschlagenen Programmen und Lösungsmodellen wahrnehmen, zu erklären (*Nullmeier 1993, Sabatier* 1993) dann könnten sowohl strukturalistische als auch statistische Erklärungen eingesetzt werden.

Die stärker diskursanalytisch orientierte Erklärungsweise betont demgegenüber nicht so sehr den inhaltlichen Aspekt von Policies und von deren Wahrnehmung und Zuordnung, sondern fokussiert auf die rhetorischen und diskursiven Effekte, die innerhalb von Policy-Debatten erzeugt werden. Nicht nur die autoritative Behauptung von Entscheidungsmacht und Sachkompetenz wird als zur sozialen Abschließung von Politikfeldern beitragende Diskursstrategie herausgestellt, daneben werden die rhetorischen Mittel der Manipulation und Überzeugung in Policy-Diskussionen analysiert. In einer radikalen Variante führt dies zur Forderung nach einer Demokratisierung des Policy-Diskurses, da durch die Verengung der Programmdebatte und die Anwendung von Manipulationstechniken relevante Programmpositionen und Betroffenenperspektiven ausgeschlossen bleiben (*Dryzek* 1990). Die weit weniger policy-kritische Variante macht höchstens Vorschläge, wie Blockaden im Diskursverhalten und unüberbrückbare Gegensätze in den Programmdiskussionen durch eine Rationalisierung des Diskussionsverhaltens und eine gezielte Kontrolle der rhetorischen Mittel aufgelöst bzw. aufgeweicht werden können (*Rein/Schön* 1993).

1.3.1 Policy-Analysen in der Forschungspraxis

Ganzheitliche Perspektiven

Ein wichtiges Merkmal der Policy-Forschung ist ihre problemorientierte, multimethodische und interdisziplinäre Orientierung. Wenn es darum geht, die Entstehung eines gesellschaftlichen Problems und seine politische Verarbeitung zu verstehen und zu erklären, dann kann sich die Analyse nicht nur auf politik- und verwaltungswissenschaftliche Aspekte beschränken, sondern muss in der Regel auch organisations- und verwaltungssoziologische, ökonomische und juristische Aspekte berücksichtigen. In dieser Hinsicht zeichnen sich Policy-Analysen dadurch aus, dass sie alle relevanten Elemente, Variablen und Prozessstadien einer bestimmten Politik in den Untersuchungsrahmen einbeziehen, um entweder über Ursachen und Gründe des Erfolgs oder Misserfolgs einer Politik Aussagen treffen zu können oder um einfach nur neue Einsichten über die Funktions- und Wirkungsweise gegenwärtiger sozialer Mechanismen zu erhalten.

Seitdem sich die Policy-Analyse zu einer sozialwissenschaftlichen Wachstumsbranche mauserte, hat sie sich in ein fast unüberschaubares Spektrum ausdifferenziert. Policy-Analysen können sich auf singuläre Entscheidungen, auf einzelne Phasen einer Politikentwicklung (z.B. Implementation), auf einen gesamten Entwicklungszyklus, auf ganze Sektoren und Politikfelder, in denen ständig viele Politikentwicklungen stattfinden, und schließlich auch auf unterschiedliche Ebenen dieser Entwicklungen beziehen. Policy-Prozesse können auf lokaler, nationaler und sogar inter- und supranationaler Ebene untersucht werden, wie dies in den vergangen Jahren insbesondere in Analysen über die EU deutlich wurde. Schließlich können sich Analysen auch auf Teilbereiche und Ausschnitte dieser Prozesse konzentrieren. Ein Beispiel hierfür sind die Analysen über Beziehungsnetzwerke in staatlichen Politiken, die neuerdings als Politiknetzwerke diskutiert werden. Die abstrakteste Perspektive in Politikanalysen wird schließlich in so genannten *Governance-Analysen* anvisiert, in denen ganze gesellschaftliche Teilbereiche, die unter Umständen eine Reihe von Politikfeldern umfassen können, in Bezug auf ihre institutionelle Regelung und Steuerung untersucht werden. Neben der staatlichen Intervention mittels öffentlicher Politiken können hierbei auch rein private Arrangements der Selbstregulierung im Zentrum der Analyse stehen.

Aus der Methodenperspektive lassen sich in der Policy-Forschung alle oben diskutierten Erklärungsmodelle entdecken – von der quantitativ-statistischen Argumentation bis zur narrativ-historischen Interpretation. Das zahlenmäßig größte Volumen besteht zweifellos aus Einzelfallstudien und vergleichenden qualitativen Fallstudien, obwohl die quantitativ statistische Policy-Forschung inzwischen auch auf einen beträchtlichen Grundstock verweisen kann, der in den letzten 15 Jahren entstanden ist. Zur letztgenannten Richtung zählt nicht nur jener Teil der komparativen Policy-Analyse, die ihre Befunde aus dem Vergleich vieler Policy-Prozesse schöpft, sondern sowohl Zeitreihenanalysen, die Daten über viele Zeitpunkte als statistisches Material verwenden, als auch Netzwerkanalysen, die die in Politikentwicklungen und Politikfeldern involvierten Beziehungsnetzwerke quantitativ untersuchen.

Qualitative und quantitative Policy-Analyse

In der qualitativen Forschungstradition der Policy-Analyse dominieren sicherlich Einzelfallstudien und vergleichende Fallstudien, die in der Regel nicht mehr als drei oder vier Fälle vergleichen. Trotz der Popularität dieser Studien mit geringen Fallzahlen wird ihre Wissenschaftlichkeit zuweilen angezweifelt, und es wird die Frage aufgeworfen, wie aussagekräftig derartige Analysen überhaupt sein können und inwieweit deren Ergebnisse theoretisch und empirisch überhaupt allgemeine Relevanz besitzen. Anders ausgedrückt heißt dies: Inwieweit vermögen Beobachtung, Entdeckungen und Folgerungen aus der Untersuchung eines speziellen Falls oder des Vergleichs von zwei oder mehreren Fällen generelle sozialwissenschaftliche Einsichten und Erkenntnisse zu produzieren? Tatsächlich sind die meisten Facetten öffentlicher Politik singulär und somit schlecht für weitergehende Generalisierungen geeignet. Allerdings könnte man einwenden, dass sich immer wieder Aspekte von Politiken oder Politikbereichen finden lassen, die ohne weiteres als exemplarisch für moderne politische Prozesse angesehen werden können.

Einzelfall und „Wenig-Fälle" – Studien

Tabelle 1.2: Forschungsdesigns

	Einzelfall und wenige Fälle	Viele Fälle
Qualitative Studien	häufig: Einzelfallstudie; vergleichende Fallstudie	sehr selten: qualitativer Vergleich
Quantitative Studien	selten: quantitative Fallstudien	häufig: statistisch-vergleichende Studien

Die Stärke von Fallstudien ist, dass diese prinzipiell eine hohe Auflösung und Tiefenschärfe in der Deskription und Analyse öffentlicher Politiken ermöglichen. Bereits die Konzentration auf einen Fall (eine Entscheidung, eine Policy, ein Politikfeld) kann zu einem differenzierten Einblick in das Innenleben heutiger Politikprozesse führen, der dann aber wiederum im Kontext vorliegender Theorien reflektiert werden sollte (*Blatter/Janning/Wagemann* 2006; *George/Bennett* 2005). Von einer Fallstudie mehr zu verlangen, hieße auch, dieses spezifische Erkenntnisinstrument misszuverstehen. In unserem Verständnis sind Fallstudien

Stärke von Fallstudien

keine Elemente eines kumulativen, universellen und kontinuierlichen Prozesses der Sammlung und Anhäufung theoriefähiger bzw. bestätigter Aussagen, die sich asymptotisch einer häufig bestätigten Theorie annähern würden. Sie eignen sich eher als explorative Forschungsinstrumente, um bereits bestehende Begriffe, Konzepte und Theorieansätze im Einzelnen auf ihren empirischen Gehalt zu überprüfen und somit weiterzuentwickeln (*Gerring* 2004). Im Ergebnis kann es dann der Fall sein, dass die Konzepte sozusagen der Empirie standhalten, generalisierte theoretische Aussagen können aber nicht induktiv aus einem oder mehreren Fällen allein gezogen werden. Das Ziel qualitativer Fall- und Vergleichsstudien sollte in diesem Zusammenhang daher in der Anwendung von Theorieansätzen auf einen gesellschaftlichen und politischen Wirklichkeitsausschnitt gesehen werden, um dessen Fruchtbarkeit in der Erklärung von sozialen und politischen Zusammenhängen zu überprüfen und hierüber letztlich zur Theorieentwicklung beizutragen.

1.3.2 Untersuchungspläne und Forschungsstrategien

Deduktion und Induktion

Prinzipiell können Policy-Analysen eine deduktive, induktive oder eine gemischte Forschungsstrategie verfolgen. In einer *deduktiven Policy-Studie* wird zunächst von einem theoretischen Erklärungsansatz oder einem Modell ausgegangen, das beispielsweise das Zustandekommen eines bestimmten Policy-Ergebnisses zu erklären beansprucht und Theorien, Ansätze und Konzepte kombiniert, die auf den bestimmten Policy-Fall angewandt werden können. Im Modell werden das Erklärungsobjekt und der Erklärungszusammenhang durch die Theorien gefiltert abgebildet. Hierbei sollte man sich vergegenwärtigen, dass die Abbildung so realistisch wie möglich sein soll, aber aus prinzipiellen Gründen niemals so etwas wie eine Realitätsspiegelung sein kann. Es gibt natürlich *trade-offs*: Aus forschungspragmatischen Gründen sollen Modelle „sparsam", vom Erklärungsanspruch her jedoch möglichst realistisch sein.

Wissenschaftliche Modelle fahren in der Regel einen Mittelweg und blenden perspektivisch Merkmale aus, wobei andere Attributkombinationen verstärkt werden. Insofern haben Modelle gleichsam *Selektions- und Konstruktionsfunktionen*: Einerseits haben sie das Wichtige vom Unwichtigen zu unterscheiden, andererseits das Verhältnis zwischen den signifikanten Einheiten systematisch aufzubauen. Besonders deutlich wird die Problematik bei formalen Modellen, in denen Modellbeziehungen mathematischen Gesetzen gehorchen. Weil die Mathematik bis heute nur eine begrenzte Auswahl von Zusammenhängen widerspruchsfrei modellieren kann, sind Modelltheoretiker immer versucht, im Sinne einer formalen Eleganz und Widerspruchsfreiheit Abstriche am Realismus eines Modells zu machen. Diese Tendenz, die *Albert* (1965) in der Ökonomie vor Jahrzehnten als Modellplatonismus kritisiert hatte, lässt sich seit geraumer Zeit teilweise auch in der Politikwissenschaft und in der Policy-Forschung beobachten. Solange das formale Modell aber nur als Erklärungshypothese betrachtet wird, die mit den jeweiligen Daten empirisch überprüft und gegebenenfalls falsifiziert wird, ist gegen eine solche Strategie nichts einzuwenden.

Rein induktive Strategien verfolgen Fall- oder Vergleichsstudien, die versuchen, empirische Fälle zunächst „so wie sie sind" zu beobachten und zu beschreiben, also „Daten sprechen zu lassen" und erst in einem zweiten Schritt (bedingt) zu generalisieren. Sie gehen davon aus, dass bestimmte erklärungsrelevante Vorgänge und Beziehungen, die sich an einem oder mehreren Fällen beobachten lassen, sich bei vielen oder den meisten anderen Fällen ebenfalls entdecken lassen. Bei einer Induktion wird dann aus fallbezogenen und zunächst theoriefreien Beobachtungen auf generelle Sachverhalte geschlossen. Dass ein solches Vorgehen aus wissenschaftstheoretischer Perspektive recht problematisch erscheint, ist bereits seit Jahrhunderten ein Thema der Philosophie. Allerdings ist dieses Vorgehen rein praktisch die Grundlage sämtlichen Erfahrungswissens.

Viele Policy-Analysen verfolgen – bewusst oder unbewusst – einen Mittelweg zwischen Deduktion und Induktion, indem sie einen empirischen Fall zunächst aus deduktiver Perspektive beschreiben, anschließend aus (zum Teil konkurrierender) theoretischer Perspektive analysieren und dabei überprüfen, ob die empirischen Beobachtungen mit den aus den Theorieansätzen abgeleiteten Vermutungen übereinstimmen. Können empirische Sachverhalte von den hierbei angewandten Theorien nicht erklärt werden, so werden diese inkrementalistisch und kombinatorisch erweitert, bis sie eine plausible, theoriegestützte Erklärung liefern. Dieses, in der Alltagspraxis häufig von Detektiven und Kriminalisten angewendete Verfahren wurde von dem amerikanischen Philosophen *Pierce* (1991 [1878]) Abduktion genannt. Im Unterschied zur Deduktion und Induktion wird hier von einer empirischen Beobachtung ausgegangen, die dann aber als (Spezial-)Fall von bestimmten Regel- oder Gesetzmäßigkeiten zu rekonstruieren versucht wird (*Czada/Schmidt* 1993, *Schneider* 2003).

Abduktion

Nehmen wir zur Verdeutlichung von Deduktion, Induktion und Abduktion einmal an, dass es in der Politik das allgemeine Gesetz gäbe, dass intensive Parteienkonkurrenz zur Erhöhung der Staatsausgaben führe (*Schneider* 2003). Die Intensität der Parteienkonkurrenz würde gemessen über die Art des Parteiensystems, wobei Vielparteiensysteme (VPS) von Wenigparteiensystemen (WPS) unterschieden werden. Die Höhe der Staatsausgaben wird in Bezug zur Bevölkerungsgröße des Landes gesetzt. Die Struktur einer Deduktion wäre in diesem Fall, bei der Beobachtung eines Vielparteiensystems (VPS) auf hohe Staatsausgaben und bei einem Wenigparteiensystem (WPS) auf geringe Staatsausgaben zu schließen:

Regel: VPS erzeugen hohe Staatsausgaben

→ Beobachtung: Länder mit VPS haben hohe Staatsausgaben

Induktion beschreitet den umgekehrten Weg und vermutet auf Grund der Beobachtung einer hinreichenden Anzahl von Parteiensystemen, bei der (fast) alle VPS erhöhte Staatsausgaben und alle WPS niedrige Staatsausgaben aufweisen, dass es das genannte allgemeine Gesetz geben müsse.

Beobachtung: (Alle untersuchten) Länder mit VPS haben hohe Staatsausgaben

→ Regel: VPS erzeugen hohe Staatsausgaben

Während die Induktion von der Beobachtung von hinreichend vielen Fällen ausgeht, beginnt die Abduktion mit der Beobachtung eines oder mehrerer Fälle auf der Basis einer Hintergrundtheorie (hypothetische Regel).

Beobachtung: Land X hat hohe Staatsausgaben

Hypothetische Regel: VPS erzeugen hohe Staatsausgaben

→ Erklärung: Land X hat ein VPS

Bei einer Abduktion werden Beobachtungen durch plausible Hypothesen erklärt und Schlüsse auf die beste Erklärung gezogen. Vor dem Hintergrund, dass die Theorie „VPS → hohe Staatsausgaben" existiert, wird vermutet, dass die hohen Staatsausgaben auf das Vorliegen eines VPS zurückzuführen sind. Sind auch andere Regeln oder Gesetzmäßigkeiten plausibel, dann wird der Schluss unsicher und es muss versucht werden, konkurrierende Erklärungen auf systematische Weise auszuschließen. In diesem Fall könnte eine alternative Erklärung, z.B. dass hohe Staatsausgaben eher von Linksregierungen erzeugt werden, dadurch überprüft werden, dass zusätzliche Informationen erhoben werden, wie die jeweiligen Regierungen zusammengesetzt sind. Weitere Beobachtungen bei einer Abduktion erhärten daher in der Regel die Plausibilität oder führen zum Ausschluss von Hypothesen. Abduktion sollte letztlich als eine spezifische Phase im dynamischen Forschungsprozess betrachtet werden, in dem theoretisch inspirierte Hypothesen aufgestellt, überprüft, erweitert und wieder überprüft werden.

Einzelfall und Vergleichsstudien
Die drei hier beschriebenen Strategien können sowohl in Vergleichsstudien als auch in Fallstudien angewandt werden. Aus wissenschaftstheoretischer Perspektive unterscheidet sich die Einzelfallstudie in Bezug auf theoretische Voraussetzungen und Generalisierungsfähigkeit nicht vom Vergleich. Keine der beiden Forschungsstrategien eröffnet sich voraussetzungslos ihrem Gegenstand. Beobachtung, Beschreibung und Analyse setzen immer Theorien voraus. Die forschungsstrategischen Vorteile, die die Konzentration auf nur einen Fall mit sich bringt, kann nicht unabhängig vom analytischen Bezugsrahmen gesehen werden. Operiert eine Analyse mit einem sehr groben theoretischen Apparat, wird auch eine Fallstudie keine große Tiefenschärfe zu Wege bringen. Allerdings kann ein sehr feingliedriger theoretischer Rahmen oft erst dann seine volle Wirksamkeit beweisen, wenn er sich auf das Detail konzentrieren kann. Der Vergleich hat demgegenüber den Vorteil, aus der Gegenüberstellung von empirischen Fällen einen einfacheren Zugang zu empirischen und theoretischen wissenschaftlichen Rätseln zu finden.

Es ist natürlich – auf den ersten Blick – einfacher, auf der Grundlage von beispielsweise zwei oder drei ähnlich strukturierten Ländern mit signifikanten Unterschieden in einer bestimmten sektoralen Politik zu fragen, wo diese Unterschiede herkommen und welche Faktoren diese erklären, als eine politikwissenschaftliche Problemstellung auf der Basis nur eines Falls zu formulieren. Versucht man eine Fragestellung jedoch von existierenden Theorien und der auf ihnen basierenden Vermutungen her zu entwickeln, unterscheiden sich Einzelfallstudien von Vergleichsanalysen nicht mehr besonders. Aus dieser Perspektive ist es nicht so wichtig, ob wenige oder viele Fälle untersucht werden, sondern welcher theoretische Apparat in Verbindung mit welchem methodischen Arsenal der empirischen Sozialforschung eingesetzt wird. Bevor wir uns aber den impliziten wie expliziten theoretischen Vorannahmen zuwenden, soll noch einmal genauer auf die Fragestellungen und Verfahren der vergleichenden Policy-Forschung eingegangen werden.

1.4 Der Vergleich in der Policy-Forschung

Die vergleichende Policy-Forschung beschäftigt sich mit der Beschreibung und Erklärung öffentlicher Politiken durch Gemeinsamkeiten und Unterschieden in den Inhalten einer öffentlichen Politik und ihrer Determinanten *(siehe z.B. Grande/Schneider 1991)*. In gewisser Weise liegt diesen Forschungen die allgemeine Frage zugrunde, ob sich für die modernen Demokratien ein einheitliches Modell der Politikgestaltung herausdestillieren lässt oder ob unterschiedliche sozio-ökonomische Kontexte, kulturelle Traditionen, Parteien- und Verbändesysteme sowie institutionelle Besonderheiten des politischen Systems einen Differenz fördernden Einfluss ausüben. Neben diesen Fragestellungen ist in jüngster Zeit ein besonderes Interesse an Angleichungs- und Veränderungsprozessen in nationalstaatlichen Politikfeldern aufgrund äußerer Einwirkungen und internationaler Interdependenzen getreten. Vergleichende Politikfeldanalysen fragen nach den unterschiedlichen Effekten, die Europäisierung und Globalisierung auf Akteurkonstellationen, Policy-Diskurse und Entscheidungsprozesse in einzelnen Nationalstaaten ausgeübt haben *(Eising* 2000, *Green Cowles et al.* 2001).

Die vergleichende Policy-Forschung

In den meisten Fällen wird der Fokus dabei auf ein Politikfeld gelegt, seltener sind Arbeiten zu finden, die mehrere Politikfelder in verschiedenen Staaten vergleichen. Dies lässt sich häufig dadurch erklären, dass Policy-Forscher sich auf einzelne Politikfelder spezialisieren und der zeitliche und materielle Aufwand zur Gewinnung verarbeitbarer Daten weitaus höher zu veranschlagen ist als bei Makrostrukturvergleichen auf der Basis von Länderstatistiken der OECD oder der Weltbank. Wie oben schon ausgeführt, werden vornehmlich Fallstudien zu Ländervergleichen mit niedriger Fallzahl herangezogen. Die Betrachtung von Politikfeldern in Fallstudien hat aber nicht zur Standardisierung der Forschungsansätze in der Politikfeldanalyse beigetragen. Dazu weisen die verschiedenen Arten des Fallstudiendesigns zu wenige Gemeinsamkeiten auf. Höchstens in der *vergleichenden Politiknetzwerkforschung* wird mit konventionellen, für alle Studien gültigen Methoden der quantitativen Beziehungsanalyse gearbeitet, wodurch die Politikfelder auf angemessene Weise wissenschaftlich verglichen werden können. Wegen der aufwendigen Datenerhebung und des nicht einfachen Zugangs zu dieser Methode sind bislang allerdings nur wenige Studien vorgelegt worden *(Knoke et al.* 1996, *Pappi/König/Knoke* 1995).

Das grundlegende Problem, das sich der vergleichenden Policy-Forschung stellt, besteht in der Vielzahl von potentiellen erklärenden Variablen bei einer gleichzeitig geringen Zahl von möglichen Untersuchungsfällen. Dabei ist die große Zahl möglicher unabhängiger Variablen ein generelles Problem der Sozialwissenschaften; das Problem der geringen Fallzahl trifft jedoch speziell auf die

Viele Variablen, wenige Fälle

vergleichende Methode zu (*Lijphart* 1971: 685). Während in den Naturwissenschaften dieses Problem durch experimentelle Untersuchungsdesigns, die es erlauben, einzelne Faktoren gezielt zu isolieren und systematisch zu variieren, behoben werden kann, ist die Anwendung von Experimenten in der Policy-Forschung nahezu ausgeschlossen.

In den Sozialwissenschaften sind vergleichende Studien nach dem *most similar system design* und dem *most different system design* (*Przeworski/Teune* 1970: 32-29) am besten dazu geeignet, Experimente zu ersetzen (*Scharpf* 2000: 54). Die Logik des most similar system design entspricht der method of difference und das most different system design der method of agreement von John Stuart Mill. Die Bezeichnung von Przeworski und Teune bezieht sich dabei auf die Gesamtheit der für die Erklärung relevanten Eigenschaften des Untersuchungsgegenstandes, wohingegen sich Mills Bezeichnung auf die erklärende Variable bezieht.

method of difference,
method of agreement Das most similar system design bzw. Mills method of difference geht von zwei oder mehreren sehr ähnlichen Fällen aus, die sich jedoch in der Ausprägung des zu erklärenden Phänomens sowie lediglich in einer Eigenschaft, die für die Erklärung potentiell relevant ist, unterscheiden. Unterschiede in der Ausprägung der abhängigen Variablen können dann auf diese eine Eigenschaft, die über die Fälle hinweg variiert, zurückgeführt werden. Bei dem *most different system design* bzw. bei *Mills method of agreement* unterscheiden sich die Fälle dagegen in möglichst vielen für eine Erklärung potentiell relevanten Merkmalen, weisen jedoch dieselbe Ausprägung sowohl der abhängigen Variablen als auch einer unabhängigen Variablen auf. Als ursächlich für das zu erklärende Ereignis kann folglich die unabhängige Variable, die in ihrer Ausprägung über die Fälle hinweg konstant ist, betrachtet werden (*Landmann* 2000: 27-32, *Ragin* 1987: 36-42). Da sich in empirischen Untersuchungen die Varianz der Fälle kaum so weit reduzieren lässt, dass die Ursache eines Ereignisses einer einzelnen Variablen oder Variablenkombination zugeschrieben werden kann, eignet sich diese Methode zwar zur Bestätigung von Hypothesen, jedoch nicht zum Ausschluss von Alternativhypothesen. Es kann nicht ausgeschlossen werden, dass historische Zufälle oder Faktoren, die in der Untersuchung nicht berücksichtigt wurden, die tatsächliche Ursache für das beobachtete Phänomen sind (*Przeworski/Teune* 1970: 37f., *Scharpf* 2000: 54f.).

synchrone, diachrone
Strategien In der Durchführung der Analyse kann eine vergleichende Fallstudie eine *synchrone Strategie* verfolgen, indem sie in einer Querschnittanalyse einen aktuellen oder zurückliegenden Zeitpunkt der Politikgestaltung aus einer vergleichenden Fragestellung heraus untersucht, oder eine *diachrone Strategie* anwenden, mit der Entwicklungen in einzelnen Politikfeldern im historischen Längsschnitt betrachtet werden. Häufig findet allerdings auch eine Vermischung von Quer- und Längsschnittanalyse statt, insofern als das konkrete *policy-making* in historische Exkurse über die Entwicklung von Politikfeldern eingebettet wird. Trotz des unterschiedlichen Zugangs ist den vergleichenden Studien die Zielorientierung gemeinsam, ähnliche oder unterschiedliche nationale oder internationale Faktoren für die Hervorbringung von Politikfeldern und Policy-Stilen herauszuarbeiten. Die Forschungsarbeit ist somit an der Entdeckung von kausalen Zusammenhängen zwischen der abhängigen Variable des Policy-Outcomes und den policy-initiierenden Faktoren als unabhängigen Variablen (z.B. Einkommensverteilung und Bildungsniveau einer Gesellschaft, Machtkonzentration der Interessenorganisationen, Wechsel und Zusammensetzung der Regierungskoalitionen etc.) sowie an der Überprüfung der Aussagen über solche Zusammenhänge orientiert (*Schmidt* 2002).

Die Aufstellung und Überprüfung theoretischer Aussagen über Wirkungszusammenhänge kann allein durch einen induktiven Vergleich nicht geleistet werden. Vielmehr setzt die Mill'sche Methode theoriegeleitete Hypothesen voraus. Um eine vergleichende Fallstudie zu strukturieren, sind theoretische Konzepte notwendig, die kausale Mechanismen zwischen unabhängigen Variablen und abhängigen Variablen identifizieren und systematisch beschreiben. Anhand theoretischer Konzepte können Phänomene, die sich z.B. geographisch, sprachlich oder institutionell voneinander unterscheiden, gruppiert und dadurch vergleichbar gemacht werden. Das Ziel der vergleichenden Policy-Forschung, Aussagen über kausale Zusammenhänge zu machen, stellt besondere Anforderungen an die Theoriebildung für solche Studien. Die entsprechende Theorie (der Staatstätigkeit) muss die Beschreibung und Erklärung von Gemeinsamkeiten und Unterschieden in der Regierungspolitik (Policy-Outcomes) ermöglichen und muss deshalb auf Ursache-Wirkungsbeziehungen von internationalen oder intertemporalen Unterschieden fokussieren. Gefordert ist somit eine empirisch-analytische Theorie, die in den meisten Fällen nicht an der komplexen Struktur von Politikfeldern ansetzt, sondern ein Politik-Modell benutzt, das Makro-Faktoren der gesellschaftlichen Struktur, institutionelle Ausprägungen der untersuchten politischen Systeme und sich überlagernde Mechanismen innerhalb eines eventuell existierenden internationalen politischen Mehrebenensystems zur Erklärung des Regierungshandelns heranzieht.

Theoretische Konzepte

Insgesamt steht die vergleichende Policy-Forschung vor dem Dilemma, für den Vergleich vieler Fälle sehr einfache Erklärungsmodelle benutzen zu müssen, die die Besonderheiten der zu vergleichenden Gesellschaften auf wenige Makrovariablen reduzieren und die Eigenschaften des jeweiligen politischen System auf wenige intervenierende Variablen einschränken. Je genauer die Abbildung realer Wirkungsverhältnisse versucht wird und möglichst viele Variablen zur Erklärung von Policies herangezogen werden, desto stärker bleibt die Darstellung an einem komplexen Einzelfall orientiert. Der Vergleich von Einzelfallstudien für einzelne Länder und Policy-Verläufe bietet dann die Möglichkeit, anhand der weitgehend vollständigen Abbildung aller Faktoren und Prozesse Strukturen, Akteurkonstellationen und historische Entwicklungen zu vergleichen. Die Aussagen über Abläufe und Tatbestände bleiben aber auf die zum Vergleich herangezogenen Fälle beschränkt und können kaum zu einer Verallgemeinerung, die über die Fälle hinausweist, herangezogen werden.

Dilemma der Policy-Forschung

2 Der Gegenstand der Politikfeldanalyse: Strukturen und Prozesse politischer Problemverarbeitung

Prozessuale und strukturelle Differenzierung des policy-Begriffs

Gegenstand der Politikfeldanalyse ist, wie wir zu Beginn des ersten Kapitels feststellten, die inhaltliche Dimension von Politik, die mit dem englischen Begriff Policy erfasst wird. Dies können Gesetze, Verordnungen, Programme, Einzelentscheidungen aber auch Überzeugungs- und Koordinationsleistungen des politischen Systems bzw. des Staates sein. Der Policy-Begriff kann dabei sowohl in prozessualer als auch in struktureller Hinsicht ausdifferenziert werden. In prozessualer Hinsicht ist es sinnvoll, einen Policy-Prozess in unterschiedliche Phasen und Abschnitte zu unterteilen, in struktureller Hinsicht lassen sich verschiedene Komponenten und Beziehungstypen unterscheiden, die einen bestimmten Politikbereich oder ein Politikfeld charakterisieren.

Im Folgenden werden die wichtigsten Begriffe und Konzepte dargestellt, die es erlauben, öffentliche Politik aus diesen beiden Perspektiven differenziert zu beschreiben. Da es keine frei schwebende, theorielose Beobachtung gibt und die meisten Realobjekte der Politik als solche nie direkt zu beobachten sind, ist man auf einen Satz von Begriffen und Konzepten angewiesen, mit denen dieses komplexe Feld zu beschreiben ist. Es soll also ein Begriffs-Netzwerk aufgespannt werden, das zunächst eine rein deskriptiv-systematisierende und ordnende Funktion hat. Vorwiegend erklärende und interpretative Begriffe, Theorien und Ansätze werden im dritten Abschnitt vorgestellt.

2.1 Der Policy-Zyklus als Problemverarbeitungsprozess

Funktionalistische Betrachtung

Eine öffentliche Politik ist zunächst ein Entscheidungs- und Produktionsprozess. Aus einer rein funktionalistischen Sichtweise, die seit den 1960er-Jahren insbesondere durch die sozialwissenschaftliche Rezeption kybernetischer Ansätze in die Politik- und Verwaltungswissenschaft eingesickert ist, werden öffentliche Politiken häufig als Erfüllung von systemischen Imperativen und funktionalen Reproduktionserfordernissen gedeutet. Oft bediente man sich hierbei der Metaphorik der Informationsverarbeitung, in der das politische System aus seiner Umwelt gewisse „Inputs" erhält, aus denen dieses aufgrund interner Strukturen, Prozeduren und Programme bestimmte Problemlösungen als „Outputs" erzeugt. Am bekanntesten ist hier zweifellos das Schema von *Easton* (1953), das die amerikanische Politikwissenschaft der 1960er-Jahre stark beeinflusst hat. In der Policy-Analyse hat es den Status eines Basisschemas, das seit den 1970er-Jahren von vielen Policy-Analytikern aufgenommen (*Mayntz/Scharpf* 1975, *Schubert* 1991) und in unterschiedlichen Facetten weiterentwickelt wurde (*Rakoff/Schaefer* 1975).

48

Die Informationsverarbeitungsperspektive legt nahe, den Konversionsprozess von Inputs und Outputs in verschiedene Verarbeitungsschritte zu zerlegen. Die Gesamtentwicklung einer bestimmten öffentlichen Politik wird in entsprechende Phasen oder Zyklen gegliedert (*Eberlein/Grande* 2003, *Jann/Wegrich* 2003). Auch für dieses Konzept bieten sich Analogien an, wie z.B. zum Produkt-Lebenszyklus in den Management- und Wirtschaftswissenschaften. Der Prozess einer Politikentwicklung wäre dann als ein Produktionsprozess mit bestimmten Lebensabschnitten zu verstehen. Ein für diesen Zusammenhang ebenfalls wichtiges Konzept ist der Planungs- und Entscheidungsprozess, der insbesondere in der betriebswirtschaftlichen und organisationssoziologischen Literatur zu finden ist (*March* 1978). Auch hier werden Entscheidungs- und Planungsprozesse gewöhnlich in Phasen eingeteilt. In einer ersten Phase wird zunächst die Problemlage erfasst, definiert und analysiert. In den folgenden zwei Abschnitten werden die Ziele festgelegt und verschiedene Handlungsalternativen entwickelt und bewertet. Daran knüpft dann die Entscheidung für eine oder mehrere Handlungsalternativen an, die in einer weiteren Phase schließlich umgesetzt werden. Um zu überprüfen, inwieweit das Problem durch die entsprechenden Handlungen gelöst worden ist, findet am Ende des Prozesses eine Evaluation statt.

Tabelle 2.1: Phasen-Perspektiven der Politikentwicklung

Phase	Kybernetik	Entscheidungstheorie	Policy-Prozess
1	Soll-Ist-Abweichung	Problemdefinition	Problemdefinition, Thematisierung
2	Steuerung	Zielsetzung	Agenda-Setting
3	Selektion	Bewertung von Alternativen, Entscheidung	Progammformulierung
4	Aktion	Durchführung	Implementation
5	Feedback	Evaluation	Policy-Evaluierung

Die Phasenaufteilung des Policy-Prozesses läuft weitgehend analog. Wie beim Planungs- und Entscheidungsprozess wird auch beim Policy-Zyklus angenommen, dass staatliche Politik von ihrer Entstehung bis zu ihrer jeweiligen Terminierung eine Reihe typischer Phasen durchlaufe: Auf die erste Phase der Definition und Thematisierung des betreffenden Problems folgt das Agenda-Setting, das schließlich in die Programmformulierung übergeht. Auch in diesem Konzept folgt die Implementation, die Umsetzung, die in einer weiteren Phase dann evaluiert werden kann. Bei wiederholten politischen Problemlösungsprozessen, die in der Art einer Rückkopplungsschleife immer wieder ablaufen, ist die Evaluationsphase die Verzweigungsstelle, an der entschieden wird, ob eine Policy endgültig abgeschlossen ist (Terminierung) oder wieder in die Thematisierungsphase zurück geführt wird.

Die jeweiligen Aufteilungen sind rein analytisch und in der politischen Wirklichkeit in dieser strengen Form nicht immer so anzutreffen. Oft gibt es auch Überlappung und wechselseitige Durchdringung, so dass sich eine klare

Abgrenzung zwischen den einzelnen Phasen des Policy-Zyklus nicht finden lässt.

Abbildung 2-1: Der idealtypische Policy-Cycle

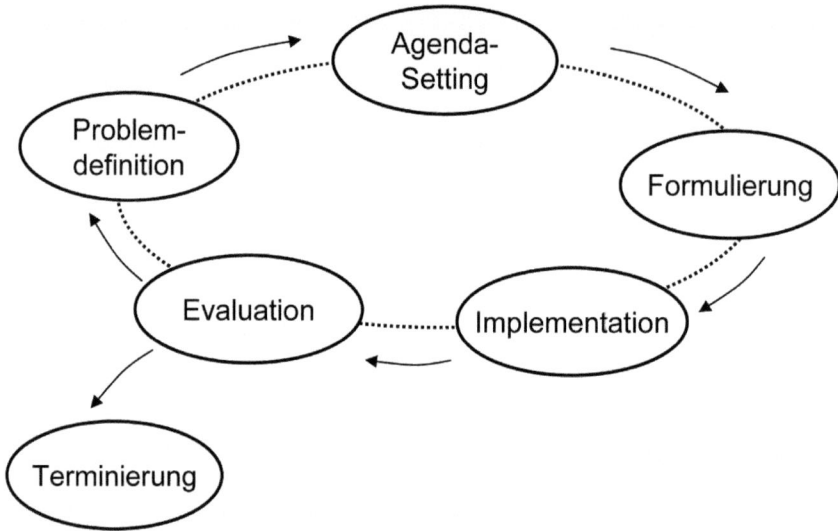

Quelle: nach *Jann/Wegrich 2003*: 82

Drei Hauptphasen

Das in der Fachliteratur repräsentierte Spektrum an Aufgliederungen ist terminologisch äußerst breit gefächert. Trotzdem kann man aber von einem gemeinsamen Kern ausgehen, der die wichtigsten Policy-Phasen umfasst. Diese sind:

- Problemdefinition und Agenda-Setting,
- Programmformulierung,
- Implementation.

Darüber hinaus werden manchmal auch Evaluation und Terminierung als weitergehende Abschnitte diskutiert. In der hier gewählten Systematik handelt es sich bei diesen eher um eine Rückkopplungsschleife, wie später noch gezeigt wird. Im Folgenden werden diese drei Hauptphasen des Policy-Prozesses im Detail diskutiert.

2.1.1 Problemdefinition und Agenda-Setting

Der Policy-Prozess wird in der Regel durch ein Problem initiiert, das politische Relevanz gewinnt. *Sjöblom* (1986) sieht ein Problem vorliegen, wenn eine Diskrepanz besteht zwischen dem, was ist, und dem, was angestrebt wird. Ein Policy-Problem wird insofern als Diskrepanz zwischen einem Ist und einem Soll-Zustand, der mit den gegenwärtig verfügbaren sozio-politischen Steuerungsmitteln erreicht werden könnte, definiert.

Diese Definition verweist auf zwei Komponenten eines politischen Problems: Norm und Faktizität. Bilden sich Probleme heraus, sind immer beide Dimensionen beteiligt. Es existiert eine soziale Norm, ein Erwartungsniveau oder eine technisch definierte Notwendigkeit, von der ein aktueller Zustand abweicht. Viele Policy-Modelle setzen an diesem Punkt an, ohne aber auch auf die problemerzeugenden Mechanismen selbst Bezug zu nehmen. Jedoch ist es für das Verständnis des sozialen Wirkungsspektrums eines Problems wichtig, dessen innere Natur und dessen Vernetzung mit anderen Problembereichen zu kennen. Probleme können zunächst ökonomischer, ökologischer oder technischer Natur sein. Erst indem sie auf die Lebenschancen von Menschen wirken, werden sie zu sozialen Problemen. Diese Vernetzung zwischen Problemen und sozialen Akteuren wurde oben als Betroffenheitsstruktur diskutiert. Norm und Faktizität

Zwischen Problemsituation und den davon betroffenen Akteuren schiebt sich eine weitere Dimension, die für das Verständnis der Problemkonstitution wichtig ist. Die Voraussetzung einer sozial relevanten Diskrepanz zwischen dem, was ist, und dem, was sein soll, ist deren Perzeption durch soziale Akteure. Reine Daten gibt es nicht. Erkenntnis von etwas ist immer ein sozialer Prozess, der auf Theorien, Modelle und Ideologien verweist, mittels derer sich soziale Akteure eine Vorstellung über die Realität machen – diese grundlegende erkenntnistheoretische Vorstellung, über die heute unter Erkenntnistheoretikern im Grunde Konsens herrscht, hat in der besonders radikalisierten Form des Konstruktivismus oder Sozialkonstruktivismus gegenwärtig viele Anhänger gewonnen. Aus dieser Perspektive sollte die Ebene der Problemperzeption und -definition somit als eigenständige Ebene mit eigenen Gesetzmäßigkeiten betrachtet werden, die sich relativ autonom von einer so genannten objektiven Problemlage entwickelt. Umwelt- oder Gesundheitsschäden industrieller Entwicklungen sind z.B. bereits lange akut gewesen, bevor diese zu einem sozialen und politischen Problem wurden. Auf der anderen Seite gibt es natürlich auch Probleme, die erst durch bestimmte kognitive Voraussetzungen (z.B. Entwicklung bestimmter Testmethoden und Messverfahren im Umweltschutz) erkannt werden. Perzeption

In beiden Fällen gelingt eine Politisierung (d.h. Thematisierung als politisch relevantes Problem) nur, wenn ein bestimmter gesellschaftlicher Norm- und Wertewandel dies ermöglicht und eine Abweichung erst öffentlich sichtbar und sozial inakzeptabel werden lässt. Dieser Stellenwert der normativen Komponente von politischen Problemen tritt insbesondere in internationalen und interkulturellen Vergleichsstudien klar zu Tage. Soziale und politische Zustände, die beispielsweise in Europa ein zentrales Problem darstellen, sind in Entwicklungsgesellschaften oft Alltagszustände und werden deshalb in der Regel als schicksalsgegeben betrachtet. Insofern ist es wichtig, Probleme immer auch im Kontext ihrer normativen Voraussetzung zu betrachten.

Ein weiterer Zusammenhang zwischen Problemen und darauf bezogenen Politiken, der für das Verständnis der Prozessdynamik wichtig ist, ergibt sich aus den Beziehungen zwischen Problemstruktur und der Menge der erkannten Lösungsoptionen. Obwohl Probleme in der Regel ihre eigenen Lösungen nicht vorprogrammieren, besteht zwischen der Problemstruktur und den Lösungsoptionen doch ein gewisser Zusammenhang. Dieser sollte allerdings nicht als eine deterministische Beziehung betrachtet werden, sondern als eine Art Gelegen- Lösungsoptionen heitsstruktur, die Freiheitsräume für unterschiedliche, sachlich mögliche Lösungsoptionen vorzeichnet. Einerseits stellen inhaltliche, sachlogische Zusammenhänge und Eigenheiten eines Problems, wie beispielsweise Strukturiertheit, Größe und Wachstumsdynamik spezifische Anforderungen (z.B. räumliche und zeitliche Restriktionen) an Lösungsentwürfe. Andererseits ist der Prozess der Suche nach Lösungsstrategien im *policy design* immer über so genannte kognitive Orientierungsschemata (*Axelrod* 1976) vermittelt, in welchen die beteiligten Akteure ihre Handlungsalternativen bewerten und sich für bestimmte Optionen entscheiden. Die Menge der zu einem Zeitpunkt erkennbaren und denkbaren Lösungen ist daher immer nur ein Ausschnitt der prinzipiell möglichen sachlichen Alternativen. Das Wissen über die vorherrschende Problemsicht, welche die Bewertung der verschiedenen Restriktionen zentral lenkt, ist daher unabdingbar für das Verständnis einer Politikentwicklung.

Problemlösungen akteurbasiert

Die systemische Sichtweise sollte nicht dazu verleiten, die Akteure dabei aus dem Blickwinkel zu verlieren. Probleme lösen sich nicht selbst. Die Gesellschaft ist kein techno-kybernetisches System, in dem Soll-Ist-Abweichungen direkt in ein gesellschaftliches Steuerungszentrum rückvermittelt werden. Soziale Problemlösungsprozesse sind immer akteurvermittelt. Akteure müssen von Problemen betroffen sein und auch ein Interesse haben, in einen Problemzusammenhang einzugreifen. Sie müssen Problembewältigungsstrategien initiieren und entsprechend Ressourcen investieren. Dieser ganze Prozess geht jedoch von zahlreichen Bedingungen aus, die nicht fraglos vorausgesetzt werden können.

Situationsdeutungen

Befinden sich soziale Akteure in einer Problemlage oder in einer Mangelsituation, impliziert dies nicht automatisch, dass Individuen oder Gruppen handeln. Individuen können solche Zustände beispielsweise als naturgegeben oder gottgewollt betrachten und damit akzeptieren. Eine wichtige Grundvoraussetzung für das Handeln ist, dass die Handelnden die Herbeiführung des gewünschten Zustandes für denkbar halten, was vor allem die Möglichkeit eines anderen Zustandes in den Vorstellungen der Handelnden impliziert. Diese Bedingung setzt bestimmte Situationsdeutungen voraus, die die Möglichkeit des Andersseins in sich bergen. Die Strukturen der Situationsdeutungen (Weltbilder, Ideologie, Kultur, Normen etc.) sind daher ein strategisches Element der Thematisierung einer Problemlage und in der Politikerklärung so bedeutsam, dass ohne sie – abseits von den rationalen Entscheidungsansätzen – viele reale Entscheidungsprozesse nicht erklärbar wären.

Mittel als Voraussetzung

Selbst wenn ein Akteur Probleme wahrnimmt und Vorstellungen über Lösungswege besitzt, bedeutet dies nicht, dass dieser notwendigerweise handelt. Handeln setzt verfügbare, wirksame Mittel und Ressourcen voraus; Bedingungen also, wie sie nicht bei allen Akteuren gegeben sind. Selbst wenn die oben genannten Bedingungen vorliegen, ist politisches Handeln eines Akteurs nicht zwingend. Handeln erfordert die gegenwärtige Investition knapper Mittel, um zukünftige Erträge zu ernten, es involviert also Unsicherheit und Risiko.

Problembearbeitung ist voraussetzungsvoll

Erst wenn alle diese Bedingungen und Voraussetzungen erfüllt sind, handelt ein Akteur bzw. eine Konstellation von Akteuren und interveniert in den politischen Raum, um einen gesellschaftlichen Problemlösungsprozess zu initiieren und voranzutreiben. Inwieweit dies gelingt, hängt nicht nur von den Ressourcen, Strategien und Taktiken eines Akteurs ab, sondern auch von den Handlungen und Reaktionen der übrigen, in der politischen Arena präsenten Akteure. Problemlagen avancieren damit nicht zwangsläufig zu politisch bearbeiteten Problemen. Will man nicht in die Fußangel funktionalistischer Interpretationen treten, in der ein politisches System automatisch alle auftretenden bestandsgefährdenden Probleme löst, muss den von einem Problem direkt oder indirekt betroffenen Akteuren die Autonomie zugestanden werden, Probleme zu übersehen oder aus verschiedenartigsten Gründen kein Interesse an deren Lösung zu haben. Probleme können verleugnet, verharmlost oder verdrängt werden. Schließlich sind Konstellationen denkbar, in denen Akteure an einer Problemkonservierung interessiert sein können. Ist ein Problem strategisch vorteilhaft für eine Seite, hat diese sicher kein Interesse, dieses zu lösen (man würde ja die Henne töten, die goldene Eier legt!).

Eine weitere Möglichkeit besteht darin, dass Akteure mittels geeigneter Präventivmaßnahmen Probleme schon im Keimstadium beseitigen. So verfügen die meisten Regierungen heute über so genannte Sensoren oder Frühwarnsysteme (wissenschaftliche Institute, besondere Verwaltungsabteilungen und Mitarbeiterstäbe), deren Aufgabe es ist, ständig diagnostische Leistungen bezüglich potentieller Problemlagen zu erbringen (*Offe* 1972).

Unter welchen Umständen avanciert nun ein unter der Oberfläche politischer Wahrnehmung schlummerndes Problem zur politisch zu bearbeitenden Problemmaterie? Unter welchen Bedingungen erhält ein Problem Zugang zur Arena der öffentlichen Diskussion und kommt schließlich auf die Agenda von Parlament und Regierung. Wie wird ein Problem politisch entscheidungsbedürftig? Diese Frage ist besonders intensiv in der amerikanischen Agenda-Setting-Diskussion untersucht worden (*Cobb/Elder* 1972, *Kingdon* 1984). Der Kerngedanke dieses Konzepts besteht darin, dass öffentliche und politische Aufmerksamkeit hinsichtlich sozialer oder technischer Probleme ein knappes Gut darstellt, Politische Akteure sind in der Regel gleichzeitig in viele Problem- und Entscheidungssituationen involviert und kämpfen simultan an vielen politischen Fronten. Zahlreiche Fristen und Termine müssen eingehalten, unzählige Problemmaterien und deren Hintergründe analysiert und bewertet werden. Hinzu kommt, dass politische Agenden in der Regel mit routinemäßigen Themen regelrecht überfüllt sind. Neue Fragen bilden daher eine kleine Minderheit auf den politischen Tagesordnungen (*Windhoff-Héritier* 1987: 70). Agenda-Setting

In einer solchen Situation erfolgen ganz zwangsläufig eine Schichtung von Politikthemen und eine Selektivität in ihrer Verarbeitung. Die verschiedenen *issues* konkurrieren gewissermaßen gegeneinander – einerseits um überhaupt auf die politische Prioritätenliste zu gelangen, andererseits um innerhalb dieser Rangordnung einen möglichst guten Platz zu belegen. Agenda-Building-Ansätze erklären, wie zu einem bestimmten Zeitpunkt ein bislang schlafendes Thema in einen herausragenden politischen Streitgegenstand transformiert werden kann, selbst wenn die Grundlage für den Missstand schon länger vorliegt (*Cobb/Elder* 1972: 9).

Um ein gesellschaftliches Thema auf der Agenda der Regierung oder der politischen Öffentlichkeit zu platzieren, verfügen Akteure über verschiedene strategische Möglichkeiten. Einige typische Muster von Problem- und Themen- Themenkarrieren

karrieren sind von *Cobb/Ross/Ross (*1976: 127) herausgearbeitet worden; sie werden im Folgenden systematisiert und ergänzt.

Politikinterne Thematisierung
- Die einfachste Problemkarriere liegt vor, wenn ein Missstand bereits innerhalb von Regierung und Verwaltung erkannt und aus Gemeinwohlverpflichtung oder politischem Eigeninteresse bearbeitet wird. Wenn diese Akteure dann ein Interesse daran haben, das Thema aus der öffentlichen Diskussion und Parteipolitik herauszuhalten, oder auch ohne Mobilisierung der Öffentlichkeit in der Lage sind, ein bestimmtes politisches Programm durchzusetzen, bleibt das *issue* isoliert und verweilt weiterhin unterhalb der Schwelle öffentlicher Diskussion.

Externe Thematisierung
- Ein etwas komplexerer Aufstiegsmodus besteht darin, dass ein Problem von nicht staatlichen Gruppen, Organisationen oder auch so genannten politischen Unternehmern in die Öffentlichkeit gebracht wird und genügend Aufmerksamkeit gewinnt, um von staatlichen Akteuren als relevant und entscheidungsbedürftig betrachtet zu werden. Dies ist das konventionelle liberale Lehrbuchmodell, nach dem sich zunächst im öffentlichen Raum eine Auffassung über eine Politik bildet, diese dann über Interessengruppen, Parteien und Parlament in den Regierungsbereich transponiert wird.

Interne und externe Thematisierung
- Der erste Pfad einer Problemkarriere kann mit dem zweiten in der Weise verknüpft sein, dass ein Problem zunächst innerhalb des Staatssektors als bearbeitungsbedürftig betrachtet wird, ohne dass es bereits in der Öffentlichkeit Aufmerksamkeit erregt hätte. Meist setzt die erfolgreiche Initiierung und Durchsetzung eines politischen Programms eine ausreichende öffentliche Unterstützung voraus. In diesem Fall kann die Regierung mit dem Problem zunächst an die Öffentlichkeit gehen, um Verbündete zu mobilisieren, die das Problem wieder in Parlament und Regierung hineintragen. Ein instruktives Beispiel hierfür ist die erste Phase der Politisierung des Umweltproblems in der Bundesrepublik, in der bestimmte staatliche Stellen die Gründung von Umweltverbänden und Bürgerinitiativen aktiv unterstützt haben.

Internationale Politikdiffusion
- Eine in der Agenda-Building-Debatte noch wenig diskutierte Thematisierungsmöglichkeit ist die internationale Politikdiffusion, d.h. eine Ausbreitung von Ideen oder Innovationen über nationale Grenzen hinweg und ihre Übernahme von einer zunehmend größeren Menge von Personen, Organisationen oder Staaten (*Kern/Jörgens/Jänicke* 2000). Politikdiffusion kann sowohl in passiver als auch in aktiver Form stattfinden. Während eine passive Politikdiffusion ohne intentionales Handeln politischer Akteure erfolgt, liegt die aktive Variante vor, wenn eine Regierung oder bestimmte organisierte Interessen eines Nationalstaats ein Thema in die öffentliche Diskussion oder auf die politische Tagesordnung eines Staates lancieren, ohne dass in dem betreffenden Nationalstaat (in der Öffentlichkeit oder im Parlament und der Regierung) bereits ein eigenständiges Problembewusstsein vorhanden ist (siehe hierzu auch Kapitel 7.2).

Solche Dynamiken der *Politikdiffusion* wurden bis heute erst spärlich untersucht, sind aber insbesondere in jüngster Zeit in den Fokus wissenschaftlicher Aufmerksamkeit geraten. Insbesondere im Kontext der Globalisierung werden diese immer wichtiger, vor allem in Bezug auf staatliche Politiken, die Einfluss auf industrielle Standortfaktoren wie Lohnniveau, infrastrukturelle Einrichtungen und regulative Belastungen haben. Manche Regierungen oder gesellschaftliche Interessengruppen sind deshalb bestrebt, mit dem Ziel der Herstellung gleicher Wettbewerbsbedingungen politische *issues* in Politikarenen ihrer Konkurrenten zu lancieren (z.B. Umweltschutz in Dritte-Welt-Staaten, Gewerkschaftsfreiheit in autoritären Ländern), für die im Grunde noch kein eigenständiges Problembewusstsein existiert. In der nachfolgenden Tabelle 2.2 sind die jeweiligen Ausgangspunkte von Agenda-building-Strategien dargestellt, in der zwischen den beiden Dimensionen „innen- vs. außenpolitisch" und „staatlich vs. gesellschaftlich" unterschieden wird.

Tabelle 2.2: Ausgangspunkte von Thematisierung und Agenda-Setting

	Innenpolitik	**Inter- und transnationale Politik**
Staatlicher Bereich	Ein Thema entsteht aus der „bürokratischen Innenpolitik" heraus auf Initiative von Parlament und/oder Regierung	Ein Thema wird auf Konferenzen oder Gremien von Regierungsorganisationen kommuniziert
Gesellschaft	Ein Thema wird von nationalen gesellschaftlichen Interessengruppen, sozialen Bewegungen oder Medien in Parlament und Regierung hineingetragen	Transnationale Regierungsorganisationen oder Medien machen ein nationales oder internationales Problem zum Thema

Abgesehen von der absichtsvollen Initiierung politischer Themen durch gesellschaftliche oder staatliche Akteure lassen sich auch strukturelle Auslöser für Problemartikulation finden, wie z.B. bestimmte Ereignisse (Unfälle, Katastrophen, Kriege, Revolutionen, etc.), die bestimmte Themen von einem Tag auf den anderen auf die politische Bühne katapultieren können. In struktureller Hinsicht eröffnen sie Möglichkeitsfenster (*windows of opportunity*), innerhalb derer ein Problem Aufmerksamkeit gewinnt. Dies ist von Kingdon als *policy window* bezeichnet worden, das er wie folgt definiert: Policy Windows

> "The policy window is an opportunity for advocates of proposals to push their pet solutions, or to push attention to their special problems. [...] These policy windows, opportunities for action on given initiatives, present themselves and stay open for only short periods. If participants cannot or do not take advantage of these opportunities, they must bide their time until the next opportunity comes along." (*Kingdon* 1984: 173-174)

Gelingt es gesellschaftlichen Problemen nicht, derartige Policy-Fenster zu finden, bleiben sie hinter dem Schleier der Nichtbeachtung gefangen. Diese Selektionsleistung kann aus entscheidungstheoretischer Perspektive als eine Nichtentscheidung betrachtet werden (*Bachrach/Baratz* 1975). Damit ist gemeint, dass Nichtentscheidungen institutionelle Schließungsmechanismen oder das Machtstreben politischer Akteure dazu beitragen können, dass spezifische Reformvorhaben oder Gestaltungsvorschläge erst gar nicht auf die politische Agenda gelangen und somit auch nicht als Gegenstand von politischen Entscheidungen vorkommen.

Strukturelle Auslöser brauchen jedoch nicht immer auf einen einzigen Zeitpunkt bezogen sein. Es gibt auch temporale Muster, wie Zyklen oder Wellen, mit denen Themen immer wieder auftauchen und regelmäßig wieder verschwinden. *Russ-Mohl* unterscheidet hier beispielsweise zwischen kurzfristigen medienbezogenen Aufmerksamkeitszyklen, mittelfristigen Themenkarrieren und generationenlangen Reformwellen. Eine dieser langen politischen Wellen sieht er in dem Hin- und Herpendeln zwischen individualistischen und kollektiven ordnungspolitischen Leitbildern im Generationenrhythmus (*Russ-Mohl* 1993).

Die Frage, ob ein gesellschaftliches Problem geeignet ist, wahrgenommen zu werden, an die politische Oberfläche zu dringen und vielleicht sogar auf die Regierungsagenda zu klettern, ist neben den genannten strategischen und strukturellen Aspekten auch eine Frage der Eigenschaften des Themas selbst. Diesbezüglich können folgende Merkmalsdimensionen für Politikthemen aufgelistet werden, die dafür ausschlaggebend sind, ob ein Thema sich durchsetzt oder nicht:

- Konkretheit und Klarheit (Eindeutigkeit vs. Mehrdeutigkeit)
- gesellschaftliche Relevanz (starke vs. marginale soziale Betroffenheit)
- temporale Relevanz (absolut dringend vs. verschiebbar)
- Komplexität (einfach vs. komplex)
- Novität (Routineangelegenheit vs. Novum)
- Wertgeladenheit (große vs. geringe symbolische Bedeutung)

Cobb/Elder (1972: 112) wagen hinsichtlich der Wirkung der Konkretheit eines Themas folgende Zusammenhangshypothese: Je ambivalenter ein Thema definiert sei, desto größer sei die Wahrscheinlichkeit, dass es politische Öffentlichkeit gewinnt. Das Thema ist dann anschlussfähig für sehr unterschiedliche Bezugsgruppen.

2.1.2 Programmformulierung

Ist es interessierten Akteuren gelungen, ein Thema auf der Parlaments- oder Regierungsagenda zu platzieren, und entscheiden sich diese Akteure, ein Programm zu initiieren, so beginnt die Phase der inhaltlichen Gestaltung eines politischen Programms. Auf allgemeiner Ebene unterscheidet sich ein politisch-administratives Programm nicht wesentlich von Programmen in Organisationen und Unternehmen. Ein Programm legt die Handlungsziele fest und bestimmt die Adressaten und die Träger seiner Durchführung inklusive der Mittel, die dafür benötigt werden. Schließlich strukturiert es auch die Beziehungen zwischen verschiedenen Programmelementen (*Mayntz* 1980). Im Kontext rechtstaatlicher Politik nehmen politische Programme meist die Form von *Gesetzen oder Verordnungen* an, wobei politische Programme (bspw. größere Privatisierungsvorhaben) oft eine Myriade von Gesetzen und Verordnungen implizieren, die in Bezug auf ein politisches Ziel formuliert und aufeinander bezogen werden müssen.

Daneben gibt es auch Programmelemente, die ausschließlich Verfahrensanweisungen für die Verwaltung (Verwaltungsvorschriften) oder bestimmte Abmachungen mit privaten Akteuren enthalten – wie beispielsweise in konzertierter Weise beim Verkauf der entsprechenden Aktien an der Börse vorgegangen wird. Schließlich besteht eine häufig gewählte Programmform auch darin, dass ein politisches Ziel im einzelnen gar nicht genau konkretisiert wird, sondern nur der Rahmen entschieden wird, in dem sich andere mit einer Problemlösung zu beschäftigen haben; die Details werden also weiterdelegiert. Der Nutzen einer solchen Strategie liegt auf der Hand: „Der Parlamentarier muss sich nicht zwischen konfligierenden Interessen entscheiden und läuft nicht Gefahr, sich bei der redistributiven Politik den Zorn der ‚Verlierer' zuzuziehen." (*Windhoff-Héritier* 1987: 83) .

Verfahrensanweisungen oder Abmachungen

Als Produktionsprozess betrachtet, kann ein politisches Programm wie in der Wirtschaft als eine Faktorkombination, eine spezifische „Kombination von Ressourcen" (*Rose* 1984) begriffen werden. Formal unterscheidet sich ein Politikprogramm also nicht von einem Plan, einem Entwurf oder einer Prozedur von Schritten, in denen ein Problem gelöst werden soll. Ein Programm legt eine Reihe von Operationen fest, mittels derer unter Einsatz sachlicher und personeller Ressourcen ein spezifiziertes Ziel erreicht werden soll. Der Plan- bzw. Programmentwurf wiederum ist das Ergebnis eines Entscheidungsprozesses, in dem unter verschiedenen, funktional äquivalenten Handlungsoptionen mittels bestimmter Entscheidungsregeln eine oder mehrere Handlungsstrategien bewertet und ausgewählt werden. Die bekanntesten Bewertungs- und Entscheidungskriterien sind Effektivität und Effizienz. Als effektiv wird ein politisches Programm bezeichnet, wenn es eine Problemlösung wirksam erreicht, als effizient, wenn dabei der Mitteleinsatz möglichst gering gehalten werden kann (*Mayntz* 1997: 143-167).

Programm als Kombination von Ressourcen

Eine weitere Phase des Entscheidungsprozesses für die Programmstruktur ist die Entwicklung und Bewertung von Handlungsalternativen. Dabei wird gefragt, welche Kombination der Mittel und welches Vorgehen in dem jeweiligen situativen Bedingungsrahmen optimal zielwirksam sind. Einerseits bedarf es hier einer Bewertung der Zielwirksamkeit der Mittel (instrumenteller Aspekt), andererseits einer Prognose der wahrscheinlichen Reaktionen anderer Akteure (strategischer Aspekt).

Bewertungen

Dieser bisher skizzierte rationale Entscheidungsprozess in der Gestaltung eines politischen Programms unterliegt in der politischen Praxis einer Reihe von Restriktionen. Politische Planer haben oft keine klaren Zielvorstellungen, zu wenig Wissen über alle möglichen Problemlösungsstrategien, meist keine expliziten Bewertungsmaßstäbe für die Handlungsoptionen und kein sicheres Wissen über die soziale Durchsetzbarkeit eines Programms. Unter diesen Umständen entwickeln Programmplaner gewöhnlich keine umfassenden Problembestandsaufnahmen und daher auch keine rationalen und übergreifenden Gesamtlösungen, sondern eher „*inkrementalistische Strategien*" (*Lindblom* 1959), oder sie finden sich mit so genannten „*zufriedenstellenden Lösungen*" (*Simon* 1993) ab.

Einschränkungen

Häufig imitieren sie einfach erfolgreiche Lösungsmuster aus anderen Problemsituationen bzw. anderen Ländern, was in der organisationssoziologischen Literatur als *„Imitation"* bezeichnet wird (*DiMaggio/Powell* 1983, *March* 1978). Dieser Aspekt ist überhaupt nicht neu; hierfür lassen sich viele historische Beispiele finden. Besonders instruktiv ist hier Japan, das in den letzten 150 Jahren viele politische Institutionen (Post, Armeestruktur, Gesundheitswesen) aus dem Ausland regelrecht abgeschaut und übernommen hatte (*Westney* 1987).

Institutionelle Rahmenbedingungen

Neben diesen kognitiven Restriktionen für rationale Problemlösungen, gibt es noch institutionelle Restriktionen, die verhindern, dass Programmplaner eine reine Zweckrationalität verfolgen. Eine solche Restriktion für pures zweckrationales Verhalten wurde von *Renate Mayntz* (1983) beispielsweise in den rechtlichen Institutionen verortet. Eine wichtige Funktion des Rechts ist die Institutionalisierung einer gesellschaftlichen Arbeitsteilung, indem nur ganz spezifischen Akteuren bzw. Akteurgruppen bestimmte Rechte und Kompetenzen zugewiesen werden, Politiken zu initiieren und inhaltlich zu gestalten. Darüber hinaus sind aber auch die Verfahrensmuster und die so genannte Ablauforganisation einer Politikentwicklung oft bis ins Detail durch Rechtsvorschriften vorgezeichnet. Unabhängig von den Entscheidungsinhalten zeichnen diese, ähnlich den Algorithmen in der Informationsverarbeitung, bestimmte Handlungsprozeduren vor, in denen ein rein zweckrationales und strategisches Handeln nur innerhalb sehr beschränkter Spielräume möglich ist (*Luhmann* 1968: 100). Diese rechtlichen Restriktionen dürfen jedoch nicht als vollkommen rigide aufgefasst, sondern sollten eher als elastische Netze begriffen werden, die zwar Ausnahmen zulassen, ihre Bindewirkung jedoch mit zunehmender Regelabweichung verstärken.

Recht als Restriktion für zweckrationales Verhalten

Formelle Verfahren vs. informelle Praktiken

In Formulierungsprozessen politischer Programme, die in Rechtsnormen gegossen werden, wird der Ablaufprozess meist weitgehend von Rechtsvorschriften bestimmt. Während die Verfassung die am Formulierungsprozess oder Verordnungsverfahren beteiligten Akteure, deren Aufgaben und Kompetenzen sowie deren Zusammenwirken festlegt, sind die eher operativen Details von den Geschäftsordnungen verschiedener staatlicher Institutionen vorgezeichnet. Trotzdem bleiben in der Regel Spielräume für informelle Praktiken, die vor allem zu Beginn der Gesetzesvorbereitungen schon Positionen festschreiben, die später nur noch sehr schwer zu ändern sind. In der Bundesrepublik besitzen neben den Abgeordneten des Bundestages auch Regierung und Bundesrat das Initiativrecht für Gesetzgebungsverfahren. In etwa 80% der Fälle wird der Gesetzesentwurf allerdings von einem zuständigen Referat eines Bundesministeriums ausgearbeitet und gelangt als Vorlage der Bundesregierung über den Bundesrat in den Bundes-tag (*Beyme* 1999). Dieses Vorstadium auf der Referatsebene ist das strategische Entscheidungsstadium eines Gesetzes überhaupt; hier sind im Staatssektor auch die meisten Ressourcen bezüglich Informationen und Expertise konzentriert.

2.1.3 Implementation

Akteurskonstellationen und Policy-Merkmale

Die Formulierung und Konkretisierung politischer Problemlösungsprogramme (z.B. in Form von Gesetzen) gewährt nun nicht von selbst deren Vollzug und Durchsetzung. Diese Erkenntnis scheint trivial, hat sich aber erst im Laufe der

1980er-Jahre in einer wachsenden Anzahl von Beiträgen zur Implementationsforschung durchgesetzt. In dieser Diskussion wurde klar, dass die erfolgreiche Durchsetzung der in den Programmen deklarierten Zielsetzung von einer Reihe von Bedingungen abhängt, die nur teilweise vom Staat und dessen Vollzugsagenten beeinflusst, geschweige denn gesteuert werden können. Hierbei ist es sinnvoll, zwischen zwei Faktorenkomplexen zu unterscheiden:

- die Akteurskonstellation des Implementationszusammenhangs (die Struktur des Beziehungsgeflechts, welches Programmentscheider, Implementationsträger und Vollzugsadressaten verbindet),
- die Merkmale und Eigenschaften eines politischen Programms selbst, wie z.B. der konkrete Mix von eingesetzten Policy-Instrumenten und Policy-Ressourcen.

Bezüglich der Merkmalstypen von Programmen erscheint es einsichtig, dass Programmtypen beispielsweise eine subventionspolitische Maßnahme nach dem Gießkannenprinzip weniger Konflikte generiert und sich daher leichter anwenden lässt als Umverteilungs- oder Einsparungsmaßnahmen oder die Durchsetzung einer bestimmten Norm, die viele Menschen belastet. Allerdings gibt es auch viele Maßnahmen, wie etwa das Setzen von bestimmten Standards, die gewissermaßen selbst implementierend sind, da sich die Normadressaten selbst schädigten, wenn sie von der Norm abwichen. In Tabelle 2.2. wird versucht, diesbezügliche Zusammenhänge zwischen Programmtypen und Vollzugsproblemen aufzuzeigen.

Tabelle 2.3: Programmtypen und Vollzugsprobleme

	Regulative Programme	Anreizprogramme	Leistungsprogramme
Wirkungsweise	Direkte Verhaltensbeeinflussung; gute Umsetzbarkeit von Zielen; ruft bei Adressaten Widerstand hervor	Motiviert Adressaten positiv; wirkt indirekt; tatsächliche Wirkung oft unsicher; Möglichkeit, sich zu entziehen	Motiviert Adressaten positiv; Sicherung des Angebots, aber nicht der Inanspruchnahme
Aufwand	Relativ hoher administrativer Aufwand, speziell Kontroll- und Sanktionsaufwand; hohe Befolgungskosten möglich	Relativ geringer administrativer Aufwand, hohe direkte Haushaltsbelastung	Hoher administrativer und direkter finanzieller Aufwand
Vollzugsprobleme	Tendenz zu Normverstößen; ungleiche Durchsetzung je nach Widerstandspotential der Adressaten	Unerwünschte Selektivität bei Inanspruchnahme; Mitnahmeeffekte; Nutzung des Angebots ohne Verhaltensänderung (Unterlaufen)	Effizienzmängel infolge unzureichender Fähigkeit/Motivation der Vollzugsträger; Gefahr von Überinvestition oder Unterinvestition

Quelle: *Mayntz* (1982: 82)

Hinter diesen Programmtypen verbergen sich oft auch spezifische, im Vordergrund stehende Policy-Instrumente wie beispielsweise Geld, Recht oder Gewalt. So setzt ein infrastrukturelles Leistungsprogramm in der Regel eine bestimmte finanzielle Ausstattung voraus, während die Anwendung regulativer Programmtypen das Instrument Recht in der Regel mit Gewalt (d.h. Strafandrohung) verbindet. Denn gesetzliche Normkonformität hängt von der Wahrscheinlichkeit, Schnelligkeit und Strenge der Bestrafung ab, wobei eine hohe Wahrscheinlichkeit der Sanktion offenbar wirksamer ist als eine hohe Strafe (*Tsebelis* 1990b).

Hinsichtlich der Akteurkonstellation im Durchsetzungsprozess ist es sinnvoll, grundsätzlich zwischen *zwei* Implementationslogiken zu unterscheiden. Bei der einen handelt es sich um den Vollzug eines verwaltungsinternen Programms, in dem die Vollzugsträger und Normadressaten Teile des Regierungsbereichs und Verwaltungsbereichs sind. Es sollte angenommen werden, dass in einem solchen Kontext der Vollzug sich auf eine rein hierarchische Kontrollfrage reduzieren ließe. Dies ist jedoch nicht immer der Fall, wie dies in der Debatte über die Politikverflechtung insbesondere von *Scharpf* deutlich gemacht wurde (1978). Auch innerhalb des bundesdeutschen Regierungs- und Verwaltungsbereichs liegen oft Organisationsstrukturen vor, in denen eher horizontale Beziehungen dominieren. Somit können bürokratisch hierarchisch konfigurierte Vollzugsstrukturen selbst für den staatlichen Bereich nicht immer vorausgesetzt werden.

Allerdings ist zu beachten, dass auch in hierarchischen Strukturen Implementation nicht problemlos verlaufen muss. Auch hier kommt es auf die konkrete organisationsstrukturelle Ausprägung an. Wenn beispielsweise sehr viele Ebenen involviert sind, wird die effektive Kontrolle am Ende einer langen Implementationskette letztlich gering sein und eine wirkungsvolle Umsetzung erschweren. Bereits von *Pressman/Wildavsky* (1973) ist auf den umgekehrten Zusammenhang aufmerksam gemacht worden, wonach die Durchführungschancen eines Programms mit der Zahl der daran beteiligten Entscheidungsstellen sinken würden. *Renate Mayntz* (1977) verweist ebenfalls auf die prinzipielle Gefahr von Zielverschiebungen (z.B. eine Uminterpretation der Programmziele in der Durchführungsphase) bei mehrstufigen Implementationsstrukturen.

Eine grundsätzlich andere Logik der Implementation herrscht vor, wenn Normadressaten und/oder Vollzugsträger nicht staatliche Akteure, sondern gesellschaftliche Akteure sind. Nicht hierarchische, eher horizontale Beziehungen zwischen den staatlichen Vollzugsträgern und den gesellschaftlichen Normadressaten produzieren eine andere Logik der Interaktion im Vollzug eines politischen Programms. Verhalten kann hier nicht mit Zwang, Strafandrohung und anderen negativen Sanktionen gesteuert werden. Die Umsetzung eines politischen Programms ist in diesem Fall ohne freiwillige Kooperationsbereitschaft der Normadressaten nicht denkbar. Diese existiert jedoch nur bei der Erwartung gegenseitiger Vorteile, die unter Umständen durch ein Tauschgeschäft zu realisieren sind. Wenn ein politisches Programm mit regulativen Absichten an bestimmte gesellschaftliche Akteure gerichtet ist, können grundsätzlich vier verschiedene Konstellationen von Beziehungen zwischen den staatlichen Vollzugsträgern und den gesellschaftlichen Normadressaten unterschieden werden.

Die erste Konstellation besteht in der Dominanz eines starken Staats gegenüber relativ schwachen Normadressaten. Diese Konstellation entspricht der

Lehrbuchvorstellung rechtsstaatlichen Vollzugs. Der Staat besitzt die notwendigen Ressourcen, um die Zielgruppe eines politischen Programms zu programmkonformem Verhalten zu zwingen und Abweichungen wirksam zu sanktionieren. Eine umgekehrte Konstellation liegt vor, wenn staatliche Vollzugsträger das Verhalten mächtiger gesellschaftlicher Akteure steuern wollen, letztere sich aber der Normbefolgung relativ folgenlos entziehen. Dann laufen regulative Programme ins Leere. Vollkommen andere Konstellationstypen herrschen vor, wenn sich die relative Stärke der beiden Parteien die Waage hält. Dies kann zu einer Pattsituation führen, in der einerseits der Staat nicht genügend Ressourcen besitzt, die Normabweichung zu kontrollieren und wirksam zu sanktionieren, andererseits aber die gesellschaftlichen Normadressaten regulative Eingriffe und Normierungen nicht vollkommen abblocken können. Beide Parteien sind dann an einem Kompromiss interessiert, in dem der Staat von seinen Regulierungszielen etwas abweicht und im Gegenzug von den Normadressaten mehr kooperatives Verhalten erhoffen kann. Kompromisse dieser Art entstehen oft in Tauschsituationen, die in der Literatur zuweilen als *„informelles Verwaltungshandeln"* (*Bohne* 1981) oder auch als *„Selbstbindung der Verwaltung"* (*Hoffmann-Riem* 1982) bezeichnet wurden.

Eine besondere Pattsituation zwischen Staat und privaten Organisationen liegt vor, wenn die staatlichen Träger eines politischen Programms so mächtig sind, dass allein eine regulative Eingriffsdrohung genügt, gesellschaftliche Normadressaten zu motivieren, regulative Programme in eigener Regie zu entwickeln und durchzuführen. Eine solche Regelungsform wurde von *Streeck/Schmitter* (1996) mit dem Begriff der privaten Interessenregierung konzipiert. Unter bestimmten Bedingungen, unter denen es organisierte Interessen in Monopolverbänden für vordringlich halten, drohende staatliche Regulierungseingriffe abzuwehren, können solche Gruppen motiviert werden, gegen einen Verzicht staatlicher Interventionen Problemlösungsmechanismen unter eigener Regie aufzubauen. Diese Arrangements haben einige Vorteile. Der Staat entlastet sich nicht nur von Aufgaben und Kosten, sondern auch die Effektivität der Implementation kann zunehmen. Die Verbände als Implementationsträger sind ihren Mitgliedern als Adressaten meist „näher als die staatliche Bürokratie und kennen ihre Situation und ihre Anliegen genauer. Dies gibt ihnen die Möglichkeit, Vorschriften weniger formalistisch anzuwenden und die besonderen Umstände von Einzelfällen besser zu berücksichtigen, was wiederum die Akzeptanz von Regulierung bei den Betroffenen erhöht." (*Streeck/Schmitter* 1996: 151; zur Selbstregulierung im internationalen Kontext siehe *Knill/Lehmkuhl* 2002, *Ronit/Schneider* 1999)

Private
Interessenregierungen

Wenn der Policy-Prozess mit einem konkreten Handlungsprogramm abgeschlossen worden ist und dieses dann implementiert wurde, dann stellt sich die Frage, wie das kollektive öffentliche und/oder private Handeln auf das Ausgangsproblem gewirkt hat? Ist es beseitigt, reduziert oder, im Gegenteil, etwa vergrößert worden? Diese Wirkungsanalyse wird gewöhnlich auch als Policy-Impact-Analyse bezeichnet.

Impact-Analyse

Eng damit zusammen hängt die Evaluierungsforschung, bei der es darum geht, den gesamten Aufwand, der betrieben wurde, in ein Verhältnis zum Ertrag zu setzen. Die Veränderung oder Nichtänderung, die Verbesserung oder Verschlechterung des Status quo soll nun bewertet werden. Dies ist häufig äußerst

Evaluierungs-
forschung

schwierig, da sich meist nicht nur Kosten und Erträge einer Policy nicht durchgehend quantifizieren lassen, sondern in der Regel auch keine eindeutigen Kriterien für eine bessere oder schlechtere Policy existieren. Hier ist das nahe liegende Problem zunächst die Effektivität, d.h. wie wirksam ein Policy-Programm überhaupt war. Erst danach kann sich die Frage nach der Kosten-Nutzen-Relation, d.h. nach der Effizienz, stellen.

Kriterien

Hierfür kann ein ganzes Spektrum von Kriterien herangezogen werden. Die bekanntesten Effizienzkriterien stammen aus der Wohlfahrtsökonomie und beziehen sich auf die Veränderung der Nutzenverteilung durch ein bestimmtes politisches Programm, ob z.B. eine Maßnahme alle besser gestellt hat oder ob zwar die Position von wenigen sich verschlechterte, es vielen jedoch besser geht. Andere Bewertungsdimensionen sind die Kontroll- und Transaktionskosten; schließlich sind in der Literatur auch noch Opportunitätskosten, Legitimationskosten und Gleichheits- bzw. Fairnesskosten als Effizienzkriterien von Politiken genannt worden (*Prittwitz* 1994).

Terminierung oder Neuanfang

Rein handlungslogisch schließt sich an die Bewertung der Implementationswirkungen und der Kosten-Nutzen-Relation des gesamten Handlungsprogramms letztlich die Frage an, ob weiter feststellbare Diskrepanzen zwischen dem, was nun ist, und dem, was eigentlich angestrebt wurde, eine Replikation oder Modifikation des Handlungsprogramms motivieren oder der Versuch einer gesellschaftlichen Problemlösung mittels öffentlicher Politik für beendet erklärt wird. Eine solche Programmbeendigung wird in der Policy-Literatur als *Terminierung* bezeichnet (*Windhoff-Héritier* 1987, Bauer 2006: 12). Neben dem verständlichen Motiv, dass ein Problem durch eine Policy gelöst wurde bzw. eine Policy als eine Problemlösung betrachtet wird, kann der Beendigungsanlass auch darin bestehen, dass finanzielle Engpässe auftauchen, Effektivitäts- bzw. Effizienzüberlegungen ein Aufgeben nahe legen oder schließlich auch politisch ideologische Motive eine Terminierung des Policy-Zyklus bewirken.

In der hier vorgestellten Perspektive werden die zuletzt erörterten Phasen nicht als genuine Phasen des Policy-Zyklus betrachtet, da diese letztlich nur eine *Rückkopplung* auf die erste Phase darstellen. Entweder existiert das Problem weiterhin und muss nun eine modifizierte Behandlung erfahren, oder das betreffende Problem wird umdefiniert, weil es, nach den Erfahrungen im Policy-Prozess, inzwischen als unlösbar gilt. In diesem Falle müsste bei einem rationalen Politikprozess davon ausgegangen werden, dass die betreffende Policy beendet wird. Wie bereits an anderer Stelle ausgeführt, muss das Verschwinden eines Problems bzw. die Einsicht in seine Unlösbarkeit jedoch mitnichten implizieren, dass viele der beteiligten Akteure, die inzwischen viele Spezialressourcen in einen bestimmten Politikbereich investiert haben, dies auch so wahrnehmen müssen.

Vorteile der Phaseneinteilung

Die Vorstellung des Policy-Zyklus, in dem ein politisches Programm die Phasen von der Problemdefinition bis zur Implementation und der daran anschließenden Evaluation und ggf. der Terminierung durchläuft, hat dazu beigetragen, dass Politikgestaltung nicht in statischer Abhängigkeit von Institutionen, sondern als ein Prozess betrachtet wird. Die Aufteilung dieses Prozesses in einzelne Phasen ermöglicht es, die Komplexität und Heterogenität der Politikgestaltung zu reduzieren und sinnvoll in einzelne handhabbare Segmente aufzuteilen

62

und der Forschung zugänglich zu machen. Hieraus entstanden zahlreiche Studien, die sich auf einzelne Phasen des Policy-Zyklus konzentrierten und dadurch Besonderheiten, Abläufe und Zusammenhänge der Politikgestaltung herausarbeiteten (*Eberlein/Grande* 2003: 95). Ferner lenkt der Policy-Zyklus das Augenmerk darauf, dass die Politikgestaltung nicht mit der Verabschiedung eines Programms oder eines Gesetzes endet. Wenn die gestaltende Wirkung von Politik untersucht werden soll, müssen auch der Policy-Outcome sowie die langfristige Policy-Wirkung betrachtet werden, da beide wesentlich von dem Policy-Output abweichen können (*Sabatier* 1993: 117).

Die in den 1970er-Jahren aufgekommene Implementationsforschung untersucht die Bedingungen, die zu Erfolg und Misserfolg bei der Durchführung politischer Programme führen. Ihre Ergebnisse weisen darauf hin, dass die Implementation nicht unabhängig von der Programmformulierung betrachtet werden kann. So können Akteure, die ihre Interessen während der Politikformulierung nicht durchsetzen konnten, versuchen, die Umsetzung des Policy-Outputs in ihrem Sinne zu verändern. Auch ist der Interpretationsspielraum von Durchführungsinstanzen umso größer, je ungenauer der Policy-Output formuliert wurde. Vage Formulierungen können jedoch Kompromisse unter den an der Politikformulierung beteiligten Akteuren und somit die Entstehung von Policy-Outputs erst ermöglichen. Des Weiteren unterliegen Policy-Outputs Veränderungen, da eine administrative Durchführungsinstanz nicht alleine die Implementation eines bestimmten Programms bewerkstelligen kann. In der Regel sind die administrativen Vollzugsträger auf die Zusammenarbeit mit weiteren öffentlichen und privaten Organisationen sowie mit den Programmadressaten angewiesen (*Mayntz* 1980).

> Interdependenz von Implementations- und Formulierungsphase

Es wird kritisiert, dass die Vorstellung des Policy-Zyklus der Empirie nicht standhält. Neben der ungenauen Beschreibung und der inhaltlichen Überschneidung der Phasen, die allgemein und nicht nur für die Phasen der Politikformulierung und Implementation zutreffen, wird die legalistische Perspektive des Policy-Zyklus der Politikgestaltung nicht gerecht. Indem das Hauptaugenmerk auf die Absicht des Gesetzgebers und eine bestimmte Policy-Initiative gelegt wird, werden weitere wichtige Akteure, insbesondere Akteure, die vor Ort an der Gestaltung und Umsetzung von Politikinhalten beteiligt sind, vernachlässigt. Ferner ist es nicht angemessen, den Policy-Zyklus als eine zeitliche Einheit zu begreifen. Vielmehr entwickeln sich Politikinhalte in mehreren Zyklen, die zeitlich parallel ablaufen, verschiedene politische Ebenen erfassen und sich wechselseitig beeinflussen (*Sabatier* 1993). Die Politikgestaltung ist kein linear voranschreitender Prozess, bei dem eine Phase abgeschlossen wird, bevor die nächste Phase beginnt. Jederzeit kann der Prozess unterbrochen und zu einem späteren Zeitpunkt wieder aufgenommen werden. Bereits während der Politikformulierung werden Anpassungen und Veränderungen von Programmen vorgenommen. Folglich kann nicht angenommen werden, dass sämtliche Programme denselben Verlauf durch den Policy-Zyklus nehmen. Diese Verengung der Betrachtung auf einzelne Politikinhalte schränkt die empirische Aussagekraft des Policy-Zyklus weiter ein, da auf diese Weise Wechselwirkungen nicht berücksichtigt werden können, obwohl die meisten Politikinhalte mit anderen Politikinhalten aus dem-

> Ungenaue Deskription

selben Politikfeld oder aus anderen Politikfeldern in enger Beziehung stehen (*Peters* 1992: 164-167).

Kein Kausalmodell Aus einer *theoretischen Perspektive* heraus wird kritisiert, dass der Policy-Zyklus kein Kausalmodell darstellt und es deshalb nicht möglich ist, Hypothesen abzuleiten, um sie empirisch zu testen. Der Policy-Zyklus gibt keinen Mechanismus an, der erklären könnte, auf welche Weise der Policy-Prozess von einer Phase zur nächsten Phase vorangetrieben wird. Die handelnden Akteure sowie ihre handlungsleitende Motivation werden nicht näher spezifiziert. Vielmehr folgt der Policy-Zyklus der Vorstellung, dass die Abfolge der Phasen von Umwelteinflüssen determiniert wird. Die mangelnde Aufmerksamkeit für die handelnden Akteure zeigt sich auch in der Vernachlässigung von policy-orientiertem Lernen, durch das die Akteure während des Prozesses der Politikgestaltung ihre Policy-Ziele dauerhaft verändern können. In der Vorstellung des Policy-Zyklus bleibt das Lernen von Akteuren sowie der Wandel von Politikinhalten auf die Rückkopplungsschleife der Evaluation beschränkt (*Peters* 1992, *Sabatier* 1993).

Heuristik Trotz der vorgebrachten Unzulänglichkeiten wird der Wert des Policy-Zyklus als *Heuristik*, d.h. als konzeptionelles Werkzeug, um spezifische Eigenschaften des Policy-Prozesses herauszuarbeiten, auch von den Kritikern nicht bestritten. Ihn darüber hinaus als theoretisches Modell zur Generierung falsifizierbarer Hypothesen zu begreifen, würde jedoch dem politikwissenschaftlichen Anspruch des Policy-Zyklus nicht gerecht (*De Leon* 1993). Die Anwendung von theoretischen Ansätzen und Methoden, die die Heuristik des Policy-Zyklus ergänzen, um den Policy-Prozess erklären zu können, wird in den folgenden Kapiteln dargestellt und diskutiert.

2.2 Das Politikfeld als Problemverarbeitungszusammenhang und Konfliktstruktur

Politisches System Aus einer strukturellen Perspektive ist das umfassendste Konzept das des politischen Systems. Aus der Sicht Eastons bezeichnet es ein Set spezifischer Interaktionen, die sich von anderen sozialen Interaktionen unterscheiden lassen und durch die Leistungen und Werte für die Gesellschaft allgemeinverbindlich festgeschrieben werden können. Das politische System übernimmt für die Gesellschaft die bestandswichtige Funktion, verbindliche Regeln aufzustellen und durchzusetzen und muss deshalb auf alle Veränderungen in der Umwelt (andere gesellschaftliche Teilsysteme sowie die Natur) reagieren, die die geltenden Regeln in Frage stellen oder ihre Einhaltung gefährden, auch wenn dafür keine direkte Intention vorliegt.

Die Anwendung des Systembegriffs auf Politik und Gesellschaft ermöglicht zweierlei: Einerseits lässt sich jener politische Raum oder jenes Politikfeld, das die oben beschriebenen inhaltlichen Ergebnisse der Politik produziert, von einer diffusen Umwelt unterscheiden, aus der das System einerseits Ressourcen und Unterstützung schöpft, die gleichzeitig aber auch das System unter Anpassungsdruck setzt und damit ein potentieller Stressfaktor darstellt. Auf der anderen Seite kann das System in seiner Zusammensetzung, Binnenstruktur und Funktionsweise beschrieben werden. Während sich die Systemtheorie Eastons hauptsächlich auf die Interaktion zwischen System und Umwelt konzentrierte, ist die Zusammensetzung, interne Binnenstruktur und der Funktionsmechanismus theoretisch weitgehend unterthematisiert geblieben.

2.2.1 Eingrenzung, Komponenten und Binnenstrukturen

Bei der Analyse der Zusammensetzung und Binnenstruktur greifen Policy- und Politikfeldanalytiker gerne auf andere politikwissenschaftliche Theoriediskurse zurück, wie beispielsweise auf institutionalistische oder strukturfunktionalistische Ansätze der vergleichenden Regierungslehre. Aus einer institutionalistischen Perspektive ist der entsprechende politische Raum vorwiegend aus Institutionen und institutionellen Arrangements zusammengesetzt, die in ihrer Gesamtheit als *Polity* bezeichnet werden. Darunter fallen die formale Rahmenordnung für die Politikgestaltung, die von der Verfassung oder durch Geschäftsordnungen und andere Regelabsprachen vorgegeben ist, die allgemeine Gewaltenteilung und -trennung, die spezifische Aufteilung der gesetzgeberischen Kompetenzen auf politische Institutionen, informelle wie niedergelegte Verfahrensregeln für Entscheidungsprozesse, Abstimmungen und Verhandlungen sowie die Festlegung von Zuständigkeiten auf Bund und Länder oder zwischen Organisationen mit unterschiedlichem Status fallen hierunter wie politikrelevante Aspekte des Wahlrechts oder z.B. des politischen Organisationsrechts für Parteien und Interessengruppen.

> Institutionen

  Eine weitere Komponente sind die Handlungseinheiten, die in die Formulierung und Umsetzung einer öffentlichen Politik involviert sind. Diese werden im Folgenden verkürzt Policy-Akteure genannt. Hierzu gehören nicht nur Akteure die durch die politische Verfassung einer Gesellschaft in formeller Weise als Träger gesellschaftlicher Regelungs- und Steuerungsleistungen bestimmt sind – wie dies aus einer traditionellen institutionalistischen Perspektive nahe gelegt wird. Hinzu kommen auch noch ganze Kollektive – Gruppen von Individuen und Organisationen, die rein faktisch – direkt oder indirekt – auf die inhaltliche Gestaltung und Umsetzung einer Politik einwirken.

> Policy-Akteure

  Die verschiedenen Typen von Akteuren, die im Policy-Prozess eine Rolle spielen können, werden von *Fritz W. Scharpf* (2000: 95-107) wie folgt kategorisiert: Auf oberster Ebene können *Individuen* und *komplexe Akteure* unterschieden werden. Letztere sind Handlungseinheiten, die aus vielen Individuen zusammengesetzt sind. Komplexe Akteure selbst können wieder unterteilt werden. Als simpelste Form existieren einfache Handlungsaggregate, in denen eine Gruppe von Individuen auf Grund von homogenen Präferenzen oder ähnlichen Entscheidungsprämissen und Handlungsbedingungen gleichgerichtet handelt.

> Handlungsaggregate

  In der Kategorie *komplexe Akteure* lassen sich neben den Handlungsaggregaten zwei weitere Formen unterscheiden: kollektive und korporative Akteure. Der *kollektive Akteur* ist ein Sammelbegriff für Handlungsformen, in denen die interessierten Akteure selbst handeln, jedoch in unterschiedlicher Weise koordiniert werden. Bei den Koordinationsformen lassen sich Allianzen, Clubs, Bewegungen und Verbände unterscheiden. Auch hier handeln die jeweiligen interessierten Akteure selbst, das Zusammenhandeln wird aber über irgendeine Form

> Kollektive und korporative Akteure

des Informationsaustausches koordiniert und organisiert (*Laumann/Marsden* 1979).

Davon zu unterscheiden sind *korporative Akteure* (*Coleman* 1979, *Vanberg* 1979), die entstehen, wenn Akteure Ressourcen zusammenlegen, um als Handlungseinheit eine überindividuelle Rechtsperson zu erschaffen, die in ihrem Interesse tätig wird. Beispiele sind Unternehmerverbände, Gewerkschaften, Aktiengesellschaften, Parteien und natürlich auch Organisationen des öffentlichen Bereichs wie Parlament, Regierung und Verwaltung.

Die Frage, aus welchen individuellen und korporativen Akteuren sich ein politischen System zusammensetzt, ist aus institutionalistischer Sicht nicht generell zu beantworten, sondern hängt von der konkreten institutionellen Struktur eines Systems ab, die selbst unter wirtschaftlich ähnlich weit entwickelten Ländern stark variieren kann. Um die Variationsbreite dieser Regelungsstrukturen zu erkennen, ist es instruktiv, zunächst von der strukturfunktionalen Perspektive der amerikanischen vergleichenden Politikforschung (*Almond* 1960) auszugehen, wie sie in den 1950er- und 1960er-Jahren präsentiert wurde (*Almond* 1974). Gemäß dem damaligen Stufenschema wurde angenommen, dass in den verschiedenen Phasen des Policy-Zyklus jeweils unterschiedliche Akteure im Vordergrund stehen. Die erste Policy-Phase, die in unserer Systematik als Thematisierungsprozess bezeichnet wird, ist bei Almond in die Phasen der Interessenartikulation und der Interessenaggregation aufgegliedert, wobei für die erste Sequenz Interessenverbände und für die zweite Parteien zuständig sind, die die Themen in das Parlament hineintragen. Die Formulierung der Programme ist dann eine rein parlamentarische Angelegenheit, während für die Umsetzung Regierung und Verwaltung zuständig sind. Die Implementation schließlich mündet in eine Phase der gerichtlichen Überprüfung.

Tabelle 2.4: Ausdifferenzierung des politischen Systems und Partizipationsprofile von Akteuren in der Politikentwicklung

	Verbände	Parteien	Parlament	Regierung	Verwaltung
Problemdefinition	●				
Thematisierung		●			
Politikformulierung			●		
Implementation				●	●

Quelle: nach *Almond* (1974: 2-15)

Spezialisierungs- und Partizipationsprofile

Es ist offensichtlich, dass das zitierte Schema sowohl von den Eigenheiten des amerikanischen politischen Systems ausgeht als auch bestimmte Unausgewogenheiten aufzeigt. Grundsätzlich verbirgt sich dahinter eine Vorstellung, die sich in den 1960er- und 1970er-Jahren insbesondere mit der politischen Modernisierungstheorie herausbildete, nach der sich politische Akteure auch im politischen Subsystem der Gesellschaft zunehmend auf einzelne Funktionen konzentrieren. Dass ein solches Konzept der Binnendifferenzierung moderner Politik mit der gegenwärtigen Politik in Europa nur wenig gemein hatte, ist selbst Almond klar gewesen. Bereits zu jener Zeit hat er am britischen System verdeutlicht, dass wichtige Akteure wie Parteien und Verbände vielfältige und oft überlappende Funktionen im Politikprozess einnehmen. In jüngeren Auflagen seines Lehrbuches lässt sich das reine Stufenmodell der 1960er-Jahre auch nicht mehr finden (*Almond et al.* 2004).

Tabelle 2.5: Das Beispiel Deutschland

	Verbände	Parteien	Parlament	Regierung	Verwaltung
Problemdefinition	●	●		●	●
Thematisierung	●	●		●	●
Politikformulierung	●	●	●	●	●
Implementation	●			●	●

Quelle: nach *Mayntz* (1980: 238)

Eine Perspektive, die für Deutschland viel eher angemessen ist, hat *Renate Mayntz* (1977: 55) in einem Diagramm dargestellt, das zwar auf eine implementationstheoretische Problematik zielte, jedoch auch Aussagen über andere Phasen des Politikzyklus impliziert. Wichtige Unterschiede zu *Almonds* Perspektive bestehen darin, dass „*externe Gruppen*", wie z.B. Verbände, nicht nur auf die Problemartikulation, sondern auch auf die Zieldefinition und Programmentwicklung Einfluss nehmen, und Regierung und Verwaltung nicht nur auf Vollzugsorgane reduziert werden. Hierfür lassen sich in Deutschland spezifische institutionelle Merkmale des politischen Systems ausmachen, die für die herausragende Stellung von Regierung und Verwaltung sowie von Parteien und Verbänden im politischen Prozess ursächlich sind. Insgesamt lässt sich also feststellen, dass die Frage der Zusammensetzung und Binnenstruktur des politischen Raums aus dieser Sicht sowohl institutionell (welche Institutionen sind formell oder informell befugt) als auch funktionell (wer leistet wichtige Beiträge) beantwortet werden kann.

Externe Gruppen bereits in der Zieldefinition und Programmentwicklung einflussreich

2.2.2 Akteurkonstellationen und Interessenkonflikte

Hiervon lässt sich eine eher konfliktbezogene Perspektive unterscheiden, aus der besonders interessiert, wer in welcher Form von einer bestimmten öffentlichen Politik positiv oder negativ betroffen ist. Wie wir weiter oben schon gesehen haben, lassen sich nach Theodore Lowi politische Entscheidungen und Maßnahmen danach unterscheiden, welche unterstützenden oder nachteiligen Wirkungen von ihnen auf die Statusinteressen relevanter Bevölkerungsgruppen ausgehen. Regulative, distributive und redistributive Politik würden andere Konfliktkonfigurationen, also „Policy Arenen" schaffen. Die Initiativen der betroffenen sozialen Gruppen und ihrer Interessenorganisationen suchen den Konflikt mit den politischen Entscheidungsträgern, um die verabschiedeten politischen Maßnahmen nachträglich zu ändern oder neue Entscheidungen zu motivieren,

Politikfeld als Konfliktarena

die ihre Interessenpositionen aufnehmen. Ausgehend von der Konfliktintensität politischer Entscheidungen erscheint das Politikfeld dann als *Arena* politischer Kämpfe zur Durchsetzung oder Verhinderung von Interessenpositionen (*Eberlein/Grande* 2003). Eine Policy ist aus dieser Perspektive daher nicht nur arbeitsteilige Problemverarbeitung, sondern gleichzeitig ein Konfliktfeld:

> „Problemlösungsprozesse sind ... zugleich auch Interaktionen zwischen mehreren oder sehr vielen Beteiligten mit unterschiedlichen Wirklichkeitsvorstellungen, unterschiedlichen Interessen und Zielen und unterschiedlichen Machtpotentialen und Einflussstrategien. In solchen Prozessen ist Konflikt wahrscheinlich und Konsens problematisch; es geht in ihnen also immer auch um die Frage, ob der jeweils erforderliche Grad von Handlungskonsens unter den Beteiligten schließlich erzielt werden kann." (*Scharpf* 1973: 21).

Interessen-
Konstellationen

Politikfelder sind aus dieser Perspektive nicht nur Ansammlungen von Akteuren, die an der Herstellung von bestimmten Politikinhalten beteiligt sind, sondern räumliche Konfigurationen, in denen Akteure unterschiedliche Positionen zueinander einnehmen. Ähnlich dem Konstellationsbegriff in der Astronomie (lat. con stellare), der auf die räumliche Anordnung von Sternen verweist, ist der Begriff *Akteurkonstellation* in der Politikfeldanalyse zunehmend ein Sammelbegriff geworden, der die Stellung der Akteure hinsichtlich ihrer Interessenpositionen, Konflikt- und Kooperationsbeziehungen beschreibt. Eine spezifischere Bedeutung hat der Begriff in spieltheoretischen Modellierungen, auf welche unter Abschnitt 5.2 noch näher eingegangen wird. Eine sehr umfassende Bedeutung hat der Begriff der Interessenkonstellation bei *Döhler/Manow* (1997: 22).

> „Zur Interessenkonstellation zählen wir die korporative Akteure in einem Politikfeld und stellen ihre Interessen, ihre Zahl, die Muster ihrer Koalitionsbildung, die Konfliktintensität ihrer Beziehungen sowie den Grad der Ausdifferenzierung von Interessen und Machtverschiebungen in den Mittelpunkt der Analyse."

Politiknetzwerk

Ein Begriff, der häufig ähnlich verwendet wird, ist das Politiknetzwerk. Sein Definitionsbereich ist jedoch enger und spezifischer. Politiknetzwerk verweist insbesondere auf Beziehungsstrukturen zwischen den Akteuren in der Produktion einer öffentlichen Politik. Der Netzwerkbegriff deckt sich jedoch nur teilweise mit dem Begriff der Akteurkonstellation, da er nicht nur Kooperations- und Konfliktbeziehung umfasst, sondern auch Kommunikation, Ressourcenaustausch und andere Unterstützungsformen. Insbesondere seit den 1970er-Jahren wird er verwendet, um komplexe Beziehungsmuster in Politikfeldern und Policy-Prozessen zu charakterisieren, die sich zwischen den dauerhaft in den Problemlösungsprozessen involvierten Akteuren aufspannen. Rein formal betrachtet besteht eine Beziehungsstruktur aus Relationen, d.h. aus einer Menge von *Knoten*, die Akteure symbolisieren, und *Kanten*, die Beziehungen graphisch darstellen (*Jansen* 2003, *Scott* 1991). Das Ziel der formalen Analyse solcher Beziehungsstrukturen in der Politik ist letztlich, relativ dauerhafte Muster herauszuarbeiten, diese zu beschreiben und für bestimmte Erklärungsziele einzusetzen.

Issue networks

Von Bedeutung ist in diesem Zusammenhang auch das Konzept des *Issue networks* (*Heclo* 1978), das bereits im ersten Kapitel angesprochen wurde. Es betont, dass die Ausweitung der Zusammenarbeit zwischen Politikern und Interessengruppen nicht zu einer Verengung des politischen Entscheidungsprozesses führt, sondern über die Ausbildung neuer Kooperations- und Informationsnetzwerke Zugang für viele Akteure schafft und selbst die Beeinflussungschancen für schwach organisierte Interessen steigert. Heclo geht von der Annahme aus, dass die Kooperationsbeziehungen nicht ausschließlich für die Artikulation und Befriedigung von (monetären) Interessen unterhalten werden, sondern der problem- und themenbezogenen Bereitstellung von Sachverstand und Unterstützung bei komplexen Entscheidungsmaterien dienen.

2.2.3 Diskursfelder und Policy-Frames

Aus einer vulgär-materialistischen und ökonomistischen Perspektive sind Handlungsorientierungen rein Nutzen orientiert. Es wird vorausgesetzt, dass Individuen ähnliche Wahrnehmungsmuster besitzen und ähnliche Bewertungskriterien anwenden. Lässt man diese Annahme fallen, so kann es durchaus sein, dass das, was für den einen nützlich ist, vom anderen als schädlich betrachtet wird. Worin einige Akteure eine Lösung sehen, sehen andere wiederum ein weiteres Problem.

 Schließlich kann ein Politikfeld aus struktureller Perspektive auch als Diskursfeld beschrieben werden, in dem die beteiligten Akteure bestimmten Wahrnehmungsformen, Weltanschauungen und Glaubenssystemen (Belief systems) zugeordnet werden. Eine diskursanalytisch ausgerichtete Politikforschung fokussiert dann auf Wissenssysteme und Ideologien, die in Policy-Debatten reproduziert werden. Nicht nur die autoritative Behauptung von Entscheidungsmacht und Sachkompetenz (von Seiten der Entscheidungsträger) kann als Diskursstrategie zur sozialen Abschließung von Politikfeldern herausgestellt werden. Daneben können alle rhetorischen Mittel der Manipulation und Überzeugung in Policy-Diskussionen zum Schwerpunkt der Analyse werden. Mit dem Hinweis auf rhetorische oder diskursive Anteile in Policy-Debatten können schließlich auch die Herausbildung von kollektiven Entitäten (Diskurskoalitionen) und die Veränderung von Interessenpositionen in der politischen Auseinandersetzung erklärt werden.

2.2.4 Der fehlende gesellschaftstheoretische Bezugsrahmen der Politikfeldanalyse

Der Hinweis auf komplexe Akteure, Akteurkonstellationen und Diskursformationen in Politikfeldern verbürgt aber sicherlich noch nicht eine ausgearbeitete Theorieperspektive. Hierfür läge es nahe, einen gesellschaftstheoretischen Bezugsrahmen zu entwickeln, der explizit die gesamtgesellschaftlichen Implikationen von politischen Entscheidungen und die politischen Mobilisierungsformen sozialer Akteurtypen (Individuen, Organisationen, soziale Bewegungen) aufnimmt (*Janning* 1998: 321ff.). Aus der hier vertretenen akteurs- und strukturtheoretischen Perspektive üben politische Entscheidungen und deren Umsetzungen, die aus komplexen Abstimmungsprozessen in Politikfeldern hervorgehen, wiederum einen wichtigen Umwelteinfluss auf Organisationen (Unternehmen, Verwaltungen, Vereinen etc.) in deren „angestammten" Handlungsfeldern aus. Poli-

Marginalien:
Nutzenorientierung

Politikfeld als Diskursfeld

Fehlender Bezugsrahmen

tische Entscheidungen geben den institutionellen Rahmen vor, in dem Organisationen in Wirtschaftssektoren und in anderen Kontexten operieren und interagieren. Organisationen reagieren aber natürlich nicht nur passiv auf politische Vorgaben, sonder versuchen direkt oder indirekt (mit Hilfe von Interessenorganisationen/Verbänden) zu ihren Gunsten in politische Entscheidungsprozesse zu intervenieren; schließlich können sie durch dieses Engagement möglicherweise einen wichtigen institutionellen Umwelteinfluss austarieren. Allerdings werden auch schnell die Probleme und Grenzen dieser Beeinflussungsversuche deutlich: In einer ausdifferenzierten und ansatzweise wettbewerborientierten Gesellschaft mit entsprechender Rechts- und Wirtschaftsordnung artikulieren Organisationen und ihre Verbände Interessen, die miteinander konfligieren und deren gleichzeitige Berücksichtigung sich mitunter gänzlich ausschließt. Die Vermittlung von Interessen in der Politik fordert die formal mit einem Gestaltungsauftrag ausgestatteten politischen Akteure deshalb sogar heraus, Widersprüche auszugleichen, Ansprüche zu gewichten und Leistungen zu koordinieren. Für politische Akteure ergibt sich deshalb ein erheblicher Handlungsspielraum, um Programme und Entscheidungen zu initiieren und dadurch bestimmte Organisationen und deren Interessen zu unterstützen oder zu benachteiligen oder aber einen Interessenkompromiss durchzusetzen.

Politische Autonomie Wie werden nun diese Handlungsspielräume von politischen Akteuren ausgefüllt? Um diese Frage zu beantworten, gälte es am Beispiel von konkreten politischen Reformvorhaben und Gestaltungszielen die spezifischen Interessen und Leitorientierungen der direkt gewählten politischen Repräsentanten, der durch Parteiapparate ausgewählten und von ihnen abhängigen Kandidaten und der Fachbeamten aus den zu Regulierungs- und Kontrollzwecken eingerichteten Behörden und Ämter zu ermitteln. Die auf diese Weise zu unternehmende Einbeziehungen von Parteiideolgien, von realen wie vorgestellten Repräsentationsangeboten, von Patronage-Verpflichtugen für Unterstützernetzwerke und von intra- wie interorganisationellen Konflikten im politischen Feld für eine Bestimmung der politischen Handlungsautonomie und Handlungsprägung sollte aber nicht darüber hinwegtäuschen, dass organisationsmächtige Interessengruppen als Kooperationspartner den politischen Akteuren, die durchaus eigenständige Ziele verfolgen können, zu jeder Zeit und auf allen Ebenen zur Verfügung stehen. Die Gestaltungsmacht der politischen Akteure muss also wiederum in die Verhandlungssysteme, Kooperationsnetzwerke und Diskursarenen hineinverlagert werden, die sich in den Politikfeldern zur Bewältigung von politischen Steuerungsaufgaben und zur Verteilung von öffentlichen Ressourcen etablieren. Politische Akteure müssen über besondere Koordinationsfunktionen und Statuspositionen innerhalb der relevanten Netzwerke und Akteurkonstellationen verfügen, um eine solche besondere Gestaltungsrolle in Politikfeldern behaupten zu können.

Politikfelder als Welche allgemeinere Theorieperspektive böte sich jedoch für eine angeintermediärer Bereich messene Konzeptualisierung der Konditionierungen für Interessengruppeneinfluss und für politische Autonomie an? Interorganisationen-Theorien und Netzwerkkonzepte der Politikgestaltungen, die wir schon vorgestellt haben und im weiteren Verlauf noch genauer diskutieren werden, fokussieren bloß auf einen besonders wichtigen Ausschnitt der Politikgestaltung und Interessenartikulation, nämlich auf den „intermediären Bereich" der Kontakte und Ressourcenflüsse zwischen Angehörigen der wichtigen staatlichen Entscheidungs-, Finanzierungs- und Kontrollorgane und Vertretern von Interessengruppen, die die sektoriellen Probleme und Anliegen von Großkonzernen und anderen Wirtschaftsunternehmen, von Gewerkschaften, Berufsgruppen, Non-Profit-Organisationen, Bürgerinitiativen und gar von administrativen Akteuren der Kommunen und Bundesländer (im Sinne eines „intergouvernmental lobbying") vertreten. Diese Perspektive blendet natürlich weitestgehend die Prozesse und Verhältnisse aus, die für das Aufkommen von Interessen und Problemen sowie von Wert- und Zielkonflikten in den einzelnen sozialen Handlungsfeldern (in der Politik wie in der Wirtschaft) verantwortlich zu machen sind. Und selbst bei der Wirkung von staatlichen Regulierungen und Unterstützungsleistungen in einem spezifischen sozialen Handlungskontext muss von einer weitestgehenden Transformation und Uminterpretation der ursprünglichen politischen Gestaltungsintention durch die Statusgruppen und Organisationen vor Ort ausgegangen werden. Es ist deshalb fast selbstevident festzustellen, dass die Politikfeld-Perspektive alle diejenigen Abläufe ausspart, die als wichtige Antriebsmotoren auf das Geschehen in den Politikbereichen einwirken und damit mitverantwortlich für den Tatbestand gemacht werden können, dass in den politischen Entscheidungsprozessen immer stärker Aspekte von Informalität zum Tragen kommen und politische Institutionen als Anlaufstellen für interorganisationelle Kooperation, wechselseitige Information und gezielte Interessenvermittlung fungieren (*Alemann/Eckert* 2006, *Altvater/Mahnkopf* 2002, *Benz* 1998, *Petersohn* 2000).

Eine mit Politikfeld-Ansätzen kompatible gesellschaftstheoretische Position Theorie sozialer
Differenzierung deutet sich am ehesten in der Kritik funktionalisitscher Differenzierungstheorien und im Bemühen einer Ergänzung dieser Theorien durch akteursbezogene Elemente an. Was ist damit gemeint? Mit der Theorie sozialer Differenzierung, die bis auf den Ökonomen Adam Smith und die Soziologen Emile Durkheim, Max Weber und Herbert Spencer zurückgeht, ist eine Vorstellung der langfristigen Gesellschaftsentwicklung verbunden, in der sich bestimmte Differenzierungsmuster verschieben bzw. ablösen – von der tradionell-segmentären zur modernen, hochgradig arbeitsteiligen Gesellschaft. Die bekanntesten neueren Vertreter dieser Differenzierungstheorie sind besonders der amerikanische Soziologe Talcott Parsons auf der einen Seite, und die deutschen Soziologen Niklas Luhmann, Renate Mayntz und Richard Münch auf der anderen. Eine übergreifende Darstellung der Theorie der gesellschaftlichen Differenzierung ist in *Schimank* (1996) zu finden.

Renate Mayntz hat diese funktionellen Spezialisierungsbereiche der Gesell- Spezialisierung schaft wie folgt definiert:

> „Funktionelle Teilsysteme lassen sich als gesellschaftsweit institutionalisierte, funktionsspezifische Handlungszusammenhänge definieren. Ihr Konstitutionskriterium ist ein spezieller Sinn, der auf der normativ kognitiven Ebene als besondere Handlungslogik oder Handlungsrationalität und auf der Handlungsebene als eine besondere Tätigkeit identifizierbar ist (wobei es der spezielle Sinn ist, der die Ausgrenzung der Tätigkeit erlaubt)." (*Mayntz* 1997: 44).)

Der Bezugspunkt für Differenzierung ist eine spezialisierte Leistung, die eine Gruppe von Produzenten für Abnehmer erbringt. Hierfür entwickeln sie spezialisierte Ressourcen, zu denen nicht nur materielle Werkzeuge (*hardware*), sondern auch bestimmte kognitive Verarbeitungsformen (*software*) gehören. Insbesondere die Letztgenannten umfassen Aspekte, die auch als „symbolische Elemente" (*Parsons* 1972; 1975) oder „Kommunikationscodes" (*Luhmann* 1984) bezeichnet werden.

Das Spezifikum und Abgrenzungskriterium auf dieser Ebene ist letztlich eine Spezialisierung im Sinne von Verengung, Intensivierung und Abkopplung von Zusatzgesichtspunkten. Aus akteurzentrierter und institutioneller Perspektive basiert die Herausbildung sozialer Teilsysteme letztlich auf der Ressourcenspezialisierung, die sich in den meisten Formen als institutionelle Differenzierung zu erkennen gibt. Bestimmte Kombinations- und Nutzungsformen von Ressourcen werden mittels Handlungen individueller und kollektiver Akteure auf Dauer gestellt. Mit Hilfe solcher Differenzierungsformen entstehen spezialisierte Organisationen wie Parteien, Parlamente, Unternehmen, Behörden, Verbände, Schulen, Krankenhäuser etc. In diesen Organisationen spielen die Individuen Rollen, die auf die Erfüllung bestimmter Aufgaben spezialisiert sind (Politiker, Unternehmer, Arbeiter, Verwaltungsbeamter, Lehrer, Verbandsmanager). Mit der Subsystembildung ist relative Autonomie verbunden – eine Gleichzeitigkeit von partieller Autonomie und Interdependenz (*Mayntz* 1997: 38-69).

Korporative Akteure   Eine weitere – häufig implizite – Annahme ist, dass die politische Arena von korporativen Akteuren, formalen Organisationen, dominiert wird. Erklärt wird dies durch eine ganze Reihe von Vorteilen gegenüber bloßem individuellen Handeln. Um Koordinations- und Kontrollprobleme zu lösen, die bei individuellem Handeln großer Kollektive entstehen, können Akteure ihre Handlungsform dahingehend verändern, dass sie weiterhin auf individuelle Weise die Handlungsressourcen mobilisieren, diese dann aber – über einen Vertrag – in einer hierfür geschaffenen Organisation zusammenlegen, die dann mit der Ausführung des kollektiven Handelns über ihr angestelltes Personal betraut ist. In dieser zentralisierten, korporativen Form des Kollektivhandelns werden Organisationen auf der Basis von Organisationsverträgen berechtigt, für einen bestimmten Zeitraum und ein begrenztes Aufgabengebiet im Auftrag der Initiatoren und Organisationsmitglieder zu handeln. Diese Handlungsform hat neben der grundsätzlichen Lösung der Probleme kollektiven Handelns noch einige weitere Vorteile, die sich durch den korporativen Charakter ergeben: ein positiver Effekt ist, dass das stellvertretende Handeln für Mitgliederinteressen sich von situativen Konstellationen entkoppelt und die Verfolgung dieser Interessen damit auf Dauer gestellt wird. Durch den Organisationsvertrag gewinnt die korporative Einheit Autonomie, um im Sinne kollektiv festgelegter Ziele zu handeln (*Coleman* 1979; 1991; 1992).

Organisationsvorteile   Mit dieser Eigenschaft hängt auch die fast unbegrenzte Spezialisierungsmöglichkeit der Handlungsformen zusammen. Anders als natürliche Personen, die immer ein Mindestspektrum von Bedürfnissen befriedigen und deshalb immer mehrere Interessen gleichzeitig verfolgen müssen, können sich Organisationen auf wenige Funktionen konzentrieren. Differenzierungstheoretisch gesprochen können sich korporative Akteure damit weitgehend „einsinnig" an der Erfüllung hoch spezialisierter Zwecke orientieren, was eine sonst nicht erreichbare Konzentration von Kräften in der Verfolgung bestimmter Ziele erlaubt (*Mayntz*

72

1997: 40-69). Auf diese Weise ermöglicht korporatives Handeln eine Art Parallelverarbeitung gesellschaftlicher Probleme, die natürlichen Personen nur sehr bedingt möglich ist. Der korporative Akteur kann Aufgaben intern dezentralisieren und die Verarbeitungsroutinen in Unterprozeduren aufgliedern. Hierdurch lassen sich die kognitiven Beschränkungen natürlicher Personen, die eher serielle Problemlöser sind, auf kollektive Weise überwinden (*Simon* 1993).

Eng verknüpft mit den bislang aufgeführten Vorteilen korporativen Handelns sind schließlich auch bestimmte Größen- und Verbundvorteile, die erst mit einer bestimmten Organisationsgröße einsetzen und für natürliche Personen prinzipiell unerreichbar sind (*Schneider* 2000). Hierzu zählen insbesondere auch die kommunikationsstrukturellen Vorteile, die formale Organisationen ihren Mitgliedern bieten, wodurch eine Art Kollektivintelligenz geschaffen wird. Als eigenständige Handlungseinheit bleiben die korporativen Akteure keine bloßen Aggregate ihrer Mitgliederinteressen, die nur individuelle Interessen bündeln und auf eine nächste Ebene transponieren. Auch als so genannte Agenten entwickeln sie Eigeninteressen. Neben die den korporativen Akteur konstituierenden Mitgliederinteressen tritt zumindest das Interesse des korporativen Akteurs an der Organisationssicherung: Manager, Angestellte und Arbeiter möchten ihre Arbeitsplätze sichern. Indem sie mit eigenen Handlungsvollmachten und Ressourcen ausgestattet sind, haben sie die Möglichkeit, die Interessen bestimmter Mitglieder im Handeln des korporativen Akteurs zu übergehen bzw. unter bestimmten Voraussetzungen sogar gegen diese Interessen zu handeln. Die Mitglieder eines korporativen Akteurs werden demnach – wenn sie rational handeln – nur unter bestimmten vertraglichen Bedingungen, die ihnen bestimmte Aufsichts- und Kontrollrechte über das korporative Handeln geben, ihre Ressourcen in einen korporativen Akteur investieren (*Coleman* 1979). Größen- und Verbundvorteile korporativer Akteure

Die Unterscheidung zwischen kollektiven und korporativen Akteuren sollte nicht so verstanden werden, dass die Akteure eines bestimmten Politikprozesses entweder nur kollektive oder korporative Akteure sind. In der vielschichtigen, komplexen gesellschaftlichen Realität sind häufig beide Formen ineinander verschachtelt. Dies ist z.B. der Fall, wenn mehrere korporative Akteure einen kollektiven Akteur bilden oder ein korporativer Akteur höherer Ordnung aus der Kombination vieler korporativer Akteure entsteht. Das Phänomen der Organisationen von Organisationen, das beispielsweise in der Form von Dachverbänden, Unternehmensholdings, Parteikonföderationen und nicht zuletzt in allen Formen internationaler und supranationaler Organisationen auftritt, ist der konzentrierteste Ausdruck der Organisationsgesellschaft (*Perrow* 1996, *Simon* 1996). Organisationsgesellschaft

Ein grundsätzliches Problem der Eingrenzung und Identifikation von Policy-Akteuren ist, welche Rolle individuelles Handeln in der modernen Politik noch spielt. Tatsächlich werden Probleme, Programme und Entscheidungen immer nur von konkreten Individuen thematisiert, formuliert und umgesetzt. Solange politische Entscheidungen von Menschen selbst gefällt werden, wird diese individuelle Dimension nicht verschwinden. Man kann jedoch davon ausgehen, dass in modernen Industriegesellschaften und Massendemokratien Individuen als Privatpersonen keine bedeutende Rolle im politischen Prozess mehr spielen. Viele gesellschaftliche, wirtschaftliche und politische Vorgänge sind heute weitgehend auf das konzentriert, was in Konzepten der Organisationsge- Prinzipale und Agenten sellschaft oder der organisierten Demokratie (*Olsen* 1983, *Rudzio* 1977) zum Ausdruck kommt. Auch in Organisationsgesellschaften basiert Organisationshandeln weiterhin auf den Individuen. Diese sind jedoch weitgehend Funktionsträger von Organisationen. Sie handeln als Agenten im Auftrag und Interesse ihrer Prinzipale.

Wissensgesellschaft Moderne Gesellschaften sind nicht nur Organisationsgesellschaften, sondern auch Wissensgesellschaften (*Stehr* 1994). Problemtatbestände in Politikfeldern sind nicht nur auf die Bedürfnisse und Interessen von korporativen Akteuren zu beziehen, sondern betreffen zumal in den Interaktionskontexten einer regulativen, regelsetzenden Politik Handlungsfolgen, Risiken und Ressourcentransfers, die das Wohl der Allgemeinheit in Mitleidenschaft ziehen oder vermehren können. Bei diesen Belangen der Allgemeinheit mag es sich um Interessen handeln, die nicht im einfachen Sinne konfliktfähig sind, weil durch ihre Befriedigung nicht ein besonderer Vorteil für eine einzelne Statusgruppe oder Mitgliedergemeinschaft abfällt und sich deshalb politische Initiativen zur Beförderung dieser Interessen nur schwer organisieren lassen (*Offe/Wiesenthal* 1980, *Olson* 1968). Allerdings werden bei Auseinandersetzungen über die Nutzung der natürlichen Ressourcen und Energiereserven, die Belastung des ökologischen Gleichgewichts durch technologische Errungenschaften oder über den Ausbau der Infrastrukturen Zukunftsfragen der Gesellschaftsentwicklung thematisiert, die in langer Sicht auch die Interessen von korporativen Akteuren tangieren und die sich deshalb nicht einfach von der politischen Agenda verdrängen lassen.

Professionals und Experten Für die politische Thematisierung und Bearbeitung der gesellschaftlichen Zukunftsfragen, die direkt oder indirekt alle Politikfelder betreffen und einen wichtigen Anstoß für politische Steuerung liefern, ist die Initiierung von Prozessen der Wissenssammlung und Wissensverarbeitung notwendig. Hierbei kommt Wissenschaftlern und Fachexperten eine besondere Rolle zu. Insbesondere die mit einer wissenschaftlichen Ausbildung versehen, aber mit Anwendungsfragen in Organisationen beschäftigten so genannten *professionals* (die zu früheren Zeiten als Angehörige der freien Berufe bezeichnet wurden, wie Rechtsanwälte, Ärzte, Wissenschaftler) besitzen für die politische Bearbeitung von Wissensfragen in Politikfeldern eine besondere Bedeutung. Sie sind zwar in ihrer beruflichen Tätigkeit zunehmend in Organisationen oder organisationsähnliche Arbeitszusammenhänge eingebunden, machen aber in ihrer wissensbasierten Tätigkeit zusätzliche Rationalitätskriterien geltend (*Benveniste* 1987, *Freidson* 1986, *Raelin* 1986). Die *professionals* unterziehen sich einer anstrengenden, intensiven und ressourcenaufwendigen Ausbildungsphase, die nur lose mit ihrer (zukünftigen) Berufspraxis verkoppelt ist. Ihr in Ausbildung und Studium ansozialisierter Berufsethos beinhaltet eine starke Bindung an die Inhalte und Wertorientierungen ihrer Wissensgebiete und an die unparteiischen Richtwerte formalen Wissens sowie an die folgerichtige und angemessene Anwendung der erlernten Fachkompetenzen. Der Horizont des *professionals* ist auf das Anforderungsprofil des gesamten Wissensgebietes ausgerichtet, die Anwendungsorientierung der Berufspraxis in Organisationen muss deshalb als eine Verengung der Perspektive betrachtet werden.

Professionals in Organisationen *Professionals* stehen immer in einem gewissen Spannungsverhältnis zur strategischen Orientierung ihrer Heimatorganisation, obwohl sie auch eine erhebliche Selbstbestätigung durch die zielgerichtete Anwendung ihres Wissenshorizontes auf operative Anforderungen ihres Einsatzgebietes erfahren. Darüber hinaus profitieren auch die Organisationen von einer stärkeren Außenorientierung ihrer *professionals* und befördern sogar solche Außenkontakte und die Einbindung der *professionals* in fachbezogenen Netzwerken. Schließlich können auch die Heimatorganisationen von den Informationen über wissenschaftliche und technische Innovationen oder über politische und rechtliche Entwicklungen aus den Expertennetzwerken ihrer *professionals* profitieren. Für die Akteurkonstellationen in Politikfeldern wird der Stellenwert der *professionals* dadurch deutlich, dass die Expertennetzwerke zusätzliche Erfahrungen und Informationen in die Interaktionen zwischen Interessengruppen und politischen Akteuren einbringen können (*Brint* 1994, *Janning* 1998). Insbesondere in Feldern wie der Umweltpolitik, Gesundheitspolitik, Wissenschafts- und Technologiepolitik, Verbraucherschutzpolitik haben professionelle Netzwerke eine wichtige Bedeutung. Über sie werden Wissensaustausch und Diffusion von innovativen Problemlösungsvorschlägen gefördert, weil diese in der Regel auch über eine Anbindung an Unternehmen und Interessenverbände verfügen. Auf diese Weise erfüllen sie eine wichtige politikfeldstrukturierende Funktion.

3 Die Theorienlandschaft der Politikfeldanalyse

Akteur und Struktur Eine empirische Politikfeldanalyse und Policy-Forschung setzt Theorien und Konzepte voraus, die die Beschreibung und Erklärung von öffentlichen Politiken und Interaktionszusammenhängen in Politikfeldern leiten. Wie bereits betont, ist es unvorstellbar, sich gewissermaßen „voraussetzungslos" einen Gegenstandsbereich eröffnen zu wollen. Selbst auf der Ebene des Alltagswissens setzt Beobachtung und Beschreibung hinreichendes Vor- oder Hintergrundwissen voraus. Ein zentraler Unterschied im wissenschaftlichen Zugang zu einem Untersuchungsgegenstand ist, dass dieses Hintergrundwissen und die Einbettung neuer Theorien und Konzepte in diesen bereits existierenden begrifflichen und theoretischen Kontext so gut wie möglich expliziert und systematisiert werden sollte. Dieser Aufgabe sind die folgenden Kapitel gewidmet, in denen, ausgehend von einem Gesamtüberblick über das theoretische Terrain, die wichtigsten Strömungen dargestellt und bezüglich ihrer Annahmen und Konsequenzen reflektiert werden.

Theorieverständnis Die in unserem Zusammenhang relevanten staats- und gesellschaftstheoretischen Grundannahmen und Hintergrundtheorien haben bisher eher implizit Eingang gefunden. Zwar lassen sich in manchen Lehrbüchern bereits seit den 70er Jahre Typisierungen unterschiedlicher theoretischer Strömungen finden (z.B. in *Dye* 1972, *Mény/Thoenig 1989*, *Howlett/Ramesh* 1995, *Parsons* 1995), eine explizite und fokussierte Thematisierung der theoretischen Grundlagen für die Policy-Forschung wird erst seit den 90er Jahren betrieben (*Birkland* 2001, *Heritier* 1993, *Janning* 1998, *John* 1998 *Mayntz* 1997, *Sabatier* 1999, *Scharpf* 2000, *Schubert/Bandelow* 2003b). Dies hat zu einer intensiven Auseinandersetzung mit Akteur- und Strukturkonzepten geführt, die in geläufigen Orientierungen der Politikfeldanalyse Ausdruck finden und die Ausrichtung der Forschungsfragen prägen. Ausgehend von einer Kritik an reinen Makrotheorien, in denen öffentliche Politiken als Wirkungen von Makrostrukturen, wie beispielsweise dominierende Werte, Ideologien oder Klassen einer Gesellschaft betrachtet werden, hat sich die Analyse eher auf die Meso- oder Mikroebene verlagert, in denen Akteur- und Interessenkonstellationen und spezifische strukturelle und institutionelle Kontexte als erklärende Variablen herangezogen werden. Mit jeweils spezifischen Zusammenführungen von akteur- und strukturtheoretischen Ansätzen wurden unterschiedliche Rahmen für die theoriegeleitete Politikfeldanalyse gefunden. Diese Theorierahmen beziehen rationalistische Handlungs- und Verhandlungskonzepte (z.B. die Spieltheorie) und soziologische Tausch- und Netzwerktheorien aufeinander und konzipieren politische Prozesse als eine komplexe Verkettung von Tausch- und Entscheidungssituationen, die durch institutionelle Kontexte und Beziehungsstrukturen in den relevanten Akteurkonstellationen beeinflusst werden. Die einzelnen Analyserahmen variieren dann darin, inwieweit sie die Prägekraft von institutionellen Vorgaben, die Auswirkung der „Einbettung" von Policy-Interaktionen oder aber die Handlungsspielräume und Präferenzwahlen der Akteure in den Vordergrund stellen bzw. als erklärende Faktoren betonen. Gemeinsam sind den im Folgenden vorzustellenden Analyserahmen gewisse Annahmen einer akteur- und strukturzentrierten Policy-Forschung, die als Grundlage für spezifischere Theoriekonzepte und Forschungsmethoden fungieren.

Bevor wir in den Vergleich einsteigen, möchten wir noch kurz auf den wissenschaftlichen Status der unterschiedlichen theoretischen Ebenen oder Bereiche eingehen. *Elinor Ostrom* (1999) hat für den Ansatz des Rational Choice-Institutionalismus eine Unterscheidung zwischen drei Aussageebenen – Analyserahmen (frameworks), Theorien und Modelle – vorgeschlagen, die *Sabatier* für die Theoriebildung in der Policy-Forschung aufgreift und verallgemeinert:

> „In her view, a conceptual framework identifies a set of variables and the relationships among them that presumably account for a set of phenomena. The framework can provide anything from a modest set of variables to something as extensive as a paradigm. It need not identify directions among relationships, although more developed frameworks will certainly specify some hypotheses. A theory provides a "denser" and more logically coherent set of relationships. It applies values to some of the variables and usually specifies how relationships may vary depending upon the values of critical variables. Numerous theories may be consistent with the same conceptual framework. A model is a representation of a specific situation. It is usually much narrower in scope, and more precise in its assumptions, than the underlying theory. Ideally it is mathematical. Thus frameworks, theories and models can be conceptualized as operating along a continuum involving increasing logical interconnectedness and specifity, but decreasing scope" (*Sabatier* 1999: 5-6).

Im Unterschied zum Begriff des Paradigmas von *Thomas S. Kuhn* (1979[1962]) hat der Rahmenbegriff den Vorteil, dass im Cluster von Theoriefamilien Ansätze denkbar sind, die auch etwas lose gekoppelter sein und sich teilweise überlappen können. Aus dieser Perspektive erscheinen die nachfolgend vorgestellten "Theorieansätze" – der Rational Choice-Institutionalismus, der akteurzentrierte Institutionalismus, die Wissenspolitologie – bestenfalls als konzeptionelle Rahmen, die nach Einschätzung von *Schubert/Bandelow* (2003a: 8) für die explizitere Theoriebildung zwei Funktionen ausüben können. Sie können erstens eine metatheoretische Ebene bereitstellen, auf der der Forscher unterschiedliche Teiltheorien seines Forschungsansatzes miteinander in Verbindung bringen oder vergleichen kann. Zweitens können konzeptionelle Analyserahmen aufgrund ihrer Allgemeinheit dazu genutzt werden, den empirischen Anwendungsbereich insgesamt zu erweitern. Sie fungieren sozusagen als „theoretische Linsen", um Anwendungsbereiche oder Problemfelder für die Policy-Forschung überhaupt zu erfassen. *Sabatier* (1999) ordnet dementsprechend verschiedene Theorierahmen der Policy-Forschung genau dieser Aussageebene zu.

Theorierahmen

Die Unterscheidung zwischen Theorierahmen und Theorie hat natürlich den Vorteil, dass sie mit dem engen Theorieverständnis, wie es in der analytischen, quantitativ ausgerichteten Sozialwissenschaft vorherrschend ist, kompatibel ist. Hier wird ganz klar und im Einklang mit der oben von Sabatier bzw. Ostrom geleisteten Bestimmung eine Theorie als ein hypothetisch-deduktives System aufgefasst, das aus Definitionen und aus ihnen abgeleiteten Hypothesen und Gesetzesaussagen besteht (*Bunge* 1996, *Schnell/Hill/Esser* 1999). Für viele Wissenschaftstheoretiker besteht wegen dieser (notwendigen) Grundeigenschaften

Deduktive Theorie

kein grundsätzlicher Unterschied zwischen Theorien in den Sozialwissenschaften und in den Naturwissenschaften. Darüber hinaus neigen die Verfechter des hypothetisch-deduktiven Theorieverständnisses dazu, andere etablierte sozialwissenschaftliche Theorietraditionen – die Bildung von forschungsleitenden Idealtypen in der Soziologie (*Weber* 1972) wie Psychoanalyse (*Freud* 1977[1916]), die normativen Gerechtigkeits- oder Demokratietheorien in der Politikwissenschaft oder die umfassenden soziologischen Gesellschaftstheorien von *Parsons* (1972) und *Luhmann* (1984) – als unwissenschaftlich oder bloß spekulativ abzulehnen. Implizit verfährt auch die oben zitierte Unterscheidung von Sabatier bzw. Ostrom so – die allgemeinen Theorierahmen oder Konzepte sind etwas Allgemeines oder Diffuses, das durch explanativ-deduktive Theorien erst expliziert wird.

Ontologische Theorie   An dieser Stelle soll nur der Hinweis angebracht werden, dass in der Philosophie der Sozialwissenschaften weitaus pluralistischer anmutende Vorschläge diskutiert werden, um das Verhältnis zwischen Theorietypen zu beschreiben. *Karl Acham* (1983) reagiert auf wissenschaftstheoretische Debatten in der Soziologie – z.B. die von *Max Weber* (1988) mit ausgelöste Erklären versus Verstehen-Debatte – und folgt einer Perspektive, die neben den deduktiven Theorien auch die *pattern theories* (*Skidmore* 1979) stark macht. Dieser Theorietypus wird als ontologische Theorie bezeichnet, die anstatt einer vertikalen Logik, die den deduktiven Theorien inhärent ist, einer „lateralen Logik" folgt: „Das Aussagesystem ontologischer Theorien vermittelt eine bestimmte Sicht der Dinge, und ihr „Sinn" ergibt sich aus der Konstellation der theoretischen Ausdrücke und der dadurch induzierten Neudimensionierung des Sichtfeldes" (*Acham* 1983: 152). Ontologische Theorien fungieren eher als Instrument der Beschreibung von Gegenstandsbereichen oder der Interpretation von komplexen Phänomenen und können dabei mit Begriffsschemata, Idealtypen oder interpretativen Verfahren operieren. Grundsätzlich müssen sie nicht als inferior im Vergleich mit den explanativen (oder deduktiven) Theorien angesehen werden:

> „Viele Vertreter von explanativen Theorien ziehen ja gleichsam aus der Wirklichkeit nur diejenigen realen Datenzusammenhänge in Betracht, die sich in Gestalt nomologischer Hypothesen darstellen lassen, und glauben zudem noch, einem methodologischen Reduktionismus das Wort reden zu müssen, obschon zuvor noch gar nicht alle Dimensionen des in Betracht stehenden Sachverhalts hinreichend bekannt sind. Ontologische Theorien oder „pattern theories" konnten in solchem Zusammenhang dafür dienlich sein, den Spezialisten vor einer simplifizierenden Ignoranz zu bewahren: dass er nämlich darauf stolz ist, sich in einem Bereich auszukennen, ohne auch nur zu ahnen, was er – aus Gründen einer forschungstraditional gepflogenen methodischen Restriktion – alles nicht weiß" (*Acham* 1983: 153).

Theorie im Überblick   Mit der nachfolgenden Übersicht erheben wir nicht den Anspruch auf eine detaillierte Darstellung der Theorienlandschaft. Unsere Darstellung entspricht eher (um eine bekannte Analogie Barrington Moores zu verwenden) einer „Karte im großen Maßstab" wie sie Piloten beim Überfliegen von Kontinenten benutzen. Bei einem solchen Überblick über ein Gesamtgelände ist es nicht wichtig, die genaue Lage jedes kleinen Ortes oder jeder Strasse zu erfahren, sondern nur die wichtigsten topographischen Formationen wie Gebirgszüge und Gewässer, etc.. In diesem Sinne unterscheiden wir grob zwischen drei Theoriefeldern:

- Die auf der Makroebene angesiedelte quantitativ vergleichende Policy-Forschung, die in der Bundesrepublik auch als Staatstätigkeitsforschung bezeichnet wird. Hauptvertreter dieser Richtung sind Francis Castles, Manfred Schmidt und Harold Wilensky (*Castles* 1998, *Schmidt* 1998, *Wilensky* 1975)
- Drei vorrangig auf der Mikro- und Mesoebene angesiedelten akteur- und strukturtheoretischen Sub-Theoriefelder, in denen (begrenzt) rationale Policy-Interaktionen und ihre strukturelle Einbettung zum Teil recht unterschiedlich thematisiert werden (beziehungsstruktureller Ansatz, Rational Choice-Institutionalismus und akteurzentrierter Institutionalismus). Hauptvertreter hier sind hier David Knoke, Edward Laumann, und Franz Pappi; Elinor Ostrom; Renate Mayntz und Fritz Scharpf (*Laumann/Knoke* 1987, *Knoke et al.* 1996; *Ostrom* 1990, *Mayntz/Scharpf* 1995, *Scharpf* 1997).
- Eine recht neue Richtung der Policy-Analyse, die wir kulturalistisch nennen, die kognitive Analysebereiche betont – wie z.B. Glaubenssysteme, Deutungsstrukturen, Argumentationsmuster – und explizit Alternativen zu rationalistischen Policy-Modellen entwickelt. Hauptvertreter sind hier Frank Fischer, Maarten Hajer, Frank Nullmeier und Thomas Saretzki (*Fischer/Forester* 1993, *Hajer* 1995, *Nullmeier* 1993, *Saretzki* 1996a).

Im Folgenden werden die Theorien der Staatstätigkeit (3.1), der allgemeine Rahmen des akteur- und strukturzentrierten Ansatzes in der Policy-Forschung (3.2) und dessen drei hauptsächlichen Spezifizierungen vorgestellt. Im Anschluss daran wird die Policy-Forschung durch die Perspektive kulturalistischer Ansätze (3.3) betrachtet.

3.1 Quantitativ-vergleichende Analyse der Staatstätigkeit

Der Theorierahmen der vergleichenden Staatstätigkeitsforschung lässt sich mit drei Hauptmerkmalen charakterisieren: Die Analyse fokussiert auf Makrozusammenhänge, sie ist vorwiegend quantitativ vergleichend orientiert und zielt eher auf die Überprüfung „vorwärtsblickender Hypothesen" (*Scharpf* 2000). Die Forschungsfrage der Staatstätigkeitsforschung fragt eher nach der Wirkung spezifischer unabhängiger Variablen auf die Regierungspolitik in den untersuchten Ländern, als nach dem gesamten Variablenbündel, das eine bestimmte Politik erklärt. Ziel ist letztlich immer eine sparsame Erklärung in der Hinsicht, dass wenige (u.U. auch nur eine) Variablen einen Großteil der Varianz von Policy-Outputs oder Policy-Outcomes bestimmen.

Der Ursprung der vergleichenden Staatstätigkeitsforschung geht auf Versuche zurück, den systemtheoretischen Ansatz Eastons im Vergleich der öffentlichen Politik US-amerikanischer Einzelstaaten oder der Kommunalpolitik großer Städte empirisch umzusetzen. Aus dieser Perspektive stellt sich beispielsweise die Frage, ob Binnenstrukturen oder eher Umweltfaktoren des politischen Systems diverse System-Outputs erklären. In einer Studie aus dem Jahre 1966 über die Bildungspolitik in 67 Großstädten untersucht beispielsweise Thomas Dye, welche dieser unterschiedlichen Makrovariablen der Umwelt (z.B. Einkommens-

Geschichte der Staatstätigkeitsforschung

und Beschäftigungsstrukturen) oder des Systems (z.B. Kommunale Wahl- und Regierungsstrukturen) die größte Erklärungskraft für Bildungsausgaben oder Schulabbrecher haben (siehe Abbildung 3-1).

Abbildung 3-1: Die Determinanten von Bildungspolitik nach Dye

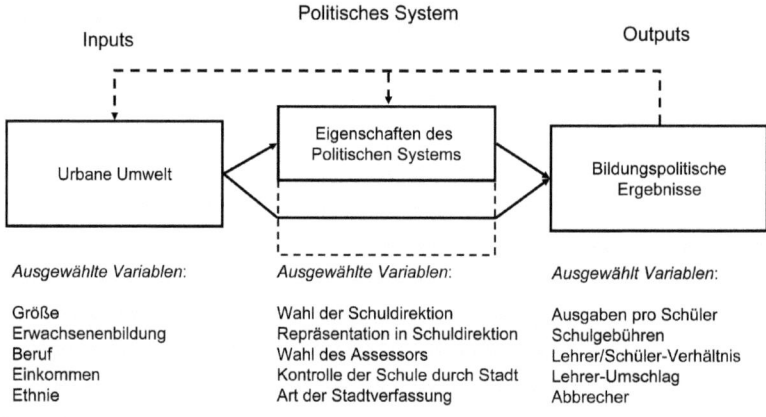

Quelle: nach Dye 1966

Mit Hilfe von Korrelationsanalysen stellt Dye fest, dass sozioökonomische Umweltfaktoren letztlich mehr erklären als Variablen der untersuchten lokalen politischen Systeme. Zu ähnlichen Ergebnissen kommt auch Hofferbert beim Versuch, ein ganzes Spektrum wohlfahrtsstaatlicher Politiken (z.B. Ausgaben für Bildung, Steuersätze und Abzugsmöglichkeiten, Aufwendungen für Wohlfahrtsprogramme) durch eine Zusammenhangsanalyse von Makrovariablen zu erklären. (siehe z.B. das eher unschlüssige Ergebnis von *Sharkansky und Hofferbert* (1969) auf der Basis einer Faktorenanalyse).

Theoretische
Strömungen
    Die Frage, welche Makrovariablen bestimmte öffentliche Politiken (die selbst mit diversen Aggregatdaten wie Staatsausgaben, Transferzahlungen, Privatisierungserlöse, etc. gemessen werden) beeinflussen, bleibt die zentrale Problematik dieser Forschungsrichtung. Von den verschiedenen theoretischen Strömungen, die sich seit den 70er Jahren entwickeln, fallen die Antworten jedoch ganz unterschiedlich aus. In einer häufig zitierten Übersicht des theoretischen Terrains unterscheidet *Manfred G. Schmidt* (1993) vier Strömungen, die den Fokus auf recht unterschiedliche Determinanten legen: Die Theorie der sozioökonomischen Determination, die Parteienherrschaftstheorie, die Theorie der Machtressourcen organisierter Interessen und die politisch-institutionalistische Theorie. In den letzten Jahren ist diese Liste um zwei weitere Posten erweitert worden: Ansätze, die einerseits historische Nachwirkungen auf politische Entscheidungen und andererseits neue Zwänge, die sich aus internationalen Entwicklungen (wie z.B. Globalisierung und Europäisierung) ergeben (*Schmidt* 2000). Eine mehrdimensionale Typologisierung dieser Ansätze wurde in (*Schneider/Tenbücken* 2004) versucht.

80

Die Theorie der sozioökonomischen Determination betrachtet die Staatstätigkeit in einzelnen Politikfeldern als Reaktion auf strukturelle gesellschaftliche und wirtschaftliche Entwicklungen und damit einhergehende Problemlagen (siehe hierzu vor allem schon *Wilensky* 1975). Die Stärke dieses Ansatzes liegt in der Hervorhebung übergreifender sozialer wie ökonomischer Entwicklungstrends und in der Identifikation von Zwängen, denen staatliches Handeln unterworfen ist. Die hauptsächlich verwendeten Methoden sind die Korrelations-, Faktor- und Regressionsanalyse auf der Basis hoch aggregierter Daten, also Indikatoren, die Merkmale für ganze Länder oder Regionen zusammenfassen. Sozioökonomische Determination

Die *Parteienherrschaftstheorie* verfolgt demgegenüber einen dezidiert politischen Erklärungsansatz, sieht sie doch die Staatstätigkeit und das „policy-making" in einzelnen Politikfeldern primär beeinflusst durch den innenpolitischen Parteienwettbewerb. Eine Grundannahme dieser Orientierung ist, dass Richtung und Ausmaß von Staatstätigkeit weitgehend durch die parteipolitische Zusammensetzung der Regierung eines Landes erklärt werden kann (*Hibbs* 1977, *Schmidt* 1982). Regierungen besitzen unterschiedliche ideologische Präferenzen; so wird in der Regel davon ausgegangen, dass linke Parteien z.B. eher dazu neigen, wohlfahrtsstaatliche Politik auszudehnen oder Privatisierungen im öffentlichen Sektor abzulehnen. Dass mit dieser Grundannahme eine Reihe weiterer – oft impliziter Annahmen verbunden sind, wird durchaus thematisiert (*Schmidt* 1996). Demnach sind Regierungen auch wirklich Policy-Seekers und letztlich in der Lage, die formulierten politischen Programme auch umzusetzen. Politisches Handeln ist aus dieser Perspektive nicht einfach nur durch die sozioökonomische Umwelt determiniert, sondern auch von politisch-ideologischen Dynamiken sowie von parteipolitischen Konstellationen abhängig. Mit der Parteienkonkurrenz wird darüber hinaus die Rolle der Wähler bei der Auswahl von Regierungsprogrammen und Policy-Richtlinien aufgewertet und auf die Relevanz demokratischer Verfahrensregeln und Wahlsysteme hingewiesen. Eine Gefahr dieses Ansatzes ist, dass politische Handlungsspielräume leicht überschätzt werden. Außerdem tendiert der Ansatz dazu, Stabilität und Identität parteipolitischer Orientierungen zu übertreiben. Parteienherrschaft

In der *Theorie der Machtressourcen* werden insbesondere die Machtmittel und Machtpositionen von gesellschaftlichen Gruppen betont, wie sie sich letztlich auch langfristig in den institutionell verankerten Kräfteverhältnissen eines politischen Systems niederschlagen. Im Mittelpunkt stehen weniger die Präferenzen einer spezifischen politischen Partei bzw. Parteienkoalition, sondern die Machtressourcen einer gesamten Gesellschaftsgruppe oder -klasse (*Korpi* 1985). Die Richtung von Staatstätigkeit bzw. von Policy Change wird hauptsächlich aus der Interessenlage dieser Gesellschaftsklassen und den politischen und wirtschaftlichen Machtressourcen, diese durchzusetzen, erklärt. Dazu gehört neben der Verfügungsgewalt über die Produktionsmittel besonders der Mobilisierungs- und Organisationsgrad der Arbeiterklasse. Die Kontrolle über diese Machtressourcen beeinflusst den Umverteilungsprozess und das Niveau der Staatstätigkeit. Zentrale Bestimmungsfaktoren für die Staatsfunktionen sind demnach letztlich Klasseninteressen, deren Organisations- und Konfliktfähigkeit sowie die daraus resultierenden Kräfteverhältnisse zwischen diesen Klassen und ihren Organisationen. Beispielsweise wird argumentiert, dass der Wohlfahrtsstaat zu Machtressourcen großen Teilen auf der politischen und gewerkschaftlichen Organisationsmacht der Arbeiter zurückzuführen sei (*Esping-Andersen* 1990, *Korpi* 1980; 1985).

Der Ansatz besitzt den Vorteil, in spezifischen Varianten (kritisch oder liberal) sowohl den Strukturkonflikt in einzelnen durch antagonistische Kräftekonstellationen geprägten Politikfeldern wie der Arbeitsmarkt- oder der Sozialpolitik zu erklären, als auch das „rent seeking" von Führungseliten der administrativen Apparate und der Interessenorganisationen analysieren zu können. Negativ schlägt zu Buche, dass die Akteurinteressen in der Politik einseitig mit dem Zugriff auf Machtressourcen in Verbindung gebracht werden und eine inhaltlich-kulturelle Prägung der politischen Grundüberzeugungen ausgeschlossen wird. Die politischen Akteure kämpfen für die Bestandssicherung ihrer Apparate und Interessenorganisationen, ohne dass eine Auseinandersetzung mit den wirklichen Policy-Problemen erfolgen müsste. Darüber hinaus spielen auch die institutionellen Besonderheiten des jeweiligen politischen Systems eine untergeordnete Rolle. Aus der Perspektive der Interessendominanz-These wird ein System mit klaren Mehrheiten und (Interessen)-Dichotomien wie das so genannte Westminster-Modell des Parlamentarismus privilegiert.

Rolle der politischen Institutionen

Die *politisch-institutionalistische Theorie* versucht die Kritik an den bisherigen Erklärungsansätzen in der vergleichenden Staatstätigkeitsforschung aufzunehmen und präsentiert das komplexeste Beschreibungsmodell zur Analyse von politischen Entscheidungsprozessen und Policy-Outcomes. Als institutioneller Ansatz betont er die Wirksamkeit von formellen und informellen Regeln und Normen in politischen Interaktionen, wobei hiermit besonders Vorgaben und Richtlinien für den Willensbildungs- und Entscheidungsprozess und für rationales Wahl- und Entscheiderverhalten gemeint sind. Institutionalistische Ansätze, die besonders stark auf formelle Regeln abheben, betonen beispielsweise die Art und Weise wie entschieden wird (z.B. Einstimmigkeit vs. Mehrheitsentscheid), wer an relevanten Entscheidungen beteiligt (Parlamente, Regierungen, Parteien, Verbände etc.) und wann in politischen Systemen entschieden wird

Entscheidungsregeln

Die spezifische Ausprägung von Entscheidungsregeln wird besonders in den Analysen von *Fritz Scharpf* betont, der bereits in seinen Politikverflechtungsanalysen im deutschen Föderalismus und der Europäischen Union im Einstimmigkeitsprinzip wichtige Hürden für Politikentscheidungen und Effekte auf Reformprozesse erkannt hat (*Scharpf* 1994a). Sein „aufgeklärter Institutionalismus", in dem das strategische Interessenhandeln mit funktionaler Abhängigkeit und institutionellen Restriktionen kombiniert wird, führt ihn in enger Zusammenarbeit mit *Renate Mayntz* Mitte der 90er Jahre zu einem erweiterten Konzept. In diesem werden institutionelle Entscheidungsregeln und Kompetenzen, die Interdependenz von Entscheidungen und die daraus folgenden Verhandlungszwänge unter den Bedingungen des strategischen Verhaltens der beteiligten Akteure in ein Gesamtkonzept integriert,. Dieses wird später eher unter dem Ansatz des akteurzentrierten Institutionalismus präsentiert. Obwohl *Scharpf* dezidiert akteurzentriert vorgeht, werden die institutionellen Aspekte seines Ansatzes auch in der makroorientierten vergleichenden Staatstätigkeitsforschung breit rezipiert.

Vetopunkte

Eine spezifische Form, institutionelle Restriktionen zu konzeptionalisieren, verfolgt das Vetopunkte-Konzept von *Ellen Immergut* (1992), in dem davon ausgegangen wird, dass politische Entscheidungsprozesse in demokratischen Systemen institutionell bestimmbare Punkte aufweisen, in denen politische Akteure eine Entscheidung abändern können. Vetopunkte sind „points of strategic uncertainty where decisions may be overturned". Solche Punkte können aus der Vetoposition einer zweiten Kammer, eines präsidentiellen Vetos oder auch eines Referendums herrühren. Eine frühe Anwendung dieser Idee ist in einer quantitativ vergleichenden Analyse wohlfahrtstaatlicher Politik zu finden, wo als relevante institutionelle Restriktionen u.a. Föderalismus, Präsidentialismus, Bikameralismus sowie Volksabstimmungen konzipiert werden (*Huber et al.* 1993).

Eine ähnliche Perspektive hat George Tsebelis mit dem Vetospieler-Konzept entwickelt. Aus einer rein theoretischen Perspektive liegt damit eine typische Variante eines akteurzentrierten Institutionalismus vor, in dem rationale Nutzenmaximierung politischer Akteure unter Bedingungen institutioneller Beschränkungen konzipiert und politische Richtungswechsel aus Interaktionskonstellationen rational handelnder Akteure erklärt werden. Andererseits verwendet *Tsebelis* aber das für die Staatstätigkeitsforschung typische Methodeninstrumentarium der multivariaten Aggregatdatenanalyse (*Tsebelis* 2002).

Vetospieler

Tsebelis definiert Vetospieler als jene individuellen und kollektiven Akteure, die Status-quo-Veränderung in einer Policy zustimmen müssen (*Tsebelis* 2002). Zwar werden, über eine rein konstitutionelle Betrachtungsweise hinausgehend, auch Parteien als relevante Spieler in die Analyse mit einbezogen, von großer Bedeutung sind darüber hinaus aber institutionelle Vetospieler wie parlamentarische Kammern, Präsidenten mit Vetomacht und unabhängige Behörden. Das Konzept geht davon aus, dass eine wachsende Zahl von Vetospielern politische Richtungswechsel zunehmend unwahrscheinlicher machen. Das formale Konzept wird auf der Basis räumlicher Verhandlungsmodelle entwickelt, in denen beteiligte Akteure nur jenen Politikoptionen zustimmen, die sie besser oder zumindest nicht schlechter stellen. Die Menge akzeptabler Politikoptionen wird durch Indifferenzkreise um die Idealpositionen der Akteure bestimmt. Die Schnittmenge zwischen den akzeptablen Politikoptionen zweier oder mehrerer Akteure ist dann die Gewinnmenge eines Verhandlungs- und Entscheidungsprozesses. Diese ist umso größer, je geringer die Zahl der Vetospieler ist und je geringer die Distanzen zwischen den Idealpositionen sind. Ob sich ein Status quo verändern lässt hängt dann davon ab, ob die Veränderungsoptionen Teil der Gewinnmenge sind.

Die dargestellten institutionalistischen Konzepte und Theorieansätze hatten in den vergangenen Jahren insofern eine Wirkung auf die Staatstätigkeitsforschung, als eine zunehmende Anzahl synthetischer Indizes konstruiert wurden, in den institutionelle Restriktionen auf Aggregatdatenniveau in der Weise zusammengefasst wurde, dass in multiplen Regressionsmodellen nun institutionelle Variablen mit Variablen aus den zuvor diskutierten Theorieansätzen kombiniert wurden. Institutionelle Besonderheiten werden dabei im Zusammenspiel mit sozioökonomischen Handlungsbedingungen sowie mit der Motivation der politikrelevanten Akteure zu wohlfahrtssteigernder Kooperation und Koordination betrachtet. In den vergangenen Jahren wurde hierbei zunehmend auch die internationale Ebene (Handelsverflechtung, Mitgliedschaft in internationalen Organisationen, etc.) einbezogen. Die Vielzahl der zu berücksichtigenden Erklärungsvariablen und der Mehrebenencharakter eines mehrstufigen Entscheidungsverfahrens bei wechselnden Akteurkonstellationen erhöhen allerdings die Anforderungen an die Komplexität des Analyseaufbaus und an das Datenmaterial.

Phasen der Staatstätigkeitsforschung

In der Theorienentwicklung der Staatstätigkeitsforschung lässt sich durchaus ein Muster erkennen, in dem die skizzierten Ansätze abwechselnd dominierten. In der ersten Phase (1960er-Jahre) wurden innerpolitische Erklärungsfaktoren stark in Zweifel gezogen und Determinanten aus der Umwelt des politischen Systems als eigentlich relevante Wirkungsgrößen betrachtet (*Dye* 1966). In der zweiten Phase (1970er-Jahre) wurde diese Perspektive wieder umgekehrt und ein großes Augenmerk auf innerpolitische Erklärungsvariablen gelegt. Besondere Prominenz erreichte dabei die Frage nach den Auswirkungen von partei- und interessen-politischen Spannungslinien und Strukturen in einzelnen Politikfeldern (*Schmidt* 1982). In der dritten Phase (1980er-Jahre) wird der Fokus auf die inner-administrativen, binnenpolitischen Faktoren noch weiter ausdifferenziert. Stärker als auf Parteipolitik wird nun auf die Wirkung von institutionellen Zuständigkeiten und Kompetenzüberschneidungen, von politischen Steuerungsmitteln und von besonderen Verteilungs- und Ausstattungsinteressen politikrelevanter Akteure rekurriert. Die institutionellen und innerpolitischen Faktoren stellen nunmehr intervenierende Variablen dar, die zwischen sozialen oder wirtschaftspolitischen Besonderheiten und den Policy-Outcomes in einzelnen Politikfeldern vermitteln. In der vierten Phase (seit den 1990er-Jahren) wird der analytische Fokus insofern noch erweitert, als historische und internationale Determinanten bei der Erklärung von Politiken einbezogen werden. Historische Determinanten sind z.B. ähnliche politische Erfahrungen, die Ländergruppen auf ihrem politischen Entwicklungspfad gemacht haben oder die Herausbildung ähnlicher Kontexte, die dann prägend für spätere politische Entscheidungen und Problemlösungen werden. Operationalisiert werden historischen Prägungen in der Regel dadurch, dass der Zugehörigkeit eines Landes zu einer bestimmten Länderkategorie (gruppiert nach Wohlfahrtstaatsmodell, Wirtschaftssystem, gemeinsame Sprache und Kultur, etc.) ein Erklärungswert zugemessen wird (*Schmidt* 1982, *Busch 1993*). Von Relevanz in diesem Zusammenhang sind hier auch allgemeine sozialwissenschaftliche Diskurse wie die Debatte um unterschiedliche Typen von Wohlfahrtstaaten (*Esping-Adernsen* 1990) oder über Varietät und Diversität kapitalistischer Wirtschaftssysteme (*Hall/Soskice* 2001). Internationale Determinanten sind Zwänge und Restriktionen, die sich aus der zunehmenden internationalen wirtschaftlichen und politischen Verflechtung ergeben (*Garrett* 1998, *Swank* 2002).

3.2 Akteur- und strukturzentrierte Ansätze

Mikrofundierung

In Abgrenzung zur Makro-Perspektive der Staatstätigkeitsforschung sind in den vergangenen Jahrzehnten in der sozialwissenschaftlichen Analyse von Politikfeldern und einzelnen politischen Entscheidungsprozessen zunehmend mikro- oder mesoanalytische Perspektiven in den Vordergrund gerückt, die wir hier summarisch als „akteurzentriert" bezeichnen. Während bei mesoanalytischen Studien vorwiegend Organisationen – korporative Akteure – handeln, sind es bei mikro-analytischen Studien primär Individuen oder Aggregate individueller Handlungseinheiten.

Die Abkehr von der reinen Makroanalyse scheint ein genereller Prozess in den Sozialwissenschaften zu sein, von dem auch die Policy-Analyse nicht unbeeinflusst geblieben ist (*Schneider* 2004). In den 1970er-Jahren genügte es noch, auf System- bzw. Staatsfunktionen oder sozioökonomische Strukturdeterminanten öffentlicher Politiken hinzuweisen. Spätestens seit den 1980er-Jahren wird jedoch eine *Mikrofundierung* dergestalt gefordert, dass öffentliche Politik, die Produktion allgemeinverbindlicher Entscheidungen und die *„autoritative Allokation von Werten"* (*Easton* 1953) als Interaktionsergebnis einer Vielzahl von Akteuren begriffen wird. Die Thematisierung politischer Probleme genauso wie die Formulierung und Implementation eines darauf bezogenen politischen Programms soll aus dem Zusammenhandeln, den Interaktionen von Akteuren abgeleitet werden. Abkehr von reiner Makroanalyse

Mit der Akteurorientierung wird gleichzeitig betont, dass öffentliche Politik nicht mehr aus den Entscheidungen und Handlungen eines singulären Akteurs (des Staates, des Gesetzgebers oder der Regierung) resultiert, sondern aus der *Interaktion vieler Akteure* rekonstruiert werden muss. Obwohl hierbei gewisse Anleihen bei Konzepten der Pluralismustheorie bzw. – allgemeiner – der Gruppentheorie gesehen werden können, ist ein zentrales Charakteristikum moderner Politikforschung, dass bei Erklärungen von Politiken heute an konkreten, empirisch identifizierbaren Handlungseinheiten und ihren spezifischen Interaktionen angesetzt werden muss. Aus einer akteurorientierten Perspektive ist öffentliche Politik also eine spezifische Lösung gesellschaftlicher Probleme mittels politischer Steuerung, in der die Mechanismen des Steuerungs- und Regelungszusammenhangs aus einer durch Institutionen strukturierten Konstellation individueller und kollektiver Akteure besteht. In einer akteur- und strukturzentrierten Rekonstruktion eines Politikprozesses ist letztlich immer eine vielschichtige Analyse zu leisten, in der begründet wird, warum welche Akteure in spezifischen Konfigurationen mit spezifischen Resultaten in die Produktion einer öffentlichen Politik involviert waren. Interaktionssysteme

Wie die jeweiligen Akteure handeln, an welchen Kriterien ihr Handeln orientiert ist, auf welchen Ressourcen es basiert, darin unterscheiden sich verschiedene Unteransätze des akteurzentrierten Theorierahmens zum Teil beträchtlich. Rational-Choice-Ansätze gehen beispielsweise von der Annahme aus, die Handlungseinheiten des skizzierten institutionellen Steuerungsprozesses seien rationale und strategisch denkende Akteure. Alternative Modelle – z.B. evolutionäre – erklären das Handeln von Akteuren entweder durch lokales Anpassungsverhalten (trial und error) – was insofern realistischer ist, als dass weniger Intelligenz und Weitsichtigkeit bei beteiligten Akteuren unterstellt werden muss. Eine ähnliche Idee schwebt Ansätzen vor, die auf so genannte Rollen-Programme oder Routinen fokussieren, in denen Akteure größtenteils institutionell vorstrukturierten Operationsketten folgen (*Axelrod* 1997, *March/Olsen* 1989, *Scharpf* 2000).

Eine Gemeinsamkeit der akteurbasierten Ansätze ist, dass sowohl die Herausbildung als auch die Resultate einer bestimmten öffentlichen Politik aus den komplexen Interaktionen relevanter Akteure abgeleitet werden. Die meisten der neueren Ansätze gehen jedoch insoweit über eine reine Akteurfundierung hinaus, Akteurzentrierter Institutionalismus als sie auf relevante strukturelle, systemische oder institutionelle Faktoren verweisen, die das Handeln von Akteuren auslösen, begrenzen und „einrahmen". Während der beziehungsstrukturelle Ansatz (*Knoke et al.* 1996, *Laumann/Knoke* 1987, *Pappi/König/Knoke* 1995, *Schneider* 1988) hierbei insbesondere die mit relationalen Positionen zusammenhängenden Restriktionen betont, heben sowohl der Rational Choice–Institutionalismus als auch der akteurzentrierte Institutionalismus in der Analyse einer öffentlichen Politik besonders die prägende Kraft von Interaktionskonstellationen und institutionellen Kontexten hervor (*Mayntz/Scharpf* 1995, *Scharpf* 2000). Der Rational Choice-Institutionalismus von *Ostrom* konzentriert sich auf Entscheidungssituationen und auf institutionelle Regeln als *constraints*, die auf diese Entscheidung und auf die an ihnen teilnehmenden Akteure einwirken (*Ostrom* 1986). Der akteurzentrierte Institutionalismus von *Mayntz* und *Scharpf* deutet die Strukturen und institutionellen Faktoren in Politikfeldern weniger stark von Entscheidungssituationen aus, sondern mündet in eine komplexe Mehrebenenanalyse, die intra- und interorganisationelle Faktoren innerhalb der Akteurkonstellation mit institutionellen Rahmenbedingungen auf unterschiedlicher Ebene in Beziehung setzt. So wird beispielsweise in der Studie von *Susanne Schmidt* (1998) über die Rolle der EU-Kommission in einzelnen Politikfeldern (Telekommunikation und Elektrizitätsversorgung) deren Handlungsmacht mit besonderen institutionellen Voraussetzungen der Politikfelder, in die interveniert werden soll, in Verbindung gebracht.

3.2.1 Beziehungsstrukturelle Ansätze

Tausch und Arbeitsteilung

Bei einer ersten Gruppe der hier vorgestellten Ansätze wird die Mikrofundierung des Policy-Prozesses über die Kombination von handlungs- sowie macht- und tauschtheoretischen Konzepte geleistet. Ausgegangen wird von der Annahme, dass ein bestimmter Policy-Output bzw. Outcome das Ergebnis der Interaktion viele Akteure ist, die gleichzeitig um Einfluss auf bestimmte Politikoptionen konkurrieren. Wie im Grundschema der Pluralismustheorie ist das Politikergebnis letztlich die Resultierende in einem Kräftefeld. Dieses ist jedoch nicht fluide, sondern durch längerfristige, sozialstrukturell bedingte unterschiedliche Macht- und Tauschpositionen der beteiligten Akteure konditioniert. Policy-bezogene Macht basiert zunächst auf Macht- und Einflussressourcen, mit denen Ereignisse oder Zustände kontrolliert werden können (z.B. Politikoptionen ermöglichen oder auszuschließen), an denen die unterschiedlichen Akteure ein Interesse haben. Akteure, die nicht über die erforderliche Ressourcenausstattung verfügen, können sich diese über Tauschprozesse mit anderen interessierten Akteuren aneignen. Die Grundidee geht auf die individualistische soziologische Tauschtheorie zurück (*Coleman* 1991; 1992, *Homans* 1968) und wurde in den 80er und 90er Jahren insbesondere mit netzwerkanalytischen Methoden in der Policy-Forschung empirisch umgesetzt.

In der Policy-Analyse wurde diese hauptsächlich an Coleman orientierte Macht- und Tauschperspektive zunächst auf kommunalpolitische Entscheidungen angewandt (*Pappi/Kappelhoff* 1984). Später wurden daran orientierte Modelle auch auf nationale (*Knoke et al.* 1996, *Laumann/Knoke* 1987, *Pappi/König/Knoke* 1995) und sogar supranationale Politikfelder und Policy-Prozesse (*Pappi/*

Henning 1999) angewandt. Für einen eher macht- und steuerungstheoretischen intersektoralen Vergleich siehe *Raab* (2002).

Die netzwerkanalytisch fundierte tausch- und machtzentrierte Perspektive leistet im Wesentlichen dreierlei: Erstens ermöglicht sie eine systematische empirische Identifikation der Akteure und Eingrenzung des Policy-Akteur-Systems, zweitens stellt sie formale Konzepte und Methoden bereit, um Tausch- und Kommunikationsbeziehungen empirisch zu messen und systematisch abzubilden, drittens hat sie Konzepte entwickelt (bzw. aus der Soziologie adaptiert), unterschiedliche relationale Lagen und damit zusammenhängenden Machtpositionen zu messen.

Die Frage, wer als Mitakteur eines Policy-Prozesses betrachtet werden muss, beantwortet die *Tauschtheorie* wie folgt: Alle Akteure, welche Leistungen erzeugen und/oder solche Ressourcen bereitstellen, die zur Produktion einer bestimmten öffentlichen Politik nötig oder vorteilhaft sind, müssen in den Prozess einbezogen werden. Eine solche Perspektive ist beispielsweise in Varianten der Korporatismustheorie enthalten, in der die Lizenzierung und Gewährung von politischem Zugang an private Großverbände durch den Staat als Tauschprozess interpretiert wird. Private Akteure werden deshalb in den Politikprozess inkorporiert, weil sie wichtige Leistungen (Bündelung und Repräsentation großer Interessenbereiche, Kontrolle und Selbstregelung dieser Interessenfelder) für den Policy-Prozess bereitstellen. Tauschtheorie

Eine pluralistische Interpretation der tauschtheoretischen Perspektive liegt im „Organisationsstaat" von Laumann und Knoke (1987) vor, in der die Partizipation der Akteure auf deren gegenseitiger Relevanz beruht. Die organisationstheoretische Anreiz-Beitragstheorie wird hierdurch letztlich auf eine Vielfalt von Tauschbeziehungen angewandt. Akteure halten sich offenbar dann gegenseitig für relevant, wenn in ihrer Perzeption die Ressourcen und Machtpositionen der anderen Akteure direkt und indirekt wichtig für die Formulierung und Umsetzung einer bestimmten Politik sind. Eine solche Vorstellung hatte Johan P. Olsen (1981) formuliert. Er unterstreicht dabei, dass nicht alle theoretisch denkbaren Organisationen an einer Politik beteiligt werden, sondern nur jene, deren Kooperation eine Bedingung für eine erfolgreiche Politikimplementation sei: Gegenseitige Relevanz

> "Interdependence between governmental agencies and organizations is a necessary, but not sufficient, condition for participation. If an organization does not affect governmental performance in significant ways, it will be excluded from participation. If governmental activities do not affect an organization, it will take no interest in participation." (*Olsen* 1981: 495).

Ein weiteres Hauptmerkmal dieses Ansatzes ist, eine formale Sprache und einen Satz von Methoden zu bieten, mit denen komplexe Austauschprozesse und Beziehungsgeflechte gemessen, dargestellt und analysiert werden können. Aus einer solchen Perspektive kann ein Politikfeld auch als ein Satz von Beziehungsstrukturen aufgefasst werden, die sich zwischen den Politikfeld-Akteuren aufspannen und relativ dauerhaften Charakter annehmen können. Rein formal und aus der Perspektive der Graphentheorie betrachtet, besteht eine Beziehungsstruktur – im Unterschied zu den anderen Strukturen, wie z.B. Verteilungsstrukturen Beziehungsstrukturen oder institutionelle Arrangements – aus Relationen, d.h. aus einer Menge von „Knoten", die Akteure symbolisieren, und „Kanten", die Beziehungen darstellen. Beispiele für solche Beziehungen können reale, sowohl materielle als auch rein informationelle Ressourcenflüsse zwischen den Akteuren sein, indem die beteiligten Organisationen sich Informationen übermitteln, sich gegenseitig mit Personal unterstützen oder auch Geldzahlungen leisten etc. Allerdings gibt es auch Beziehungen, die allein über die innere Vorstellungswelt der Akteure entstehen, wie z.B. Einflussreputation oder Vorstellungen über die Interessenpositionen anderer Akteure. Schließlich ist eine dritte Form der Beziehung denkbar, die sich über gemeinsame Beziehungen zu Symbolen, Objekten, Ereignissen oder Vorstellungen aufspannen. Wenn zwei Akteure auf ein Problem reagieren, in einem Gremium sitzen, an einem politischen Ereignis partizipieren oder dieselbe Vorstellung über etwas besitzen, dann bildet sich über diese indirekten Beziehungen ein Beziehungsnetzwerk zwischen diesen Akteuren.

Coleman-Modell

Das Ziel der formalen Analyse solcher Beziehungsstrukturen in der Politik ist letztlich, relativ dauerhafte Ordnungs- und Austauschmuster herauszuarbeiten, diese zu systematisch zu beschreiben und für bestimmte Erklärungsziele einzusetzen. Ein Beispiel hierfür ist das *Coleman*-Modell, das den Formulierungs- und Umsetzungsprozess einer öffentlichen Politik als kollektive Kontrolle von Ereignissen konzipiert. Eine bestimmte Politik ist als eine Kombination von Ereignissen dargestellt, die von einer Vielzahl von Akteuren kontrolliert werden. Jeder Akteur versucht jene Ereignisse, an denen er interessiert ist, möglichst weitgehend zu kontrollieren. Sein Erfolg hängt von seinen Kontrollressourcen ab, die er sich aber auch im Austausch mit anderen Akteuren besorgen kann. So entstehen Angebot und Nachfrage nach Kontrollressourcen, für die sich gemäß dem Modell ein marktanaloger Preis herausbildet. Die Akteure handeln im Wesentlichen rational und nutzenorientiert. Insofern hat dieser *Colemansche* Tauschansatz – im Unterschied zur soziologischen Tauschtheorie – auch eine starke Affinität zur Rational Choice-Theorie, die im folgenden Punkt dargestellt wird.

3.2.2 Rational Choice-Institutionalismus

Politik als Markt

Obwohl die Policy-Forschung die Analyse von Entscheidungen und Entscheidungssituationen zu ihrem Gegenstand macht, kann sie nicht von den Kontexten und Regeln, in denen konkrete Akteure ihre Entscheidungen treffen, abstrahieren. Es erscheint auch nicht hilfreich von der günstigen Verkettung von Angeboten und Entscheidungen auszugehen, wie sie häufig in ökonomischen Modellen für eine sich aus Antizipation und Berechnung einstellende Interaktion zwischen Marktpartnern unterstellt wird. Die Übertragung des Marktmodells auf politische Entscheidungen scheint wichtige normative Handlungszwänge, generell unübersichtliche Akteurkonstellationen in einer demokratischen Politikgestaltung und institutionelle Kontexte eines Akteurverhaltens außer Acht zu lassen. Nichtsdestotrotz hat es ein Strang in der Theorie der rationalen Wahl als besondere Herausforderung empfunden, unter der Voraussetzung einer tendenziellen Außensteuerung des individuellen Handelns durch Normen, organisationale Rollenanforderungen, Verhaltensregeln in politischen Gremien etc. die Möglichkeiten und Grenzen des rationalen Entscheiderverhaltens zu bestimmen. Dabei werden institutionelle Vorgaben nicht als grundsätzliche Hindernisse für rationales Handeln verstanden, sondern Institutionen sind selbst als Ergebnis einer Orientierung von Interaktionspartnern in unsicheren oder dilemmatischen Entscheidungssituationen aufzufassen (*Braun* 1999: 233-238, *Esser* 1999: 436-455).

Da Akteure in vielen Situationen nicht über einheitlich gültige Interpretationsschemata zur Wahrnehmung von Gelegenheiten und Herausforderungen verfügen und relevante Angebote und Informationen nicht über einen einheitlichen Preis- oder Geldcode angezeigt werden können, müssen Akteure ihren Transaktionen selbst Stabilität, Übersichtlichkeit und Verbindlichkeit verleihen. Darüber hinaus stehen die Akteure in Tausch- und Kooperationssituationen vor dem Dilemma, die eigene rationale Handlungsorientierung durch Akte der Selbstbindung einzugrenzen, um bei kollektiven Handlungen nicht andauernd den Gegenüber zu übervorteilen und so die Ausbildung von kollektiver Ordnung oder gemeinsamen Problemlösungen in ihrer Bindewirkung zu gefährden (*Elster* 1987).

Für die Policy-Analyse hat Elinor Ostrom gerade die *Unsicherheit und Unübersichtlichkeit in Entscheidungssituationen* zum Ausgang genommen, um in Kooperation mit anderen empirischen Institutionenforschern die Genese und Wirksamkeit von Institutionen in solchen Situationen zu erforschen. Aus dieser Perspektive werden *Institutionen* als von Menschen in wiederholbaren Situationen geteilte Konzepte verstanden, die durch Regeln, Normen und Strategien organisiert werden (*Ostrom* 1999). Regeln sind dabei "shared prescriptions that are enforced by agents responsible for monitoring conduct and for imposing sanctions". Normen wirken als "shared prescriptions that are enforced by participants themselves through imposed costs and inducements". Strategien sind "regularized plans that individuals make within the structure of incentives produced by rules, norms, and expectations of the likely behaviour of others" (*Ostrom* 1999: 37). Bei dieser Unterscheidung wird deutlich, dass die auf die Entscheidungssituationen einwirkenden institutionellen Faktoren auf unterschiedlicher Ebene ansetzen und sowohl endogene wie exogene Wirkungszusammenhänge miteinbeziehen. Darüber hinaus dokumentiert sich hier schon *Ostroms* Versuch, über eine Analyse der bloß formal vorgegebenen Regeln (*„rules-in-form"*) hinauszukommen und dabei die regelgeleitete wie regelsetzende Praxis (*„rules-in-use"*) in den Blick zu nehmen.

Unsicherheit und Unübersichtlichkeit

Die Institutionenanalyse muss sich deshalb den konkreten Entscheidungssituationen zuwenden, in denen Regeln angewandt und reproduziert werden. Es werden *drei politische Entscheidungssituationen und ihre konstitutiven Mechanismen* genauer betrachtet: Erstens werden als konstitutionelle Entscheidungssituationen (*constitutional choice*) diejenigen grundlegenden Entscheidungen analysiert, die über die Berechtigung von Akteuren zur Teilnahme am *Policy-Making* bestimmen und darüber hinaus auch die Verfahrensregeln (institutionelle Orte und Phasenverlauf der Willensbildung, Art und Häufigkeit von Konsultationen und Anhörungen etc.) für die Politikgestaltung vorgeben. Zweitens werden Entscheidungprozesse der kollektiven Regelsetzung (*collective choice*) erforscht, die Entscheidungsträger beeinflussen und sich als Abstimmungs-, Mehrheits-, Koalitions- und Oppositionsregeln auf den Policy-Prozess auswir-

Drei Entscheidungssituationen

ken. Drittens wird auf die konkreten operativen Entscheidungen (*operational decisions*) fokussiert, in denen Akteure aufgrund von bestimmten Anreizen zur Erzielung spezifischer Policy-Ergebnisse miteinander interagieren (*Ostrom* 1999: 41). Für die Policy-Analyse ist hervorzuheben, dass bei politischen Entscheidungsprozessen diese drei Entscheidungstypen eng miteinander verzahnt sind. Politikfelder konstituieren sich unter folgenden Voraussetzungen: Der Zuteilung von Kompetenzen auf spezifische Institutionen oder Trägergruppen, der Festlegung von feldinternen Entscheidungs- und Interaktionsregeln und unter dem Bestreben, unterschiedliche Interessenpositionen bezogen auf die Erzielung optimaler Policy-Outcomes geltend zu machen. Eine komplexe Analyse muss sich deshalb auf den Wirkungszusammenhang der miteinander vernetzten Entscheidungen und Entscheidungsregeln einlassen.

Institutional Analysis and Development

Diese spezifische policy-orientierte Variante des Rational Choice Institutionalismus – der von Ostrom und Kollegen entwickelte *Ansatz der Institutional Analysis and Development (IAD)* – konzentriert sich in seiner Analyse auf die Identifikation einer konkreten Handlungsarena des politischen Entscheidungsprozesses, wobei gleichermaßen operative Entscheidungen zur Lösung von Organisations- oder Kooperationsproblemen, kollektive Entscheidungen zur Formulierung von Policy-Maßnahmen sowie strukturelle, konstitutionelle Entscheidungen über die Mitgliedschaft in Politikfeldern und die funktionale Zuordnung und Abgrenzung von Politikfeldern generell in diesen Entscheidungsszenarien behandelt werden können (*Ostrom* 1999). Die Handlungsarena setzt sich aus den Handlungssituationen und den Eigenschaften und Interessen der teilnehmenden Akteure zusammen. Der Forschungsansatz versucht deshalb im Rahmen einer Mehrebenenanalyse Informationen über Teilnehmer, über mögliche wie reale Teilnehmerpositionen, über die von den Teilnehmern anvisierten Outcomes und über die Modi der Verknüpfung von Aktionen und Outcomes im konkreten Entscheidungsprozess zu sammeln. Insofern lassen sich die Eigenschaften der Akteure (Ressourcenausstattung, Zielorientierung, Informationsnutzung, Präferenzauswahl) und der Handlungssituation (typische, strukturelle Über- oder Unterordnungsverhältnisse zwischen den Akteuren, Muster von Informationsnetzwerken und Kosten und Nutzenpotentiale der Outcomes für alle beteiligten Akteure) zu einem komplexen Informationsgeflecht verdichten.

Gemeinschaftsgüter

Von besonderem Stellenwert für Interaktionen im Politikfeld ist die Art und Verteilung von Ressourcen, die von Policies reguliert werden. Die Verteilung und der Verbrauch so genannter *Gemeinschaftsgüter* (*common pool resources*) schaffen andere Probleme und produzieren andere Interessenkonstellationen als die Umverteilung von Einkommen und der Einzug von Steuern. Gemeinschaftsgüter sind natürliche oder von Menschen geschaffene Ressourcen, wie Fischgründe, Weiden und Bewässerungssysteme, die nicht uneingeschränkt genutzt werden können, ohne ihre zukünftige Nutzung zu gefährden (rivalisierender Konsum). Gleichzeitig verursacht der Ausschluss potentieller Nutznießer hohe Kosten und ist deshalb schwierig, obgleich nicht unmöglich (*Ostrom* 1990). Davon ausgehend evozieren der Ressourcentyp und die besondere Form der Ressourcennutzung spezifische Konstellationen bei der Ressourcenverteilung und ermöglichen oder verhindern einzelne Regeln der Ressourcennutzung innerhalb des Politikfelds. Darüber hinaus wirken weitere Umweltfaktoren auf die

Entscheidungsprozesse des *policy-making*. Gemeint sind damit Eigenschaften und Strukturen der allgemeinen politischen Ordnung, die eine gewisse Anordnung von politischen Institutionen und Entscheidungskompetenzen im Policy-Prozess und eine funktionale Abgrenzung und Arbeitsteilung zwischen Politikfeldern vorgibt. Die allgemeineren Struktureigenschaften der jeweiligen politischen Ordnung bestimmen generelle Regeln und Maßgaben für politisches Verhalten und politischen Wettbewerb, sie liefern Bezugspunkte für eine kollektiv geteilte Einschätzung über Zwecke und Grenzen der Aktionsarenen und beeinflussen die Stabilität und Homogenität der Präferenzen von Mitgliedern in Politikfeldern.

Abbildung 3-2: A Framework for Institutional Analysis

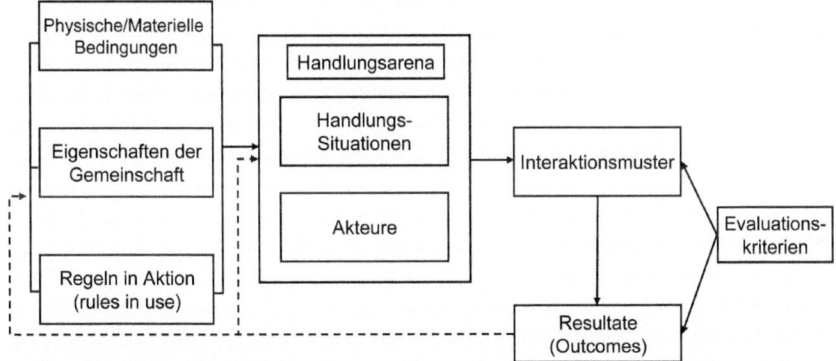

Quelle: Nach *Ostrom* (1999: 42)

Das Schaubild verdeutlicht, dass die konkrete Entscheidung in der Handlungsarena nicht nach dem Schema eines leicht typisierbaren Interaktionsverhaltens von rational handelnden und mit objektiven Informationen ausgestatteten Akteuren abläuft, wie es in der ökonomischen Tauschtheorie und Spieltheorie verwandt wird. Vielmehr werden die Interaktionspartner je nach Zuschnitt und Bedeutung der Handlungsarena durch strukturelle wie normative Faktoren beeinflusst. Aus diesem Grund ist auch die Evaluation der aus den Interaktionen zwischen den Akteuren in der Handlungsarena hervorgehenden Policy-Outcomes bloß nach Effizienzkriterien viel zu ausschnitthaft. Statt dessen spielen Gerechtigkeits- und Gleichheitsvorstellungen sowie die Anerkennung des Verursacherprinzips und darüber hinaus demokratiespezifische Kriterien der Zurechenbarkeit von politischen Entscheidungen auf die formal legitimierten Entscheidungsträger sowie Implementationsgesichtspunkte und substantielle Aspekte einer zu erreichenden Problemlösung durch Policy-Entscheidungen eine große Rolle bei der Bewertung der Policy-Outcomes. Wie schon angedeutet wurde lassen sich diese Erfolgskriterien und Handlungsimperative nicht einfach als objektive Parameter darstellen, sondern müssen aus der Umsetzung als *rules-in-use* in der konkreten Handlungssituation herausgefiltert und als interner wie externer Standard von „gutem" *policy-making* interpretiert werden. Der Nachweis von regelgeleiteten Handlungsmotiven ist aber durch die einfache Nachfrage nach dem Selbstverständnis von Policy-Akteuren kaum zu erzielen, werden ihnen doch die eigenen grundlegenden Policy-Motive bei konkreten Entscheidungen nur bedingt bewusst und häufig in ex post-Rationalisierungen überführt (*Ostrom* 1999: 53).

3.2.3 Akteurzentrierter Institutionalismus

Akteurzentrierter Institutionalismus

Ähnlich wie *Ostroms* IAD-*framework* erhebt auch der federführend von Renate Mayntz und Fritz W. Scharpf entwickelte Ansatz des akteurzentrierten Institutionalismus nicht den Anspruch, ein Erklärungsmodell für Policy-Entscheidungen vorzugeben, sondern versteht sich statt dessen als Ansatz oder *Forschungsheuristik*, auf deren Grundlage detaillierte Fallstudien und generalisierbare Hypothesentest vorgenommen werden können (*Mayntz* 1997, *Mayntz/Scharpf* 1995, *Scharpf* 2000). Dabei verwendet der akteurzentrierte Institutionalismus einen engen Institutionenbegriff, d.h. es findet eine Konzentration auf Regelungsaspekte für soziale Interaktionen statt. Institutionen können dabei als abhängige und als unabhängige Variable beschrieben werden: Institutionen können von Akteuren gestaltet und verändert werden, ihnen kommt somit keine determinierende Wirkung zu, statt dessen ermöglichen und restringieren sie soziales Handeln. In diesem Sinne bilden institutionelle Faktoren den Handlungskontext für soziales Handeln. Nichtsdestotrotz mündet der akteurzentrierte Institutionalismus nicht in eine allgemeine Wirkungsanalyse institutioneller Steuerung in beliebigen Handlungssituationen. Der Fokus der im Rahmen des akteurzentrierten Institutionalismus durchgeführten Untersuchungen liegt klar auf institutionell konditionierten Akteurkonstellationen.

Korporative Akteure

Der Fokus auf korporative Akteure erlaubt die Einbeziehung sowohl der Interorganisationenbeziehungen – Transaktionen und Netzwerke zwischen korporativen Akteuren – als auch die Adressierung individueller Perspektiven und Interessen von konkreten Akteuren aus der Perspektive der Organisationszugehörigkeit (Mitglieder) und internen Positionszuweisung (Funktionsträger). Die Einbeziehung von interorganisationellen wie intraorganisationellen Akteurkonstellationen legt eine Mehrebenenperspektive für die Analyse institutioneller Steuerungsmechanismen nahe. Institutionen müssen demnach als verfestigte Regelsysteme (Vertragsrecht, politische Regulierungen etc.) den institutionellen Handlungsrahmen von Organisationen prägen und Organisationen als institutionalisierte Modi der internen Kommunikation, Autorität und Arbeitsteilung den Handlungsrahmen für Organisationsmitglieder bzw. Funktionsträger bilden (*Lütz* 1995).

Akteurkonstellationen

Als Ziel der sektorbezogenen Institutionenanalyse gilt die Erfassung von theoretisch relevanten Aspekten der Akteurkonstellationen eines gesamten Sektors auf allen Ebenen und unter Einbeziehung aller staatlicher wie nichtstaatlicher Akteure. Dabei wird bei Erklärungsmodellen das beobachtbare Handeln als *proximate cause* auf der Mikro-Ebene geführt, und der institutionelle Rahmen fungiert auf der Makro-Ebene als *remote cause*. Zwischen diesen beiden Faktoren sind zahlreiche intervenierende Variablen der Meso-Ebene angesiedelt, die als informelle, nicht institutionelle Aspekte das Akteurhandeln und die Regelsysteme verbinden, aber auch zusätzliche Wirkungsverhältnisse erzielen (z.B. als sektorielle Kooperationsnetzwerke, politische Bündnisse, Repräsentationsorgane von Akteurinteressen).

Wie werden nun der institutionelle Kontext und die Akteurkonstellationen als erklärende Variable weiter beschrieben? Grundsätzlich besitzen institutionelle Regelungen die Eigenschaft, dass sie für Interaktionen wechselseitige Erwartungssicherheit zwischen den Akteuren begründen und verbürgen. Mithin machen Institutionen soziales Handeln über Grenzen persönlicher Beziehungen hinaus erst möglich (*Mayntz/Scharpf* 1995: 47). Als anwendbare Regelsysteme verfügen Institutionen dafür über bestimmte Merkmale, die sich als Regelungsinhalte weiter spezifizieren lassen. Diese Regeln können situative (materiale) Verhaltens- und (formale) Verfahrensnormen festlegen, den Adressaten die Verfügung über diverse materielle wie rechtliche Ressourcen zugestehen oder verweigern oder aber Relationen (z.B. der Dominanz oder der Abhängigkeit) zwischen Akteuren konstituieren und verstetigen. Für die sektorspezifische Politikgestaltung haben institutionelle Regelsysteme in diesem Zusammenhang folgende grundsätzliche Aufgaben: Sie konstituieren korporative Akteure mit entsprechenden Mitgliedschaftsregeln und Kompetenzzuteilungen für die Organisationsmitglieder. Darüber hinaus definieren sie Anlässe und Arenen für die Interaktionen zwischen Akteuren und geben bestimmte Entscheidungsregeln für die Steuerung und Koordination dieser Interaktion vor. Durch die institutionelle Steuerung der Interaktionen zwischen korporativen Akteuren etablieren sich stabile Definitionen für die Beziehungen und Aufgaben der Interaktionsteilnehmer und der Interaktionsarenen, wodurch wiederum Strukturen der Arbeitsteilung innerhalb und zwischen den Interaktionsarenen etabliert werden und eine soziale Differenzierung zwischen unterschiedlichen Typen von korporativen Akteuren, Interorganisationenbeziehungen und Interaktionsarenen stattfindet (siehe Abbildung 3-3).

Aus der Akteurperspektive der Interaktionsteilnehmer lassen sich die allgemeinen Eigenschaften von institutionellen Regelsystemen noch spezifizieren. Aus dieser Sicht konstituiert der institutionelle Rahmen die Akteure und Akteurkonstellationen, Akteure nehmen sich als unterschiedlich und füreinander relevant wahr. Der institutionelle Rahmen gibt ferner Verfügungsrechte und Einsatzpflichten für die Nutzung der Handlungsressourcen der Akteure vor und beeinflusst die Handlungsorientierungen der Akteure in seinem Geltungsbereich. Auf diese Weise prägt der institutionelle Kontext wichtige Aspekte der Handlungssituation von konkreten Akteuren. Die Wirkungskraft der institutionellen Regelsysteme ist dabei aber nicht deterministisch, da nicht alle Handlungen und situativen Einflussfaktoren unter ihrem Einfluss stehen. Außerdem gilt selbst bei Handlungen, auf die der institutionelle Kontext eine starke Wirkung ausübt, dass sie nicht vollständig determiniert sind, sondern Entscheidungsspielräume und Spielräume für kreatives Handeln für die Akteure erhalten bleiben. Darüber hinaus lässt sich die Verfügungsgewalt über natürliche und technische Ressourcen nur bedingt vorab regeln. Vielmehr entspringen weitere Nutzungs- und Verfahrensregeln, die allgemeine Vorgaben umsetzen oder spezifizieren aus den konkreten Interaktionen in einem Sektor mit Gestaltungsaufgaben.

Abbildung 3-3: Das analytische Modell des akteurzentrierten Institutionalismus

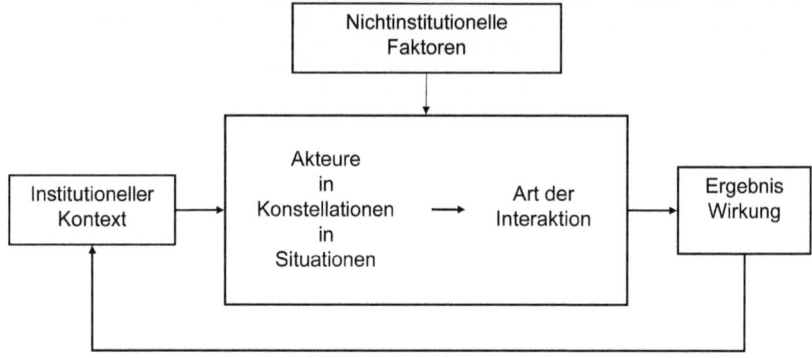

Quelle: *Mayntz* und *Scharpf* (1995)

Akteureigenschaften Die eingeräumten Einschränkungen für die Wirkungsmacht des institutionellen Kontexts werden noch plausibler, wenn das Wechselverhältnis zwischen den vorgegebenen Regeln und den herausgestellten Kategorien – Akteure und ihr Verhalten, Akteurkonstellationen und ihre interne Ordnungsbildung, Handlungsorientierungen und ihre Konstitutionsweisen, Handlungssituationen und ihre Optionen-Empfehlungen – genauer analysiert wird. Werden erstens die Akteureigenschaften berücksichtigt, muss festgestellt werden, dass es sich um eine Wirkungsanalyse mit Mehrebenenaspekten handelt, d.h. als Akteure können die korporativen Akteure als Ganzes, die einzelnen Organisationsmitglieder als Rollen- oder Funktionsträger sowie interne Zusammenschlüsse von Mitgliedern (z.B. Interessenvertretungen) fungieren (*Mayntz/Scharpf* 1995: 50f.). Schwierigkeiten stellen sich dann bei der Zuordnung von Akteurentscheidungen und von Verantwortlichkeiten ein, dies wiederum erschwert den Zugriff von institutionellen Regeln auf korporative Akteure insgesamt. Darüber hinaus gelingt es Regeln von außen nur selten, die Handlungsspielräume von Organisationsmit- gliedern intern genau festzulegen. Aufgrund der Handlungsspielräume von Funktionstragern und Mitgliedsgruppen erscheint aber auch die zu beeinflussende Strategiewahl eines korporativen Akteurs nicht als einfach vorhersehbar. Vielmehr entspringt sie zu einem gewissen Anteil den internen Kräftekonstellationen, die vor Veränderungen und Überlagerungen nicht geschützt sind. Für die Ermittlung von institutionellen Steuerungspotentialen ergibt sich daraus die Konsequenz, dass unter besonderen Umständen die Betrachtung von Handlungsorientierungen von Organisationsmitgliedern einen gewissen Informationswert einnehmen kann.

Akteur-
konstellationen Zusätzliche Komplikationen stellen sich zweitens auf der Ebene der Akteurkonstellationen ein: Die Betrachtung von zwei Akteurkategorien – individuelle und korporative Akteure – kann unter Umständen als nicht ausreichend erscheinen, da sich sowohl zwischen den korporativen Akteuren als auch zwischen den Mitgliedern unterschiedlicher Organisationen organisationsübergreifende Ressourcentransfers und Gruppenbildungsprozesse einstellen, die in die Ausbildung von eigenständigen Beziehungsnetzwerken münden können (*Mayntz/Scharpf* 1995: 51, 60-63). Diese Beziehungsnetzwerke und Formen einer kollektiven Organisation von Mitgliederinteressen stellen einen eigenen Faktor für

94

Steuerungs- und Selbstorganisationsabläufe in und zwischen Organisationen dar. Die Koordination und Relation zwischen Einheiten etabliert eigensinnige Governance-Formen (Modi der Steuerung und Koordination), die die ursprünglichen Steuerungsmodi, wie Hierarchie, Solidarität, Markt, durch komplexere Abstimmungsformen, wie z.B. einseitige/antizipative oder wechselseitige Anpassung, Verhandlung und Abstimmung oder Mechanismen einer Netzwerksteuerung, ergänzen können. Akteurkonstellationen, die durch Interorganisationenbeziehungen unterschiedlichen Typs strukturiert werden, können aufgrund der ihnen zukommenden Komplexität konventionelle Regelungen umgehen.

Legt man drittens das Augenmerk auf die zugrunde liegenden Handlungsorientierungen der relevanten Akteurkategorien, lässt sich außerdem herausstellen, dass diese Handlungsorientierungen nur teilweise durch institutionelle Vorgaben geprägt sind und sich konventionell als Aufgabenzuweisungen und (strategische) Zwecksetzungen manifestieren. Ziele und Zwecke des Handelns werden ebenso stark durch kontextunabhängige Eigenschaften der Akteure geprägt, die sich aus ihrer Sozialisation und allgemeinen Erfahrungen oder bei korporativen Akteuren und Netzwerken aus ihrer Geschichte von strategischen wie operativen Erfolgen und Interaktionserfahrungen herleiten lassen. *Mayntz/Scharpf* (1995: 53, 57) legen aus diesem Grunde eine Klassifikation von Handlungsorientierungen vor, die sowohl ichbezogene als auch systembezogene Ausrichtungen und sowohl kognitive als auch motivationale Aspekte des Handelns und darüber hinaus die Interaktionsorientierung der Handelnden berücksichtigt, die aus den individuellen Interpretationen der Beziehungen zwischen mehreren Akteuren resultiert.

Handlungs-
orientierungen

Als weiterer wichtiger intervenierender Tatbestand, der die Annahme einer unkomplizierten Außensteuerung von Handlungssystemen als wenig plausibel erscheinen lässt, muss schließlich viertens die Handlungssituation selbst genauer betrachtet werden. Die konkreten Anforderungen einer Handlungssituation aktivieren die latenten Handlungsorientierungen und schaffen eine Betroffenheit für die Akteure bzw. Akteurseinheiten und initiieren somit erst deren Beteiligung. Dabei gewähren diese Situationen Handlungsoptionen, die nur teilweise institutionell bestimmbar sind und sich darüber hinaus situativen Faktoren verdanken (z.B. faktisch verfügbaren Ressourcen der Akteure und Netzwerke). Insgesamt fungieren die handlungsrelevanten Merkmale einer Situation als wahrgenommene Umweltaspekte, die durch eigene Wahrnehmungen gefiltert und ausgewählt werden und unter Einsatz vorfindbarer Ressourcen bewältigt werden (*Mayntz/ Scharpf* 1995: 59f.).

Handlungssituation

Diese an sich konstruktivistische Auffassung der handlungskonstituierenden Interaktionssituation verneint aber nicht alle Objektivitätsmaßstäbe für die wissenschaftliche Analyse und für die Geltung institutioneller Steuerungsmittel. Für die wissenschaftliche Modellbildung wie für die regelsetzenden Instanzen – egal ob es sich hierbei um den Staat oder um Koalitionen bzw. Gremien der sektoralen Selbstregulation handelt – existiert die von einem hypothetischen allinformierten Beobachter gesehene „reale Situation". Diese kann als wissenschaftlicher Optionsabgleich behandelt und unter Annahme der Geltung von institutionellen Steuerungsansprüchen und im Rekurs auf die etablierten sektoriellen Interessenpositionen betrachtet werden (*Mayntz/Scharpf* 1995: 67).

Immerhin deutet sich aber eine gewisse Spannung im Ansatz des akteurzentrierten Institutionalismus an, die sich auch in der Aufgliederung unterschiedlicher methodologischer Vorgehensweisen artikuliert. Für die Betrachtung der
Interaktionskonstellationen werden hauptsächlich quantitative Verfahren vorgeschlagen, die sich theoriegeleitet entweder mit den Struktureigenschaften der
Beziehungen zwischen den Akteuren in sozialen Handlungssituationen beschäftigen oder aber die Konflikte in den aktuellen Entscheidungssituationen idealty-
pisch betrachten (*Mayntz/Scharpf* 1995: 62-65). Insofern wird hier nur auf die
Alternative zwischen quantitativer Netzwerkanalyse für die Strukturanalyse und
der Spieltheorie für die Analyse von Konflikt- und Dilemmasituationen in Interaktionen hingewiesen (*Scharpf* 2000).

Systeminteressen

Renate Mayntz (1993) hat auf die besonderen Anforderungen in politischen
Entscheidungssituationen hingewiesen. Der bloße Interessenabgleich zwischen
konfliktfähigen Interessenorganisationen darf jedoch nicht als einziges Modell
für politische Entscheidungsinteraktionen fungieren. Denn die von den Entscheidungen in einem Politikbereich mittel- oder unmittelbar Betroffenen (Patienten,
Fürsorgeempfänger, Pflegebedürftige, Strafgefangene, Arbeitslose, Konsumenten etc.) haben oftmals Schwierigkeiten bei der Artikulation und Organisation
ihrer Anliegen und sind daher im Entscheidungsprozeß nicht immer vertreten.
Daneben kann der situative Interessenabgleich weder die langfristigen Systeminteressen abbilden, die mitunter zur Abminderung kurzfristiger Gewinnerwartung
und Interessenmaximierung zwingen, noch den Systemnutzen artikulieren, der
eher aufwendige Reformbemühungen zur Sicherstellung der Funktionalität von
Systemleistungen erfordert und nicht situative Besitzstandwahrung belohnt
(*Mayntz* 1993: 48).

*Problemlösung
als Fokus*

Insofern muss der akteurzentrierte Institutionalismus stärker als die Rational
Choice-Variante auch über Akteurkonstellationen und politische Entschei-
dungsmechanismen aus der Perspektive eines systembezogenen Problemlösens
nachdenken. Dies führt zur Reflexion über Beziehungstypen und Trägergruppen,
die eine Artikulation von Funktionsnotwendigkeiten und langfristigen Zielorientierungen ermöglichen, sowie über Trägergruppen, die ein Systeminteresse vertreten können, das über ihre professionellen Identitäten und Handlungsethiken
vermittelt wird (*Mayntz* 1993: 52f.). Der Rekurs auf policy-bezogene Identitäten
und Werte macht es notwendig, alle Interessenstandpunkte und Policy-Hand-
reichungen innerhalb der Akteurkonstellation auf ihren möglichen Beitrag für
eine akzeptable Problemlösung hin abzuklopfen und ihren Deutungs- und Wis-
sensüberschuss gegenüber der blanken Interessenartikulation aufzuweisen. Dies
erfordert ein stärker explorativ-qualitatives Vorgehen, da die programmatischen
Grundorientierungen erst einmal herausgefiltert und miteinander verglichen
werden müssen.

3.3 Kulturalistische Ansätze der Policy-Forschung

Bereits der *Mayntz*'sche Fokus auf systemische Handlungsorientierungen und
Identitäten signalisiert selbst in der eher konventionell ausgerichteten, analytischen Policy-Forschung ein neues Interesse daran, bestimmte Policy-Inhalte,

Situationsdeutungen, Wissensformen, Werthaltungen und Interessenorientierungen in der Politikfeldanalyse nicht einfach a priori vorauszusetzen, sondern als wichtige Erklärungsfaktoren im Politikprozess selbst zu thematisieren. Da die konzeptionellen Ebenen und Teilbereiche, auf welche diese neuen Ansätze fokussieren, insgesamt sehr vielfältig und heterogen sind, fassen wir diese, in Anlehnung an *Aron Wildavsky* (1987: 6), der Kultur als *„shared values legitimating social practice"* definiert, auf abstraktester Ebene als kulturelle oder kulturalistische Ansätze zusammen. Die unterschiedlichen Wendungen (argumentative, interpretative, kognitive, etc.) dieser neuen Richtung sind daher, analog zur Geschichtswissenschaft als der „culturalist turn" der Politikfeldanalyse anzufassen (*Eckstein* 1988).

Diese neue Orientierung in der Policy-Forschung kennt jedoch radikale wie gemäßigte Varianten. Die Forschungsansätze von *Renate Mayntz* sowie von *Paul A. Sabatier* rekurrieren auf Programmorientierungen und Problemperzeptionen als wichtige Variablen im Policy-Prozess. Sie fügen der Betrachtung von politischen Entscheidungsprozessen als rein strategisches Abgleichen und Kalkulieren von Machtressourcen und als erfolgsorientiertes Artikulieren und Aggregieren von Interessen eine zusätzliche Komponente hinzu. Individuelles Entscheiden und kollektives Handeln hängt auch mit dem Verfolgen programmatischer Grundorientierungen, dem Rückbezug auf moralische Wertvorstellungen und der Durchsetzung normativer Zielvorstellungen von einem guten Leben, einer wohlgeordneten Gesellschaft oder einem handlungsfähigen Staatswesen zusammen. Diese analytische Perspektive liefert daher Hinweise auf zusätzliche Erklärungsfaktoren für das politische Handeln und bemüht sich um ein realistischeres und komplexeres Verständnis von Handlungsmotivationen und Identitätskonzepten der Policy-Akteure.

Varianten der kulturalistischen Policy-Forschung

Aus unserer Perspektive steht der Advocacy Koalitionen-Ansatz (*Sabatier* 1988; 1993) dieser Auffassung sehr nahe (siehe Kapitel 6.4). Hier werden grundlegende moralische Wertbindungen, religiöse und ideologische Überzeugungen sowie grundlegende Politikverständnisse, die den „tiefen Kern" der Einstellungen und Programmpositionen von Policy-Akteuren prägen, für die Ausbildung von stabilen Programmkoalitionen verantwortlich gemacht.

Advocacy-Koalitionen

Von diesen gemäßigten Positionen lassen sich radikale Varianten unterscheiden, die sich von ersteren in zwei Punkten absetzen: Sie bestreiten die allgemeine Gültigkeit objektivistischer Selektionsmodelle, die ausgehend von strukturellen Zwängen oder objektiven Gegebenheiten einen Handlungsdruck auf politische Akteure konzedieren und es den Selektionskriterien und Handlungsschemata der konkreten Akteure überlassen, eine Relationierung zwischen objektivem Handlungsdruck und individueller Interessenwahrnehmung und eine Auswahl zwischen den möglichen Handlungsoptionen vorzunehmen (*Nullmeier 1993*: 176). Problematisch erscheint hierbei die Gegenüberstellung zwischen objektiven Strukturen als Handlungsproblemen (Opportunitäten und Restriktionen) und individueller Strategiewahl als Problembewältigung, wobei auch die Auswahl von Handlungsstrategien quasi objektiv und von außen – als Aspekt eines rationalen Selektionsmechanismus – an die Akteure herangetragen wird.

Als Beispiel für eine solche Vorstellung lässt sich Jon Elsters *„Zwei-Filter-Modell"* anführen, das ähnliche Annahmen des Rational Choice Institutionalismus und des akteurzentrierten Institutionalismus illustriert:

> „Um zu erklären, warum sich jemand in einer gegebenen Situation so und nicht anders verhält, können wir sein Handeln als das Resultat zweier aufeinander folgender Filterprozesse betrachten. Der erste bewirkt, dass die Menge der abstrakt möglichen Handlungen auf die realisierbare Menge beschränkt wird, d.h. diejenige Menge von Handlungen, die gleichzeitig mit einer Reihe von physischen, technischen, ökonomischen und rechtlich-politischen Rahmenbedingungen vereinbar sind. Der zweite bewirkt, dass eine Möglichkeit aus der realisierbaren Menge als auszuführende Handlung ausgewählt wird" (*Elster* 1987: 106f.).

Die radikale Position einer interpretativen Policy-Forschung bestreitet die objektive Gegebenheit von Institutionen, Ressourcen, Zwängen und Chancen, vielmehr werden Realität und Wirksamkeit solcher Situationsparameter erst durch die kollektive Wahrnehmung und Anerkennung im politischen Interaktionsraum fixiert:

> „Der Raum der erreichbaren Handlungsalternativen ist nicht institutionell, ökonomisch und sozialstrukturell vorgegeben, er muss durch Deutungsleistungen des Akteurs selbst konstruiert werden. Gegenüber objektivistischen Ansätzen wird damit ein Kontingenzraum behauptet, den die politischen Akteure durch die Suche nach angemessenen Deutungen erst füllen müssen." (Nullmeier 1993: 176)

Einzelne Vertreter des radikalen Ansatzes in der qualitativ ausgerichteten Policy-Forschung sprechen bereits von einer „argumentativen Wende" in der Policy-Forschung (*Fischer/Forester* 1993). Und tatsächlich beschäftigen sich Policy-Forscher vermehrt mit der Frage, welcher Anteil der narrativen Vermittlung von Policy-Problemen oder die Einbettung einzelner Programmfragen in Diskurssysteme und Diskurskoalitionen in der Politikgestaltung zukommt (*Hajer* 1995, *Roe* 1994, *Schon/Rein* 1994).

In einem zweiten Gesichtspunkt weicht die radikale Positionsbestimmung einer interpretativen Policy-Forschung von den gemäßigten Varianten ab: Sie begreift Wissen nicht nur als eine zentrale Ressource im politischen Entscheidungsprozess, sondern nimmt wichtige Umdeutungen am Wissensbegriff vor. Politisches Wissen wird nicht primär durch die einfache Aufnahme und Verarbeitung von wissenschaftlich objektivierbarem Wissen erzeugt. Vielmehr muss der in politischen Entscheidungen ablaufende Erkenntnisprozess als ein Umdeutungs- und Realisierungsvorgang beschrieben werden, in dem unterschiedliche Wissensformen vom objektivierbaren, dekontextualisierten Faktenwissen bis zum lebensweltlich eingebetteten Alltags- und Erfahrungswissen eingehen. Gegenstand der Policy-Forschung ist deshalb „[d]ie Produktion von Wissen auf allen Ebenen und bei allen Akteuren des politischen Prozesses mit der Folge wechselseitiger ‚Geltungs-Konkurrenz' der Deutungsmuster" (*Nullmeier* 1993: 177). Die in doppelter Hinsicht anzutreffende Wissenschaftszentrierung der konventionellen Policy-Forschung – zum einen die Konzentration auf die Ermittlung und Verarbeitung von objektivierbaren Daten zur Verhaltenserklärung, zum anderen der Versuch das politische Entscheidungsverhalten durch Ergebnisse der Policy-Forschung zu „rationalisieren" – muss deshalb neu überdacht werden.

Für *Frank Nullmeier* (1993, 1997) lassen sich die markierten Ansprüche einer radikalisierten Variante der interpretativen Policy-Forschung zu einem genuinen Programm für die Policy-Analyse weiterentwickeln, der Wissenspolitologie. Wissenspolitologie
Im Einklang mit den neuen Forschungsansätzen und Konzepten der qualitativen Policy-Forschung wird in einem ersten Schritt auf die Relevanz von Diskurs und Diskurskoalitionen, Policy-Ideen und Alternativvorschlägen, *Sabatiers belief systems* und Advocacy-Koalitionen sowie auf die Benennung und Umbenennung (*framing*) von Themenkatalogen, Zielgruppen und Politikgegenständen als Forschungsgegenständen hingewiesen (*Nullmeier* 1993: 177-181). Im zweiten Schritt erfolgt die Herleitung des Begriffs der Wissenspolitologie: Diese Begriffswahl bezieht sich einerseits auf ein Verständnis der Generierung von politikrelevantem Wissen durch Policy-Kontroversen, verstanden als Deutungskonflikte über wissenschaftliche Prognosen und Daten und über politische Situationseinschätzungen. Andererseits wird die von *Karl Mannheim* (1985 [1929]) in seiner Wissenssoziologie entwickelte Grundeinsicht aufgenommen, dass sich der politische Wettstreit der Ideologien auf typische sozialstrukturelle Unterscheidungen und Positionierungen beziehen lässt. Im Begriff der Wissenspolitologie wird darüber hinausweisend der Erkenntnis Ausdruck verliehen, dass „die sozialstrukturelle Prägung von Wissen in modernen Gesellschaften durchgehend Prozessen politischer Vermittlung unterliegt" (*Nullmeier 1993*: 182). Der dritte Schritt der Konzeptentwicklung ist der Herausarbeitung von zentralen Kategorien der Wissenspolitologie gewidmet. Ziel der Konzeptbildung ist die Entwicklung eines Analyseschemas, das es erlaubt, die in Policy-Kontroversen relevanten Deutungskonflikte und Deutungsprozesse zu dechiffrieren und die internen Strukturierungsprinzipien der Kategorien des Policy-Wissens und der verwandten Deutungsmuster nachzuvollziehen. Mit welchen Konzepten muss eine solche Analyse operieren und wie geht sie empirisch dabei vor?

Nullmeiers Beitrag zur Konzeptentwicklung verknüpft auf interessante Art und Weise Thesen zur Bedeutung von Wissenssystemen und Deutungsprozessen in der Politik (*Nullmeier 1993*: 183-186): Elemente der Wissenspolitologie

- die Bedeutung von *Wissensmärkten*, die sich aufgrund der Konkurrenz von legitimen Deutungsschemata und Wissensangeboten in Institutionen, Organisationen und sozialen Bewegungen konstituieren, wird aufgewertet; Wissensmärkte funktionieren als Teilöffentlichkeiten in denen problematisch gewordene Wissensbestände des Alltagshandelns, der Wissenschaft und der Organisationsstrukturen thematisiert werden;
- einzelne *Deutungsansprüche* in den Märkten und die Wissensmärkte insgesamt grenzen sich gegeneinander ab, indem sie sich gegenseitig die Geltung von Wissensansprüchen absprechen, zwischen unterschiedlichen Wissensarten differenzieren und sogar Wissenshierarchien – Wissensformen mit höherer und niedrigerer Legitimität und Geltung – ausbilden;
- *Querverbindungen und Interdependenzen* werden durch Debatten erzeugt, dabei erzeugt die Ähnlichkeit zwischen Argumentationen und Deutungen Anschlussmöglichkeiten und Übergänge für die Diskussion; Wissenstrans-

fers hängen sich aber grundsätzlich auch an den gemeinsamen Kernthemen oder den übergreifenden Grundthesen auf, die in unterschiedlichen Wissenskontexten auf je spezifische Weise behandelt werden; die Fähigkeit von Policy-Akteuren, solche feldübergreifende Debatten zu initiieren oder sich ihnen zu verweigern, hängt von den wissensrelevanten Ressourcen der Akteure in Wissensmärkten ab und von ihrem Vermögen, die eigene Deutungshoheit zu verteidigen und den Wirkungsbereich in Wissensmärkten gegenüber Diskurseinflüssen von außen abzuschotten;

- die *Ressourcen im Deutungsprozess* ergeben sich für Akteure aufgrund der internen Struktureigenschaften von Wissensangeboten; von großer Bedeutung sind hierbei das Geltendmachen einer Zeitform des Wissens, ausgedrückt durch die Prognosefähigkeit und das Verfügen über Zukunftswissen, und die Modalitätsform des Wissens, eine behauptete und begründbare Notwendigkeit oder Unmöglichkeit von Deutungen; gerade in Politikfeldern legen Kategorien der Modalität den Argumentationsraum des überhaupt Besprechungs- und Beschlussfähigen und damit des politischen Handelns fest;

- für die *Herausbildung von konsistenten und authentischen Deutungsmustern* ist der Bezug auf individuelle wie kollektive Identitäten wichtig, liefern sie doch wichtige Informationen über die Wiedererkennbarkeit von Standpunkten und Argumenten im eigenen Diskursverhalten; soziale Identitäten sind nicht nur auf soziale Klassen oder Statusgruppen beschränkt, sondern werden auch von Organisationen und Institutionen bzw. deren Mitgliedern ausgebildet; Identitäten bilden einen wichtigen Gegenstand im politischen Deutungskonflikt, schließlich wird in Politikfeldern über die *target groups* von politischen Entscheidungen, d.h. über Begünstigte und Benachteiligte und über Unterstützenswerte und Sanktionskandidaten diskutiert und entschieden;

- als abgrenzbarer Reproduktionsort von Wissensangeboten und Deutungskonflikten erhält das Politikfeld selbst eine eigene Identität und Stabilität, die sich in grundlegenden Gestaltungsregeln (Policy-Prinzipien) und typischen Diskursszenarien konkretisiert; für die *Strukturierung und Abgrenzung der einzelnen Politikfelder und Policy-Debatten* besitzen die Struktureigenschaften der Wissensangebote des Politikfeldes – ihre Modalität und Zeitperspektive eine konstituierende Wirkung:

„Ein Eigenzyklus entsteht bei der Dominanz der Modalität Notwendigkeit in einem Politikfeld. Entwickelt sich innerhalb einer policy community ein Verständnis der eigenen Institutions- und Organisationsinteressen als schlechthin notwendig und verliert sich Politik in einem Gehäuse selbstgeschaffener Zwänge, findet eine eigenzyklische Schließung und Abschottung statt. Der zentrale politische Wissensmarkt wird beherrscht von Hochstilisierungen der institutionellen Forderungen zu schlechthin notwendigen Bedürfnissen, die keine Handlungsalternativen mehr zulassen. Die Dominanz von Wissenstypen, wie z.B. hier bestimmten Modalitäten, kann die Entwicklung von Politikfeldern in einer eher strukturellen und formalen Weise charakterisieren. In Verbindung mit der materialen Analyse der jeweils dominanten Deutungssysteme ergeben sich differenzierte Beschreibungsformen des inneren Funktionierens stagnierender, reformorientierter oder in Umbruch geratener Politikverläufe." (Nullmeier 1993: 186).

Mit diesem Hinweis auf die Eigenlogik von Politikfeldern enden im engen Sinne die Ausführungen zur Konzeptbildung. Für die Entfaltung einer Wissenspolitologie müsste sich dieser Ansatz aber noch stärker für die Aufnahme und Transformation von sozialen Identitätsbehauptungen und kollektiven Wissensansprüchen in Politikfeldern interessieren. Dabei würde sicherlich die implizite und explizite „Repräsentationsarbeit" innerhalb des Policy-Prozesses durch die Adressierung und Integration bestimmter Geltungsansprüche von Statusgruppen zum Thema gemacht werden müssen (*Bourdieu* 1985, *Janning* 1998). *Nullmeier* (1993) ergänzt sein Wissenspolitologie-Konzept jedoch durch eine Wende hin zur Mikro- und Mesoebene, insofern als er die rhetorischen Elemente des politischen Handelns betont und auf die Wirksamkeit von sinnstiftenden Metaphern und Leitbegriffen hinweist. Er greift dabei auf eine Studie über Programm- und Deutungskonflikte in der Sozialpolitik zurück (*Nullmeier/Rüb 1993*). In den rentenpolitischen Diskussionen lassen sich zahlreiche Beispiele für den geschickten Einsatz von Metaphern (*Generationenvertrag*, *Rentenberg* etc.) anführen, die alle beteiligten Diskussionspartner auf spezifische Deutungen der Problemlage festlegen und Zielgruppen anschlussfähige Leitungen und Verantwortlichkeiten oktroyieren. Zwar möchte *Nullmeier* (1993: 193) seinen Hinweis auf die Bedeutsamkeit des rhetorisches Geschicks für Policy-Debatten nicht einseitig als Aufwertung der symbolischen bzw. rhetorischen Seite gegenüber der materiellen Politik – im Sinne der Betrachtung der Politik als Showgeschäft anstatt der Analyse konkreter Entscheidungspolitik – verstanden wissen. Allerdings bleiben die Bezugnahmen der Wissenspolitologie auf Statusinteressen, Gruppenidentitäten und Feindkonstruktionen in Policy-Kontroversen vergleichsweise abstrakt.

4 Quantitativ-vergleichende Staatstätigkeitsforschung

Induktive und deduktive Forschungsstrategie

Vergleiche in der Policy-Forschung sind eine Methode, mit der Faktoren, die potentiell für die Erklärung eines beobachteten Phänomens relevant sein könnten, durch kontrollierte Variation identifiziert werden. Dies kann mittels einer induktiven oder deduktiven Forschungsstrategie erfolgen. Bei einer induktiven Vorgehensweise werden Fälle untersucht, bei denen bei einer abhängigen, zu erklärenden Variable (z.B. Höhe von öffentlichen Ausgaben in einem Politikfeld) möglichst viele Fälle untersucht werden, bei denen die Merkmalsausprägungen der unabhängigen, erklärenden Variablen (z.B. Zahl der involvierten politischen Akteure, Intensität des Konfliktes etc.) gleich oder ähnlich sind. Wird dann neben vielen anderen invarianten Faktoren eine Variable entdeckt, die gleichlaufend (oder genau umgekehrt) variiert wie die zu erklärende Variable, dann wird diese als Variable betrachtet, die mit der abhängigen in einem systematischen Zusammenhang steht und den betreffenden Unterschied erklärt. Ein Problem ist, dass dies ein Scheinzusammenhang sein kann, oder dass eine andere erklärende Variable übersehen wurde. Die Wissenschaftstheorie und Methodologie lehrt deshalb, dass es sinnvoller ist, deduktiv-nomologisch vorzugehen und aus einer oder mehreren etablierten Theorien gesetzmäßige Zusammenhänge abzuleiten, und nur diese dann an möglichst vielen Fällen zu überprüfen. Die Intensität und die Richtung eines Zusammenhangs kann dann mittels spezieller statistischer Verfahren (Korrelations- und Regressionsanalyse) geprüft werden. Aussagen über Ursache-Wirkungs-Zusammenhänge machen bzw. die zugrunde liegenden Mechanismen spezifizieren kann die Statistik nicht, das erwartet man von der Theorie.

Länder- oder Politikfeldmerkmale als Determinanten von policies

Damit ein Länder- oder Politikfeldvergleich in der Policy-Forschung sinnvoll ist, muss man annehmen können, dass Unterschiede und Gemeinsamkeiten in Politikinhalten auf generalisierbare länderspezifische oder politikfeldspezifische Merkmale zurückgeführt werden können und nicht das Resultat zufälliger und historisch einmaliger Ereignisse sind. Eine zentrale Frage der vergleichenden Policy-Forschung ist, ob spezifische nationale Institutionen oder Politikfeldeigenschaften die Haupterklärungsfaktoren für die Ausprägung bestimmter Politikinhalte darstellen. Studien der vergleichenden Policy-Forschung untersuchen in der Regel entweder ein Politikfeld in mehreren Ländern und betonen dadurch die Wirkung nationaler Institutionen bzw. Politikstrukturen oder vergleichen mehrere Politikfelder in einem Land und lenken somit das Hauptaugenmerk auf die spezifischen Merkmale eines Politikfeldes (Problemstrukturen, Akteurkonstellationen, etc.).

Studien, die mehrere Politikfelder in einem Land miteinander vergleichen, können z.B. von Lowis Perspektive ausgehen, wonach ein bestimmter Policy-Typ (z.B. regulative Politik) als unabhängige Variable betrachtet wird, die für die am politischen Prozess beteiligten Akteure unterschiedliche Kosten-Nutzen-

Lasten impliziert und dadurch Politikprozesse mit unterschiedlichem Konfliktniveau hervorbringt. Einzelne Politikfelder lassen sich jedoch nicht vollständig einem dieser Politik-Typen zuordnen. Vielmehr bestehen innerhalb eines Politikfeldes immer Programme und Steuerungsinstrumente unterschiedlicher Policy-Typen neben- oder nacheinander. Selten können Faktoren identifiziert werden, die allein auf das gesamte Politikfeld Bezug nehmen und Unterschiede in den Politikinhalten zwischen den Politikfeldern erklären. Eigenschaften des politischen Systems, wie Institutionen, Parteien, politische Kultur etc., in einzelnen Politikfeldern entfalten meist unterschiedliche Wirkungen.

Öffentliche Politiken als unabhängige Variable müssen auf einzelne politische Entscheidungssituationen bezogen werden, die sich entweder auf Verteilungsprobleme oder auf Koordinationsprobleme beziehen, die Regulierungs- und Produktionsprobleme einschließen. Policies sind dabei nicht durch eine objektive Situation vorgegeben, sondern werden von den Akteuren im politischen Prozess definiert. Sie wirken, so die These von *Arthur Benz*, als Interpretationsmuster, die Probleme, Handlungsoptionen und Ziele der Akteure beeinflussen. Die Herausbildung von stabilen Verhandlungssystemen und Kooperationsverfahren ist dann wahrscheinlich, wenn es sich um Koordinationsprobleme handelt, und unwahrscheinlich, wenn Verteilungsprobleme vorliegen (*Benz* 1997).

Ebenso wie die Politikfeldanalyse durch die Betrachtung von Policies als abhängige Variable charakterisiert wird, untersucht auch die quantitativ-vergleichende Policy-Forschung Politikinhalte als zu erklärende Variable. Es geht um die statistische Beschreibung und Erklärung von Gemeinsamkeiten und Unterschieden in verschiedenen Staaten und Zeiträumen (*Schmidt* 2003). Es wird ein Politikfeld in mehreren Ländern oder zu verschiedenen Zeitpunkten analysiert. Politikfeldspezifische Eigenschaften spielen dann lediglich insofern eine Rolle, als Eigenschaften des nationalen politischen Systems in der besonderen Ausprägung des Politikfeldes betrachtet werden.

Für den Vergleich von Politikinhalten in verschiedenen Ländern gibt es zwei Strategien, die die Komplexität sozialer Phänomene auf unterschiedliche Weise reduzieren. Auf der einen Seite beschreibt der variablenorientierte Ansatz die Untersuchungsfälle als Kombination von Variablenausprägungen, um letztlich allgemeine theoretische Aussagen über den Zusammenhang zwischen Variablen zu machen. Auf der anderen Seite beschränkt sich der fallorientierte Ansatz auf wenige Fälle, um die Fälle in ihrer Gesamtheit zu betrachten und deren historische Besonderheit und den spezifischen nationalen Kontext zu berücksichtigen und soziale Mechanismen offen zu legen (*Ragin* 1987). Fallorientierte und variablenorientierte Studien können anhand von zwei Dimensionen voneinander unterschieden werden: die Zahl der Fälle und der Abstraktionsgrad der Analyse. Während fallorientierte Studien wenige Fälle auf einem mittleren Abstraktionsgrad betrachten, vergleichen variablenorientierte Studien viele Fälle auf einem hohen Abstraktionsgrad. Ein niedriger Abstraktionsgrad zeichnet Fallstudien aus, die lediglich einen Fall untersuchen (*Landmann* 2000: 23).

Um ein Beispiel aus der institutionalistischen Staatstätigkeitsforschung zu geben: *Ellen Immergut* (1992) und *George Tsebelis* (2002) verwenden ähnliche theoretische Ansätze, sie wählen jedoch unterschiedliche Vergleichsstrategien. *Immergut* geht von den empirischen Fällen aus und untersucht die Entwicklung

Marginalien:
Entscheidungssituationen und Problemtypen

Fallorientierte oder variablenorientierte Studien

Fallorientiertes Vorgehen

der Gesundheitspolitik in den Ländern Frankreich, Schweden und der Schweiz, die wegen ihrer spezifischen Ausprägungen der Krankenversicherungssysteme ausgewählt werden. Schweden und die Schweiz bilden die Extrempunkte auf einem Kontinuum, das sich von einem rein staatlichen bis zu einem rein privaten Krankenversicherungssystem erstreckt, während Frankreich in dessen Mitte zu verorten ist. Dabei werden spezifische Gesetzgebungskonflikte untersucht, die für die Entwicklung der nationalen Gesundheitspolitiken zentral waren. Grenzen und Möglichkeiten werden sichtbar, in einem demokratischen Prozess soziale Reformen durchzusetzen. Die Beschreibung von Reformprozessen erfolgt auf der Grundlage einer Theorie, die Institutionen als zentrale erklärende Variable identifiziert. Institutionen legen Veto-Punkte innerhalb eines politischen Systems fest, die sich auf die Möglichkeit beziehen, politische Entscheidungen im Verlauf des Policy-Prozesses zu verhindern. Da eine politische Entscheidung als das Ergebnis einer Serie von Entscheidungen in unterschiedlichen politischen Arenen betrachtet werden kann, bestimmt die Zahl der Veto-Punkte die Wahrscheinlichkeit, mit der die Regierung Zustimmung für ihre Politik erhält und somit soziale Reformen durchsetzen kann.

Variablenorientierte Analyse

Im Gegensatz zu diesem fallorientierten Vorgehen verfolgt *Tsebelis* (2002) eine variablenorientierte Strategie. Nicht spezifische empirische Fälle sind der Ausgangspunkt, sondern die für eine Erklärung als zentral identifizierten Variablen, deren Effekt anhand möglichst vieler Fälle überprüft wird. Mit dem Veto-Spieler-Konzept wird das Ziel verfolgt, unterschiedliche politisch-institutionelle Systeme in der Hinsicht zu vergleichen, welche politisch-institutionelle Struktur und die damit verbundene Akteurkonstellation Politikwandel ermöglichen bzw. eine Fortdauer des Status Quo wahrscheinlicher machen. Als Veto-Spieler werden diejenigen politischen Akteure bezeichnet, die einer vorgeschlagenen Veränderung von Politikinhalten zustimmen müssen. Zentrale Hypothese ist, dass Policy-Stabilität (als Gegenteil von Politikwandel) aus einer hohen Anzahl an Veto-Spielern resultiert und dies insbesondere dann, wenn die Abweichung zwischen ihren Präferenzen groß ist. Dieser Zusammenhang wird z.B. in einer Analyse an sechzehn westlichen Industrieländern mittels multipler Regression überprüft und bestätigt. Der Abstraktionsgrad dieser variablenorientierten Analyse ist dabei recht hoch, nationale Besonderheiten und spezifische Kontextbedingungen bleiben weitgehend vernachlässigt.

4.1 Fallbeispiel: Wohlfahrtsstaatliche Politik bürgerlicher Regierungen (Manfred G. Schmidt)

Beispiel für variablenorientierte Vergleichsstrategie

Ein paradigmatisches Beispiel für die variablenorientierte Vergleichsstrategie ist eine preisgekrönte Studie von *Schmidt* (1982). Sie war in den 80er Jahren eine der ersten bundesdeutschen Analysen dieser Art. Inzwischen ist dieser variablenorientierte Ansatz der Staatstätigkeitsforschung in vielen Studien zu allen möglichen Politikinhalten und Resultaten staatlicher Politik vorgelegt worden, die sich in irgendeiner Weise sinnvoll quantifizieren lassen. Hierzu gehören Studien über allgemeine Staatsausgaben, Sozial-, Gesundheits- und Bildungsausgaben bis hin zu wirtschaftlichen Performanzindikatoren wie Inflation und Arbeitslosigkeit. In allen geht es darum, die Determinanten für unterschiedliche Leistungen und Ergebnisse staatlichen Handelns in verschiedenen Ländern oder Regionen (wie z.B. Bundesstaaten, Bundesländer oder Schweizer Kantone, etc.) zu bestimmen (für neuere Studien siehe insbesondere *Freitag et al.* 2003, *Obinger et al.* 2003).

Um die Vorgehensweise dieses Forschungsansatzes zu verdeutlichen, wird im Folgenden die oben erwähnte Studie „Wohlfahrtsstaatliche Politik unter bürgerlichen und sozialdemokratischen Regierungen" (*Schmidt* 1982) dargestellt. Ihr Ziel ist unter anderem, unterschiedlich hohe Arbeitslosenquoten und Inflationsraten sowie unterschiedlich hohe Abgabenquoten in 21 westlichen Industrieländern als Wirkung von spezifischen Wirtschafts- und Sozialpolitiken zu betrachten und die oben diskutierten theoretischen Erklärungsansätze zu überprüfen. Hierbei werden hauptsächlich drei Erklärungsfaktoren für Politikinhalte identifiziert: politische Strukturen und Prozesse, sozialökonomische Strukturen und Erfordernisse sowie außerparlamentarische Konflikte zwischen sozialen Schichten und Klassen (siehe Abbildung 4-1). Die Ausprägungen spezifischer Policies sind demnach hauptsächlich zurückzuführen auf sozioökonomische Strukturen, politische Arrangements im außerparlamentarischen Raum (ausgedrückt durch die Stärke des Korporatismus) und auf Wirkungen von früher produzierten Policies. Diese drei Faktoren wirken sich nicht nur direkt auf die Politikinhalte aus, sondern beeinflussen auch die politische Struktur, einschließlich der politischen Zusammensetzung von Regierungen, die wiederum Einfluss auf die Politikinhalte ausübt. Um dieses Policy-Modell zu illustrieren, werden im Folgenden einige der Hypothesen zur Erklärung von Arbeitslosigkeit exemplarisch dargestellt.

Abbildung 4-1: Integriertes Modell zur Erklärung von Politikinhalten

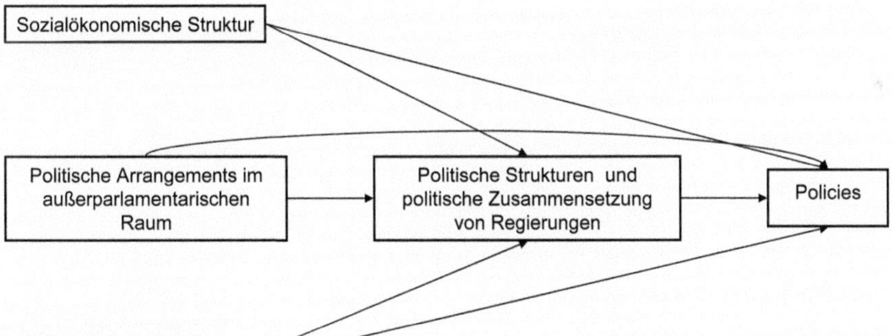

Quelle: *Schmidt* (1982: 104)

Arbeitslosigkeit wird als Arbeitslosenquote operationalisiert (Arbeitslose im Verhältnis zur Zahl der zivilen Erwerbspersonen). Diesbezüglich greift *Schmidt* auf Daten der OECD zurück und transformiert diese in ordinalskalierte Daten, weil, so sein Argument, die offiziellen Arbeitslosenquoten keine Intervallskalen darstellten, die international vergleichbar wären. Die Arbeitslosenquote wird als

Operationalisierung von Arbeitslosigkeit

„hoch" kodiert, wenn sie größer als 5% ist, und als „niedrig", wenn sie kleiner oder gleich 2% ist. Eine mittlere Arbeitslosenquote liegt vor, wenn sie Werte zwischen 2 und maximal 5% annimmt. Der Untersuchungszeitraum erstreckt sich auf die Jahre 1974 bis 1978 (*Schmidt* 1982: 177). Die Arbeitslosenquoten und politische und ökonomische Strukturmerkmale in den 21 Untersuchungsländern sind in Tabelle 4.1. dargestellt

Tabelle 4.1: Arbeitslosenquoten und politische und ökonomische
Strukturmerkmale in 21 Ländern

Land	Arbeitslosenquote	Korporatismus	Zusammensetzung der Regierung	Wirtschaftswachstum	Inflation
	1974-78	1974-78	1974-78	1973-78	1973-78
Australien AU	hoch	mittel	Patt	1,7	13
Belgien BE	hoch	mittel	bürgerl. Dominanz	2,1	9
Dänemark DK	hoch	mittel	soz. Dominanz	1,4	11
Irland	hoch	schwach	bürgerl. Dominanz	2,8	15
Kanada	hoch	schwach	bürgerl. Hegemonie	2,2	9
USA	hoch	schwach	bürgerl. Hegemonie	1,8	8
Deutschland DE	mittel	mittel	soz. Dominanz	2,2	5
Finnland FI	mittel	mittel	Patt	1,3	14
Israel IL	mittel	mittel	Patt	2,9	35
Niederlande NL	mittel	mittel	bürgerl. Dominanz	1,8	8
Frankreich FR	mittel	schwach	bürgerl. Hegemonie	2,5	11
Großbritannien UK	mittel	schwach	soz. Dominanz	1,1	16
Italien IT	mittel	schwach	bürgerl. Dominanz	1,6	17
Island IS	niedrig	mittel	bürgerl. Dominanz	2,3	40
Luxemburg LU	niedrig	mittel	Patt	0,7	8
Neuseeland NZ	niedrig	mittel	Patt	-0,9	14
Japan JP	niedrig	stark	bürgerl. Hegemonie	2,3	11
Norwegen NO	niedrig	stark	soz. Hegemonie	4,1	10
Österreich AT	niedrig	stark	soz. Hegemonie	2,9	7
Schweden SE	niedrig	stark	Patt	-0,1	10
Schweiz CH	niedrig	stark	bürgerl. Dominanz	-0,4	4

Quelle: *Schmidt* (1982: 182)

Statistische Verfahren Für den quantitativen Vergleich der Untersuchungsländer werden statistische Verfahren angewandt. Um die Hypothesen über die Ursachen der Höhe der Arbeitslosenquoten zu überprüfen wird Spearman's Rangkorrelationskoeffizient r_s (bzw. rho) berechnet, der – analog zur allgemeinen Korrelationsanalyse – Stärke und Richtung des Zusammenhangs zwischen den untersuchten Variablen angibt (*Wagschal* 1999: 181-183). Die Richtung wird durch das Vorzeichen ausgedrückt: Ein positives Vorzeichen des Korrelationskoeffizienten bedeutet einen positiven Zusammenhang (die Zunahme der unabhängigen Variable ist mit einer Zunahme der abhängigen Variable verbunden) und ein negatives Vorzeichen einen gegenläufigen Zusammenhang (der Zuwachs der unabhängigen Variable führt zu einer Abnahme der abhängigen Variable). Die Stärke des Zusammenhangs wird durch die Höhe des Korrelationskoeffizienten ausgedrückt, der zwischen +1 und -1 variieren kann. Von einem bedeutsamen Zusammenhang will Schmidt jedoch erst sprechen, wenn der Korrelationskoeffizient mindestens den Wert 0,3 annimmt; robustere Aussagen seien erst ab einem Wert von 0,5 zulässig (*Schmidt* 1982: 130f.).

Die Ergebnisse der Hypothesenprüfung zu den Ursachen von Arbeitslosigkeit sind in Tabelle 4.2. dargestellt. Hinsichtlich der ökonomischen Struktur eines Landes wird vermutet, dass ein hohes durchschnittliches Wirtschaftswachstum zu einer niedrigen Arbeitslosenquote führt. Das durchschnittliche Wirtschaftswachstum wird gemessen durch die durchschnittlichen jährlichen Veränderungsraten des Bruttoinlandprodukts pro Kopf zu konstanten Preisen. Der erwartete negative Zusammenhang gilt wegen des geringen Werts des Korrelationskoeffizienten (r_s = .25) als nicht bestätigt. Ebenfalls kein Zusammenhang besteht zwischen der Inflationsrate und der Arbeitslosenquote (r_s = .09).

Die für jene Zeit innovativste Variable bezieht sich auf politische Arrangements im außerparlamentarischen Raum, wobei hauptsächlich das Ausmaß gemessen wird, wie stark das System der Interessenvermittlung eines Landes durch korporatistische Strukturen geprägt ist. Hier wird vermutet, dass korporatistische Systeme eine geringe Arbeitslosenquote aufweisen. Durch den Ländervergleich wird mit einem Korrelationskoeffizient von r_s = -.67 einen recht starker negativer Zusammenhang deutlich, was diese Hypothese klar bestätigt.

Korporatistische Interessenvermittlung

Dieser starke negative Zusammenhang zwischen Korporatismus und Arbeitslosigkeit lässt sich in Tabelle 4.2 auch mit qualitativen Methoden darstellen. Wären die Länder über alle Zellen verteilt, würde es keinen Zusammenhang geben. Wenn die unterschiedlichen Länder ausschließlich auf den Feldern der Nebendiagonale liegen würden (fett gedruckte Werte), dann wäre der Zusammenhang maximal negativ (-1). Dadurch, dass aber auch einige Felder neben der Nebendiagonale besetzt sind, entsteht der insgesamt hohe Zusammenhang.

Tabelle 4.2: Der Zusammenhang zwischen Korporatismus und Arbeitslosigkeit

Arbeits-losigkeit	hoch	**IR, CA, US**	AU, BE, DK	
	mittel	FR, UK, IT	**DE, FI, IL, NL**	
	niedrig		IS, LU, NZ	**JP, NO, AT, SE, CH**
		schwach	mittel	stark
		Korporatismus		

Legende: Die Länderkürzel beziehen sich auf Internet-Länderkürzel. Siehe Tab. 4.1.

eigene Darstellung nach Schmidt 1982

Tabelle 4.3: Hypothesentests zu den Ursachen von Arbeitslosigkeit

Forschungs-hypothese	Indikator	Vermuteter Zusammen-hang	Tatsächlicher Zusammenh. (Spearmans r)	Folge-rung
Ökonomische Hypothesen	ø jährliches Wachs-tum (pro Kopf, konstante Preise) 1973 – 1978	invers	.25	nicht bestätigt
	ø jährliche Inflati-onsrate (Verbrau-cherpreise) 1973 – 1978	invers	.09	nicht bestätigt
Außerparlamen-tarische Machtver-teilung	Korporatismus	negativ	-.67	bestätigt
Strukturkonstanz der Arbeitsmärkte	ø Arbeitslosenquote (1960 - 1973)	positiv	.63	bestätigt
Parteiensystem und das politische Lager	stärkste Partei (1 bürgerlich; 2 Patt; 3 sozialdemokr.; 1974-78)	invers	-.33	schwach bestätigt
Parteipolitische Hypothese	Regierungsbeteili-gung linker Parteien (Anteil der Monate 1974 - 1978)	invers	-.32	schwach bestätigt

Quelle: *Schmidt* (1982: 184f.).

Ebenfalls ein starker positiver Zusammenhang besteht zwischen der durchschnittlichen Arbeitslosenquote im Untersuchungszeitraum und der Arbeitslosenquote in den vorherigen dreizehn Jahren (rs = .63), was die Wirkung bereits früher erzielter Policy-Outcomes unterstreicht.

Politische Struktur und Zusammensetzung der Regierung

Schließlich werden Hypothesen über die Auswirkung der politischen Struktur und der Zusammensetzung der Regierung überprüft. Es wird angenommen, dass sozialdemokratische und linke Regierungen die Arbeitslosigkeit in stärkerem Maße bekämpfen als bürgerliche Parteien, die zugunsten anderer Policy-Ziele auch eine höhere Arbeitslosenquote in Kauf nehmen. In diesem Zusammenhang sind die zu überprüfenden Hypothesen recht ähnlich: Die erste Hypothese lautet, dass die Arbeitslosenquote umso niedriger ist, je länger eine sozialdemokratische oder linke Partei die stärkste Partei eines politischen Systems bildet. Hier stellt die statistische Analyse einen schwachen negativen Zusammenhang fest (rs = -.33). Die zweite Hypothese, die einen negativen Zusammenhang zwischen der Dauer der Regierungsbeteiligung sozialdemokratischer oder linker Parteien und der Höhe der Arbeitslosenquote postuliert, lässt sich jedoch nicht bestätigen (rs = -.25). Als Ergebnis des Ländervergleichs ist festzuhalten, dass weder die ökonomischen noch die parteipolitischen Faktoren die Höhe der Arbeitslosenquote erklären können. Die Arbeitslosenraten sind

> „insgesamt gesehen umso niedriger [...] je mehr Stimmen auf das linke Lager entfallen; je mehr sich das politische Gravitationszentrum im Parteiensystem – gemessen durch die stärkste Partei – nach links verschiebt; je stärker der Grad der korporatistischen Regulierung ist; je stärker die Gewerkschaften organisiert sind; je niedriger das industrielle Konfliktniveau ist; und je geringer das Ausmaß der Integration in den Weltmarkt und die politischen Überbauten des Weltmarktes sind"(*Schmidt* 1982: 190).

Wachsende Bedeutung institutioneller Faktoren

Wie weiter oben in der Entwicklungsskizze der Staatstätigkeitsforschung gezeigt wurde, repräsentiert das dargestellte Beispiel eine typische Problematik der späten 70er und frühen 80er Jahre, in denen der Fokus insbesondere auf nationale parteipolitische Strukturen gelegt wurde. Ab Mitte der 80er Jahre bekommt jedoch auch die Staatstätigkeitsforschung eine zunehmend institutionalistische Färbung, indem inneradministrative und politisch-institutionelle Faktoren zunehmend weiter ausdifferenziert werden. Ein Beispiel quantitativ-institutioneller Analyse bietet Tsebelis mit seinem Vetospieler-Ansatz. Darüber hinaus wird die institutionelle Hypothese, dass die institutionellen Arrangements (d.h. durch Institutionen bestimmte Akteure oder Interventionspunkte) eines politischen Systems wichtige Erklärungsfaktoren für Policy-Outputs darstellen, in einer ganzen Reihe von neueren Studien überprüft, die als paradigmatisch für die Arbeitsweise der quantitativen Staatstätigkeitsforschung gesehen werden können.

Das Vorgehen unterscheidet sich grundsätzlich nicht von Studien, die mit Sozialstruktur- oder Parteipolitikhypothesen arbeiten. Im Unterschied hierzu werden jedoch zusätzliche Indikatoren konstruiert, die jeweils mehre institutionelle Merkmale oder Facetten zusammenfassen. Es wird vermutet, dass die so gemessenen institutionellen Ausprägungen eine signifikante Wirkung auf Politikergebnisse haben. Folgende Texte stehen beispielhaft für diese Forschungsrichtung.

- *Huber et al.*(1993) konstruierten einen verfassungsstrukturellen Index, der sich aus fünf Teilindikatoren zusammensetzt: Ausprägung des Föderalismus, des Regierungssystems, des Wahlsystems, der Kammerstruktur des Parlamentarismus und der direkten Demokratie. Sie stellen fest, dass wohlfahrtstaatliche Politik in einem hohen Maße erklärt werden kann.
- *Manfred Schmidt* (1996) entwickelte einen Index der institutionellen Barrieren zentralstaatlicher Exekutiven, in den auf additive Weise insgesamt 6 Teilindikatoren eingehen: EU-Mitgliedschaft, Zentralisierung der Staatsstruktur, Kammerstruktur des Parlamentarismus, Schwierigkeit von Verfassungsänderungen, Zentralbankautonomie und Referendumsdemokratie. Er stellt dabei fest, dass Linksregierungen zu erhöhten Staatsausgaben führen, institutionelle Restriktionen aber das Wachstum von Staatsausgaben wiederum dämpfen.
- *Markus Crepaz* (2002) untersucht institutionelle Determinanten, die die Kapazitäten von Regierungen bei Umverteilungspolitiken stärken oder be-

hindern. Während Globalisierung zu den stärkenden Faktoren gehört, hat die Zahl der Vetospieler und andere institutionelle Restriktion eine eher inhibitierende Wirkung.

Durch die quantitativ-vergleichende Policy-Analyse können also gesetzmäßige Zusammenhänge aufgezeigt werden, die zwischen den einzelnen Variablen bestehen, wenn diese über die Gesamtheit der Fälle betrachtet werden. Ihre Stärken liegen darin, dass mit ihrer Hilfe im Sinne „vorwärtsblickender Hypothesen" (*Scharpf* 2000) verallgemeinerte Aussagen über zeitlich invariante, gesetzesmäßige Zusammenhänge zwischen einer oder mehrerer unabhängiger erklärender Variablen gemacht werden können. Diese können sich z.B. auf parteipolitische Faktoren bei der Regierungsbildung oder die Stärke der institutionellen Restriktionen und deren Auswirkung auf bestimmte Politikergebnisse beziehen.

Ein Problem solcher „nomothetischer Erklärungen" in der Politik ist jedoch, dass – im Unterschied zu den meisten Gesetzen in der Natur – gesellschaftliche Gesetzmäßigkeiten nur in den wenigsten Fällen raum-zeitlich invariant sind, wenn es überhaupt so etwas wie Gesetze des Sozialen oder Politischen gibt. Gesellschaftliche Gesetzmäßigkeiten sind stark auf spezifische zeit- und räumliche Bedingungen beschränkt. Ein Zusammenhang, der sich deutlich in einem Bedingungsrahmen zeigt, wird in einem anderen Kontext leicht von anderen Zusammenhängen überlagert oder sogar verdrängt. Dies soll im Folgenden anhand einer quantitativ vergleichenden Studie über Infrastrukturprivatisierung gezeigt werden.

4.2 Zeit- und kontextabhängige Erklärung am Beispiel der Privatisierung

Eine aktuelle Studie (*Schneider/Tenbücken* 2004) über den Rückzug des Staates aus den öffentlichen Infrastruktursektoren zeigt, dass die Privatisierungen in den Sektoren Telekommunikation, Energie und Transport/Verkehr in den einzelnen Industrienationen sehr unterschiedlich verliefen. Unter den betrachteten 26 Vergleichsländern lassen sich unterschiedliche Privatisierungsmuster beobachten. Ein Beispiel gibt der schnelle Privatisierungsprozess des Telekommunikationssektors in Neuseeland, bei dem der Staatsanteil am dominanten Anbieter innerhalb eines Jahres von 100% auf 0% reduziert wurde. Im Gegensatz dazu verlief die Privatisierung im deutschen Luftfahrtssektor sehr graduell. Die Privatisierungen des Telekomsektors in Großbritannien und der Stromversorgung in Spanien hingegen zeigen Muster, die zwischen diesen beiden Extrempolen liegen: wenige, aber verhältnismäßig große Privatisierungsschritte, die über einen größeren Zeitraum verteilt sind (Abbildung 4-2).

Abbildung 4-2: Unterschiedliche Privatisierungsverläufe in vier OECD-Ländern

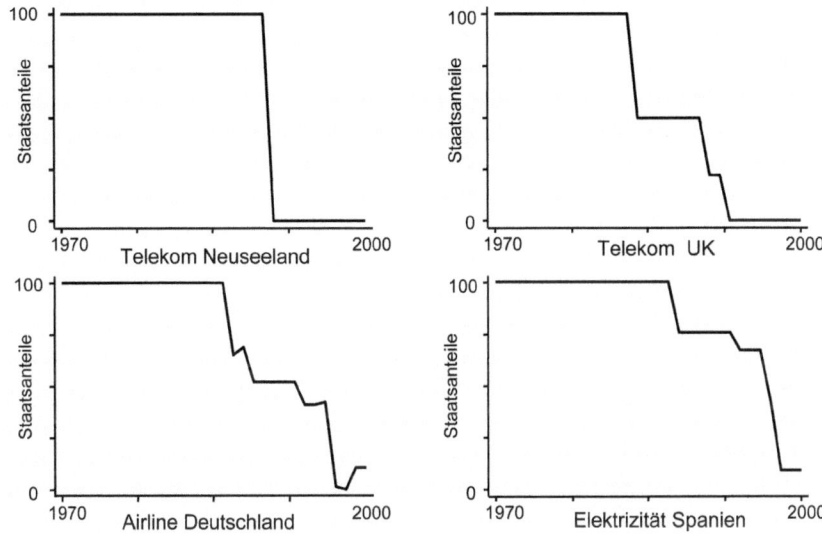

Quelle: *Fink/Schneider* (2004: 210)

Diese untersuchten Privatisierungsprozesse sind Ergebnisse nationaler politischer Entscheidungen und können daher als Testfeld der oben skizzierten Staatstätigkeitstheorien betrachtet werden. Ziel wäre zum Beispiel, das unterschiedliche Privatisierungsausmaß (gemessen als prozentuale Reduktion des Staatsanteils am Hauptbetreiber des Telekommunikationssystems) durch verschiedene unabhängige Variablen zu erklären, die Indikatoren für die in den jeweiligen Theorien unterstellten Einflussfaktoren darstellen. Aus der Perspektive der Parteiendifferenzthese kann vermutet werden, dass rechte Parteien eher „privatisierungslastig" als linke Parteien sind, da ihre handlungsleitenden Ideologien allgemein gegen Staatseinfluss gerichtet sind. Insbesondere neokonservative oder neoliberale Parteien stehen der Koordination gesellschaftlicher Beziehungen durch Märkte deutlich positiver gegenüber als linke Parteien. Die auf diesen Fall gewendete Hypothese ist daher, je stärker linke Parteien in einem politischen System sind, desto geringer ist das Privatisierungsausmaß. Parteiendifferenzthese

In dem Bestreben, eine möglichst sparsame Erklärung für das Privatisierungsausmaß zu finden, ist die einfachste Strategie, eine Querschnittsregression zu rechnen, in der verschiedene unabhängige Variablen, die für die gesamte Beobachtungsperiode einen konstanten Wert annehmen, die Varianz bei der abhängigen Variable „Privatisierungsausmaß" erklären sollen. In Tabelle 4.4 sind solche Regressionsmodelle präsentiert (*Häge/Schneider* 2004*, Schneider/Häge* 2006).

Tabelle 4.4: Erklärung von Privatisierung

Abh. Variable: Privatisierung (Δ 1983-2000 in %)	20 Laender		19 Laender (ohne Spanien)	
	Modell 1a	*Modell 1b*	*Modell 2a*	*Modell 2b*
Ideologie der Regierung	-0.360	-0.490**	-0.575**	-0.662***
(Ø 1983-2000)	(1.33)	(2.40)	(2.48)	(3.73)
Institutionelle Begrenzungen	1.772		-1.171	
(konstant)	(0.34)		(0.27)	
Korporatismus	-4.960		-1.520	
(Ø 1983-2000)	(0.74)		(0.27)	
EU-Mitgliedschaft (EU 12)	24.506*	24.571**	19.322*	18.297**
(Mitglied im Jahr 1995)	(2.08)	(2.56)	(2.00)	(2.24)
Finanzmarktderegulierung	-1.999		-2.665	
(Δ 1980-1997 absolut)	(0.72)		(1.19)	
Handelsabhängigkeit	-0.045		-0.097	
(Δ 1983-2000 in %)	(0.17)		(0.47)	
R-Quadrat	0.49	0.45	0.64	0.59
Angepasstes R-Quadrat	0.25	0.39	0.46	0.54

*Anmerkungen: Absolute t-Werte in Klammern; * signifikant auf dem 10% Niveau, ** signifikant auf dem 5% Niveau, *** signifikant auf dem 1% Niveau; einseitige Tests; Modelle 1a bis 3a geben die Ergebnisse für die Modelle 1 bis 3 ohne den abweichenden Fall Spanien wieder.*

Die Daten werden in *Schneider/Tenbuecken* (2004) im Detail präsentiert. Im ersten Modell werden relativ viele der in der Staatstätigkeitsforschung diskutierten Variablen integriert: Variablen, die den Einfluss von Faktoren auf nationaler Ebene beschreiben (Ideologie der regierenden Partei(en), institutionelle Beschränkungen, Korporatismus), sowie Variablen, die sich auf internationale Verflechtung abheben (Handelsoffenheit, Kapitalmarktliberalisierung, EU-Mitgliedschaft). Ein interessantes Ergebnis dieser Analyse ist, dass Ideologie (gemessen als durchschnittlicher Kabinettsanteil linker Parteien) und EU-Mitgliedschaft (Länder, die in den frühen 1990er Jahren Mitglieder der Europaeischen Union waren) die größte Erklärungskraft haben. Das diesbezügliche Modell 1b erklärt 45% der Varianz. Die Erklärungskraft dieses Modells steigt noch beträchtlich an, wenn Spanien, das mit seiner Variablenkonfiguration offenbar ein Spezialfall ist, in der Analyse unberücksichtigt bleibt (59%).

Der Einfluss dieser beiden Variablen und die Sonderrolle Spanien werden besonders in dem in Schaubild 4-3 dargestellten Streudiagramm deutlich (Schneider/Häge 2006). Der Zusammenhang Privatisierungsausmaß und Ideologie ist dort separat für die EU-12 Länder (Kleinbuchstaben, schwarze Kreise) und die Nicht-EU-Länder (Grossbuchstaben, schwarze Punkte) dargestellt. Die gestrichelte Regressionslinie repräsentiert den Zusammenhang unter den EU12-Laendern, die durchgezogene Linie zwischen übrigen Staaten. Generell ist die Beziehung negativ, d.h. je stärker Linke Parteien an den Regierungen dieser Periode beteiligt waren, desto geringer ist das Ausmaß. Die EU-Mitgliedschaft führt jedoch zu einer allgemeinen Niveau-Steigerung im Privatisierungsprozess. Dies könnte einerseits durch die stärkere Integration im Binnenmarkt erklärt und die „Marktnähe" dieser supranationalen Organisation erklärt werden (*Genschel 1998, Streeck/Schmitter 1991*), insbesondere aber auch – akteurstheoretisch – durch die aktive Rolle, die vor allem die EU-Kommission im Liberalisierungsprozess dieser Sektoren gespielt hat (*Schmidt* 1998).

Abbildung 4-3: Zusammenhang zwischen Ideologie und Privatisierung

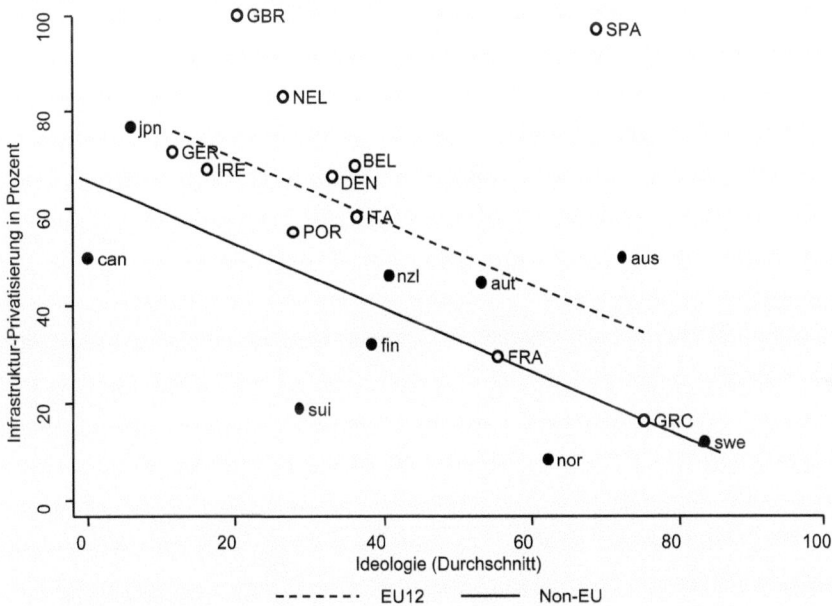

Ein Problem dieser Querschnittsregression ist, dass dieser fundamentale Rückzug des Staates aus der Kontrolle von Infrastruktursektoren ziemlich statisch gezeichnet wird: Durchschnittswerte von Variablenausprägungen erklären die durchschnittliche Veränderungen im Staatseigentum in einer Periode. Jeder informierte Beobachter politischer und gesellschaftlicher Prozesse weiß aber, dass solche „Durchschnittsentwicklungen" rein fiktiv sind. Umwelten ändern sich, Entwicklungen interagieren, Transformationsprozesse beschleunigen sich zuweilen sehr massiv.

Eine beliebte Strategie zur Erforschung dynamischer Prozesse ist seit geraumer Zeit die gepoolte Zeitreihenregression, in der dann alle Jahreswerte des Vergleichszeitraums eigene Fälle in eine integrierte Regressionsanalyse darstellen. In unserem Fall ergab eine solche Analyse jedoch, dass z.B. die Variable Regierungsideologie im Durchschnitt fast keinen Effekt hat und auch andere Variablen zeigen keine große Erklärungskraft (*Fink/Schneider* 2004: 214-220).

Abnehmende
Erklärungskraft der
Parteiideologie

Da wir aber annehmen, dass die Privatisierung ein dynamischer Prozess darstellt, haben wir versucht, diese sukzessive Transformation der Rahmenbedingungen mit einer so genannten „Salami-Regression" einzufangen, Hier werden die verschiedenen Jahreswerte nicht mehr „in einen Topf geworfen", sondern pro Jahr eine eigenständige Regression durchgeführt. Hierbei zeigt sich, dass der Zusammenhang zwischen der Dominanz rechter Parteien in der Regierung mit dem Privatisierungsverlauf sehr variabel ist. Bis 1983 ist der durch den Determinationskoeffizienten ausgedrückte Zusammenhang (R^2) extrem schwach, d.h. der Erklärungswert der Variable Parteienregierung ist sehr gering. Im Jahr 1984, dem Jahr der ersten Telekommunikationsprivatisierung in Großbritannien, steigt das R^2 jedoch stark an. Dies bedeutet, dass vom Beginn der Privatisierungswelle bis Anfang der 90er Jahre sich der Staatsanteil sehr gut über die ideologische Ausrichtung der Regierungspartei erklären lässt. Während der 90er Jahre nimmt die Erklärungskraft jedoch rapide ab.

Abbildung 4-4: Der Erklärungswert rechter Parteienideologie über die Zeit

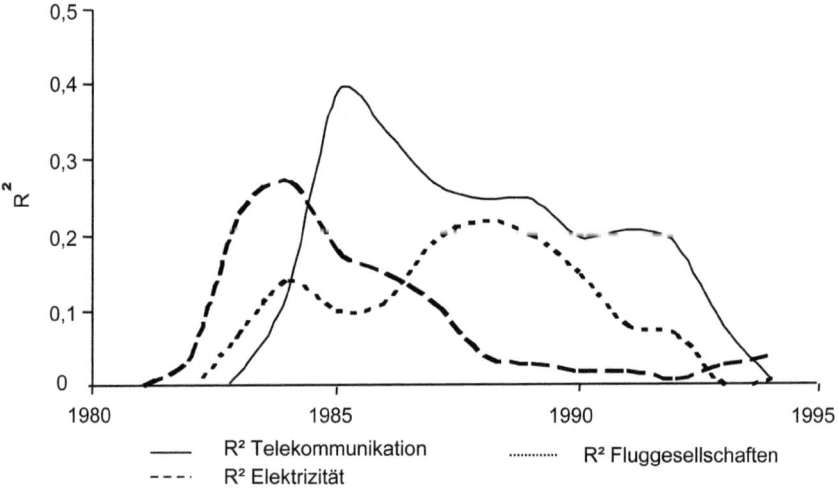

Generalisierungen
kontextabhängig

Dieses Beispiel verdeutlicht, dass viele Quasi-Gesetze im sozialen und politischen Bereich stark von prinzipiell variablen Rahmenbedingungen abhängen. Insofern kann auch quantitative Staatstätigkeitsforschung letztlich nur kontextabhängige Generalisierungen bzw. stark beschränkte „Gesetzesaussagen" machen. Ein Zusammenhang, der in einer bestimmten Phase festgestellt wird, kann in einer späteren Phase verschwinden. Modelle, die auf der Basis solcher Verallgemeinerungen aufgestellt werden, sollten deshalb möglichst dynamisiert werden, um Prozesse des Umweltwandels einerseits und der Koevolution innerhalb

114

von Akteursystemen andererseits nicht zu übersehen. Interessanterweise ist dies ein Fokus der neueren Policy-Forschung in den USA, in denen insbesondere solche Dynamiken und Rückkopplungen thematisiert werden (*Pierson* 2004, *Baumgartner/Jones* 2002).

Schließlich sollte nicht vergessen werden, dass auch diese über statistische Verfahren bestimmte Gesetzmäßigkeiten sich immer nur auf beobachtete Zusammenhänge beziehen. Welche realen Ursachen und Wirkungszusammenhänge und -mechanismen hinter einem rein statistischen Zusammenhang stehen, das kann eine nur auf Makrozusammenhänge fokussierende Variablenanalyse nicht aufzeigen (*Esser* 1996). Hierzu müssen Analysen mikro- oder zumindest mesofundiert werden. Dieses Ziel haben insbesondere Ansätze, die in den nächsten Abschnitten dargestellt werden.

5 Akteurzentrierte Ansätze: Netzwerke, Institutionen und strategische Interaktion

Während die Politikentwicklungen im vorausgegangenen Kapitel in stark aggregierter Weise als Kombinationen von Makrostrukturen konzipiert wurden, versuchen akteurzentrierte Ansätze die „black-box" der Interaktionen und Prozessmuster schrittweise aufzuhellen. Öffentliche Politiken sind nicht bloße Strukturwirkungen, sondern Interaktionsergebnisse beteiligter Akteure, die Problemlösungen eruieren, zwischen verschiedenen Handlungsoptionen entscheiden und Politikprogramme häufig kollektiv umsetzen müssen. Der in Kapitel 2 dargestellte Policy-Zyklus ist daher gleichzeitig ein kollektiver öffentlicher Entscheidungsprozess, in dem verschiedene Handlungsoptionen selektiert werden.

Abbildung 5-1: Der Policy-Zyklus als sequentieller Entscheidungsprozess

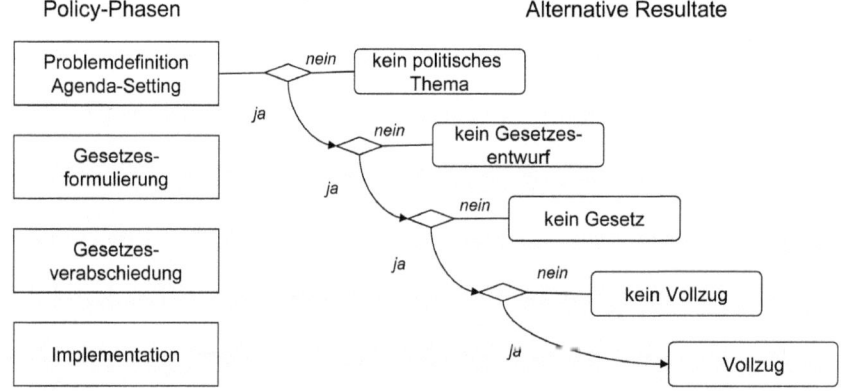

Ein gesellschaftliches Problem, das mittels eines Gesetzes bearbeitet wird, muss zunächst zum politischen Thema werden. Eine Bedingung ist zunächst, dass es von genügend vielen Akteuren unterstützt bzw. von wenigen Akteuren bekämpft wird. Weitere Voraussetzungen sind die Entscheidung, mit einem Gesetz auf das Problem zu reagieren, und schließlich auch die inhaltliche Verabschiedung des Gesetzes. Selbst die Implementation stellt die beteiligten Akteure weiterhin vor die Wahl, das Gesetz überhaupt anzuwenden oder nicht. Der gesamte Prozess ist eine Stufenleiter von Entscheidungen, wobei jede Selektion eine Voraussetzung der folgenden ist. Auch die Auswahl von Policy-Instrumenten, wie z.B. das Interventionsinstrument „Recht" kann als (sequentieller oder simultaner) Entscheidungsprozess begriffen werde (*Mayntz* 1997).

Wie erwähnt, ist dies in der Regel auch ein konflikthafter Prozess. Die beteiligten Akteure eines Policy-Prozesses sind meist unterschiedlich von einem Policy-Problem betroffen und auch die Akteurinteressen werden in unterschiedlicher Weise von den möglichen Handlungsoptionen befriedigt. Hieraus können Interessenkonflikte resultieren. Akteure koordinieren sich und tauschen häufig Ressourcen aus. In der Regel sind die an einer Policy beteiligten Akteure in komplexe Beziehungsstrukturen eingebettet (Interaktionen, Kommunikation, Tausch, etc.). Eine Analyse, die eine relationale Perspektive einnimmt und sich auf diese Beziehungen konzentriert, unterscheidet sich daher grundsätzlich von der Perspektive der Staatstätigkeitsforschung. Während bei dieser die analytischen Einheiten die Fälle und ihre Merkmalsdimensionen darstellen (Länder, regionale Einheiten wie Bundesländer, Kantone oder Städte), stehen in der beziehungsstrukturellen Analyse die Beziehungen zwischen den Fällen im Vordergrund. Auf der Mikro- oder Mesoebene, auf der hier die Analyse in der Regel stattfindet, sind die „Fälle" dann Akteure und ihre Beziehungen.

Schließlich soll noch auf unterschiedliche handlungstheoretische Perspektiven hingewiesen werden, nach denen sich akteurzentrierte Ansätze unterscheiden. Insbesondere ältere beziehungsstrukturelle Ansätze gehen oft von einfachen Entscheidungsmodellen aus, nach denen Akteure ihr Verhalten nicht vom Verhalten anderer abhängig machen und einfach jene Mittel einsetzen, mit denen sie ihre anvisierten Ziele am effektivsten und effizientesten erreichen können. Rational-Choice-Ansätze hingegen unterstellen ein größeres Maß an Intelligenz bei den beteiligten Akteuren und nehmen an, dass jeder Akteur bei der Wahl seiner Handlungsoptionen auch die Handlungsstrategien der übrigen relevanten Akteure einkalkuliert und gewissermaßen antizipiert. Zunächst soll jedoch der beziehungsstrukturelle Ansatz und seine Verwendung in Tauschmodellen dargestellt werden.

5.1 Beziehungsstrukturen

Die Analyse von Beziehungsstrukturen in der Politikfeldforschung konzentriert sich auf die Fragestellung, über welche Beziehungsarten Akteure untereinander verbunden sind und welche konkreten Muster diese Beziehungsmengen aufweisen. Beziehungsmuster aus dieser Perspektive werden als Netzwerke betrachtet, die auf drei Ebenen untersucht werden können:

Ressourcentausch

- auf der Ebene der indivuellen Akteure,
- auf der Ebene von Teilgruppen im Netz,
- auf der Ebene des Gesamtnetzwerks.

Auf der Akteursebene geht es hauptsächlich um die Identifikation von vor- oder nachteilhaften Akteurpositionen in einer Beziehungsstruktur. Auf der Teilgruppenebene gilt es herauszufinden, ob sich ein Politikfeld in verschiedene Untergruppen differenziert, die intern stark vernetzt sind, aber untereinander nur schwache Verbindungen aufweisen. Auf der Gesamtnetzwerkebene geht es um Maßzahlen, mit denen übergreifende Eigenschaften einer gesamten Beziehungsstruktur (bzw. eines gesamten Satzes von Beziehungsstrukturen) ausgedrückt werden und so den Vergleich von Netzwerken ermöglichen. Die Netzwerkanalyse bedient sich dabei weitgehend Konzepten aus der Graphentheorie. In diesem

Rahmen ist es natürlich nur möglich, die wichtigsten dieser Konzepte und Methoden vorzustellen. Weiterführend sind hier vor allem diverse Einführungen in die Netzwerkanalyse (Brandes/Erlebach 2005, *Jansen* 2003, *Scott* 1991, *Wasserman/Faust* 1994, Trappmann/Hummell/Sodeur 2005).

Beziehungsstruktur als Matrix   Aus einer formellen Perspektive kann ein Politikfeld als eine Menge von Beziehungsstrukturen aufgefasst werden und das Ziel dieser Formalanalyse ist letztlich, relativ *dauerhafte Ordnungsmuster* dieser Beziehungen herauszuarbeiten, zu beschreiben, zu erklären oder selbst als erklärende Faktoren in Erklärungsmodellen zu verwenden. Mittel sind bestimmte quantitative Maßzahlen oder Klassifikationsformen. Der Ausgangspunkt aller Beziehungsanalysen ist es, die Verbindungen zwischen Akteuren in der Form einer Matrix darzustellen. Die Eintragung in eine Matrixzelle kann eine binäre Eintragung enthalten (0 oder 1), die nur auf Existenz oder Nichtexistenz einer Beziehung hinweist, sie kann aber auch mit jeder natürlichen Zahl die Intensität von Beziehungen ausdrücken. Zur Verdeutlichung dieser Analysemethode gehen wir im Folgenden von einer fiktiven Beziehungsstruktur zwischen 10 öffentlichen und privaten Akteuren in einem Policy-Prozess aus, die sowohl in Form einer Binärmatrix als auch als Graph dargestellt wird.

Abbildung 5-2: Binärmatrix und Graph

	U	LP	G	BV	MNK	V	BT	RP	R	WV	Σ
U	0	0	0	1	0	0	0	0	0	0	1
LP	0	0	1	0	0	1	1	0	1	0	4
G	0	1	0	0	0	1	1	0	1	0	4
BV	1	0	0	0	0	0	0	1	0	1	3
MNK	0	0	0	0	0	0	0	1	1	1	3
V	0	1	1	0	0	0	0	0	1	1	4
BT	0	1	1	0	0	0	0	1	1	1	5
RP	0	0	0	1	1	0	1	0	1	1	5
R	0	1	1	0	1	1	1	1	0	1	7
WV	0	0	0	1	1	1	1	1	1	0	6
Σ	1	4	4	3	3	4	5	5	7	6	42

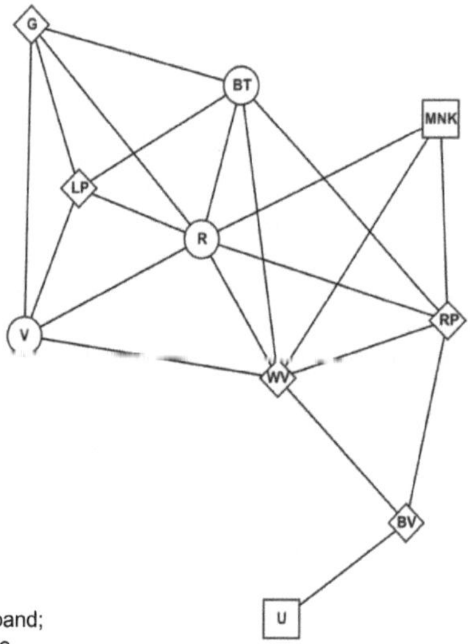

Legende:

BT – Bundestag; BV - Branchen-Wirtschaftsverband;
G – Gewerkschaft; LP - Linkspartei; R - Regierung;
RP- Rechtspartei; U – Unternehmen; WV – Wirtschaftsverband;
MNK – Multinationaler Konzern; V – Verwaltung; Σ - Summe.

Matrixdarstellung   Die Eintragung einer 1 in einer Matrixzelle bedeutet, dass zwischen dem in der Zeile genannten und dem in der Spalte genannten Akteur eine Beziehung besteht. Das Unternehmen U hat beispielsweise nur eine Beziehung zum Branchenverband BV. In unserem fiktiven Beispiel handelt es sich um intensive Kommunikation. In diesem Fall wird angenommen, dass die Beziehungen immer gegenseitig – also ungerichtet – sind. Die Matrix ist daher eine symmetrische, binäre Quadratmatrix. Viele Beziehungsstrukturen sind jedoch von Natur aus

118

einseitig bzw. gerichtet. Hieraus kann Asymmetrie resultieren, wenn Akteur A mit B eine Beziehung unterhält, B aber nicht mit A.

Ein relativ einfacher analytischer Schritt ist nun, die einzelnen Beziehungen aufzusummieren, in die ein jeder Akteur involviert ist. In der Netzwerkanalyse wird diese Maßzahl *Gradzentralität* genannt. Sie basiert auf dem Grundgedanken, dass die Position eines Akteurs in dem Maße zentral ist, wie er mit den übrigen Akteuren verbunden ist. Das Maß verweist auf die Summe der Beziehungen, in die ein Akteur direkt involviert ist und wird zur Vergleichbarkeit verschiedener Netze normiert auf die maximal möglichen Beziehungen, in die ein Akteur in einem gegebenen Netz theoretisch involviert sein kann. Bei asymmetrischen Beziehungsstrukturen unterscheidet man zwischen einem Grad der sich auf ausgehende Beziehungen bezieht (*Außengrad*) und einem, der die eingehenden Beziehungen ausdrückt (*Innengrad*). Das Ergebnis dieser Zentralitätsanalyse mit den oben erläuterten Daten ist jeweils am rechten und unteren Rand der Matrix aus den kursiv gedruckten Zahlen zu entnehmen. Hier nimmt die Regierung eine Spitzenstellung ein.

Dieser einfache Index der Gradzentralität sagt bereits eine Menge über die Positionierung der verschieden Akteure in diesem politischen Kommunikationsnetz aus. Darüber hinaus wäre es auch interessant zu wissen, über welche indirekten Beziehungen ein Akteur zu den übrigen Akteuren verfügt. Manche Akteure, die nicht direkt verbunden sind, könnten auch indirekt, unter Umständen über längere Ketten, kommunizieren. In diesem Fall stellt sich die Frage, wie viele Glieder in solchen Beziehungsketten die verschiedenen Akteure jeweils voneinander entfernt liegen. Für die Beantwortung dieser Frage muss zunächst eine *Pfaddistanzmatrix* errechnet werden, in der eine Matrixeintragung darüber Auskunft gibt, wie viele Beziehungsschritte jeweils zwei Akteure voneinander getrennt sind (*Jansen* 2003).

Auf der Basis der Pfaddistanzmatrix kann nun ein weiteres Zentralitätsmaß errechnet werden, das als *Nähezentralität* bekannt ist. Es bezieht sich nicht nur auf direkte Beziehungen eines Akteurs, sondern weist besonders darauf hin, wer in einer Beziehungsstruktur in der Weise vorteilhaft positioniert ist, als er möglichst viele andere Akteure in möglichst wenigen Beziehungsschritten erreichen kann. Jene Akteure, die die kürzesten Verbindungen zu den übrigen Akteuren unterhalten, nehmen die zentralsten Positionen ein. Die Errechnung dieses Zentralitätsindexes erfordert viele Rechenoperationen und ist daher sinnvollerweise nur mit Computerprogrammen durchzuführen, z.B. mit UCINET oder Visone. Der Vorteil von Visone ist, dass die numerische Zentralitätsposition gleichzeitig exakt durch eine Positionierung in einem Zielscheiben-Diagramm gut nachvollziehbar visualisiert wird (*Brandes et al.* 1999, *Brandes/Kenis/Wagner* 2003). Das Programm ist kostenlos erhältlich über die Internet-Adresse: http://www.visone. de. Eine Einführung in die Methoden der Netzwerkanalyse und in dieses Programm wird in der jährlich stattfindenden Summer School Polnet geboten (http://www.polnet-school.info).

Gradzentralität

Pfaddistanz

Nähezentralität

Abbildung 5-3: Zentralität

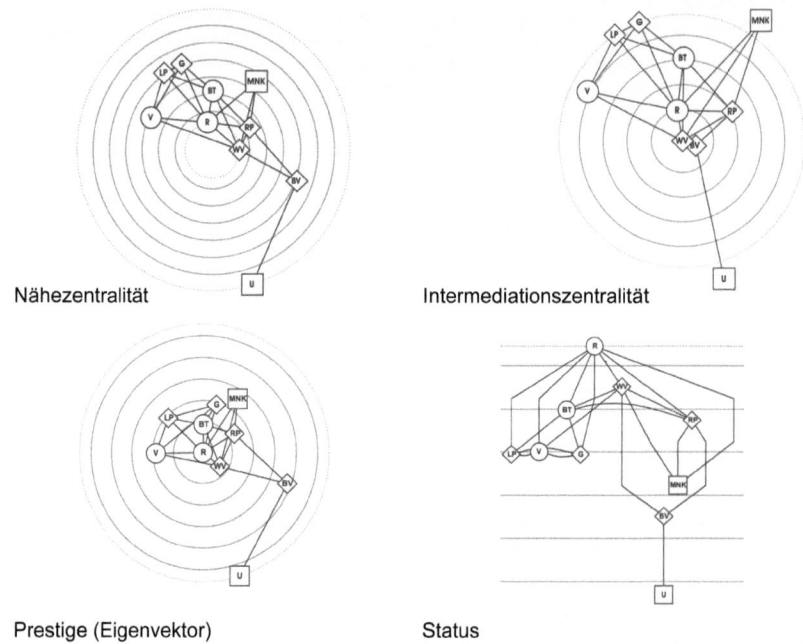

Nähezentralität   Intermediationszentralität

Prestige (Eigenvektor)   Status

Ein weiteres Zentralitätsmaß wertet eine Netzwerkposition dann als zentral, wenn ein Akteur möglichst viele Kommunikationsbeziehungen kontrollieren kann. Dieser Gedanke wird in der Weise operationalisiert, dass die Häufigkeiten aufsummiert werden, wie oft die verschiedenen Akteure eines Netzwerkes auf den kürzesten Verbindungen (*geodesics*) liegen, die jeweils zwei Akteure miteinander verbinden. Da hierbei dann die Vermittlungsrolle von Akteuren gemessen wird, kann diese auch als Intermediationszentralität (*betweenness centrality*) bezeichnet werden. In unserem fiktiven Fall nimmt der Wirtschaftsverband die zentralste Position ein.

Prestige   Ein Nachteil der bislang erörterten Maßzahlen ist, dass bei den Beziehungen immer nur berücksichtigt wurde, ob sie existieren oder nicht (binäre Zahlen), jedoch nicht auf deren Intensität bzw. Gewicht geachtet wurde. Um diese Aspekte in eine Zentralitätsanalyse einzubeziehen, wurde eine Maßzahl entwickelt, für die sich der Begriff *Prestige* eingebürgert hat. Der Index summiert nicht nur die Zahl direkter und indirekter Kontakte zwischen verschiedenen Akteuren auf, sondern stellt auch die Qualität der Beziehungen in Rechnung. Ein Akteur besitzt dann ein hohes Prestige, wenn er viele Beziehungen zu Akteuren unterhält, die gleichfalls viele Beziehungen unterhalten. Ähnlich wie bei den bereits diskutierten Zentralitätszahlen ergibt sich das Prestige aus der Summe der gewichteten Beziehungen, in die ein Akteur direkt und indirekt involviert ist. Jede Beziehung zu einem anderen Akteur wird gleichzeitig mit dem Prestige dieses Akteurs gewichtet, so dass sich das Prestige eines Akteurs aus der Summe aller bewerteten Beziehungen ergibt, in die ein Akteur involviert ist. Dieses Maß kann in der

120

Weise interpretiert werden, dass es die Qualität jedes Akteurs als Informant oder Unterstützer ausdrückt und somit letztlich auf eine Statusschichtung im Netzwerk hinweist. Mathematisch erscheint dies zirkulär, denn nach jeder neuen Gewichtung der Beziehungen ändert sich das Prestige der Akteure, was wiederum zu einem neuen Gewichtungsfaktor führt. Nach mehrmaliger Neugewichtung konvergieren aber die Eintragungen dieses Statusvektors gegen einen Wert, der sich auch bei einer Neugewichtung nicht mehr ändert. Dies ist dann der Prestige-Index oder der Status eines Akteurs. Prestige und Status unterscheiden sich mathematisch nur in kleinen Details. In der Visone-Visualisierung in Abbildung 5-4 werden die Akteure sowohl in einem Zielscheibendiagramm in Bezug auf ihre Prestigewerte positioniert, als auch in einer Statushierarchie dargestellt. In beiden Diagrammen nimmt die Regierung die zentralste bzw. höchste Position ein.

Auf der Ebene der Netzwerk-Untergruppen kann bereits über die Errechnung einer Distanzmatrix festgestellt werden, ob alle Akteure einer Beziehungsstruktur sich direkt oder indirekt erreichen können, oder ob es Teilnetze gibt, die untereinander unverbunden sind. Ein spezifisches Analyseverfahren zur Bestimmung von Teilgruppen in Netzwerken ist aber die *Cliquenanalyse*. Ihr Ziel ist die Identifikation von stark zusammenhängenden Untergruppen, wobei das einfachste und restriktivste Konzept eine Clique ist.

Netzwerkuntergruppen

Abbildung 5-4: Überschneidung von Cliquen

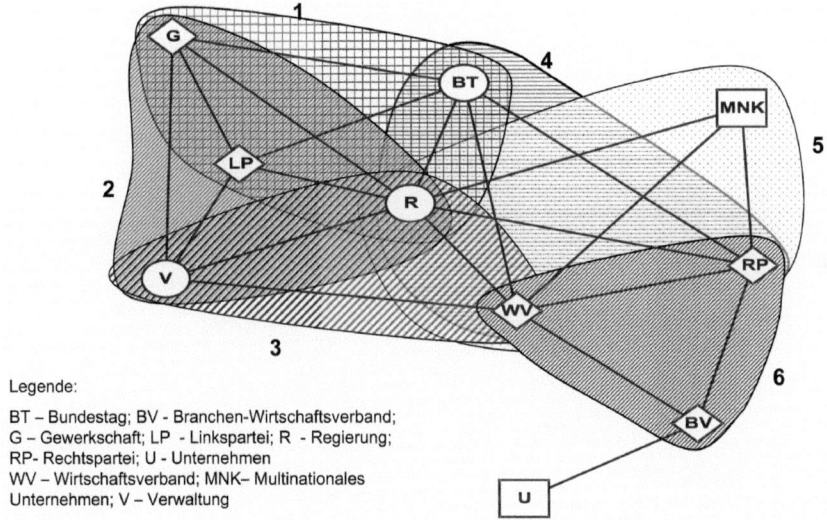

Legende:

BT – Bundestag; BV - Branchen-Wirtschaftsverband;
G – Gewerkschaft; LP - Linkspartei; R - Regierung;
RP- Rechtspartei; U - Unternehmen
WV – Wirtschaftsverband; MNK– Multinationales
Unternehmen; V – Verwaltung

Formal definiert ist die Clique eine Teilmenge von mindestens drei Knoten, bei der jeder Knoten mit jedem der übrigen Knoten verbunden ist. In dem oben dargestellten Netzwerk lassen sich sechs solcher Teilgruppen entdecken, nämlich die Linkspartei-Gewerkschafts-Cliquen {LP, G, BT, R}und {LP, G, V, R}, die Regierungs-Rechtspartei-Wirtschafts-Cliquen {BT, RP, R, WV} und {MNK, RP, R, WV}, sowie die Cliquen um die Verwaltung {V, R, WV} und die Wirtschaftsverbände {BV, RP, WV}. Die Cliquen und ihre Überlappungen lassen sich auch gut in einem Euler-Venn–Diagramm darstellen, das den Graphen aus Abbildung 5-4 mit einer Cliquenzuordnung kombiniert.

Von diesem Grundkonzept ausgehend wurden in der Netzwerkanalyse noch eine ganze Reihe weiterer Untergruppenkonzepte entwickelt. Eine Darstellung dieser Ansätze würde den vorliegenden Rahmen jedoch sprengen. Hierzu sollten die oben erwähnten Gesamtdarstellungen der Netzwerkanalyse konsultiert werden.

Auf der dritten analytischen Ebene interessieren uns schließlich Methoden und Maßzahlen, die komprimierte Aussagen erlauben bezüglich der Ausprägungen eines Gesamtnetzwerks. Das bekannteste Konzept ist die Netzwerkdichte, bei der die Anzahl der tatsächlichen Beziehungen eines Netzes zu den theoretisch möglichen in Beziehung gesetzt wird (so dass z.B. alle Knoten miteinander vernetzt sind). Dieser Index ist nur dann sinnvoll, wenn verschiedene Netzwerke untereinander verglichen werden.

Mit diesen drei Analyseebenen sind die wichtigsten Methoden abgedeckt, die in der Strukturanalyse vor allem darauf aus sind, die Beziehungskonfigurationen zwischen politischen Akteuren zu untersuchen. Darüber hinaus gibt es einen wichtigen methodischen Ansatz, die Blockmodell-Analyse, die im wesentlichen daran interessiert ist, Akteure in Bezug auf die Ähnlichkeit ihrer von Beziehungsprofile zu gruppieren und große, unübersichtliche Netzwerke vereinfacht zu repräsentieren. Eine detaillierte Darstellung der verschiedenen Methoden dieses Ansatzes würde jedoch den Rahmen dieses einführenden Textes sprengen. Blockmodell-Analyse wird eine der Methoden sein, die einer der Autoren dieses Lehrbuchs in einem aufbauenden Text zur Strukturanalyse politischer Prozesse in komplexen Gesellschaften behandeln wird.

5.1.1 Tauschnetzwerke

Die Netzwerkanalyse ist eine wichtige Analysemethode von Akteurkonstellationen. Sie ermöglichen eine präzise Analyse der Beziehungsstrukturen, die zwischen Akteuren existieren, die an einem Policy-Prozess beteiligt sind. Eine theoretisch interessante Beziehung ist dabei der Tausch. Obwohl der Tauschbegriff eher in der Soziologie und weniger in der Politikwissenschaft gebräuchlich ist (siehe aber *Marin* 1996), gibt es auch in der öffentlichen Politik eine ganze Reihe möglicher Tauschbeziehungen, wie die folgenden Beispiele zeigen:

• Beabsichtigt ein Ministerium einen Gesetzesentwurf z.B. mit neuen Umweltschutzvorschriften auf den parlamentarischen Weg zu bringen, so setzt dies umfangreiche fachwissenschaftliche Expertise voraus, über die das Referat eines Ministeriums nur selten verfügt. In der Regel muss dieses Wissen über Kooperationsbeziehungen mit anderen Organisationen mobilisiert werden. Oft stehen der Staatsadministration nachgeordnete Behörden zur Verfügung, die über eigene Forschungskapazitäten verfügen (z.B. das Umweltbundesamt). Häufig reicht dies nicht aus, und man muss zusätzlich Informationskanäle zu privaten Organisationen erschließen.

- Auch bei Abstimmungen unter einer Mehrheitsregel sind Tauschbeziehungen möglich, indem beispielsweise ein Akteur, dessen Interessen bei einer Entscheidung wenig tangiert sind, seine Stimme einem anderen Akteur unter der Voraussetzung „leihen" kann, dass dieser ihn bei einer anderen, ihn interessierenden Abstimmung mit seiner Stimme unterstützt. Im US-Kongress, in dem es nur geringe Fraktionsdisziplin gibt, ist ein derartiger Stimmentausch unter dem Begriff „*log-rolling*" bekannt. In Deutschland würde dieses Verhalten an der strengen Fraktionsdisziplin im Bundestag scheitern, obwohl sich auch dort entsprechende Arrangements vereinzelt beobachten lassen. Stimmentausch

- Auch die Kooperation von Großverbänden bei der Implementation einer Politik kann als Tauschbeziehung interpretiert werden. Politische Akteure, deren Sachwissen oder Vetopotential relevant für die erfolgreiche Durchführung eines politischen Programms ist, können von staatlichen Organisationen zur Vorabklärung der Maßnahmen bis hin zu detaillierten Abmachungen hinsichtlich ihrer inhaltlichen Gestaltung herangezogen werden, um sich hernach kooperativ zu verhalten (*Lehmbruch* 1985). Kooperation als Tausch

- Eine Tauschform in der Implementationsphase ist das informelle Verwaltungshandeln. In einem solchen Arrangement verzichtet die Verwaltung als Implementationsträger auf eine buchstabengetreue Anwendung eines Gesetzes, um die Normadressaten zu einem kooperativen Verhalten zu bewegen, ohne das bestimmte Programme überhaupt nicht umgesetzt werden können. Informelles Verwaltungshandeln

- Schließlich sind sogar Arrangements gesellschaftlicher Selbstregulierung vom Typ „privater Interessenregierungen" (*Streeck/Schmitter* 1996) als Tauschbeziehungen interpretierbar. Auf das Versprechen einer Selbstregulierung durch einen Wirtschaftsverband (z.B. der Bundesverband der Pharmazeutischen Industrie) hin verzichtet der Staat auf einen gesetzlichen Regulierungseingriff. Dem Verband wird quasi ein politischer Kredit gewährt, den er durch spätere wirksame Selbstregulierung einlösen muss. Seine Kreditwürdigkeit beruht einerseits auf seiner Reputation, dieses Vorhaben umsetzen zu können (politische und technische Kapazität), andererseits auf seiner Glaubwürdigkeit, ein solches Versprechen auch wirklich einzulösen. Selbstregulierung als Tausch

Derartige Tauschverhältnisse können sich auf eine Entscheidungssituation oder eine einzelne Policy beziehen. Häufig jedoch sind dies dauerhafte Arrangements, in denen sich arbeitsteilige Differenzierungs- und Abhängigkeitsmuster herausbilden. Kooperationsbeziehungen zwischen Ministerien, Verbänden und Unternehmen können daher auch als *Netzwerke von Ressourcenabhängigkeiten* betrachtet werden. Zur Erfüllung ihrer Aufgaben benötigen staatliche Organisationen bestimmte Policy-Ressourcen, über die sie häufig nicht selbst verfügen, die sie jedoch von anderen gesellschaftlichen Akteuren für bestimmte Gegenleistungen erhalten. Eine Zahlungsmöglichkeit ist z.B. das Vergeben von Mitwir- Abhängigkeit und Macht kungsmöglichkeiten im Programmformulierungsprozess. Die Beziehungen zwischen öffentlichen und privaten Akteuren müssen dabei nicht ausgewogen oder symmetrisch sein. Sind bestimmte Akteure regelmäßig auf die Spezialressourcen anderer angewiesen, so können sich asymmetrische Beziehungen herausbilden, in denen der abhängige Partner erpressbar wird. In der Verfolgung seiner Ziele muss er dann auch die Ziele jener Akteure berücksichtigen, von denen er abhängig ist. Solche Abhängigkeiten müssen sich nicht nur auf singuläre Entscheidungssituationen beziehen, sondern können sich als dauerhaftes Gefüge von Abhängigkeiten festsetzen. Diese Abhängigkeiten können eine wichtige Grundlage für Macht und Einfluss im Politikfeld darstellen.

Relationale und
instrumentelle Macht

Diese *relationale Macht* unterscheidet sich von der instrumentellen dadurch, dass Kontrolle über andere Akteure nicht mehr über direkten Zwang, Überzeugung oder explizite positive oder negative Anreize ausgeübt wird, sondern Handeln auch dadurch beeinflusst werden kann, dass ein Akteur in der rationalen Verfolgung seiner Interessen die Interessen anderer berücksichtigen muss. Ein Akteur, der seine existentiell notwendigen Ressourcen zum Großteil von anderen Akteuren bezieht, selbst aber an diese keine oder nur geringe Ressourcen liefert, wird daher im Interesse seiner eigenen Ressourcensicherheit die Interessen seiner Ressourcenlieferanten in seinem Handeln berücksichtigen. Macht ist hier die Kehrseite von Abhängigkeit.

5.1.2 Fallbeispiel: Politiknetzwerke der Chemikalienkontrolle (Volker Schneider)

Akteure, Netze und
Machtverhältnisse

Die Anwendung einer relationalen Tausch- und Machtanalyse wird an Hand einer Netzwerkstudie aus den 80er Jahren verdeutlicht (*Schneider* 1988). Am Beispiel des politischen Entscheidungsprozesses zum Chemikaliengesetz, das einen der ersten Ansätze von Produktregulierung in der chemischen Industrie darstellt, wird gezeigt, wie das Zustandekommen von Politikergebnissen in einem konkreten Politikfeld über Tauschprozesse erklärt werden kann. Hierbei stehen insbesondere die konstitutiven Einheiten der Politikfeldstruktur, d.h. die betroffenen und interessierten Akteure, deren Netz von Beziehungen untereinander und die sich hieraus ergebenden Tauschstrukturen und Machtverhältnisse, im Mittelpunkt der Analyse.

Wegen seiner hohen Komplexität kann das Policy-Problem der Chemikalienkontrolle als beispielhaft für die gesellschaftliche Relevanz fortgeschrittener Technologie und Wissenschaft gesehen werden. Es verdeutlicht nicht nur die Problemträchtigkeit moderner Großtechnologie und damit verbundener Akzeptanzprobleme, sondern zeigt gleichzeitig in welch hohem Maß politische Lösungsversuche dieser Probleme von wissenschaftlichem Sachverstand abhängen. Darüber hinaus haben in der Chemikalienpolitik internationale Interdependenzen eine zentrale Bedeutung. Die zunehmende Weltmarktverflechtung, die im Bereich der Chemikalien in besonderem Maße zum Tragen kommt, bewirkt, dass politische Entscheidungen auf nationaler Ebene nicht isoliert von ökonomischen und politischen Entwicklungen im Ausland getroffen werden können.

Vorsorge als
Problemlösungs-
strategie

Auf allgemeinster Ebene stehen zunächst zwei Problemlösungsansätze zur Bekämpfung des Chemikalienproblems zur Auswahl: Dies sind zum einen die bis Mitte der 1970er-Jahre im Umweltschutz vorherrschende Entsorgungspolitik, die das Chemieproblem im nachhinein mildern oder beheben soll, und zum anderen die Präventiv- oder Vorsorgestrategie, die darauf zielt, externe oder nicht intendierte Effekte erst gar nicht entstehen zu lassen. Letztere hat sich seit Mitte der 1970er-Jahre auf OECD-Ebene als Grundkonsens durchgesetzt. Wie vergleichende Studien über Chemikalienkontrolle gezeigt haben, existieren in der Praxis Mischformen, in denen *Policy-Instrumente* kombiniert zum Einsatz kommen. Überwiegend wurden allerdings regulative Strategien mit dem Instrument des Rechts bevorzugt, wobei die konkrete Umsetzung in den verschiedenen nationalen Kontexten variiert. Für ein und dasselbe politische und sozioökonomische Problem gibt es relativ unterschiedliche Problemlösungsstrategien. Die inhaltliche Gestaltung einer Politik ist also nicht allein bereits durch sachlogische Anforderungen des Problems beeinflusst. Auch wenn es sich bei der Chemikalienkontrolle um einen relativ technischen Politikbereich handelt, müssen, um zu einer Problemlösungsstrategie gelangen zu können, technische Optionen politisch bewertet werden. Die verschiedenen Politikoptionen implizieren aber unterschiedliche Belastungsverhältnisse für die einzelnen sozialen Gruppen und führen damit unweigerlich zu Interessenkonflikten.

Für die Identifikation der für den Politikentwicklungsprozess des Chemikaliengesetzes relevanten Akteure stellen das Chemikalienproblem und dessen direkte und indirekte Wirkungen den zentralen Bezugspunkt dar. Hierbei lässt sich eine mehr oder weniger klar umrissene Menge betroffener Akteure abgrenzen. Betrachtet man die direkten Wirkungen des Chemikalienproblems, d.h. die potentielle Toxizität chemischer Stoffe, so sind sowohl Arbeitsschutzinteressen, Gesundheitsinteressen als auch Umweltinteressen tangiert. Über die gesundheitsschädigenden Wirkungen hinaus schafft das Chemikalienproblem indirekte bzw. sekundäre Betroffenheitsvernetzungen. Diese betreffen insbesondere den staatlichen Bereich. Die Interessen staatlicher Akteure werden nicht unmittelbar durch die materiellen Wirkungen des Chemikalienproblems tangiert, sondern erst dann, wenn soziale Akteure außerhalb und innerhalb des Staatssektors dieses als soziales bzw. politisches Problem thematisieren. Das Chemikalienproblem betrifft im Wesentlichen folgende institutionellen Bereiche: Parlament, Regierung und Verwaltung als der staatliche Sektor, sowie die organisierten Interessen (Kapital, Arbeit, Umwelt und Verbraucher) und der Bereich von Wissenschaft und Technik.

Die Akteure werden in dieser Studie in einem ersten Schritt mit dem Positionsansatz der Elitenforschung erfasst, der danach fragt, wer durch institutionelle Positionen in den deutschen Gesetzgebungsprozess involviert ist. In einem zweiten Schritt erfolgt die Abgrenzung der Akteure mit dem Konzept der „gegenseitigen Relevanz" (*Laumann/Knoke* 1987) das aufzeigt, wer von den bereits Identifizierten ebenfalls als relevant betrachtet wird. Die gegenseitige Relevanz wird mit dem Instrument einer standardisierten Befragung von Repräsentanten relevanter Organisationen erhoben.

Akteure

Positionsanalyse

Tabelle 5.1: Das Policy-Akteur-System der Chemikalienkontrolle

Institutionelle Bereiche	Organisationen	Einfluss Prestige
Regierung und Verwaltung	Arbeitsministerium (BMA)	0,63
	Landwirtschaftsministerium (ML)	0,45
	Innenministerium (BMI)	0,88
	Gesundheitsministerium (BMJFG)	1,00
	Wirtschaftsministerium (BMWi)	0,68
	Ministerium für Forschung und Technologie (BMFT)	0,05
	Bundesanstalt für Materialprüfung (BAM)	0,26
	Bundesanstalt für Arbeitsschutz & Unfallforschung (BAU)	0,52
	Bundesgesundheitsamt (BGA)	0,47
	Umweltbundesamt (UBA)	0,57
	Bundesrat (BR)	0,28
Parteien	Sozialdemokratische Partei Deutschlands (SPD)	0,21
	Christlich-Demokratische/Christlich-Soziale Union (CDU/CSU)	0,13
	Freie Demokratische Partei (FDP)	0,22
Organisierte Interessen in Wirtschaft, Arbeit und Umwelt	Verband der Chemischen Industrie (VCI)	0,98
	Deutscher Industrie- und Handelstag (DIHT)	0,01
	Industriegewerkschaft Chemie – Papier – Keramik (IGCPK)	0,63
	Bund für Umwelt und Naturschutz Deutschland (BUND)	0,03
	Bundesverband Bürgerinitiativen und Umweltschutz	0,04
Wissenschaft und Technik	Berufsgenossenschaft Chemische Industrie (BG Chemie)	0,13
	Deutsche Forschungsgemeinschaft (DFG)	0,12
	Sachverständigenrat für Umweltfragen	0,23
Internationale Organisationen	Europäische Gemeinschaften	0,37
	Organisation für wirtschaftlicheEntw. & Zusammenarbeit (OECD)	0,50
	Conseil Europeen de la Fed. de l'Industrie Chimique (CEFIC)	0,10

Einflussreputation   Über dieses Verfahren wurden zunächst 47 Organisationen identifiziert, die am Policy-Prozess beteiligt waren. In einem weiteren Schritt wurden weniger bedeutende Akteure durch das Abgrenzungskriterium der Einflussreputation ausgegrenzt. Die Daten wurden dadurch erhoben, dass jede Organisation gebeten wurde, alle Organisationen, die ihnen auf einer Liste präsentiert wurden, zu markieren, die ihrer Meinung nach im Politikprozess des Chemikaliengesetzes besonders einflussreich waren. Als endgültiges Resultat dieser Auswahlprozedur konnte somit ein Policy-Akteurset von insgesamt 26 Organisationen bestimmt werden, die in Tabelle 5.1 gruppiert nach institutionellen Bereichen aufgelistet sind. Darüber hinaus ist in dieser Tabelle für jede Organisation die als *Prestige* errechnete Einflussreputation angegeben.

Chemikaliengesetz   Mit dem im Jahre 1980 vom Bundestag verabschiedeten Chemikaliengesetz war in der Bundesrepublik nach vierjähriger Vorbereitungszeit ein gesetzlicher Rahmen zur Kontrolle chemischer Substanzen geschaffen worden. Ziel dieses Gesetzes ist es, „den Menschen und die Umwelt vor schädlichen Einwirkungen

126

durch gefährliche Stoffe zu schützen" (§1 ChemG). Im Einzelnen wurden im Chemikaliengesetz eine Reihe von Vorschriften für die Hersteller von chemischen Stoffen sowie behördliche Vollmachten zur Einschränkung der Vermarktung von Chemikalien festgeschrieben. Im Chemikaliengesetz sind fünf Regelungsbereiche verankert: ein Anmeldeverfahren für das Inverkehrbringen von Stoffen; Verpflichtungen zur Einstufung, Verpackung und Kennzeichnung; Ermächtigung für Verbote und Beschränkungen von Stoffen; arbeitsschutzrechtliche Regelungen sowie Vorschriften für giftige Pflanzen und Tiere.

Das bundesdeutsche Chemikaliengesetz ist ein hervorstechendes Beispiel für die internationale Diffusion einer Politik. Es wurde nicht von nationalen Akteuren auf die politische Agenda gesetzt, sondern von internationalen Tagungen und Gremien. Einen ersten wichtigen Anstoß gab hier ein internationales Symposium im Jahre 1969, bei dem die Umweltgefährlichkeit von Chemikalien thematisiert wurde. Zum gleichen Zeitpunkt gab es Aktivitäten sowohl innerhalb der Organisation für Zusammenarbeit und Entwicklung (OECD) als auch in anderen Industriestaaten, wie Frankreich, Schweden, Japan und den USA. Durch eine Gesetzesinitiative Frankreichs wurde auch die EG tätig, da technische Handelsschranken zu befürchten waren. In der Tat drohte die französische Initiative nicht nur die einheimische Chemieindustrie zu regulieren, sondern auch den größten Exportmarkt der deutschen Chemie mit Auflagen zu belasten. Dies gab der bundesdeutschen chemischen Industrie den Anstoß, sich auf OECD- und EG-Ebene für eine Harmonisierung der Chemikalienkontrolle einzusetzen. Erste Beratungen zwischen Kommission und Mitgliedstaaten begannen 1975. Die Bundesregierung versuchte gemeinsam mit der deutschen chemischen Industrie, das französische Vorhaben zu blockieren und die EG zur Ankündigung einer Richtlinie zu bewegen. Ein Entwurf wurde schließlich vom Umweltbundesamt den EG-Mitgliedstaaten vorgelegt.

Zeitgleich mit dem deutschen EG-Vorschlag wurden die Vorarbeiten zum bundesdeutschen Umweltchemikaliengesetz begonnen. Eine erste Gesetzesfassung legte das Bundesministerium des Innern (BMI) im Jahre 1977 vor. Der Schutz der Umwelt vor Chemikalien nahm hierbei einen zentralen Platz ein. Dem Chemieverband gelang es jedoch, das Gesundheits- und Arbeitsministerium als langjährige „Verbündete" gegen die beabsichtigte Ausweitung des Gefährdungsbegriffs auf Umweltaspekte zu mobilisieren. Diese Koalition versuchte, dem Innenministerium die Federführung zu entreißen und im Gegenzug einen Gesetzesentwurf einzubringen, welcher der Umwelt eine eher untergeordnete Rolle zuwies. Das Ziel war ein ressortübergreifendes Regelungskonzept, das alle Regelungen (Arbeitsschutz, Gesundheitsschutz und Umweltschutz) unter einem Dach zusammenfassen sollte. Die Kompromissbereitschaft des Innenministeriums führte zu einer rotierenden Federführung zwischen Innenministerium und Gesundheitsministerium im Gesetzgebungsprozess.

Als der endgültige Referentenentwurf vom Bundeskabinett unverändert angenommen war, hatte sich die Koalition um die Arbeits- und Gesundheitsministerien endgültig gegen das umweltfreundlichere Innenministerium durchgesetzt. Am Tag vor der Kabinettsberatung hatte der EG-Ministerrat die so genannte 6. Änderungsrichtlinie verabschiedet. Durch die Vorrangstellung des EG-Rechts war für die deutsche Gesetzgebung nur noch wenig Spielraum für unabhängige

Regelungsstrategien. Einen Tag nach der Ratsentscheidung wurde der Gesetzentwurf vom Bundeskabinett beraten und dem Bundesrat zugeleitet. Das Chemikaliengesetz gelangte nun in die parlamentarische Arena. Obwohl die Länderkammer über hundert Änderungen (vor allem rechtstechnischer Natur) vorschlug, blieben die Kernelemente des Gesetzentwurfes erhalten. Nach der ersten Lesung im Bundestag im November 1979, in der der Gesetzentwurf von allen Fraktionen begrüßt wurde, wurden die Beratungen an einen speziellen Unterausschuss Chemikaliengesetz verwiesen, der im Juni 1980 eine Beschlussempfehlung an den Bundestag weiterleitete. Der vom Unterausschuss leicht überarbeitete Entwurf wurde im Bundestag mit nur einer Gegenstimme und einer Enthaltung angenommen.

Kommunikation und Informationsaustausch

Die Politikformulierung des ChemG lässt sich als ein Verhandlungskompromiss bzw. als Ergebnis von Tauschbeziehungen zwischen Organisationen interpretieren, die in den Netzwerken des Informations- und Ressourcentausches eine zentrale Position eingenommen hatten. Kommunikation und Informationsaustausch sind zentrale Beziehungsstrukturen im Policy-Prozess und die wesentliche Voraussetzung für Koalitionsbildung und konzertiertes kollektives Handeln. Akteure tauschen problemorientiertes Wissen aus, signalisieren Präferenzen und entwickeln gemeinsame Ziele und Normen.

Kommunikationsmatrix

Die Strukturanalyse solcher Kommunikationsnetze kann wichtige Einsichten darüber vermitteln, wie gut oder wie schlecht die verschiedenen Akteure in diesem Kontext positioniert sind. Zur Lokalisierung solcher Stellungen im Politikformulierungsprozess wurden Daten über Informationsaustauschbeziehungen von jedem Akteur zu jedem der übrigen Akteure mittels einer standardisierten Befragung erhoben. Die Informanten der Organisationen wurden anhand einer Liste, die alle wichtigen Organisationen im Politikfeld enthielt, gebeten, „die Namen aller Organisationen, mit denen sie regelmäßigen Informationsaustausch über Angelegenheiten der Chemikalienkontrolle pflegten", anzukreuzen. Nach dem oben beschriebenen Verfahren wurde mittels dieser Daten dann eine binäre Kommunikationsmatrix erstellt. Auf ihrer Grundlage wurde dann die Netzwerkvisualisierung in Abbildung 5-5 erstellt, in der die Policy-Akteure entsprechend ihres Prestiges im Zielschreibendiagramm positioniert wurden. Das Schaubild enthält nicht alle 26 Akteure, da für einige keine reziproken Kommunikationsdaten verfügbar sind.

Auffallend ist, dass der Chemieverband VCI zusammen mit dem Umweltbundesamt (UBA) und den drei beteiligten Ministerien im Kommunikationsnetz die zentralste Position einnehmen und somit im „inneren Kreis" des Zielscheibendiagramms positioniert sind. Erst danach kommen nachgeordnete Fachbehörden wie BAU, BAM und BGA sowie sonstige Ministerien. Danach folgt bereits die Chemiegewerkschaft (IGCPK), die erst später den Zugang zum engeren Verhandlungskreis bekam. Ebenfalls aussagekräftig ist, dass internationale Organisationen wie die EG höhere oder ähnlich hohe Werte wie die Parteien erzielten.

Abbildung 5-5: Struktur des Politiknetzwerkes „Chemikalienkontrolle" Anfang
der 80er Jahre

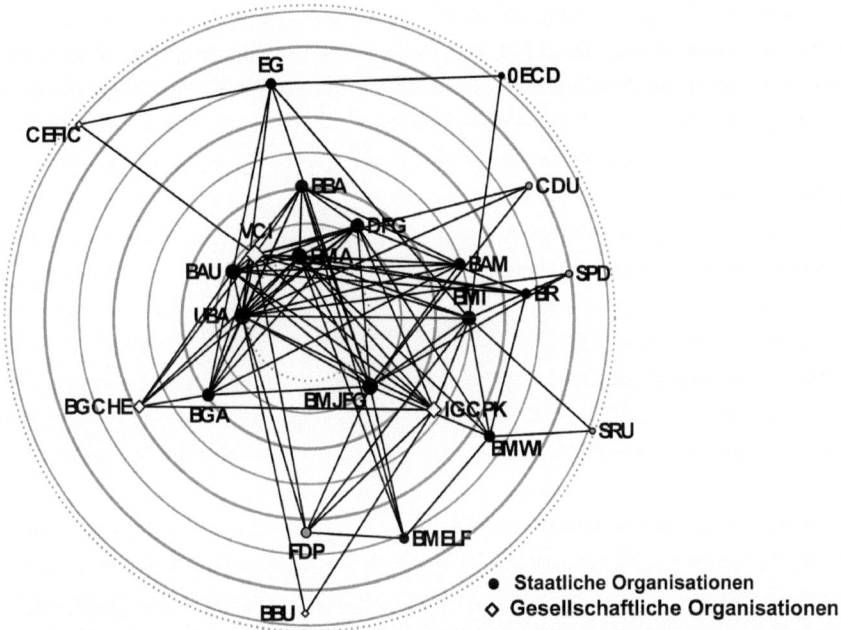

Für die Analyse von Ressourcentauschbeziehungen sind jedoch zusätzliche In- Ressourcentausch
formationen nötig. Bei der empirischen Rekonstruktion solcher Tauschbeziehungen ist man jedoch vor schwierige Messprobleme gestellt. Weil über tatsächliche
Ressourcenflüsse in Interviews meist nicht zuverlässig berichtet wird, ist eine
empirische Analyse darauf angewiesen, zumindest Anhaltswerte für solche Austauschbeziehungen zu finden. Hierzu wurden den Informanten der Policy Organisationen folgende Fragen gestellt:

1. Für den Entscheidungsprozess zum Chemikaliengesetz waren wissenschaftliche und technische Informationen von zentraler Bedeutung. a) Von welcher der in der Liste genannten Organisationen erhält Ihre Organisation
   normalerweise wissenschaftliche und technische Informationen? b) An welche Organisationen liefert Ihre Organisation solche Informationen?
2. Würden Sie mir bitte a) die Organisationen auf der Liste nennen, die von
   Ihrer Organisation finanzielle Zuwendungen als Zahlung für Dienstleistungen, als Mitgliedsbeiträge oder Spenden erhalten; b) die Organisationen
   nennen, von denen Ihre Organisation solche Zuwendungen erhält.

Auch diese Angaben wurden in Matrizen dargestellt, in welchen jeweils die in Erstellung von
den Zeilen genannten Organisationen an die in den Spalten aufgeführten Organi- Matrizen
sationen Ressourcen liefern. Aus den Umfragedaten wurden insgesamt vier Matrizen gebildet; für jeden Austauschtypus eine binäre Sender- und eine binäre
Empfängermatrix. Behauptete ein Akteur A, er erhalte wissenschaftlich techni-

sche Informationen von einem Akteur B, so wurde dies mit 1 kodiert, während ‚keine Beziehungen' auf den Wert 0 gesetzt wurde. In einem weiteren Schritt wurden die *Empfänger*-Matrizen mittels Transposition (Drehung) zu Sendermatrizen transformiert, um dann alle vier Einzelmatrizen zu einer einzigen Ressourcenaustauschmatrix aufzusummieren, bei der die einzelnen Zellen Werte von null bis vier annehmen konnten. Die Addition einer jeweiligen Austauschmatrix (wissenschaftliche Informationen; finanzielle Transfers) mit ihrer Transponierten hat zur Folge, dass gegenseitig berichtete Ressourcenaustauschbeziehungen in jeder Matrix den Wert 2 annehmen, nichtreziproke Beziehungen den Wert 1 und keine Beziehungen den Wert 0. Eine 4 in der Gesamtmatrix bedeutete also, dass von beiden Organisationsinformation übereinstimmend der Austausch beider Ressourcentypen berichtet wurde.

Abbildung 5-6: Streudiagramm: Einflussreputation und Ressourcenaustausch

(Die Abkürzungen beziehen sich auf Tabelle 5.1)

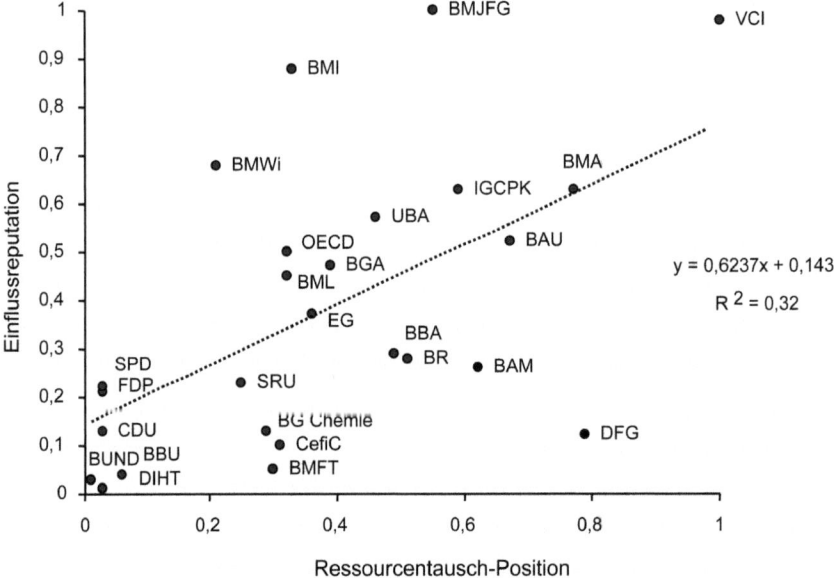

Prestige-Index Diese Ressourcentauschmatrix dient dann als Grundlage für die Positionierung der Akteure in den Tauschverflechtungen der Politikformulierung. Auch hier wurde als Maß für die Tauschposition im Ressourcennetzwerk der bereits erläuterte Prestige-Index verwendet. Dieser Index besagt, dass ein Akteur in dem Maße eine hervorragende Tauschposition einnimmt, wie er selbst nur geringe Ressourcen von seiner Umwelt bezieht, jedoch viele Ressourcen an Akteure liefert, die ihrerseits wiederum viele Ressourcen an andere Akteure abgeben. Die Ergebnisse dieser Analyse sind im Streudiagramm der Abbildung 5-6 dargestellt, wo die Tauschposition auf der x-Achse abgetragen ist. Gleichzeitig wurden diese Daten für eine Regressionsanalyse verwendet, um den Erklärungsanteil von Tauschpositionen an der Varianz von Einflussreputation zu überprüfen.

Ergebnis dieser Analyse ist, dass der VCI bezogen auf die Tauschposition eine Spitzenposition einnimmt. Direkt danach folgen DFG und das BMA. Die starke Position der DFG legt nahe, dass vor allem die wissenschaftlichen Informationen stark ins Gewicht fielen. Dass der Zusammenhang zwischen den beiden Indizes nicht sehr hoch ist, wird bereits durch die Streuung um die Diagonale ersichtlich. Immerhin zeigt der Determinationskoeffizient von 0,32, dass ein beträchtlicher Teil der Varianz durch die Tauschposition erklärt wird.

Der Kern des in „Politiknetzwerke der Chemikalienkontrolle" skizzierten Policy-Modells ist, dass eine Politikentwicklung als konflikthafter Entscheidungsprozess zu begreifen ist, in dem öffentliche, allgemein verbindliche Entscheidungen bestimmt werden. Inwieweit die jeweiligen Akteure ihre Interessen realisieren, hängt von deren Macht- und Einflusspotential ab, das wiederum zu einem großen Teil durch die strukturelle Position der Akteure in den Interaktions- und Tauschnetzwerken bestimmt ist. *Politikentwicklung als Konflikt*

5.1.3 Politische Tauschsysteme

Wie die vorgestellten Beispiele zeigen, erfolgen politische Tauschprozesse häufig nicht nur in vereinzelten Transaktionen zwischen zwei politischen Akteuren, sondern in einem größeren Kontext, in den viele Akteure und sogar Formen politischen Kredits involviert sind. Die Logik, die sich hinter derartigen Tauschprozessen verbirgt, ist von *James Coleman* (1991, 1992) im Detail untersucht worden. Die unterschiedlichen Varianten, Elemente und Teilaspekte solcher Tauscharrangements sind in Abbildung 5-7 dargestellt, in der zwischen verschiedenen Austauschstrukturen unterschieden wird, angefangen vom basarmäßigen Tausch bis zu multilateralen und komplexen Systemen, die generalisierte Austauschmittel verwenden. *Tauschsysteme*

Die einfachste Tauschbeziehung ist der so genannte *Naturalientausch* (siehe Diagramm a), in dem ein politischer Akteur eine spezifische Ressource gegen eine andere in einem so genannten Zug-um-Zug-Geschäft tauscht. Dies setzt voraus, dass der eine Akteur zu einem bestimmten Zeitpunkt genau das braucht, was der andere zu bieten hat, und umgekehrt. Diese Gleichzeitigkeit ist oft nicht gegeben. Um unter diesen Umständen dennoch Transaktionen zu ermöglichen, wurde die Institution des Kredits erfunden. Dadurch müssen die beiden Halbtransaktionen nicht mehr zur selben Zeit getätigt werden. Politisch relevante Beispiele hierfür sind der erwähnte Stimmentausch oder das Kooperationsverhalten in der Implementationsphase. In einer ersten Phase wird hier eine Stimme bzw. der Zugang zur Politikformulierung nur gegen ein Versprechen (*Kredit*) getauscht, bei einer späteren Abstimmung bzw. im Implementationsprozess Unterstützung zu erhalten (Diagramm b). Solche Tauschbeziehungen ließen sich auf viele weitere Akteure erweitern, wenn entweder eine generelle Übertragbarkeit von Zahlungsversprechen in der Politik möglich wäre oder eine allgemeine *Verrechnungsstelle* solcher Versprechen existieren würde (Diagramm c). In der Politik ist dies äußerst schwierig, da es keine allgemein gültige Verrechnungseinheit wie Geld gibt, mit der sich die unterschiedlichen Versprechen verrechnen ließen.

Abbildung 5-7: Tauschprozesse

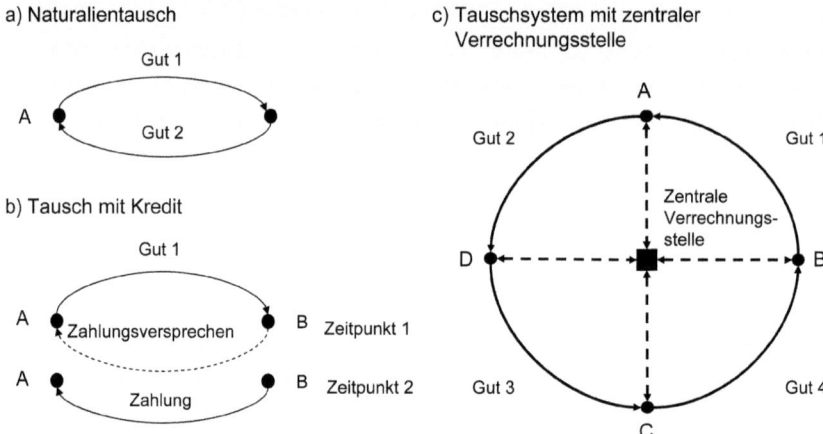

Quelle: nach *Coleman* (1991: 156f)

Parteienherrschaft als Tauschsystem

Trotzdem lassen sich empirische Beispiele finden, in denen Institutionen identifiziert werden können, die näherungsweise eine Verrechnung ermöglichen. Das von *Coleman* (1991: 162-165) beschriebene Beispiel ist eine Parteienherrschaft, wie sie in der US-amerikanischen Politik vor hundert Jahren unter dem Etikett der so genannten *party machine* diskutiert wurde. Die wichtigsten Austauschbeziehungen dieses Systems sind folgende:

- der Parteiapparat stelle Geld und Arbeitsplätze zur Verfügung und erhalte dafür Wählerstimmen für den Gesetzgeber;
- für den Gesetzgeber übermittle der Apparat Wählerstimmen als Gegenleistung für Gesetzentwürfe, die für die Wirtschaft von Vorteil sind;
- für die Wirtschaft garantiere der Apparat die Annahme oder Ablehnung bestimmter Gesetze im Austausch für Spendengelder.

In Abbildung 5-8 sind diese Prozesse einerseits als Tauschsystem dargestellt, in dem der Parteiapparat einen Tauschpartner unter anderen darstellt. Andererseits zeigt die rechte Seite diese Prozesse als so genanntes Abrechnungssystem.

Austausch von Kontrollressourcen

Die in der amerikanischen *machine politics* enthaltenen konkreten Tauschbeziehungen können abstrakter und damit allgemein anwendbarer dargestellt werden, wenn davon ausgegangen wird, dass es für jeden der hier beteiligten Akteure darum geht, bestimmte Ereignisse zu kontrollieren. Die Wählerinnen und Wähler sorgen sich um Arbeitsplätze und Einkommen, die Abgeordneten streben ihre Wiederwahl an, die Wirtschaft möchte bestimmte Gesetze verabschiedet sehen und die Partei organisatorisch überleben. Geld, Wählerstimmen und Gesetzgebungskompetenz sind nur Ressourcen, um diese Ereignisse zu kontrollieren. Letztlich geht es in diesem System dann um den Austausch von Kontrollressourcen.

132

Abbildung 5-8: Die amerikanische Parteimaschine als Tauschsystem

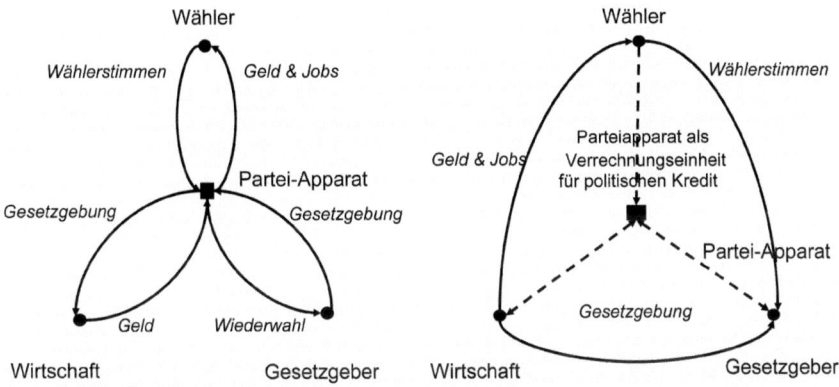

Quelle: *Coleman* (1991: 128f.)

James Coleman hat diese Grundidee auf formale Weise in einem Marktmodell des politischen Tauschs umgesetzt. Kontrolle wirkt dort als eine Art generalisiertes Tauschmedium, bei dem Angebot und Nachfrage den Preis bestimmen, wie bei jedem anderen knappen Gut, das auf Märkten getauscht wird. Akteure kaufen und verkaufen wertvolle Kontrollressourcen, mit denen sie jene Ereignisse zu kontrollieren trachten, an denen sie ein großes Interesse haben. Wenn Akteure bestimmte Ereignisse kontrollieren möchten, aber nicht über die entsprechenden Ressourcen verfügen, dann können sie die Kontrollressourcen eintauschen im Austausch für Kontrollressourcen, über die sie verfügen, die sie aber nicht einsetzen brauchen, weil sie an entsprechenden Ereignissen kein Interesse haben. Insofern entsteht ein Markt für Kontrollressourcen, deren Preis der jeweiligen, durch Angebot und Nachfrage bestimmten Knappheitsrelation entspricht.

In einigen Politikfeldanalysen ist dieses Modell inzwischen auf reale Politikprozesse angewandt worden, wobei versucht wurde, alle Elemente dieses Colemanschen Tauschmodells empirisch zu messen:

- das Interesse der Akteure an bestimmten Policy-Streitthemen
- die Verfügbarkeit der Akteure über entsprechende Kontrollressourcen
- die Effektivität der Kontrollressourcen in der Bestimmung bestimmter Ereignisse
- die daraus resultierenden Tauschprozesse.

Während in einer frühen Analyse (*Laumann/Knoke* 1987, *Marsden/Laumann* 1977, *Pappi/Kappelhoff* 1984) angenommen wurde, dass (fast) jeder mit jedem im Politikfeld tauscht und so implizit eine radikal-pluralistische Perspektive eingenommen wurde, in der faktisch kein Unterschied zwischen öffentlichen und privaten Akteuren gemacht wurde, ist in einer späteren Analyse von *Pappi, König* und *Knoke* (1995) das Tauschsystem im Modell nur auf private Akteure eingeschränkt worden, die letztlich mit ihren so eingetauschten Politikressourcen nur Zugang zu politischen Entscheidungsträgern suchen. Diese Studien stellen

Marktmodell des politischen Tausches

die bislang elaboriertesten Versuche dar, politische Prozesse als Tauschsysteme zu modellieren.

Charakter politischer Tauschgüter

Obgleich politische Tauschmodelle die Stärke besitzen, anhand vereinfachter individualistischer Verhaltensannahmen das Funktionieren relativ großer Sozialsysteme modellieren zu können, weisen sie jedoch auch beträchtliche Probleme für die Erklärung politischer Prozesse auf. Auch wenn mit dem Modell des politischen Tausches auf mathematisch elegante Weise komplexe Tauschstrukturen analysiert werden können, ist es doch wichtig, den Realismus der Modellannahmen im Auge zu behalten (*Albert* 1965, *Bunge* 1996). Eine Übertragung ökonomischer Marktpreisbildungsprozesse auf politische Zusammenhänge impliziert zunächst, dass es sich auch bei politischen *Tauschgütern* um perfekt teilbare und hinsichtlich der Qualität leicht mess- und bewertbare Einheiten handelt. Wie die Transaktionskostenökonomie jedoch gezeigt hat, sind diese Voraussetzungen selbst in rein wirtschaftlichen Marktzusammenhängen nicht unproblematisch (*Williamson* 1990; 1996). In der Politik sind Tauschbeziehungen insofern komplizierter, als die Tauschobjekte nur selten teilbar sind. Beispielsweise sind Informationen meist komplexe Konfigurationen, die insgesamt wertlos sein können, wenn ein wichtiges Detail fehlt. Darüber hinaus fehlt in politischen Tauschzusammenhängen ein generalisiertes Tauschmedium. Dies führt dazu, dass in der Politik nur unter sehr spezifischen Bedingungen von ausgedehnten und generalisierten Austauschsystemen gesprochen werden kann. Um Tauschprozesse als Form der Korruption zu verhindern, sind in den meisten politischen Systemen regelrechte Tauschbarrieren errichtet worden.

Verhaltensannahmen problematisch

Neben den Annahmen über die technische Natur der Güter sind indes auch die impliziten Annahmen über das individuelle Entscheidungsverhalten problematisch. Aus einer akteurzentrierten Perspektive erscheint das Modell widersprüchlich. Während unterstellt wird, dass sich die Akteure an einer rein subjektiven Nutzenmehrung orientieren, halten diese sich in der Umsetzung dieser Verhaltensmaxime jedoch streng an die neoklassische Spielregel der Unabhängigkeit der Entscheidungen untereinander. Die Subjekteigenschaft von Akteuren reduziert sich aus dieser Perspektive daher auf die Setzung von Zielen, die den eigenen Nutzen unter der Annahme einer stabilen und nicht-reaktiven Entscheidungsumwelt mehren. Ist das Interesse festgelegt, verfolgen die Akteure quasi programmierte Interessenumsetzungsstrategien. Dadurch sind sie nicht in der Lage, aus der Antizipation von Handlungen und Entscheidungen ihrer Interaktionspartner persönliche Vorteile zu ziehen. Im Ressourcentauschprozess treten keine Transaktionsrisiken auf und die Akteure verhalten sich absolut vertrags- und normkonform. Insgesamt enthält dieses individualistische und zweckrationale Verhaltensmodell viel zu geringe Verhaltensspielräume, um für reale individuelle und kollektive Handlungsprozesse eine überzeugende Erklärung zu bieten.

Antizipation von Verhalten der Mitspieler

Aus den Schwachstellen des politischen Markttauschmodells folgt, dass in der Politik nur unter ganz bestimmten Bedingungen von ausgedehnten und generalisierten Austauschsystemen gesprochen werden kann. Wenn Tausch erfolgt, dann ist dieser in der Regel auf wenige Dyaden oder auch Triaden beschränkt, in denen nicht nur die Einigung über Leistungen und Gegenleistungen, sondern auch die Vertragsformulierung und der Vollzug der vertraglich geregelten Transaktionen problematisch sind.

5.2 Strategische Interaktion

Bisher wurde der Entscheidungsprozess in vereinfachter Form als eine Äußerung von Interessenpositionen oder Präferenzen dargestellt, als ob jeder der Beteiligten nur für sich handeln würde und das Handeln und die Entscheidungen der übrigen Akteure keine Auswirkung auf seine Interessen hätten. In vielen Situationen ist ein solches Verhalten angemessen – insbesondere in Entscheidungsarenen, in die eine unüberschaubare Menge von Akteuren involviert ist, und in der die Wirkung einer einzelnen Entscheidung minimal ist. Handelt es sich jedoch um relativ kleine Entscheidungsarenen, in welchen die Interessen der beteiligten Akteure von den Entscheidungen ihrer Mitspieler deutlich tangiert werden, dann wäre ein Akteur aus einer rationalen Entscheidungsperspektive äußerst unklug, die Entscheidungen seiner Mitspieler nicht zu antizipieren und in seine eigenen Kalküle einzubeziehen. Wenn staatliche Akteure sich beispielsweise für eine gesetzliche Regulierung eines bestimmten Industriezweiges entscheiden und dabei nicht antizipieren, dass dieser mit veränderten Investitionsstrategien antworten könnte, dann wäre dies äußerst kurzsichtig. Rationale Akteure werden deshalb, soweit dies möglich und nötig ist, die Entscheidungen ihrer Koalitionspartner oder Gegner mit in die Kalkulation einbeziehen. Solche Entscheidungssituationen können in vielen politischen Konfliktsituationen beobachtet werden. Sie werden in der entscheidungstheoretischen Literatur als *strategische Interaktion* oder auch als *Spiel* bezeichnet.

Eine jede öffentliche Politik ist dann ein Spiel, wenn sie nicht mehr nur von einem Akteur allein entschieden und umgesetzt werden kann, sondern sich das Ergebnis aus den Handlungen weiterer Akteure ergibt. In diesem Fall entsteht strategische Entscheidungsabhängigkeit. Bei einer parlamentarischen Abstimmung über ein Gesetz, in der jeder Parlamentarier entweder dafür oder dagegen stimmen kann, ist letztlich jeder Abgeordnete in dem, was er anstrebt (Schaffung bzw. Verhinderung eines neuen Gesetzes), vom Entscheidungsverhalten der anderen abhängig. Ebenso kann das Entscheidungsverhalten staatlicher und privater Akteure voneinander abhängig sein, wenn beispielsweise externes Expertenwissen bei der Formulierung eines Gesetzes notwendig ist, oder wenn die Unterstützung von privaten Akteuren bei der Umsetzung einer Politik erforderlich ist. Je nach Interessen bzw. Präferenzen der beteiligten Akteure und der mit den Entscheidungen verbundenen Outcomes können sich hierbei ganz komplexe Entscheidungskonstellationen bilden, in denen der eine Akteur nicht genau weiß, wie der andere sich entscheiden wird. Derartige Entscheidungsinterdependenzen sind das Thema der *Spieltheorie*, die auch in der Politikwissenschaft und der Policy-Analyse zunehmend eingesetzt wird.

Für die Beschreibung und Analyse solcher Entscheidungs- und Konfliktkonstellationen hat die Spieltheorie eine Reihe von Konzepten entwickelt. Die wichtigsten Elemente eines Spiels sind hier die beteiligten Akteure (Spieler), deren Handlungsoptionen (Strategien) und die Auswirkungen, die eine Entscheidung für die Interessen eines Akteurs mit sich bringen (Auszahlungen). Es wird davon ausgegangen, dass die Spieler in der Lage sind, ihre Strategien entsprechend der zu erwartenden Auszahlungen in eine Rangordnung zu bringen (*Präferenzen*), und dass sie letztlich jene Strategie wählen, die ihnen unter Antizipa-

Strategische Interaktion als „Spiel"

Spielelemente

tion rationaler Gegenstrategien den höchsten Nutzen bringt. Allein mit diesen vier Grundelementen lassen sich eine Vielzahl von Entscheidungs- und Konfliktsituationen beschreiben und hinsichtlich des wahrscheinlichen Spielausgangs analysieren. Die wichtigsten Visualisierungsmittel solcher Spiele sind die Matrix (die so genannte Normalform) und der Spielbaum (die extensive Form). Darüber hinaus wird manchmal auch die Darstellung einer Tabelle gewählt (Zur Spieltheorie im Allgemeinen siehe die hervorragend lesbare Darstellung von *Dixit/Nalebuff* (1997).

Gefangenendilemma

Am bekanntesten ist zweifellos das Gefangenendilemma, mit dem viele politische Konflikte und Entscheidungssituationen typisiert werden können, die vom militärischen Wettrüsten über politische Regulierungsinterventionen bis hin zu Mitgliederentscheidungen in politischen Organisationen reichen. Das Interessante an diesem Spieltyp ist das Dilemmatische an der Situation – die Akteure wollen den Nutzen zweier Optionen, können aber nicht beide gleichzeitig verwirklichen. Der Name dieses Spiels ist von der Situation abgeleitet, mit der es in der Regel verdeutlicht wird: Zwei des Mordes Verdächtige (A und B) werden festgenommen, getrennt inhaftiert und verhört. Beide Gefangene haben nun die Möglichkeit entweder zu gestehen und den anderen zu verraten (Strategie des *Verrats*) oder nicht zu gestehen (Strategie der *Kooperation* zwischen den Gefangenen). Kooperieren die beiden Gefangenen untereinander und gestehen beide nicht, so ist ihnen allenfalls unerlaubter Waffenbesitz nachweisbar, der mit einer Haftstrafe von nur einem Jahr geahndet wird. Gestehen beide, so bekommen sie wegen des Geständnisses zwar mildernde Umstände zugebilligt, jeder erhält jedoch eine Haftstrafe von 10 Jahren. Gesteht jedoch nur einer, so wird dieser zum Kronzeugen und wird aus der Haft entlassen, während der Nichtgeständige zu 20 Jahren verurteilt wird. Dieses Spiel hat damit vier Strategiekombinationen, die in Tabelle 5.2 aufgelistet sind. Seine Präferenzordnung von 1 bis 4 repräsentiert seinen subjektiven individuellen Nutzen (keine Minute im Knast ist besser als 20 Jahre – mit Abstufungen!). Meist werden in spieltheoretischen Analyse nicht Rangordnungen dargestellt, sondern kardinale Nutzeneinheiten (was eigentlich streng genommen der modernen Nutzentheorie widerspricht!), wobei die größere Zahl einen höheren Nutzen impliziert. In dieser Tabelle werden beide Darstellungsweisen verwendet, wobei die Zahl in der Klammer den Rang darstellt.

Matrixform

Die am meisten verbreitete Darstellung von Spielen ist die Matrix-Form, insbesondere deshalb, weil nur sie den simultanen Charakter der Entscheidungssituation richtig zur Geltung bringt. A und B werden separat verhört und wissen deshalb nicht, wie der andere sich entscheidet. Beide können aber davon ausgehen, dass der jeweils andere das gleiche Angebot erhält und haben nun das Problem, dessen Entscheidung zu antizipieren. Hier entsteht ein Entscheidungsdilemma: Beide haben gleichzeitig zwischen den Handlungsoptionen 1 und 2 zu entscheiden, jeder kennt aber nur die Auszahlungen der vier Strategiekombinationen.

136

Tabelle 5.2: Die Handlungsmöglichkeiten im Gefangenendilemma
(SK = Nr. der Strategiekombination)

	Strategien		Auszahlung in Jahren		Präferenzen	
SK	A	B	A	B	A	B
1	Nichtgestehen	Nichtgestehen	1	1	3(3)	3(3)
2	Nichtgestehen	Gestehen	20	0	1(4)	4(1)
3	Gestehen	Nichtgestehen	0	20	4(1)	1(4)
4	Gestehen	Gestehen	10	10	2(2)	2 (2)

In vielen Spielen sind die Entscheidungen nicht simultan, sondern sequentiell. Baumdarstellung Die beteiligten Akteure entscheiden nacheinander. Diese Struktur lässt sich besser in einem Spielbaum erfassen, in dem jeder Zug eines Spielers durch einen Knoten dargestellt wird und in dem dieser Spieler zwischen verschiedenen Ästen (den Handlungsoptionen) wählen kann.

Zur Verdeutlichung dieser Darstellung wurde dasselbe Gefangenendilemma Sequentieller
Entscheidungsprozess in Abbildung 5-9 sowohl in Matrixform als auch in einem Baumdiagramm skizziert, das im Fachjargon der Spieltheoretiker als die extensive Form eines Spiels bezeichnet wird. Im Vergleich zur Matrix wird in der Baumdarstellung die sequentielle Verzweigung des Entscheidungsprozesses deutlich. Auch mit diesem Darstellungsmittel kann man auf den Umstand hinweisen, dass ein Spieler nicht über Informationen darüber verfügt, welche Entscheidungen sein Gegenspieler getroffen hat. In diesem Fall weiß ein an einer bestimmten Entscheidungssequenz angelangter Spieler nicht, an welchem Knoten im Spielbau er sich befindet. Auf diese unvollständige Information wird in dem Diagramm dadurch hingewiesen, dass die beiden Entscheidungsknoten, an denen sich der Spieler befinden kann, von einer Ellipse umschlossen werden. Sie gehören dann zur gleichen Informationsmenge. In diesem zweistufigen Entscheidungsprozess entscheidet zunächst Spieler A ob er gestehen soll. Ohne zu wissen, wie A entschieden hat, also ob er sich auf dem oberen oder unteren Ast befindet, muss Spieler B dann wählen, ob er gesteht oder nicht. Mit jedem über zwei Äste verlaufenden Entscheidungspfad ist dann eine Auszahlung für die beiden Spieler verbunden. Die Reihenfolge der Zahlen bezieht sich auf die Reihenfolge der Spieler (erster Wert ist die Auszahlung für A, zweiter Wert die für B).

Abbildung 5-9: Das Gefangenendilemma als Matrix und Spielbaum

Matrix

		B	
		Nicht gestehen	gestehen
A	Nicht gestehen	3 3	4 1
	gestehen	1 4	2 2

A, B = Spieler A und B. Auszahlung 4 ist
bester Wert; 1 ist schlechtester.

Baumdiagramm

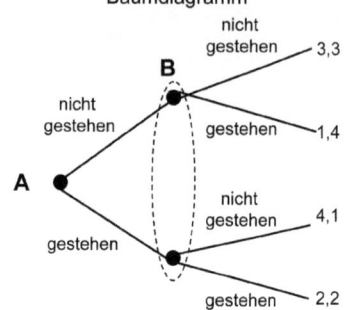

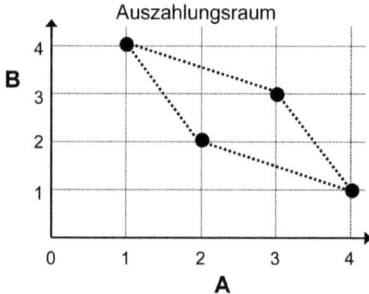

Auszahlungsraum

Neben der Typisierung und Visualisierung einer Entscheidungssituation ist das
Ziel der Spieltheorie letztendlich, das Entscheidungsverhalten der beteiligten
Mitglieder auf der Basis eines rationalen Handlungsmodells vorherzusagen. Eine
grundlegende Annahme dabei ist, dass die Akteure in Bezug auf die Handlungsoptionen und der dazugehörigen (wahrscheinlichen) Auszahlungen über eine
konsistente Präferenzordnung verfügen und hierdurch ihren erwarteten Nutzen
zu maximieren versuchen. Was bedeutet dies für die Situation des Gefangenendi-
lemmas? Wie werden sich die beiden Gefangenen entscheiden? Der maximale
Nutzen, den ein Gefangener in dieser Situation realisieren könnte, wäre, den
anderen zu verpfeifen und vollkommen straffrei auszugehen. Hierzu müsste sein
Komplize jedoch die Tat weiterhin leugnen. Der Gefangene A muss jedoch davon ausgehen, dass sein Komplize nicht so blauäugig ist, dass er nicht die gleichen Überlegungen anstellen würde. Die Auszahlungsstruktur ist nun so, dass,
wenn beide sich gegenseitig verpfeifen, dies zur zweitschlechtesten Lösung führen würde, d.h. zu 10 Jahren Gefängnis für jeden. Würde A standhaft bleiben und
nicht gestehen, B ihn aber verraten, dann müsste er mit dem Schlimmsten rechnen. Nur wenn A und B kooperieren, dann würden sie mit dem zweitbesten Ergebnis, nämlich mit einem Jahr Gefängnis, davonkommen.

Gleichgewicht
unter dominanten
Strategien

Welche rationale Entscheidung sollen die Gefangenen nun fällen, welche
Strategie sollen sie wählen? Bei der vorliegenden Auszahlungsstruktur liegt die
Empfehlung auf der Hand, denn sie besteht darin, beiden Gefangenen ein Ges-
tändnis zu empfehlen. Dies ist in der vorliegenden Situation die einzige indivi-
duell rationale Strategie, weil sie für beide möglichen Gegenzüge die besseren
Ergebnisse liefert. Diese Option wird deshalb auch als dominante Strategie be-

138

zeichnet. Eine solche Lösung mag jedoch insofern problematisch erscheinen, als das gemeinsame Nichtgestehen ein besseres Gesamtresultat ergibt. In der Abbildung 5-9 ist zu erkennen, dass nur mit dieser Strategiekombination der Nutzen beider Gefangener maximiert wird. Dies wäre unter den vorliegenden Bedingungen jedoch äußerst riskant, denn es gibt keine Möglichkeit der beiden, sich auf diese Entscheidungsalternative bindend zu verpflichten. Jeder muss damit rechnen, dass wenn er kooperiert (also nicht gesteht), der andere versucht sein kann, den Kronzeugenstatus zu gewinnen, den anderen zu verraten und hieraus den Maximalnutzen zu realisieren.

Eine Lösung des Entscheidungsproblems muss letztlich in einer Strategiekombination gefunden werden, bei der für keinen der Spieler ein Anreiz existiert, von einer (zunächst einmal) gewählten Strategie wieder abzuweichen. Dies ist nur der Fall, wenn beide Spieler sich im Gefangenendilemma für ein Geständnis entscheiden. Für beide Spieler ist „gestehen" daher eine dominante Strategie, denn der Nutzen ist für jeden Spieler bei „gestehen" größer, gleichgültig welche Strategie der andere Spieler wählt. Das Lösungskonzept für das Gefangenendilemma besteht somit darin, jedem Spieler die Wahl seiner dominanten Strategie zu empfehlen, was ein Gleichgewicht in dominanten Strategien ergibt. Gleichgewicht

Diese hier an dem Gefangenenfall exemplifizierte Entscheidungs- und Konfliktkonstellation lässt sich in vielen politischen Gebieten wieder finden, so auch in der Analyse öffentlicher Politiken und den darin involvierten Entscheidungsarenen. Eines der bekanntesten Beispiele hierfür ist die Herstellung und Bereitstellung öffentlicher Güter. Dies sind Güter und Dienstleistungen, von deren Nutzung und Konsumption niemand ausgeschlossen werden kann, bzw. ein Ausschluss nicht sinnvoll oder unproduktiv ist, und deren Konsum durch Nichtrivalität charakterisiert ist. Ein derartiges Gut ist beispielsweise die militärische Verteidigung eines bestimmten Territoriums gegenüber inneren und äußeren Feinden, was aus der Policy-Perspektive heraus als Verteidigungspolitik bezeichnet wird. Da dieser Schutz einerseits über die Verteidigung der Landesgrenzen, andererseits über die faktische Durchsetzung eines inneren Gewaltmonopols realisiert wird, kann jeder diesen Schutz genießen, der innerhalb des bestimmten Territoriums wohnt, auch wenn er sich nicht an den Kosten dieser Verteidigungsleistung beteiligt (*Trittbrettfahren*). Wie im Gefangenendilemma wäre es für jeden sogar individuell rational, sich gegen einen Beitrag zu entscheiden, denn man profitiert von dieser Leistung ja sowieso. Aus individualistischen Motiven heraus würde also letztlich niemand einen Beitrag leisten. Dies ist auch der Grund, warum es sinnvoll ist, einen öffentlichen korporativen Akteur (den Staat) zu errichten, der sowohl mit bestimmten Handlungsrechten als auch Zwangsmitteln ausgestattet ist, um zur Erstellung öffentlicher Güter die individuellen Beiträge, z.B. in der Form von Steuern, einzutreiben. Beispiel öffentliche Güter

Das Gefangenendilemma ist eine Art Paradebeispiel für die Typisierung von Konfliktkonstellationen, in denen die Opponenten sowohl gemeinsame als auch antagonistische Interessen haben. Andere Interessenkonstellationen sind weniger konfliktträchtig und hieraus resultierende Problemsituationen sind eher durch kognitive Abstimmungsprobleme verursacht. Auch wenn alle Akteure ähnliche Interessen haben und zur Lösung eines bestimmten Policy-Problems an einem Strang ziehen müssen, dann muss beispielsweise der Zeitpunkt geklärt Koordinationsspiele sein, wann alle gleichzeitig ziehen – um bei dieser Metapher zu bleiben. Bei diesem Typus von Entscheidungskonstellationen handelt es sich um Koordinationsspiele, in denen für jeden Spieler (aus seiner Sicht) keine oder keine große Nutzendifferenz zwischen den Handlungsalternativen existiert, sondern es nur darauf ankommt, dass beide Spieler jeweils eine bestimmte Alternative wählen. Ob auf den Straßen links oder rechts gefahren wird, macht für viele keinen Unterschied. Alle werden jedoch sehr daran interessiert sein, dass entweder alle links oder alle rechts fahren. Derartige Entscheidungskonstellationen findet man bei fast allen Fragen der Normung und Standardisierung.

Die wichtigsten Spiele, mit denen die wesentlichen Konfliktkonstellationen in Entscheidungsarenen analytisch gewinnbringend typisiert werden können, werden von *Braun* (1999) und *Scharpf* (2000) ausführlich dargestellt und diskutiert. Sie weisen auf mögliche Konfliktlinien und das Vorliegen gemeinsamer und/oder gegensätzlicher Interessen hin. Sie eignen sich vorzüglich, um Konfliktverhältnisse in der Produktion öffentlicher Politiken zu analysieren. Spieltheorie ist eine methodische Grundlage der nachfolgenden Theorieansätze, die oben in Kapitel 3 dem Rational Choice Institutionalismus und dem akteurzentrierten Institutionalismus zugeordnet werden. Beim erstgenannten Ansatz bleibt die Anwendung allerdings orthodoxer, da Ostrom beispielsweise auch die An-

Probleme von Rational-Choice Theorie

nahmen bezüglich der Maximierung subjektiver Erwartungswahrscheinlichkeiten teilt, die eine Art „Grundgesetz" der Rational-Choice-Theorie darstellen. Problematisch ist dabei zum einen, dass Präferenzen und Interessen rein subjektivistisch definiert sind, zum anderen den Akteuren unrealistische kognitive Fähigkeiten unterstellt werden. Schließlich wird in den einfachen Rational-Choice-Ansätzen auch nicht problematisiert, dass Akteure ein und dieselbe Situation durch spezifische Ideologien oder „belief systems" gefärbt, ganz unterschiedlich wahrnehmen können. Wie immer man aber auch zu einer kritischen Haltung gegenüber Rational Choice und Spieltheorie in der Politikwissenschaft stehen mag, ihre unbestrittene Stärke liegt zumindest darin, dass sie ein formales Handwerkszeug zur Analyse von Konfliktkonstellationen bietet.

5.2.1 Entscheidungsarenen und Entscheidungsregeln

Policy-Arenen und Policy-Typen

Weil politische Konflikte in modernen politischen Systemen immer institutionell vermittelt werden, müssen die Entscheidungs- und Konfliktperspektiven zusätzlich noch mit einer institutionellen Perspektive verbunden werden. Bereits weiter oben wurde darauf hingewiesen, dass der politische Raum, in dem öffentliche Politiken entworfen und umgesetzt werden, durch eine Vielzahl von institutionellen Subsystemen wie Parlamentarismus, Parteiensystem, Regierung und Verwaltung und schließlich auch durch vielfältige informelle Beziehungen mit privaten Akteuren strukturiert ist.

Diese institutionellen Errungenschaften moderner politischer Systeme bewirken, dass Interessenkonflikte nicht mehr direkt, sondern unter Einhaltung von Regeln ausgetragen werden. Aus einer solchen *institutionellen Konfliktregulierungsperspektive* gibt die konstitutionelle und rechtliche Struktur einer Gesellschaft eine Reihe von Regeln vor (Handlungsrechte, -pflichten, -verbote etc.), die die Interaktionen politischer Akteure in vorgezeichnete Bahnen lenkt. Hierzu

140

gehören jedoch nicht nur die formellen konstitutionellen und in Gesetzen verankerten Regeln, sondern auch informelle Arrangements in Form von Konventionen und informellen Normen, die sich mit der Zeit eingespielt haben und den
politischen Prozess nichtsdestotrotz regulieren (*Braun* 1999, *Eberlein/Grande*
2003).

Elinor Ostrom (1986, 1999) stellte einen abstrakten Regelungskatalog auf,
in dem die unterschiedlichen Regelungsbereiche politischer Institutionen systematisiert werden. Ihr Ansatz wurde in Kapitel 3 als typische Variante des Ratio-
nal-Choice-Institutionalismus dargestellt, in denen Institutionen von Menschen
in wiederkehrenden Situationen benutzt werden, um Handlungsunsicherheit zu
reduzieren (siehe auch *Braun* 1999: 246-250). Institutionen bestehen dabei aus
Regeln, Normen und Strategien, Regeln sind Vorschriften, deren Umsetzung von
spezialisierten Akteuren sanktioniert werden. Normen hingegen sind Vorschriften, die durch die Akteure selbst über unterschiedliche positive und negative
Anreize umgesetzt werden. *Ostroms* Ansatz zeichnet sich ferner dadurch aus,
dass er über eine Analyse formeller Regeln („rules-in-form") hinausweist und
auch die regelgeleitete wie regelsetzende Praxis („rules-in-use") in den Blick
nimmt.

Institutionelle
Regelungsebenen
und -bereiche

Die Institutionenanalyse muss sich aus dieser Perspektive den konkreten
Entscheidungssituationen zuwenden, in denen Regeln angewandt und reproduziert werden. *Ostrom* unterscheidet hierbei zwischen drei politischen Entscheidungssituationen und deren konstitutiven Mechanismen: Erstens werden als
konstitutionelle Entscheidungssituationen (constitutional choice) diejenigen
grundlegenden Entscheidungen analysiert, die über die Berechtigung von Akteuren zur Teilnahme am policy-making bestimmen und darüber hinaus auch die
Verfahrensregeln (institutionelle Orte und Phasenverlauf der Willensbildung, Art
und Häufigkeit von Konsultationen und Anhörungen etc.) für die Politikgestaltung vorgeben. Zweitens werden Entscheidungsprozesse der kollektiven Auswahl zwischen Handlungsoptionen (collective choice) erforscht, in denen Ab-
stimmungs-, Mehrheits-, Koalitions- und Oppositionsregeln zur Geltung kommen und sich auf den Policy-Prozess auswirken. Drittens wird auf konkrete operative Entscheidungen (operational decisions) fokussiert, in denen Akteure aufgrund von bestimmten Anreizen zur Erzielung spezifischer Policy-Ergebnisse
miteinander interagieren (*Ostrom* 1999: 41).

Entscheidungs-
situationen und
- mechanismen

Für die Policy-Analyse ist hervorzuheben, dass bei politischen Entscheidungsprozessen diese drei Entscheidungstypen eng miteinander verzahnt sind.
Politikfelder konstituieren sich unter der Voraussetzung der Zuteilung von Kompetenzen auf spezifische Institutionen oder Akteure, der Festlegung von feldinternen Entscheidungs- und Interaktionsregeln und unter dem Bestreben, unterschiedliche Interessenpositionen bezogen auf die Erzielung optimaler Policy-
Outcomes geltend zu machen. Eine komplexe Analyse muss sich deshalb auf den
Wirkungszusammenhang der miteinander vernetzten Entscheidungen und Entscheidungsregeln einlassen. Hierbei wird zwischen folgenden Regelstrukturen
unterschieden:

Regelstrukturen

- *Positionsregeln*, durch die jene Positionen, die Entscheidungsmacht implizieren, unter einer Reihe von Akteuren verteilt und damit Positionsträger bestimmt werden (z.B. so, dass Gesetze von Parlamentariern, Verordnungen und andere Verwaltungsvorschriften von Regierungsbürokraten bestimmt werden können);
- *Zugangsregeln*, durch die der Zugang, die Besetzung und der Abgang von Entscheidungspositionen bestimmt werden (z.B. das Wahlverfahren, wie man Parlamentarier wird – allerdings auch, wie *außerparlamentarische Akteure* direkt und indirekt an Gesetzesverfahren beteiligt werden können).
- *Bereichsregeln*, durch die die Menge der Auszahlungen (Handlungskonsequenzen) und deren Bewertungen festgelegt werden;
- *Autoritätsregeln*, mit denen die mit Positionen verknüpften Handlungsmöglichkeiten an den jeweiligen Entscheidungspunkten zugeteilt werden (d.h. über welche Regelungsinstrumente und Bereiche ein politischer Entscheidungsträger verfügen kann);
- *Aggregationsregeln*, die festlegen, welche Entscheidungssequenzen und Entscheidungskombinationen zu bestimmten Handlungskonsequenzen führen (etwa der Mehrheits- oder Einstimmigkeitsentscheid);
- *Informationsregeln*, die bestimmen, welche Informationskanäle und Codes von den jeweiligen Entscheidungsträgern genutzt werden dürfen;
- *Auszahlungsregeln*, über die die mit bestimmten Entscheidungen verbundene Kosten- und Nutzenverteilung unter Positionsträgern bestimmt wird.

In Folgenden sollen die wichtigsten Regelungsbereiche genauer betrachtet werden. Hierzu gehören vor allem Positions- und Zugangsregeln zu Entscheidungsarenen, schließlich die Entscheidungs- und Aggregationsregeln, die in den diversen Arenen gelten. Im folgenden Abschnitt geht es zunächst um die Positions- und Zugangsregeln, durch die spezifischen Entscheidungspositionen institutionell bestimmt und der Zugang zu ihnen geregelt wird.

Positions- und Zugangsregeln
Die Entscheidungsarena kann man sich aus dieser Perspektive als ein institutionelles „Gelände" vorstellen, in dem sich die sehr vermittelt ausgetragenen Kämpfe um ein gegebenes *policy issue* abspielen, in dem institutionalisierte Regeln bestimmen, wer z.B. Zugang hat und wer mit welchen „Waffen" ausgestattet ist. Dies wären beispielsweise die bereits diskutierten Positions- und Zugangsregeln. Von besonderer Bedeutung sind jedoch auch Aggregationsregeln, die festlegen, unter welchen Bedingungen es also zu einer Entscheidung kommt, wie die Einzelentscheidungen der Akteure sich zu einer kollektiv-verbindlichen Gesamtentscheidung zusammenfügen. Eine Entscheidungsregel bestimmt letztlich, wie groß der Anteil der Akteure sein muss, um über einen gegebenen Streitgegenstand eine positive Entscheidung herbeiführen zu können. Oft sind dies einfache oder absolute Mehrheiten. Es gibt jedoch Systeme, in denen bereits sehr wenige Akteure in der Lage sind, eine Entscheidung herbeizuführen, und ebenfalls Systeme, in denen Anteile von Abstimmungsmacht benötigt werden, die weit über die absoluten Mehrheiten hinausgehen. Insgesamt ist ein ganzes *Kontinuum von Regelausprägungen* denkbar, das sich von der unilateralen Diskretion eines einzelnen über die unterschiedlichen Formen der Mehrheitsabstimmung bis zu Konsens und Einstimmigkeit erstreckt (*Braun* 1999, *Eberlein/Grande* 2003).

142

Innerhalb einer Entscheidungsarena können eine oder auch mehrere Entscheidungsregeln gültig sein. Meist hängen die angewandten Regeln auch mit den jeweils anvisierten Regelungsinstrumenten bzw. -materien ab (Verfassung, Gesetz, Verordnung). Zum Beispiel muss im Entscheidungsprozess des Bundestages bei normalen Gesetzen die absolute Parlamentsmehrheit zustimmen, während bei einer Änderung des Grundgesetzes eine qualifizierte Mehrheit (Zweidrittelmehrheit) erforderlich ist. In ein und derselben Entscheidungsarena kann es je nach Teilarena phasenspezifisch unterschiedliche Entscheidungsverfahren geben, für die unterschiedliche Entscheidungsregeln gelten.

Neben offiziellen Entscheidungsarenen wie Parlament und Regierungskabinett gibt es in der modernen Politik eine Vielzahl von eher informellen Verhandlungs- und Entscheidungsgremien, die sich an der Schnittstelle zwischen Staat und privaten Verbänden befinden, in denen praktisch die Einstimmigkeits- oder zumindest die Konsensregel angewandt wird. Der Unterschied liegt darin, dass bei Konsens nicht jeder eine Vetoposition besitzt, aber trotzdem eine genügend große Übereinstimmung gesucht wird. Konsens als Entscheidungsregel, nach der eine genügend große Zahl einflussreicher Akteure zustimmen muss, kann als ein Zwischending zwischen Einstimmigkeits- und Mehrheitsregel betrachtet werden. „Bei einer Konsensregel werden den Akteuren gewissermaßen implizite Gewichte zugewiesen, die ihre unterschiedliche Macht und Interessen berücksichtigen. Die unterschiedlichen Machtverhältnisse werden von den Mitgliedern des Kollektivs stillschweigend zugrunde gelegt." (*Coleman* 1971: 287).

Worin bestehen die Vorzüge und Nachteile dieser verschiedenen Aggregations- und Entscheidungsregeln? Welche Wirkungen haben diese auf die Handlungsfähigkeit der beteiligten Akteure einerseits, und auf die kollektive Problemlösungsfähigkeit, das letztliche Ziel einer öffentlichen Politik, andererseits?

Eine zentrale Wirkung von Entscheidungsregeln ist die Fähigkeit einer Akteurkonstellation, eine Entscheidung herbeizuführen. Dies ist letztlich davon abhängig, wie viele Akteure beteiligt sind und wie stark ihre Interessen oder Präferenzen divergieren oder konvergieren. Den geringsten Grad an Entscheidungsfähigkeit weisen Einstimmigkeitssysteme auf, in denen praktisch jeder Akteur die Fähigkeit hat, eine Entscheidung zu verhindern (Vetoposition).

Dieser Zusammenhang, wie nahe oder wie fern die Interessenpositionen oder „Präferenzen" der Akteure in Bezug auf eine Entscheidung zwischen Handlungsoptionen sind, lässt sich sehr anschaulich mit räumlichen Modellen darstellen. Bei einer Struktur eindimensionaler Handlungsoptionen in der es z.B. nur um höhere oder niedrigere Staatsausgaben oder mehr oder weniger Privatisierung geht, werden die Handlungsoptionen „mehr" oder „weniger" auf einer horizontalen Linie abgetragen, auf der die gewünschten Idealpositionen markiert werden.

Bei einer Struktur zweidimensionaler Handlungsoptionen werden die Interessenpositionen der Akteure als Punkte in einem zweidimensionalen Koordinatensystem eingetragen, in dem die geometrische Nähe zwischen diesen „Idealpositionen" den jeweiligen Grad der im Akteursystem vorherrschenden Interessenübereinstimmung darstellt, während das Ausmaß der Kompromissbereitschaft zwischen diesen Akteuren durch die Kreise bzw. Halbkreise um die Idealpositionen markiert werden. Bei einem gegebenen Niveau von Interessenkongruenz und

Kompromissbereitschaft wird die Schnittmenge der Lösungen (die Gewinnmenge), die, unter Bedingungen der Einstimmigkeit, von allen akzeptiert werden, mit wachsender Zahl der Verhandlungspartner schrumpfen (*Tsebelis* 2002).

In Abbildung 5-10 ist sowohl ein eindimensionaler als auch ein solcher zweidimensionaler Raum von Handlungsstrategien an einem allgemein verständlichen Beispiel in vereinfachter Weise dargestellt. Im ersten Diagramm positionieren sich die Akteure bezüglich der von ihnen preferierten Politikziele (z.B. höhere oder geringerer Staatsanteil an einem ehemaligen Staatsunternehmen) bezogen auf den Ausgangspunkt „Staatsmonopol" (Status quo – SQ) in einer einzigen Dimension. Akteur A hat eine Idealposition X_A, Akteur B X_B usf. und bestimmte von seiner Idealposition abweichende Bereiche, die durch die geschweiften Klammern dargestellt werden (zur Methode siehe *Shepsle/Bonchek* 1997, *Tsebelis* 2002).

Abbildung 5-10:   Räumliche Modelle

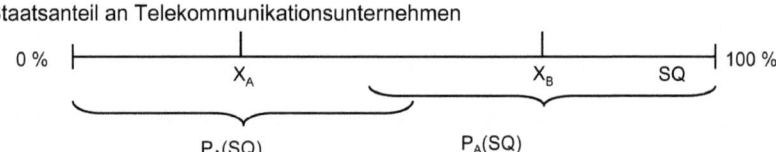

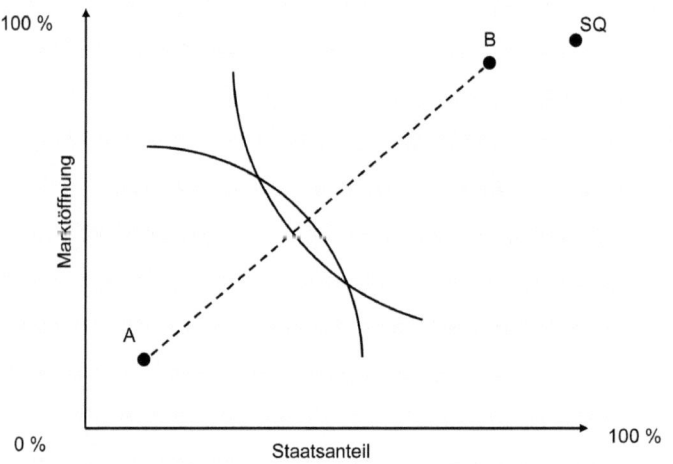

Im unteren Diagramm positionieren sich die Akteure in einem zweidimensionalen Raum. Auch hier hat jeder Akteur eine vom Status quo abweichende Idealposition und einen Raum noch akzeptierter Positionen abweichend von seinem Idealpunkt. Die Halbkreise um die Idealpositionen markieren daher Kompromissbereitschaft bzw. Verhandlungsgrenzen. Die Länge der gestrichelten Linien drückt das Ausmaß der Interessendivergenz aus. Auch aus dieser Formalisierung lassen sich ähnliche Tendenzen wie oben ableiten: Bei einem gegebenen Grad der Interessenkongruenz wird die Schnittmenge der Lösungen, die für alle akzeptabel sein wird, mit wachsender Zahl der Verhandlungspartner schrumpfen. Dies bedeutet, dass die Wahrscheinlichkeit einer einstimmigen Entscheidung damit nicht nur von der Zahl der Akteure, sondern gleichzeitig auch von der Nähe der Idealpositionen und der Kompromissbereitschaft abhängt.

Die bislang erörterten Zusammenhänge gelten jedoch nur unter der Entscheidungsregel Einstimmigkeit – obwohl diese wahlgeometrischen Methoden natürlich auch bei Mehrheitssystemen eingesetzt werden können. Der Größeneffekt auf die Entscheidungsfähigkeit ist jedoch deutlich weniger dramatisch, wenn kollektive Entscheidungen nicht mehr nach dem Einstimmigkeitsprinzip gefällt werden, sondern auf der Basis von Konsens oder mit qualifizierten bis einfachen Mehrheiten. Da in solchen Arrangements auch Koalitionsbildungen möglich sind, kann die Entscheidungsfähigkeit eines bestimmten Systems indirekt aus den Möglichkeiten der Koalitionsbildung abgeleitet werden. Die Wahrscheinlichkeit, dass ein politisches Entscheidungssystem Abstimmungssiege erzeugen kann, hängt in diesem Fall von der angewandten Entscheidungsregel ab. Die Wahrscheinlichkeit ist dabei umso geringer, je höher die Mehrheitsanforderungen sind und je größer die an einer Entscheidung beteiligte Zahl der Akteure ist.

Wahrscheinlichkeit von Gewinnkoalitionen

Eine nützliche Perspektive, in der die verschiedenen Aspekte von Entscheidungsfähigkeit in sehr einfacher Weise kombiniert werden, bietet der bereits diskutierte Vetospieler-Ansatz (*Tsebelis* 2002). Ein *Vetospieler* ist ein individueller oder kollektiver Akteur, dessen Zustimmung für eine gegebene Politikentscheidung notwendig ist, wobei zwischen formellen und informellen Vetospielern unterschieden wird. Formelle Vetospieler sind durch die Verfassung bestimmt, während parteipolitische oder verbändepolitische Vetospieler durch die faktische Struktur des Parteien- oder Verbändesystems und dessen Einbeziehung in die Politik festgelegt sind. Aspekte der verhandlungsgeometrischen Perspektive werden dabei insoweit berücksichtigt, als Vetospieler mit identischen Interessen zu einem einzigen Vetospieler zusammengefasst und kollektive Akteure mit inneren Interessendivergenzen als mehrere Vetospieler behandelt werden (z.B. wenn innerhalb einer Partei eine zu geringe Kohäsion und Parteidisziplin herrscht). Auch hier ergibt sich der grundlegende Zusammenhang, der oben schon festgestellt wurde: Je höher das Quorum für eine Entscheidung und je fragmentierter das System, desto schwieriger ist es, eine Entscheidung durchzusetzen.

Zahl der Vetospieler

Neben diesen erwähnten Faktoren kann die Entscheidungsfähigkeit in Politikarenen auch noch davon abhängen, welche unterschiedlichen Koordinationsformen die betreffenden Akteure einsetzen, um ihr Entscheidungsverhalten untereinander abzustimmen (*Scharpf* 2000). Je nach Koordinationsmodus entstehen hier unterschiedliche Koordinations- und Transaktionskosten. Hierauf soll im nächsten Punkt eingegangen werden.

Wirkung von Koordinationsformen

Generell ist die Fähigkeit eines Policy-Akteursystems, eine Entscheidung zu fällen und umzusetzen, die den Status quo verändert, durch mehrere Faktoren bedingt:

Faktoren der Entscheidungsfähigkeit

- die Zahl der Akteure;
- die angewandten Entscheidungsregeln;
- das vorherrschende Ausmaß an Interessenkonvergenz;
- der Grad der Kompromissbereitschaft;

- die dominierenden Handlungsorientierungen;
- die angewandten Koordinationsformen und die damit verbundenen Koordinations- und Transaktionskosten.

Entscheidungsfähigkeit ist nicht immer Problemlösungsfähigkeit

Es wird deutlich, dass Konsens und Einstimmigkeit allgemein eine eher erschwerende Wirkung auf Entscheidungsfähigkeit haben, die Mehrheitsregel jedoch unabhängig von der Zahl der beteiligten Akteure für ein hohes Niveau an Entscheidungsfähigkeit sorgt. Dies erklärt vielleicht auch, warum sich diese Regel in fast allen modernen Systemen weitgehend durchgesetzt hat. Natürlich besitzt sie den Nachteil, dass ein Großteil der Interessen unberücksichtigt bleibt, während die Einstimmigkeit, wenn es tatsächlich zu einer positiven Entscheidung kommt, zu einer Inklusion aller führt. Dieser Vorzug von Einstimmigkeit und Konsens wird von vielen als sehr positiv für die Problemlösungsfähigkeit kollektiven Handelns gesehen. Insbesondere in den letzten Jahren wurden die Vorzüge und Nachteile von majoritären Entscheidungssystemen als so genannte *Wettbewerbsdemokratie* konsensualen Systemen wie *Konsens- oder Verhandlungsdemokratien* gegenübergestellt. Dabei wurde hervorgehoben, dass die Mehrheitsregel zwar die Entscheidungskosten senke und die Entscheidungsproduktivität erhöhe, diese jedoch das Risiko in sich berge, dass Entscheidungen produziert würden, die den Präferenzen von vielen, unter Umständen sogar der Mehrheit zuwiderlaufen. Darüber hinaus sei die Mehrheitsregel auch nicht in der Lage, unterschiedliche Intensitäten von Präferenzen zu berücksichtigen. Konsensuelle Systeme hingegen zielten auf Entscheidungen, die die Zustimmung aller betroffenen Interessengruppen fänden.

5.2.2 Verhandlungssysteme

Verhandlung als Interaktionsform

Die im vorangegangenen Kapitel anhand der Spieltheorie dargestellten Akteurkonstellationen geben das Konfliktniveau in einer Entscheidungsarena wieder. In welchem Maße es den Akteuren indes gelingt, Probleme zu lösen, ist weiter abhängig von den Interaktionsformen, in denen der Konflikt ausgetragen wird. *Scharpf* (2000: 92-94) unterscheidet die Interaktionsformen hierarchische Steuerung, Mehrheitsentscheidung, Verhandlung und einseitiges Handeln (siehe hierzu auch *Eberlein/Grande* 2003). Im Folgenden wird die Interaktionsform der Verhandlung näher betrachtet, da sie besonders aufschlussreich für die hier betrachteten Probleme der Politikfeldanalyse ist. Das Problem von Verhandlungssystemen ist, wie Akteure, die voneinander abhängig sind und Ressourcen tauschen oder durch abgestimmtes Handeln kooperieren müssen, zu einer für alle Seiten befriedigenden Bewertung der Kooperationsleistungen bzw. der zu tauschenden Ressourcen finden. Eine institutionelle Möglichkeit, hier zu einer Einigung zu gelangen, ist die Hierarchie. Die Einigungspunkte werden dann von einem übergeordneten Koordinator festgesetzt, der hierfür seine eigenen Effizienz- und Gerechtigkeitskriterien anwendet. Da unser Ausgangspunkt jedoch ein Akteursystem mit vielen weitgehend unabhängigen Akteuren ist, die aus eigenen Stücken einer Verhandlungslösung zustimmen müssen, gilt es zunächst, sich mit freiwilligen Verhandlungsformen auseinander zu setzen.

146

Auf der Grundlage von freiwilligen Verhandlungsformen werden die Akteure im besten Fall zu einer pareto-effizienten Lösung gelangen, die im Vergleich zum Status quo mindestens einen Akteur besser, aber keinen Akteur schlechter stellt. Das Kriterium der Pareto-Effizienz berücksichtigt lediglich die Interessen der einzelnen Akteure hinsichtlich einer ordinalen Verbesserung gegenüber dem Status quo. Gesamtgesellschaftlich bessere Lösungen, also solche, die obwohl sie einen Akteur etwas schlechter stellen, die aggregierte Wohlfahrt mehrerer Akteure jedoch maximieren würden (Kaldor-Effizienz), sind auf Basis von Freiwilligkeit jedoch undenkbar – außer wenn Lösungen variabel und Ausgleichszahlungen möglich wären. Das würde jedoch die Kosten- und Zeitintensität von Verhandlungen enorm erhöhen.

Pareto- und Kaldor-Effizienz

Jede Verhandlungslösung besitzt eine Produktions- und eine Verteilungsdimension (*Scharpf* 2000: 204-205). In der Produktionsdimension wird angestrebt, eine wohlfahrtsoptimale Lösung zu finden, unabhängig von den Nutzengewinnen einzelner Akteure. In der Verteilungsdimension wird versucht, eine Lösung zu finden, die die Wohlfahrtsgewinne gerecht auf die Individuen verteilt. Hierbei ist es wichtig zu berücksichtigen, dass eine Lösung mit dem gesamtgesellschaftlich höchsten Nutzen keineswegs die sein muss, die für alle Individuen Nutzengewinne erbringt. Eine insgesamt optimale Lösung könnte also gut durch einen idealen hierarchischen Koordinator stattfinden, da sich dieser, über die Interessen möglicher Benachteiligter hinweg, für die gesamtgesellschaftlich optimale Lösung entscheiden wird. Die hierarchische Koordination ist der Verhandlung allerdings nur dann überlegen, wenn die vorhandenen Lösungen nicht variabel und keine Ausgleichszahlungen möglich sind. Ist letzteres möglich, können Verteilungsprobleme oder individuelle Schlechterstellung (z.B. durch Opportunitätskosten) durch Kompensationsleistungen der Gewinner an die Verlierer ausgeglichen werden. Dieser Befund wird auch das *Coase-Theorem* genannt. Danach können alle Wohlfahrtsgewinne, die über (ideale) hierarchische Koordination erzielt werden können, auch durch freiwillige Verhandlungen egoistisch-rationaler Individuen erreicht werden (*Samuelson/Nordhaus* 2001: 379, *Scharpf* 2000: 197-198).

Produktion und Verteilung in Verhandlungen

Dies kann noch einmal an einem vereinfachten Beispiel verdeutlicht werden (siehe Abbildung 5-11). Wiederum gibt es zwei Akteure und verschiedene zur Auswahl stehende Projekte A bis D. Aus individuell egoistischer Perspektive würde X das Projekt B und Y das Projekt A realisieren. Gäbe es nur diese beiden Projekte, wären beide fixe, nicht variable Projekte und wären zusätzlich Ausgleichszahlungen unmöglich, dann würde es vermutlich zu einem gegenseitigen Veto beider Akteure kommen. Insbesondere wäre dies natürlich der Fall, wenn die jeweilige Realisation des anderen Projektes für einen Akteur sogar einen negativen Nutzen bedeuten würde, wie das bei Projekt A für X der Fall ist. Wären Ausgleichszahlungen möglich, könnte X für die Realisation des Projektes B Entschädigungszahlungen an Y zahlen, z.B. in der Höhe, in der Y Verluste durch die Nicht-Realisation von A erlitten hat. Sind die Projekte variabel, so könnten sich beide Akteure auf eine gerechtere Verteilung der Nutzengewinne einigen und Projekt C verwirklichen. Sowohl gegenüber A als auch gegenüber B ergibt sich allerdings durch die Realisierung von C kein allgemein höheres Wohlfahrtsoptimum, da sie alle auf einer Nutzenisoquante liegen. Dieses Optimum wird erst

147

in D erreicht. Dies erfordert allerdings ebenfalls ein Abrücken beider Akteure von einer streng egoistischen Strategie, da sie auch hier mit der Durchsetzung des von ihnen preferierten Projektes einen höheren individuellen Nutzen erzielen könnten. Bei hinreichend intensiver Verhandlung wären die beiden Akteure wohl schließlich auf die Lösung D gekommen, allerdings nur unter der Voraussetzung, dass sie beide in der Verteilungsdimension überhaupt kompromissbereit sind. Bis zur Erreichung einer solchen Lösung sind aber häufig langwierige Verhandlungen erforderlich, die Transaktionskosten sind entsprechend hoch.

Abbildung 5-11: Produktions- und Verteilungsprobleme bei Verhandlungen

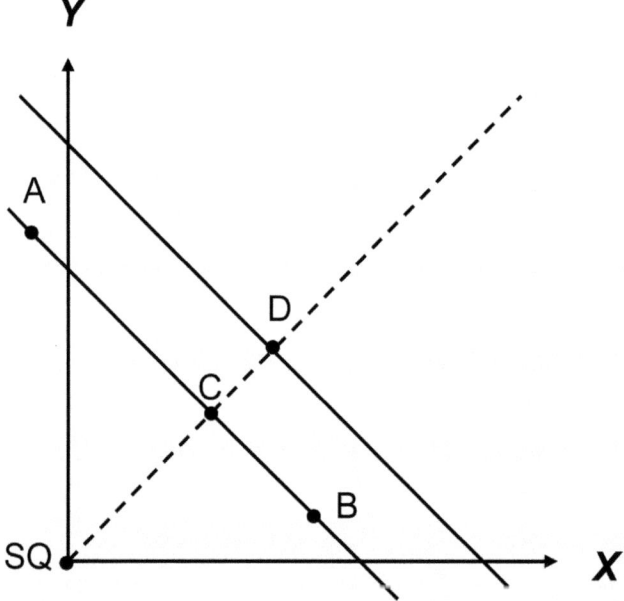

Verhandlungs-dilemma

Verhandlungen sind also eine Koordinationsform von Handlungen, die nach dem Coase-Theorem unter bestimmten Bedingungen gesamtgesellschaftlich optimale Ergebnisse produzieren können. Während die gemeinsame Suche nach der insgesamt besten Lösung effektive Kommunikation und gemeinsames Vertrauen voraussetzt, erfordert der Verteilungskampf um einen gerechten Anteil am Nutzengewinn eine strategische oder sogar eine opportunistische Strategie des Misstrauens, der Vorenthaltung von Informationen oder sogar der gezielten Desinformation. Dieser Widerspruch wird als das Verhandlungsdilemma bezeichnet (*Scharpf* 2000: 211). Außerdem nehmen mit zunehmender Komplexität und mit steigender Teilnehmerzahl die Transaktionskosten exponentiell zu. Insbesondere für politische Problemlösungen stellt sich dieses Problem der großen Zahl, wie bereits in Kapitel 5.1 dargestellt, als besonders schwerwiegend heraus.

In Marktprozessen sind die Akteure weder bewusst an der Erreichung eines allgemeinen Wohlfahrtsmaximums, noch an einer gerechten Verteilung der Gewinne interessiert, obwohl Märkte unter ganz bestimmten Voraussetzungen, dorthin führen können. Aushandlungsprozesse (*bargaining*) hingegen sind solche Prozesse, in denen die Parteien der Verhandlungsarena sich untereinander bewusst einigen müssen, z.B. die Gewinner einer Lösung mit den Verlierern über Kompensationsleistungen. Aushandlung ist dabei nicht nur möglich, wenn das Gut teilbar ist oder Ausgleichszahlungen denkbar sind, sondern auch wenn eine simultane oder zeitliche Verknüpfung der gefundenen Lösung mit anderen, unverbundenen Projekten oder Policies mittels Paketlösungen oder *issue-linkages* gelingt. Welche Formen von Verhandlungen sind hier nun denkbar?

Fritz W. Scharpf (2000: 212-229) unterscheidet vier Verhandlungsformen, Verhandlungsformen die sowohl von dem Gewicht des Produktionsaspekts als auch von der Bedeutung des Verteilungskonflikts abhängig sind (siehe Tabelle 5.3). Ist sowohl der Produktions- als auch der Verteilungsaspekt unproblematisch, dann wird von situativen Verträgen gesprochen, die an Ort und Stelle geschlossen werden und keine großen Verhandlungskonflikte implizieren. Wenn es jedoch technisch und kognitiv schwierig ist, eine für alle akzeptable Lösung zu finden, dann sind Verhandlungen nur erfolgreich, wenn der Verteilungskonflikt relativ gering ist und eine Problemlösungsorientierung dominiert. Voraussetzungen dafür sind Offenheit der Akteure, hohe kommunikative Fertigkeiten und das gegenseitige Vertrauen, dass das verhandelte Ergebnis wirklich die beste Lösung darstellt. Verhandlungskonstellationen, in denen umgekehrt der Aspekt einer gemeinsamen Problemlösung eher im Hintergrund steht, Verteilungskonflikte jedoch wichtig sind, werden demgegenüber als Distributionsverhandlungen bezeichnet. Sind beide Dimensionen von hoher Bedeutung, spricht *Scharpf* (2000: 212) von dem Verhandlungsmodus der positiven Koordination.

Tabelle 5.3: Verhandlungsformen

		Bedeutung des Verteilungskonflikts	
		niedrig	*hoch*
Gewicht des Produktionsaspekts	*niedrig*	Spot Contracts	Distributionsverhandlungen
	hoch	Problemlösen	Positive Koordination

Quelle: *Scharpf* (2000: 212)

Die positive Koordination ist mit den höchsten Transaktionskosten verbunden, Positive Koordination da sie Verhandlungen bezeichnet, die sowohl Fragen der optimalen Produktion als auch der Verteilungsgerechtigkeit beinhalten. In der positiven Koordination sollen alle gemeinsamen Handlungsoptionen genutzt werden, um die Effizienz, Effektivität und Gerechtigkeit von Lösungen zu steigern. Dies bedeutet faktisch, dass jeder Akteur jede seiner Handlungsoptionen mit den Handlungsalternativen seiner Verhandlungspartner vergleichen muss. Im Unterschied hierzu versteht *Scharpf* (1993) unter negativer Koordination eine Verhandlungssituation, in der Negative Koordination jeder Akteur für seine Handlungsoptionen nur prüft, ob sie den Interessenbereich der Verhandlungspartner negativ berühren (siehe Abbildung 5-12). In Anknüpfung an die weiter oben angestellten Überlegungen zu den Abstimmungskosten hängen diese allgemein sowohl von der Zahl der Verhandlungsteilnehmer als auch von der Zahl der Handlungsoptionen ab. Als Schätz- und Näherungswert für die Kostenentwicklung kann die Zahl der Kommunikationsbeziehungen genommen werden, die notwendig sind, um in einer bestimmten Menge von Akteuren das Entscheidungsverhalten abstimmen zu können. Wenn n hierbei die Zahl der Akteure bezeichnet und jeder Akteur mit jedem anderen kommunizieren muss, so ist die Menge der hierfür notwendigen Beziehungen n • (n-1)/2.

Abbildung 5-12:   Positive und negative Koordination

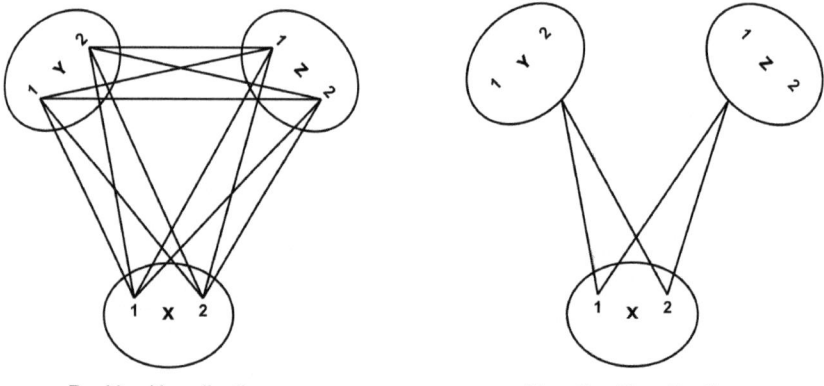

Positive Koordination	Negative Koordination

Quelle: nach *Scharpf* (1993)

Lösungen, die zwar den höchsten Gesamtnutzen produzieren, aber einzelne Teilnehmer diskriminieren, werden in Verhandlungen oft zu Gunsten suboptimaler Lösungen vernachlässigt, die allen Beteiligten gleiche oder ähnliche Nutzengewinne bringen, auch wenn der Gesamtnutzen gegenüber dem Status quo nicht oder nur unmerklich erhöht wird. Sind mit Problemkonstellationen Positivsummenspiele impliziert, dann können Verhandlungen im Prinzip wohlfahrtsmaximierende Lösungen erzeugen. Je bedeutender dabei allerdings die Verteilungsfragen sind, desto schwieriger wird es sein, ein für alle Seiten akzeptables Verhandlungsergebnis zu finden, und desto höher sind die Transaktionskosten dieser Verhandlungen.

Verhandlungen scheitern also häufig oder führen zu unbefriedigenden Kompromisslösungen, die Wohlfahrtsverbesserungen unberücksichtigt lassen. Die Erfolgswahrscheinlichkeit von zufrieden stellenden Verhandlungsergebnissen hängt deswegen häufig von der strukturellen Einbettung der Verhandlung in bestehende Beziehungen der Akteure untereinander ab. Dies kann entweder über Hierarchie geschehen oder in Akteurnetzwerken. In Hierarchien kann positive Koordination beispielsweise durch die Leitung erfolgreich umgesetzt werden. Sofern keine Hierarchien vorhanden sind, können selbstorganisierte Netzwerke vertrauensvoller Zusammenarbeit den Verhandlungserfolg steigern, indem die Partner von wechselseitiger Schädigung absehen und gegebenenfalls sogar Verluste in Kauf nehmen, um den Bestand der etablierten Beziehungen für die Zukunft zu erhalten.

Die beschriebenen Probleme der großen Zahl von Teilnehmern und der Verteilung können in reinen Verhandlungssystemen nicht gelöst werden. Sie verlangen nach institutionellen Arrangements, die die Transaktionskosten kollektiver Verhandlungs- und Abstimmungsprozesse senken. Die Einbettung von Verhandlungen in existierende institutionelle Arrangements ist eine solche Möglichkeit, Transaktionskosten zu reduzieren und damit die Reichweite von Verhandlungen zu erhöhen.

Senkung von Transaktionskosten durch strukturelle Einbettung

Im Folgenden wird die strategische Interaktion von Akteuren anhand der vergleichenden Fallstudie über die Wirtschaftspolitik sozialdemokratischer Regierungen veranschaulicht (*Scharpf* 1987). Sie ist ein exemplarisches Beispiel für den Ansatz des akteurzentrierten Institutionalismus, bei dem eine Analyse rationaler Akteurstrategien und daraus abgeleiteter Akteurkonstellationen mit einer Erörterung institutioneller Rahmenbedingungen kombiniert wird.

5.2.3 Fallstudie: Sozialdemokratische Krisenpolitik in Europa (Fritz W. Scharpf)

Die weltweite Wirtschaftskrise Anfang der 1970er-Jahre führte in den europäischen Staaten zu hoher Inflation bei gleichzeitig hoher Arbeitslosigkeit. Auf diese Problemlage konnten die Regierungen mit ihren wirtschaftspolitischen Steuerungsinstrumenten der Geld- und Fiskalpolitik nicht adäquat reagieren. Obgleich die beiden wirtschaftswissenschaftlichen Schulen des Keynesianismus und der Neoklassik unterschiedliche Ursachen für Inflation und Arbeitslosigkeit verantwortlich machen, besteht aus beiden Perspektiven heraus das Problem, dass Inflation und Arbeitslosigkeit nicht gleichzeitig mit Hilfe der Geld- und Fiskalpolitik bekämpft werden können, da diese auf der Nachfrageseite des Gütermarktes ansetzt und eine Veränderung der aggregierten Nachfrage nur entweder die Arbeitslosigkeit oder die Inflation bekämpfen kann. Dieses Dilemma kann behoben werden, wenn die wirtschaftspolitischen Steuerungsinstrumente der Regierung durch die Lohnpolitik ergänzt werden, die sich direkt auf die Angebotsseite auswirkt. In diesem Fall kann es einer strategischen Arbeitsteilung zwischen Staat und Gewerkschaften gelingen, sowohl die Inflation als auch die Arbeitslosigkeit zu senken (*Scharpf* 1987: 36-60).

Dilemma: Bekämpfung von Inflation und Arbeitslosigkeit

Trotz ähnlicher Ausgangsbedingungen zu Beginn der Wirtschaftskrise im Jahre 1973 ging die wirtschaftliche Entwicklung der Untersuchungsländer in den darauf folgenden Jahren auseinander. *Fritz W. Scharpf* (1987: 202-205) wählte aufgrund eines most similar system design die Länder Bundesrepublik Deutschland, Großbritannien, Österreich und Schweden für den Untersuchungszeitraum von 1973 bis 1984 aus. Die Gemeinsamkeiten dieser Länder bestanden darin, dass sie von sozialdemokratischen oder sozialistischen Regierungen regiert wurden, deren vorrangiges makroökonomisches Ziel die Vollbeschäftigung war, und dass sie vergleichbare Werte hinsichtlich Wirtschaftswachstum, Inflation und Arbeitslosigkeit aufwiesen. Um die unterschiedliche Entwicklung dieser wirtschaftlichen Erfolgsindikatoren in den Untersuchungsländern zu erklären, werden die makroökonomischen Entscheidungsprozesse in diesen Ländern mit spieltheoretischen Methoden modelliert.

Most similar system design

Drei Arten von Akteuren, die an den Entscheidungsprozessen beteiligt sind, werden unterschieden: Regierungen, Zentralbanken und Gewerkschaften. Die Akteure verfolgen jeweils unterschiedliche Interessen, sind jedoch in der Wahl ihrer Handlungsoptionen voneinander abhängig. Wie anhand der einzelnen Spiele dargestellt wird, ist diese strategische Interdependenz dafür verantwortlich, ob und in welchem Ausmaß es einem Akteur gelingt, seine Interessen durchzusetzen. Den Akteuren stehen als Steuerungsinstrumente die Geld- und Fiskalpolitik sowie die Lohnpolitik zur Verfügung, die sie jeweils in einer expansiven oder restriktiven Ausprägung verfolgen können. Auf der Basis wirtschaftlicher Zusammenhänge ergeben sich verschiedene Policy-Optionen analog deren Folgen für die makroökonomischen Interessen der Akteure.

Da die Regierungen von den Wählerinnen und Wählern sowohl für die Arbeitslosigkeit als auch für die Inflation verantwortlich gemacht werden, besteht ihr Interesse darin, möglichst beide Größen gering zu halten. Allerdings unterscheiden sich sozialdemokratische und sozialistische Regierungen von konservativ-monetaristischen Regierungen in der Bewertung der relativen Wichtigkeit wirtschaftlicher Indikatoren. Während erstere in der Arbeitslosigkeit das gravierendste Problem sehen und die Senkung der Inflation zwar als wichtige, aber zweitrangige Angelegenheit betrachten, bevorzugen letztere eine sehr geringe Inflation und nehmen dafür auch eine höhere Arbeitslosigkeit hin. Anhand von Tabelle 5.4, die die Auswirkung der Wahl der Policy-Instrumente auf Inflation und Arbeitslosigkeit zeigt, ergeben sich die Präferenzordnungen der Regierungen. Die Zahlen in Klammern nummerieren lediglich die Felder, während die Zahlen ohne Klammern die Auszahlungen für die Regierungen darstellen. Dabei gibt der erste Wert die Auszahlungen für sozialdemokratische Regierungen und der zweite Wert die Auszahlungen für konservativ-monetaristische Regierungen an. Je höher die Auszahlung innerhalb eines Feldes ist, desto höher ist das Erreichen dieses Feldes auf der Präferenzordnung der Akteure angesiedelt.

Für eine sozialdemokratische Regierung ist die Auszahlung am höchsten, wenn sie eine expansive Geld- und Fiskalpolitik betreibt und sich die Gewerkschaften mit Lohnforderungen zurückhalten, da dann sowohl die Inflation als auch die Arbeitslosigkeit gering ist. Verfolgen die Gewerkschaften dagegen bei gleich bleibender Strategie der Regierung eine expansive Lohnpolitik, steigt die Inflation. Feld zwei ist dennoch die zweitbeste Option für die Regierung, da ihr Hauptziel, die Bekämpfung der Arbeitslosigkeit, noch erreicht wird. Der schlechteste Fall für die Regierung tritt in Feld vier ein, in dem die Arbeitslosigkeit sehr hoch ist. Daran ändert auch die geringe Inflation nichts, zumal diese, ebenso wie die Arbeitslosigkeit geringer ausfällt, wenn die Gewerkschaften zu einer restriktiven Lohnpolitik übergehen. Dieser Fall (Feld drei), der für sozialdemokratische Regierungen die zweitschlechteste Option ist, stellt für konservativ-monetaristische Regierungen die attraktivste Lösung dar, da ihr Hauptziel einer geringen Inflation erreicht wird. Für sie ist die schlechteste Option die Kombination einer expansiven Geld- und Fiskalpolitik mit einer expansiven Lohnpolitik in Feld zwei, die zu einer sehr hohen Inflation führt. Sowohl in Feld eins als auch in Feld drei fällt die Inflation gering aus. Die Präferenzordnung richtet sich dann nach der Ausprägung der Arbeitslosigkeit, so dass Feld eins die zweitbeste und Feld vier die drittbeste Option einer konservativ-monetaristischen Regierung darstellt.

Tabelle 5.4:   Auszahlungen

Regierungen

		Lohnpolitik	
		restriktiv	expansiv
Geld- und Fiskalpolitik	exp	(1) Inflation: gering Arbeitslosig- keit: gering **4/3**	(2) Inflation: sehr hoch Arbeitslosigkeit: gering **3/1**
	rest	(3) Inflation: sehr gering Arbeitslosig- keit: hoch **2/4**	(4) Inflation: gering Arbeitslosigkeit: sehr hoch **1/2**

Gewerkschaften

		Lohnpolitik	
		restriktiv	expansiv
Geld- und Fiskalpolitik	exp	(1) Reallöhne: stagnieren Arbeitslosig- keit: gering **3**	(2) Reallöhne: steigen Arbeitslosigkeit: gering **4**
	rest	(3) Reallöhne: stagnieren Arbeitslosig- keit: hoch **2**	(4) Reallöhne: steigen Arbeitslosigkeit: sehr hoch **1**

Quelle: *Scharpf* (1987: 212 und 214)

Ebenso wie für sozialdemokratische Regierungen genießt die Bekämpfung der Arbeitslosigkeit für die Gewerkschaften die höchste Priorität unter den Policy-Zielen. Solange jedoch keine Gefahr steigender Arbeitslosigkeit besteht, werden die Gewerkschaften nicht eine Senkung der Inflation, sondern eine Steigerung der Reallöhne anstreben. Die attraktivste Lösung für die Gewerkschaften ist deshalb eine expansive Lohnpolitik bei einer gleichzeitig expansiven Geld- und Fiskalpolitik der Regierung, da in diesem Fall die Reallöhne bei geringer Arbeitslosigkeit steigen. Weniger attraktiv, aber noch an zweiter Stelle ist Feld eins, in dem zwar die Reallöhne stagnieren, aber die Arbeitslosigkeit gering ausfällt. Wenn Regierung und Gewerkschaften jeweils eine restriktive Politik verfolgen, stagnieren die Reallöhne und die Arbeitslosigkeit ist hoch. Dies ist die zweitschlechteste Option für die Gewerkschaften. Obgleich die Gewerkschaften bei gleich bleibender Strategie der Regierung durch eine expansive Lohnpolitik steigende Reallöhne erreichen könnten, würden sie dadurch aber auch zum weiteren Anstieg der Arbeitslosigkeit beitragen. Ein Umstand, der aus der Sicht der Gewerkschaften schwerer wiegt als eine Lohnsteigerung. Folglich ist Feld vier das Feld mit der geringsten Auszahlung für die Gewerkschaften. Ebenso wie für die Regierungen und die Gewerkschaften kann auch für die Zentralbanken eine Matrix erstellt werden, die deren Präferenzordnung wiedergibt. Da die Auszahlungen der Zentralbanken für die weiteren Ausführungen nicht von Belang sind, wird auf eine Darstellung verzichtet.

Um sowohl Inflation als auch Arbeitslosigkeit bekämpfen zu können, bedarf es, wie oben dargestellt, des gemeinsamen Handelns von Regierung und Gewerkschaften, das in zwei Spielen makroökonomischer Koordination modelliert werden kann. Wenn die Koordination zwischen den Gewerkschaften und einer sozialdemokratischen Regierung stattfindet, handelt es sich um ein keynesianisches Spiel. Erfolgt die Koordination dagegen zwischen den Gewerkschaften und einer konservativ-monetaristischen Regierung, wird von einem monetaristischen Spiel gesprochen.

(Randnotiz:) Präferenzen der Gewerkschaften

(Randnotiz:) Spiele makroökonomischer Koordination

153

Im keynesianischen Spiel, das die makroökonomische Koordination in den meisten westlichen Ländern nach dem Jahre 1973 wiedergibt, verfolgt die sozialdemokratische Regierung eine expansive Geld- und Fiskalpolitik, da diese Politik unabhängig vom Verhalten der Gewerkschaften für die Regierung zu höheren Auszahlungen als bei einer restriktiven Geld- und Fiskalpolitik führt. Folglich wird die expansive Geld- und Fiskalpolitik als die dominante Strategie der Regierung bezeichnet. In diesem Fall werden jedoch die Gewerkschaften sich nicht mit Lohnforderungen zurückhalten, da sie in Feld zwei eine höhere Auszahlung als in Feld eins erlangen. In Feld zwei stellt sich dann ein spieltheoretisches Gleichgewicht ein, indem keiner der Spieler in der Lage ist, seine Position durch einseitiges Handeln zu verbessern. Das Gleichgewicht entsteht durch die eigennutzenmaximierende Reaktion der Gewerkschaften auf die dominante Strategie der Regierung. Da die sozialdemokratische Regierung dem Ziel der Vollbeschäftigung verpflichtet ist, besitzen die Gewerkschaften eine starke Machtposition gegenüber der Regierung.

Im monetaristischen Spiel verfügt die Regierung ebenfalls über eine dominante Strategie. Im Unterschied zu einer sozialdemokratischen Regierung wählt eine konservativ-monetaristische Regierung jedoch eine restriktive Geld- und Fiskalpolitik. Würden die Gewerkschaften wie im keynesianischen Spiel eine expansive Lohnpolitik verfolgen, mit dem Ziel ihre beste Auszahlung in Feld zwei zu erreichen, dann würde, wegen der dominanten Strategie der Regierung, der für sie schlechteste Fall in Feld vier eintreten. Um wenigstens noch die zweitschlechteste Lösung zu erreichen, was in diesem Fall bedeutet, die Arbeitslosigkeit von einem sehr hohen auf ein hohes Niveau zu senken, werden die Gewerkschaften auf eine expansive Lohnpolitik verzichten. Folglich stellt sich in Feld drei das Gleichgewicht des monetaristischen Spiels ein, das ebenso wie im keynesianischen Spiel aus der Reaktion der Gewerkschaften auf das Handeln der Regierung entsteht. Allerdings befinden sich im monetaristischen Spiel die Gewerkschaften in einer schwachen Machtposition gegenüber der Regierung. Sie erlangen lediglich das Feld mit ihrer zweitschlechtesten Auszahlung, während sie im keynesianischen Spiel das Feld mit ihrer besten Auszahlung erreichen.

Wann wird nun das keynesianische und wann das monetaristische Koordinationsspiel gespielt? Während in Deutschland die Autonomie der Bundesbank für die monetaristische Wirtschaftspolitik insbesondere in den Jahren 1974 und 1975 verantwortlich war, wurde in den anderen Untersuchungsländern die Wahl der makroökonomischen Strategie formal von den gewählten Regierungen getroffen. Diese Strategiewahl kann in einem weiteren Spiel, dem so genannten Politics-Spiel, modelliert werden, in dem die Regierung die (von ihr antizipierten) positiven und negativen Reaktionen der Wählerschaft auf die Wirtschaftspolitik erwidert. *Scharpf* geht davon aus, dass die Strategiewahl der Regierung von einer von zwei konkurrierenden Parteien oder Parteienkoalitionen getroffen wird, die ihre Unterstützung aus unterschiedlichen sozioökonomischen Wählerschichten erfahren. Während die Wähler der oberen Wählerschicht ein Interesse an einer geringen Inflation haben und deshalb die monetaristische Politik (einer restriktiven Geld- und Fiskalpolitik) der *bourgeoisen* Parteien befürworten, trifft eine steigende Arbeitslosigkeit in besonderem Maße die Wähler der unteren Wählerschicht, die demnach für die keynesianische Politik (einer expansiven

Geld- und Fiskalpolitik) der *Arbeiterparteien* eintreten. Die Parteien versuchen zum einen die Interessen ihrer Stammwählerschaft zu verwirklichen und streben zum anderen ihre Wiederwahl an, wofür sie jedoch auf die Wähler der mittleren Wählerschicht angewiesen sind, da ihre Stammwähler nicht die nötige Stimmenmehrheit aufbringen. Die makroökonomischen Präferenzen der Wähler der mittleren Wählerschicht sind indes ambivalent, da sie je nach wirtschaftlicher Situation sowohl von einer geringen Inflation profitieren als auch von der Arbeitslosigkeit bedroht sein können.

Das Koordinationsspiel und das Politics-Spiel können als ein „nested game" (*Tsebelis* 1990a) dargestellt werden, in dem das Koordinationsspiel den Rahmen bildet, der die Kombinationen der jeweiligen Ausprägungen von Inflation und Arbeitslosigkeit bestimmt, auf die die unterschiedlichen Wählerschichten im Politics-Spiel reagieren. Die Verbindung zwischen den beiden Spielen wird hergestellt, indem zum einen die Regierung in beiden Spielen als Akteur auftritt und zum anderen die Strategiewahl der Regierung im Koordinationsspiel durch die Aussicht bestimmt wird, das Politics-Spiel zu gewinnen oder zu verlieren. Dabei wird die Regierung danach streben, die Felder des Koordinationsspiels zu erreichen, in denen sie das Politics-Spiel gewinnt und demnach sicher in die nächste Wahl gehen kann, und die Felder zu verlassen, in denen sie das Politics-Spiel verliert und somit politisch verwundbar ist. Weiter wird angenommen, dass die Wählerinnen und Wähler im Politics-Spiel nicht strategisch handeln und dass die Gewerkschaften ihren kurzfristigen Eigennutzen verfolgen. Im Folgenden wird dieses spieltheoretische Modell auf die Entwicklung makroökonomischer Entscheidungsprozesse in Großbritannien angewandt. Die Positionen der jeweiligen Regierung sind in Tabelle 5.5 dargestellt. Diese Matrix gibt das Koordinationsspiel wieder. Das Politics-Spiel findet in den einzelnen Feldern der Matrix statt.

In Großbritannien konnte zu Beginn der Wirtschaftskrise die Labour-Regierung die Vollbeschäftigung sichern. Da aber die Gewerkschaften hohe Lohnsteigerungen forderten, befand sich die Regierung in Feld zwei, in dem sie politisch verwundbar war. Um das politisch sichere Feld eins zu erreichen, war die Regierung auf die Hilfe der Gewerkschaften angewiesen. Indem die Gewerkschaften im Jahre 1976 von einer expansiven Lohnpolitik abgerückt waren, gelangte die Regierung in die politisch sichere Position von Feld eins. Diese keynesianische Konzertierung zwischen der Regierung und den Gewerkschaften verhinderte jedoch weder den durch die Pfund-Krise verursachten Preisanstieg noch die Zunahme der Arbeitslosigkeit, die der Preis für die mit dem Internationalen Währungsfond vereinbarte Konsolidierungspolitik war. Im Jahre 1978 gaben sowohl die Regierung als auch die Gewerkschaften die keynesianische Konzertierung auf. Die Regierung wechselte zu einer monetaristischen Politik, in der Hoffnung, das Preisniveau zu senken, ohne einen dramatischen Anstieg der Arbeitslosigkeit in Kauf nehmen zu müssen. Die Gewerkschaften waren von dem Ergebnis der zweijährigen Lohnzurückhaltung enttäuscht und nahmen wieder eine expansive Lohnpolitik auf, um die Reallöhne ihrer Mitglieder zu verbessern. Folglich fanden sich die Gewerkschaften und die Regierung in Feld vier wieder, das für die Gewerkschaften die wirtschaftlich schlechteste Lösung darstellte und für die Labour-Regierung eine Position war, in der sie politisch nicht überleben konnte, was der Wahlsieg der Konservativen im Jahre 1979 bestätigte. Nach

Nested game

Großbritannien

ihrem Wahlsieg konnte die konservative Regierung unter Margaret Thatcher abwarten, bis die Gewerkschaften unter dem Druck der hohen Arbeitslosigkeit auf die restriktive Geld- und Finanzpolitik reagierten und im Jahre 1982 zu einer restriktiven Lohnpolitik wechselten, wodurch die konservative Regierung in das für sie politisch sichere Feld zwei gelangte.

Tabelle 5.5: Wirtschaftspolitische „Spiele" in Großbritannien (Auszahlungen)

Auszahlungen

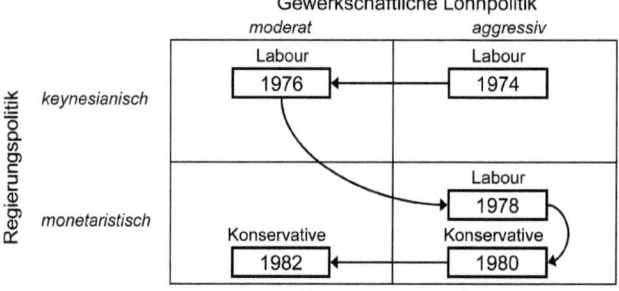

Entwicklung des Policy-Prozesses in Großbritannien

Quellen: *Scharpf* (1987: 238/239 und 247)

Keynesianismus und Neokorporatismus

Während zahlreiche makroökonomische Entscheidungen in Großbritannien anhand des spieltheoretischen Modells erklärt werden können, gilt dies nicht für die keynesianische Konzertierung zwischen den Jahren 1976 und 1978. Bei der keynesianischen Konzertierung stellten die Gewerkschaften ihr kurzfristiges Eigeninteresse zurück, indem sie auf größere Lohnsteigerungen verzichteten und somit der Labour-Regierung eine politisch sichere Position im Koordinationsspiel ermöglichten, obwohl diese den Gewerkschaften im Gegenzug nichts anbieten konnte. Die Regierung konnte die Gewerkschaften lediglich vor ihrer eigenen politischen Niederlage warnen. Entscheidend für die Teilnahme an einer keynesianischen Konzertierung sind die Fähigkeiten der Gewerkschaften, zum einen langfristige über kurzfristige Interessen und zum anderen kollektive Interessen der Gewerkschaftsbewegung über Interessen konkurrierender Untergruppen zu stellen. Beide Fähigkeiten sind abhängig von neokorporatistischen Institutionen im Allgemeinen und von der Konzentration und Zentralisierung der Gewerkschaftsorganisationen im Besonderen. In Großbritannien führte die hohe Fragmentierung der Gewerkschaftsorganisationen und die Dezentralisierung kollektiver Verhandlungen auf der Ebene einzelner Firmen zu einem starken Wett-

156

bewerb innerhalb der Gewerkschaftsbewegung. Unter diesen Bedingungen sind moderate Lohnforderungen, die zur Senkung der Inflation beitragen, ein kollektives Gut, das anfällig für Trittbrettfahrer ist. Folglich beruhte die keynesianische Konzertierung in Großbritannien nicht auf institutionellen Bedingungen, sondern auf dem außerordentlichen politischen und moralischen Druck, den die Regierung und die Gewerkschaftsführung ausübten.

5.3 Politiknetzwerke, Policy-Regime und politische Steuerung

In den beiden vorausgegangenen Unterabschnitten wurden zentrale Komponenten einer Politikentwicklung hauptsächlich auf der Mikroebene erörtert. Hierbei ging es sowohl um Akteurkonstellationen und Tauschprozesse. Im Folgenden wird die Betrachtung wieder auf die Meso- und Makroebene verlagert. Es geht im Wesentlichen darum, Politikbereiche nicht nur aus der Akteurperspektive zu analysieren, sondern zu verstehen wie übergreifende Politikstrukturen politische Problembearbeitungsprozesse ermöglichen, die sich durch die Interaktion multipler Policy-Akteure ergeben.

Meso- und Makroebene

Wenn Politik- oder Verwaltungswissenschaftlerinnen politische Problemverarbeitungs- und Entscheidungsprozesse untersuchen, dann sind diese in der Regel nicht übergreifend abstrakt, sondern gegenstandsbezogen und auf politische Teilbereiche spezialisiert. Es geht um die Thematisierung neuer Probleme in der Umweltpolitik, um die Formulierung institutioneller Reformen einer Gesundheitspolitik, um Einschränkungen in der Sozialpolitik, um ein zentrales gesellschaftliches Problem in der Arbeitspolitik, um Organisationsreformen in der Militärpolitik etc. Die Frage ist nun, was diese Bereiche, Sektoren oder Domänen konstituiert. Sind dies nur Vereinfachungen auf der Vorstellungsebene dergestalt, dass Themen, Organisationen, bestimmte Handlungsformen einer komplexen Realität, in der letztlich alles mit allem zusammenhängt, nur aus analytischen Vereinfachungsgründen einem dieser Teilbereiche zugeordnet werden. Oder soll man sich diese Bereiche als wirkliche gesellschaftliche Differenzierungsformen vorstellen?

Nach der soziologischen Theorie sozialer Differenzierung bilden sich auf gesamtgesellschaftlicher Ebene auf der Basis einer ressourcenbasierten und kognitiven Differenzierung eine Reihe von institutionell verfestigten und leistungsmäßig spezialisierten Teilsystemen aus – wie etwa das Wirtschaftssystem, das Bildungssystem, das wissenschaftliche System, das politische System und auch das Verwaltungssystem (*Mayntz* 1997). Es wäre jedoch inkonsequent, in dieser Differenzierungsperspektive auf halbem Wege stehen zu bleiben und nicht auch Differenzierungsmuster innerhalb der jeweiligen Teilsysteme zu beachten. Auch innerhalb des politischen Systems und des Verwaltungssystems bilden sich Differenzierungs- und Spezialisierungsmuster heraus, in denen bestimmte Organisationen ihren Fokus auf die Thematisierung und Bearbeitung bestimmter Probleme lenken und zu deren Bearbeitung spezialisierte Ressourcen einsetzen.

Spezialisierte Teilsysteme

Eine Interpretation von Politikfeldern, die sich an einer differenzierungstheoretischen Perspektive orientiert, ist in *Pappi* (1993: 90-93) enthalten, indem ein Politikfeld nach dem Kriterium des gemeinsamen *symbolischen Bezugssystems*

Abgrenzung von Politikfeldern

abgegrenzt wird, auf dessen Basis eine Menge öffentlicher und privater Akteure interagiert:

> „Dieses gemeinsame Symbolsystem ist in Politikfeldern häufig ein bestimmtes für das Politikfeld herausragendes Gesetzeswerk wie z.B. das Sozialgesetzbuch für die deutsche Sozialpolitik. Solche Symbolsysteme garantieren Gemeinsamkeiten der Problemsicht, die die Interaktion der Beteiligten erleichtern, ohne dass sie Interessenkonflikte hinsichtlich der konkreten Policies verhindern." (*Pappi* 1993: 92)

Die Differenzierungslinien sind in der Regel Ergebnis langfristiger historischer Prozesse, in denen Spezialisierungsbestrebungen öffentlicher und privater Akteure ko-evoluieren. Private Akteure reagieren in ihren Spezialisierungsstrategien auf die inhaltlich abgegrenzten Bereiche von politischen Programmen und gesetzlichen Regelungswerken, wie sie meist in den Zuständigkeitsregelungen von Ministerien oder Parlamentsausschüssen zusammengefasst sind, während staatliche Akteure oft auf institutionelle Strukturen des privaten Akteurbereichs Einfluss nehmen. Hierüber konstituiert sich letztlich ein Interaktionszusammenhang, der sich über inhaltliche, symbolische und institutionelle Bezüge definiert. *Laumann* und *Knoke* (1987) sehen ein Politikfeld daher wie folgt: "A national policy domain is therefore a set of actors with major concerns about a substantive area, whose preference and action must be taken into account by the other domain participants."

5.3.1 Politiknetzwerke und politische Steuerung

Formelle vs. inhaltliche Perspektive

Es wäre nahe liegend, die Gesamtheit der Beziehungsstrukturen, die für eine Policy relevant sind, als Politiknetzwerk zu bezeichnen. In der Literatur ist dies auch häufig geschehen. Aus der hier vorgestellten Perspektive soll dieser Begriff jedoch spezifischer eingesetzt werden. Hierzu ist es wichtig, zwischen einem formellen und einem substantiellen Netzwerkbegriff klar zu unterscheiden. Aus einer formellen Perspektive sind alle möglichen Beziehungsgeflechte Netzwerke. Wie wir gesehen haben, setzt sich ein Netzwerk aus der Perspektive der Graphentheorie aus einer Menge von Punkten (Knoten) und Linien (Kanten) zusammen, wobei die spezifische Konfiguration und Anordnung der Punkte und Linien für die Netzwerkqualität zunächst unerheblich ist. Sämtliche mögliche Konfigurationen, vom hierarchischen Sternnetz über das Baumnetz bis hin zur vermaschten Vollstruktur fallen aus dieser Perspektive unter den Netzwerkbegriff. Alle theoretisch möglichen Beziehungsgeflechte sind als Netzwerke darstellbar. Da eine derartige Überdehnung des Netzwerkkonzepts zwangsläufig zu einer Verdünnung seines analytischen Potentials führen würde, ist es sinnvoller, diesen für eine spezifische Klasse von Vernetzungskonfigurationen zu reservieren, wie dies von verschiedenen Ansätzen des ökonomischen und soziologischen *Neoinstitutionalismus* getan wird (*Powell* 1996, *Williamson* 1996).

Netzwerke zwischen Markt und Hierarchie

Aus dieser institutionellen Perspektive bezeichnet ein Netzwerk alle Strukturkonfigurationen und Hybridformen, die sich zwischen den *institutionellen Extrempunkten* von *Hierarchie* (Sternnetz) und *Markt* (voll vermaschtes Netz) bewegen. Hier ist der Politiknetzwerkbegriff gegenüber zwei alternativen Konfigurationen abzugrenzen:

158

- gegenüber einer Konfiguration, in der eine bestimmte materielle Politik nicht nur von einem einzigen Hauptakteur bestimmt und mittels Autoritätsbeziehungen formuliert und umgesetzt wird, und

- gegenüber einer Konfiguration, in der sich Politik spontan, ungeplant und quasi unbewusst aus dem Handeln und den Interaktionen vieler konkurrierender Akteure herausbildet.

Politiknetzwerke beziehen sich damit auf Interaktionszusammenhänge, in denen die Zahl der an einer Politik beteiligten Akteure noch überschaubar bleibt, die Akteure über ihre jeweiligen Interessen informiert sind, ihr gemeinsames Handeln abstimmen bzw. aushandeln und Kooperation unter Umständen auf Dauer stellen können. Für *Renate Mayntz* (1997: 239-262) ist ein Netzwerk die Synthese von Markt und Hierarchie, eine Neukombination, die einen qualitativ anderen Typus von Sozialstruktur erzeuge, der durch eine Kombination von Elementen der beiden anderen grundlegenden Ordnungsformen charakterisiert sei, „nämlich auf der einen Seite das für Märkte typische Vorhandensein einer Vielzahl von autonom Handelnden (oder Subjekten) und auf der anderen Seite die für Hierarchien typische Fähigkeit, gewählte Ziele durch koordiniertes Handeln zu verfolgen" (*Mayntz* 1997: 246).

Ferner darf nicht vergessen werden, dass mit dem Begriff des Politiknetzwerks auch Aspekte von Informalität verbunden sind. Häufig werden damit Handlungs- und Interaktionsverflechtungen in der Formulierung und Implementation von Politiken bezeichnet, die neben den offiziellen und verfassungsmäßig vorgesehenen Beziehungen auch informelle Beziehungen zu privaten Akteuren enthalten. Ein Beispiel: In den meisten Verfassungen ist das Parlament das Zentrum politischer Willensbildung. Die übrigen Organe wie Regierung und Verwaltung haben streng genommen nur ausführende Funktionen. Parteien wirken an der Willensbildung nur mit oder haben – wie z.B. in Frankreich –den Status von Wahlvereinen. Eine offizielle Beteiligung von Verbänden und anderen privaten Akteuren an der Formulierung und Umsetzung von Politiken ist in den meisten Verfassungen nicht vorgesehen. Dieses konstitutionelle Ideal korrespondiert jedoch in keinem modernen Industrieland mit der politischen Wirklichkeit. Sowohl in der Formulierung wie auch in der Umsetzung von Politiken wirken heute viele inoffizielle Akteure (wie z.B. Verbände) nicht nur mit, sondern nehmen oft eine zentrale Position in der inhaltlichen Bestimmung einer Politik ein (*Ronit/Schneider* 1997). Dies ist kein Zufall, sondern hat strukturelle Gründe. Der in der jeweiligen Verfassung vorgesehene parlamentarische und gouvernementale Komplex wäre heute vollkommen überlastet, wenn viele der übrigen gesellschaftlichen Akteure wie Parteien, Interessenverbände, Forschungsinstitute, Verwaltungs- und Selbstverwaltungsbehörden sich weder über informelle Kommunikations- und Kooperationsnetze verständigen noch an der Mobilisierung von Policy-Ressourcen, der Koordination politischer Handlungen und der Produktion von Politiken beteiligen würden (*Kenis/Schneider* 1991).

Im Vergleich zum traditionellen hierarchischen Modell der Politikentwicklung, in dem Politikformulierung und Implementation ein ausschließliches Prärogativ der Legislative und Exekutive war, kann die Herausbildung von Politiknetzwerken als eine Reaktion auf die wachsende Zuständigkeit staatlicher Poli-

Informelle
Zusammenhänge

tik, zunehmende Interdependenzen und der fortschreitenden Akkumulation und Konzentration gesellschaftlicher Ressourcen in Großorganisationen (korporativen Akteuren) gesehen werden. Weil staatliche Ressourcen und Organisationskapazitäten mit diesen Wirkungen sozialer Differenzierung nicht Schritt halten und staatliche Akteure zunehmend unfähig sind, die notwendigen Ressourcen für die Produktion von Politiken (Formulierung und Durchsetzung) selbständig zu garantieren, wird der traditionelle Parlaments- und Regierungskomplex abhängig von der Kooperation und der kollektiven Ressourcenmobilisierung nichtstaatlicher, privater Akteure. Kooperation ist jedoch nicht zu erzwingen, was staatliche Akteure zu Verhandlungen mit solchen gesellschaftlichen Machtgruppen zwingt (*Scharpf* 1992).

Möglichkeiten und Grenzen staatlicher Steuerung
Die Politikfeldanalyse hat mit zahlreichen Fallstudien zu politischen Entscheidungsprozessen und dem Gelingen und Versagen von staatlichen Steuerungsversuchen zu dem Aufkommen der Debatte über die Grenzen der staatlichen Steuerungsfähigkeit maßgeblich beigetragen. Detaillierte Fallanalyse zeigen zum einen, dass sich umweltbewusstes Handeln von Unternehmen und Bürgern nicht einfach durch Gesetz verordnen lässt. Eine wirkungsvolle oder gar nachhaltige Umweltpolitik muss stattdessen mit Steuervergünstigungen und Investitionsanreizen operieren, um Unternehmen zu einem entsprechenden Umbau ihrer Produktionsanlagen zu bewegen (*Decker* 1994; *Jänicke* 1986). Andererseits ist es notwendig, dass sich ökologisch sinnvolles Verhalten auch in der Alltagspraxis von Konsumenten durchsetzt, was nur durch Aufklärungskampagnen und umweltbewusste Erziehung erreicht werden kann. In den Politikfeldern der Privatisierung ehemaliger staatlicher Infrastrukturmonopole (Radio/Fernsehen, Post, Telekommunikation, Energie) lässt sich eine ähnliche Entwicklung aus umgekehrter Richtung prognostizieren: Zwar wird die Privatisierung von staatlicher Seite mit marktwirtschaftlicher Propaganda begleitet, die höchstens teilprivatisierten Policy-Sektoren werden aber weiterhin von staatlichen Kontroll- und Regulierungsbehörden überwacht, wobei sowohl ein zu großer Preiswettbewerb als auch die Monopolbildung durch Konzerne in den Infrastrukturbereichen verhindert werden soll (*Böllhoff* 2005; *Müller* 2002; *Schneider* 1999). Fallstudien zu diesen und ähnlichen Problemen weisen auf Einschränkungen der staatlichen Handlungsfähigkeit durch Eigenheiten und Struktureigenschaften des jeweiligen Politikfeldes hin (z.B. die Blockadehaltung von mobilisierungsmächtigen zentralistischen Verbänden, die Adressierung der öffentlichen Meinung durch Bürgerinitiativen und neue soziale Bewegungen). Die wissenschaftliche Diskussion über die Voraussetzungen und Kontexte von politischer Steuerung hat aber auch Erkenntnisse darüber hervorgebracht, wie sich staatliche Politik in den unübersichtlichen Interessenkonstellationen von Politikfeldern Geltung verschaffen kann. Policy-Forscher verweisen auf Steuerungserfolge zum einen durch selektive Einbindung relevanter Policy-Akteure (wobei hier die Organisations- und Mobilisierungsmacht dieser Akteure instrumentalisiert wird) oder zum anderen durch Installierung von Verhandlungsrunden, die auch schwach organisationfähigen Interessen Zugang gewähren und so die Nutzung aller relevanter, im Politikfeld verteilter Wissensressourcen und die Zusammenarbeit mit offiziellen und nicht-offiziellen Policy-Experten gewährleisten (*Grande* 1993; *Mayntz* 1993; *Scharpf* 1993). Politische Steuerung erscheint aus dieser Perspektive nicht

mehr als *Einbahnstraße* ausschließlich politischer Machtdurchsetzung, sondern als ein komplexes Arrangement von wechselseitigen Kooperationsangeboten und möglichst inklusiven Verhandlungslösungen unter Berücksichtigung der Selbststeuerungskompetenzen nicht-staatlicher Akteure (*Kooiman* 2003).

Vor dem Hintergrund dieses veränderten Kräfteverhältnisses zwischen Staat und Gesellschaft können Politiknetzwerke daher letztlich als neue politische Steuerungsformen betrachtet werden:

Politiknetzwerke als Steuerungsstrukturen

> "Policy networks are new forms of political governance which reflect a changed relationship between state and society [...] Policy networks are mechanisms of political resource mobilization in situations where the capacity for decision making, program formulation and implementation is widely distributed or dispersed among private and public actors."(*Kenis/Schneider* 1991: 41).

Zur Bewältigung seiner sich ständig weiter ausdifferenzierenden Aufgabenlast ist der Staat gezwungen, die notwendigen Politikressourcen

- über Austauschprozesse mit gesellschaftlichen Akteuren zu akquirieren,
- die Aufgaben selbst auf gesellschaftliche Verarbeitungseinheiten (teilweise oder vollkommene sektorale Selbstregulierung) zu verlagern oder
- Politiken arbeitsteilig in Kooperation mit gesellschaftlichen Akteuren gemeinsam zu produzieren.

Hierbei kommt es oft zu Arrangements, in denen die Grenzen zwischen privat und öffentlich verschwimmen und hierarchische Autoritätsstrukturen nicht mehr greifen. Solche Netzwerke können sich ad hoc bilden und nur auf ein situatives Thema bezogen sein. Insbesondere in der Bundesrepublik herrschen in vielen Bereichen jedoch dauerhafte Beziehungsstrukturen vor, durch die relevante Policy-Akteure über langjährige und wiederkehrende Kommunikations- und Kooperationsbeziehungen untereinander verbunden sind. Dies schafft Vertrauen und erleichtert dadurch Verhandlungen und Kompromissbildung. An diesen horizontalen Produktionsverhältnissen öffentlicher Politiken sind letztlich all jene Akteure beteiligt, die auf direkte oder indirekte Weise auf die Entwicklung einer Policy einwirken.

Zusammenfassend kann die Spezifik der durch Politiknetzwerke organisierten Produktionsverhältnisse öffentlicher Politiken in einem zweidimensionalen Kontinuum lokalisiert werden, das sich entlang der Achsen „*Koordinationsform*" und dem „*gesellschaftlichen Status*" der involvierten Akteure aufspannt.

- Das Kontinuum bezüglich der Koordinations- und Steuerungsform enthält auf der einen Seite den Extrempunkt einer Konfiguration, in der eine bestimmte materielle Politik nur von einem einzigen (Haupt-)Akteur bestimmt und über Autoritätsbeziehungen formuliert und umgesetzt wird (Hierarchie). Auf der anderen Seite befindet sich der Extrempunkt, in dem sich Politik spontan, ungeplant und unbewusst aus dem Handeln vieler eigensinniger und verstreuter Akteure herausbildet (Markt). Netzwerke dagegen sind zwischen diesen beiden Extrempunkten liegende Interaktionszusammenhänge, in denen die Zahl der an einer Politik beteiligten Akteure überschau-

Koordinationsform

bar bleibt und die Akteure über ihre jeweiligen Interessen informiert sind, ihr gemeinsames Handeln abstimmen oder aushandeln und letztlich auch Kooperation auf Dauer stellen können.

Gesellschaftlicher Status ▪ Die Dimension des gesellschaftlichen Status bezieht sich auf das Kontinuum zwischen privat und öffentlich, das sich sowohl auf die Handlungskontrolle als auch auf den Output der jeweiligen korporativen Akteure beziehen kann. Öffentliche Kontrolle einer Organisation bedeutet, dass das Organisationshandeln durch einen Entscheidungsmechanismus kontrolliert wird, an dem direkt oder indirekt potentiell jeder beteiligt und niemand davon ausgeschlossen ist. Analog dazu ist der öffentliche Output einer Organisation dadurch gekennzeichnet, dass (prinzipiell) niemand von dessen Nutzung oder Konsum ausgeschlossen ist. Öffentliche Organisationen sind daher potentiell durch alle (eine demokratische politische Struktur natürlich vorausgesetzt) kontrolliert, und gleichermaßen ist deren Output auch potentiell an alle Gesellschafts-mitglieder gerichtet.

Governance als Kybernetik Die Sichtweise politischer Steuerung, wonach staatliche Instanzen, die demokratisch legitimiert sind, gestaltend in die Gesellschaft eingreifen, um öffentliche Interessen zu verwirklichen, wurde erweitert durch das Modell des kooperativen Staats, in dem politische Steuerung nicht auf das Handeln staatlicher Akteure beschränkt bleibt, sondern sämtliche Akteure einschließt, die öffentliche Interessen verfolgen und zur Bewältigung gesellschaftlicher Probleme beitragen (*Benz* 2004, *Grote/Gbipki* 2002, *Mayntz* 2004). Wie Gesellschaften Probleme lösen, sich reproduzieren und selbst regulieren können, ist eine klassische Frage der Gesellschaftstheorie überhaupt. Von jeher haben Menschen diese schwierige Frage durch Vereinfachungen und Analogien beantwortet. So ist eines der ältesten Gesellschaftsbilder der Schifffahrtsmetaphorik entlehnt; die Gesellschaft bildet ein Schiff, das den Herausforderungen seiner Umwelt trotzen muss und hierbei den Befehlen seines Steuermanns gehorcht. Dieses Staatssteuermann-Bild geht letzlich auf die reale Figur des Steuermanns (*kybernêtês*) athenischer Kriegsschiffe zurück und viele der heutigen sozialwissenschaftlichen Steuerungskonzepte und die Kybernetik allgemein sind durch diese Grundvorstellung geprägt (*Kenis/Schneider* 1996).

Steuerung und Regelung Aus dem griechischen Begriff *kybernân* – das Steuern eines Schiffes – wurde später der Begriff *Kybernetik* geformt, der heute allgemein die *Steuerungswissenschaft* bezeichnet. Hierbei wird jedoch zwischen Steuerung und Regelung unterschieden. Während unter Steuerung die Einstellung, Erhaltung oder Veränderung eines Systemzustands durch externe Festlegung bestimmter verhaltensbestimmender Größen ohne Rückmeldung verstanden wird, ist in einem Regelungsmechanismus eine Rückkopplungsschleife enthalten. Ihr Wirkungsprinzip besteht darin, dass Abweichungen von einem bestimmten Sollzustand durch Gegenreaktionen (negative Rückkopplung) kompensiert werden.

Lateinische Entsprechungen für den griechischen Grundbegriff waren *gubernare* und *regere*, die beide für das Steuern sowohl eines Schiffes als auch des Staates verwandt wurden. Hierauf sind letztlich die englischen und französischen Begriffe „to govern" und „gouverner" sowie das deutsche Wort „regieren" zurückzuführen. Auch der in den Sozialwissenschaften unlängst prominent gewordene Begriff Governance weist auf derartige Basisvorstellungen zurück. Governance ist das substantivierte Verb, das sich von „to govern" ableitet. Die Substantivierung verweist auf die Dauerstellung eines Vorgangs, eben der Steuerungs- und Regelungsaktivitäten. Dies lässt sich sowohl im Sinne eines Funktions- und Aufgabenkomplexes als auch im Sinne eines dauerhaften Prozessmusters ausdrücken. Governance bezeichnet den Prozess des Steuerns und des Regelns eines technischen oder sozialen Zusammenhangs, wobei noch offen bleibt, welche konkreten Mechanismen hier am Werk sind – Systeme, Institutionen, Akteure -, um die jeweiligen Steuerungsleistungen zu erbringen.

Steuerung meint nicht notwendigerweise eine autoritative Struktur, sondern ist durch ein breites Spektrum von Governance-Mechanismen möglich, angefangen von der erwähnten unitären und hierarchischen Struktur bis hin zu heterogenen, aus einer Vielzahl von Steuerungssubjekten zusammengesetzten Arrangements. Der Extrempunkt dezentraler Steuerung ist der atomistische Markt, in dem die Steuerungsleistung aus dem Zusammenwirken von unzähligen Marktteilnehmern, die Preisinformationen austauschen und Kaufverträge abschließen, hervorgeht. Weil die Steuerungsleistungen letztlich auf dem Zusammenwirken individueller Handlungen und institutioneller Arrangements (im Fall des Marktes insbesondere Preis und Vertrag) basieren, kann man von institutioneller Steuerung reden. Institutionelle Arrangements kanalisieren und strukturieren das menschliche Verhalten, indem sie verhaltenswirksame Anreizstrukturen etablieren, die festlegen, welche positiven und negativen Sanktionen für bestimmte Handlungen jeweils zu erwarten sind. Diese institutionalistische Sichtweise politischer Steuerung ist, so *Renate Mayntz* (2004), charakteristisch für die Governance-Theorie. Im Unterschied zu der Steuerungstheorie der 1970er-Jahre, die das Steuerungshandeln staatlicher Akteure in den Mittelpunkt der Analyse rückte, steht aus der Governance-Perspektive die Regelungsstruktur und ihre Wirkung auf das Handeln der Akteure im Vordergrund. In der Policy-Forschung beschreibt der Governance-Begriff treffend die Besonderheiten des kooperativen Staats, in dem zivilgesellschaftliche Akteure an der politischen Steuerung mitwirken und somit die Grenzen zwischen Steuerungssubjekten und Steuerungsobjekten verschwim-men.

Steuerung als Ergebnis des Zusammenwirkens unterschiedlicher Mechanismen

Anders als in der Technik wird unter der *institutionellen Kybernetik* in der Politikwissenschaft keine präzise Festlegung von Verhaltenszuständen verstanden, sondern eher eine Form von Handlungskanalisierung und Orientierungsgebung. Steuerungsinstitutionen sind aus dieser Perspektive aus vielfältigen Instrumenten zusammengesetzt, zu denen Anreizstrukturen zählen, die Handlungen motivieren, aber auch Akteure veranlassen, bestimmte Handlungstypen zu unterlassen. Darüber hinaus, gibt es auch Arrangements die Verfügungs- und Handlungsrechte zuteilen. Schließlich gibt es Steuerungselemente, die bestimmte Signalisierungsmedien, Koordinationstechniken und kognitive Rationalisierungsinstrumente bereitstellen, über die sich Rationalität und Leistungsfähigkeit individuellen und kollektiven Handelns beträchtlich steigern lassen. Hierzu zählen auch Institutionen, die Wahrnehmung strukturieren, Aufmerksamkeit fokussieren und erfolgreiche Such- und Optimierungsverfahren auf Dauer stellen (*Simon* 1993).

Institutionelle Kybernetik

Das analytische Ziel eines solchen Ansatzes der institutionellen Steuerung ist letztlich, Akteurhandeln durch institutionelle Regelungsmechanismen zu erklären. Hierbei gehen Governance-Ansätze meist konfigurationsanalytisch vor. Bestimmte Regelungsarrangements werden jeweils nach diskreten Strukturformen oder Idealtypen geordnet, insofern kann dieser Ansatz auch als „*Vergleich diskreter institutioneller Strukturalternativen*" bezeichnet werden (*Williamson* 1996). Fast alle dieser Governance-Ansätze gehen von Grundmustern oder Idealtypen aus, bei denen die unbestrittene Basisreferenz immer noch der Markt ist, von dem zum einen autoritative Sozialkonfigurationen wie Hierarchie, Planung oder Staat, zum anderen auch komplexere, weniger deutliche Hybridformen wie Clan- oder Feudalstrukturen, Gemeinschaft oder Solidarität unterschieden werden. Auch das Netzwerk wird, wie wir gesehen haben, aus dieser Perspektive als Steuerungsform diskutiert. Gegenwärtig ist die Forschung in vielen sozialwissenschaftlichen Subdisziplinen dabei, die Funktionsprinzipien von Netzwerken zu erschließen und für die Gestaltung von Organisationen bis hin zu gesellschaftlichen Teilbereichen fruchtbar zu machen. Aus einer akteur- und strukturzentrierten Perspektive wird es hierbei letztlich darum gehen müssen, zu zeigen, wie bestimmte Beziehungsstrukturen in Gesellschaft und Politik sich auf das Handeln und die Interaktion von Akteuren auswirken, und welche Kräfte von Integration und Differenzierung hier jeweils ausgelöst werden.

5.3.2 Policy Regime

Die Diskussion über Governance-Strukturen deutet aber auch auf einen Ergänzungsbedarf in den akteurs- und strukturzentrierten Ansätzen der Politikfeldanalyse hin. Politikfelder, deren Akteurs- und Strukturkonstellationen mit Verhandlungsmodellen und Netzwerkkonfigurationen beschrieben werden, sind selbst sowohl Gegenstand als auch Instrument von Regulierungs- und Institutionalisierungsprozessen. Durch politische Entscheidungen werden innerhalb von Politikfeldern spezifische Organisations- und Interaktionsformen ausgezeichnet und festgeschrieben. Was in der vergleichenden Staatstätigkeitsforschung als Pfadabhängigkeit von politischen Prozessen beschrieben wird, impliziert für Politikfelder, dass sich in ihnen Regeln und Strukturen etablieren, die nicht so flexibel und plural verfasst sind, wie es die Politiknetzwerkforschung manchmal suggeriert. Stattdessen etablieren sich in Politikfeldern Policy-Regime, die den Interaktionen zur Programmformulierung und -umsetzung eine gewisse Regelmäßigkeit und Stabilität verleihen (*Janning* 2004; 2006). Mit der Einführung des Regimekonzepts in die Politikfeldanalyse kann an eine weit reichende Diskussion über Konflikt- und Kooperationsformen in der Politik angeschlossen werden.

Das Regimekonzept hat in der Analyse der internationalen Beziehungen schon in den frühen 80er Jahren eine große Verbreitung erfahren. Mit dem Konzept wollten anfangs besonders amerikanische Politikwissenschafter die zahlreichen neuen Phänomene der Kooperation und Verständigung in der internationalen Politik erklären, die sich aufgrund der Annäherung der beiden großen geopolitischen und ideologischen Blöcke und in der Folge der Abschwächung der hegemonialen Stellung der USA in der Sicherheits-, Technologie- und Wirtschaftspolitik einstellten (*Haas* 1974/75; 1980, *Keohane* 1982; 1984, *Stein*

1982). Schnell wurde aber auch eine Fundamentalkritik an der Operationalisierbarkeit und Präzision des Regimekonzeptes laut (*Strange* 1982). Nichtsdestotrotz häuften sich in den 90er Jahren detailgenaue empirische Studien über die Zusammenarbeit zwischen Nationalstaaten zur Bewältigung übergreifender, nicht mehr territorial auf einzelne Industriestaaten beschränkter Umweltprobleme (*Breitmeier* 1996, *Gehring* 1994, *Haas* 1990, *Oberthür* 1997; *Young* 1989). Entsprechend wird auch die internationale Kontrolle und Regulierung der natürlichen Kollektivgüter (Rohstoffe, Trinkwasser, Fischvorkommen) mit dem Regimeansatz analysiert (*Wolf* 1991). Bei allen Unterschieden in den Einsatzgebieten der Regimeforschung herrscht eine relativ große Übereinstimmung darüber, worum es sich bei diesem Phänomen in den internationalen Beziehungen handelt, nämlich um „sets of implicit or explicit principles, norms, rules, and decison-making procedures around which actors' expectations converge in a given area of international relations" (*Krasner* 1983: 2). Durch genauere Kennzeichnung der Bestandteile dieser Definition lassen sich Regime als Forschungsgegenstand genauer bestimmen: Regime erscheinen *erstens* als Regelsysteme, die Verhaltensregeln und Normen für die Regimemitglieder formulieren und diese durch mehr oder weniger vertraglich fixierte Abkommen und Konventionen den Akteuren mit einer gewissen Verbindlichkeit zur Befolgung auferlegen. Das Nichtbefolgen oder Nichteinhalten des Regimekodexes wird Sanktionen – von Kompensationsleistungen bis hin zum Regimeausschluss – durch die anderen Mitglieder nach sich ziehen. Das Regime entwirft aber nicht nur Verhaltensregeln, sondern *zweitens* auch Verfahrensregeln für den transnationalen Austausch in der internationalen Staatengemeinschaft und ermöglicht das friedliche Austragen von Interessenkonflikten und das kollektive Bearbeiten von Streitfällen. Als Regelsystem verfügt das Regime *drittens* über eine gewisse Stabilität und legt Zugangs- und Ausschlussregeln für die Interaktionsteilnehmer fest, damit unterscheidet es sich von den einzelnen, situativen Interaktionsergebnissen, den Einigungen und Vereinbarungen. Die Festlegung von Verhaltensregeln und Mitgliedschaftsvoraussetzungen hebt das Regime aber auch nicht auf den Status einer internationalen Organisation. Die Regimemitglieder verfügen zwar *viertens* über gleichgerichtete Verhaltens- und Verfahrenserwartungen, sind aber nicht auf eine bestimmte Rollenzuweisung in den Verhandlungen und Interaktionen festgelegt und delegieren auch den Einigungs- und Abstimmungsprozess nicht an eine formal eingesetzte Organisationsspitze. Nichtsdestotrotz können sich natürlich innerhalb der Regime interne Ausdifferenzierungen wie Koalitionen zwischen einem Teil der Mitglieder bei starker Interessengleichheit oder Untergremien zur Vorklärung von Deklarationsinhalten und zur Festlegung von Verfahrensfragen bilden. Von internationalen Organisationen unterscheiden sich Regime aber besonders durch ihre *fünfte* Eigenschaft, die Begrenzung des Aktionsradius des Regelsystems auf ein spezifisches Problemfeld (*issue area*), das besondere transnationale Herausforderungen produziert und die Staatenwelt zu einer vertieften Kooperation und zur Initiierung spezifischer Regulierungen, die auf die *issue area* beschränkt bleiben, zwingt.

Interessanterweise hat sich in den letzten Jahren ein neues Interesse an dem Regimebegriff im Kontext ganz unterschiedlicher Problemfelder der regulativen Politik von einzelnen Nationalstaaten eingestellt. Das Regimekonzept ermöglicht

Regime in der regulativen Politik

dabei insbesondere einen Vergleich zwischen Programmparadigmen und Politik-feldstrukturen derjenigen westlichen Industriestaaten, die maßgeblich für die Entwicklung besonderer Typen und Spezifika regulativer Politik verantwortlich waren.

Social welfare regime Eine große Prominenz hat natürlich *Esping-Andersons* (1990) Kennzeichnung von unterschiedlichen Wohlfahrtsregimes (social welfare regimes) erlangt. Das Regimekonzept soll hier die besonderen Entwicklungswege und Pfadabhängigkeiten in der historischen Genese der westlichen Wohlfahrtsstaaten ermöglichen (*Goodin* et al. 1999, *Lessenich/Ostner* 1998). Hier werden Regime als kohärente Policy-Idealtypen verstanden, die sich aus dem Zusammenspiel von staatlichen Wohlfahrtsprogrammen, den darin zugestandenen sozialen Rechten und den Auswirkungen von Arbeitslosen- und Sozialhilfe auf die nationalen Arbeitsmärkte herleiten. Ausgehend von der Relevanz und Stärke von Dekommodifizierungseffekten durch Sozialpolitik lassen sich liberale, konservativ-korporatistische und sozialdemokratische Wohlfahrtsregime unterscheiden.

Regulatory regime Aber auch die Privatisierungs- und Infrastrukturpolitik, die die Rolle des Staates mit neuen Anforderungen und Aufgaben versieht, wird zunehmend aus der Perspektive einzelner Nationalstaaten mit Hilfe des Regimeansatze beschrieben (*Böllhoff* 2002, *Eberlein/Grande* 2000, *Levi-Faur* 2000, *Müller* 2002, *Tenbücken* 2006, *Thatcher* 1998). Maßgeblich waren hier erste Erfahrungen mit neuen Akteurkonstellationen in der amerikanischen Regulierungsdebatte, die auf die Folgen der Zerschlagung von Staatsmonopolen in den Bereichen Telekommunikation, Postverkehr, Radio- und Fernsehangebot und Energieversorgung eingeht (*Müller/Sturm* 1998). Regulative Regime (regulatory regimes) werden mit dem Machtanteil von staatlichen Institutionen und der dominanten politischen Delegations- oder Kontrollstrategie zur Überwachung der (teil-) privatisierten Sektoren identifiziert. Regulative Regime unterscheiden sich hinsichtlich der Zusammenarbeit oder der Konkurrenz zwischen den staatlichen Akteuren und hinsichtlich der ausgeübten Dominanz eines Staatsakteurs in Regulierungsfragen. Aus dieser Perspektive wird der Regimebegriff eng an das staatliche Handeln in der regulativen Politik herangeführt (*Müller* 2002: 22f.).

Risk regulation regime Im Vergleich zu der Verwendung des Regimeansatzes zur Analyse des modernen Wohlfahrtsstaates wie zur Markierung von staatlichen Kontroll- und Steuerungsaktivitäten in der Privatisierungs- und Deregulierungspolitik sollen die Regime zur Risikoregulierung (risk regulation regimes) bei Gefährdungen für die Gesundheit und das Wohlbefinden der Bürger eine viel weniger festgelegte und deutlich pluralere Struktur besitzen (*Hood/Rothstein/Baldwin* 2001; *Hood* et al. 1999). Da diese Regime eine angemessene Risikowahrnehmung und ein effektives Risikomanagement unter Einbeziehung aller relevanten Wissensreservoirs und Betroffenenperspektiven bewerkstelligen sollen, lässt sich die Akteurkonstellation nicht auf staatliche Akteure verengen. Im Vergleich zu den polyarchischen Repräsentationsformen der Wohlfahrtsregime und den staatsdominierten Verhandlungssystemen in den (teil-)privatisierten Public Utilities-Bereichen erscheinen die Regime der Risikoregulierung eher als offene, heterogen strukturierte *issue networks*; dies sind durch (wissenschaftliches) Spezialwissen programmierte Politiknetzwerke, in denen sich der Einfluss eines *stakeholders* an dem Nachweis von problembezogener und programmrelevanter Kompetenz bemisst (*Heclo* 1978, *Janning* 1998: 263ff.).

Tabelle 5.6: Regimetypen

Regimetypus / Eigenschaften	Social Regulation Regime („Welfare regime")	Economic Regulation Regime („Regulatory regime")	Risk Regulation Regime
Ziele	Kompensation von Ungleichheiten, Stärkung von (sozialen) Rechten	Kontrollierte Veränderung oder Abschaffung von Staatsmonopolen	Antizipation und Bewältigung von Gefahren, Risikomanagement
Funktion	Integration und Kontrolle von Reformbewegungen	Integration und Kontrolle von Marktkräften	Integration und Kontrolle von Informationsnetzwerken
Regulierungsprinzip	Exekutive oder legislatorische Sozialpolitik	Privatisierung, Deregulierung (marktkonforme Infrastrukturpolitik)	Vorsorge (vorsorgende Verbraucherschutz- oder Umweltpolitik)
Regulierungsmaßnahmen	Verbot, Sanktion, Formalisierung von Ansprüchen und Rechten, Verhaltensauflagen	Verteilung von Besitzansprüchen, Wettbewerbsaufsicht, Preis- und Qualitätskontrollen	Akkumulation und Bewertung von Wissen, Risikoabschätzung, Folgenabschätzung
Interessenintegration	Inklusiv: Polyarchie	Selektiv: Tauschnetzwerk	Deliberativ: Issue network

Regulative Regime bilden sich im Rahmen der politischen Bewältigung neuer Regulierungstatbestände oder Regulierungsprobleme heraus und konstituieren sich im Zusammenhang mit darauf bezogenen staatlichen Regulierungsprogrammen, die eine gewisse Dauer und Kontinuität für sich beanspruchen können (*Eisner* 1993: 2ff., *Francis* 1993: 43ff., *Harris/Milkis* 1989: 25ff., *Müller/Sturm* 1998). Sie werden als neue Konfigurationen bestehend aus politischen Programmen und Maßnahmen (policies), staatlichen bzw. administrativen Institutionen und spezifischen Akteurs- und Interessenkonstellationen beschrieben, die eine gewisse Stabilität besitzen und denen es gelingt, in einem Themenfeld der regulativen Politikgestaltung die Bestimmungsmacht für die Formulierung und Durchsetzung von *policies* zu okkupieren. Die Policy-Regime erhalten ihren gestaltungs- und programmrelevanten Status durch Aufnahme bzw. Abbildung der relevanten Akteurbeziehungen, Interaktionsregeln und Aufgabenzuordnungen von sektoriell differenzierten Politikfeldern. Die Existenz und Weiterentwicklung regulativer Regime setzt dazu die Behauptung ihrer Struktureigenschaften in komplexen und wenig vorhersehbaren Entscheidungskonstellationen – die Umwelt der Regime – voraus, die aus Besonderheiten und Sensibilitäten des Politikfeldes, der makropolitischen Kräfteverteilung und internationalen

Regime als Steuerungskonfiguration

Interdependenzen hervorgehen. Eine konzeptuelle Weiterentwicklung des Regimeansatzes für die Politikfeldanalyse muss den Gedanken ernst nehmen, dass regulative Regime als Steuerungskonfiguration (*governance structure*) für politische Regulierungsfragen zu konzeptualisieren sind und dass deshalb die Fähigkeit zur Politikformulierung als elementarer Bestandteil des Regimes selbst aufgefasst werden muss (*Janning* 2006, *Waschkuhn* 2005).

Organisation von Entscheidungsautorität

Dies impliziert als erste wichtige Existenzvoraussetzung eine Organisation von Entscheidungsautorität im regulativen Regime. Diese Autorität muss allerdings zurück gebunden sein an die Legitimität und formale Herrschaftsstruktur des nationalen politischen Systems, da sonst Programme und Entscheidungen der regulativen Regime über wenig Durchschlagskraft in der nationalen Politikgestaltung verfügen. Jedoch gelingt es dem Policy-Regime als Handlungssystem innerhalb des Politikfeldes Entscheidungsautorität zu generieren; diese als legitime zugestandene Kompetenz bleibt dabei nicht auf staatliche Akteure begrenzt. Vielmehr kann die Fähigkeit staatlicher Organe, kompetent und folgensensibel zu entscheiden bzw. zu regulieren durch die Organisation der Regime noch gesteigert werden. Allein aus der Anforderung an Regime, implementierbare Policy-Vorschläge zu unterbreiten, ergibt sich zwangsläufig die Integration policyrelevanter Interessengruppen und anderer stakeholder. Als zweite wichtige Bedingung für die Herstellung von Entscheidungsfähigkeit fungiert die Übernahme oder Generierung policybezogener Steuerungsziele und Leitideen, die sich zu einem kohärenten Regulierungsprinzip mit typischen Policy-Leitbildern und Regulierungsinstrumenten verdichten lassen. Die Durchsetzung von Regulierungsprinzipien garantiert den Regimes die Programmhoheit in der Politikformulierung für spezifische Themenfelder (issue areas). Dies setzt allerdings wiederum voraus, dass im Regime ein problemadäquates Sachverständnis für die Angemessenheit der Regulierung oder Reregulierung Verbreitung findet und der Stand der Forschung für die Problemanalyse und -erklärung rezipiert wird. Dieses Verständnis von Policy-Problemen und Regulierungsfragen wird aber nicht allein durch interne Informations- und Diskussionsprozesse generiert, sondern es greift auf Erträge aus internationalen Debatten von Fachpolitikern und Wissenschaftlern über sinnvolle Regulierungsprogramme und alternative Optionen zurück. Mit dem Hinweis auf die Bedeutung von Leitideen für Policy Regime wird allerdings auch ein neuer Analysegegenstand für die Politikfeldforschung benannt, der mit den Methoden und Theorien der akteurzentrierten Ansätze im engen Sinne nicht erfasst wird. Die Rekonstruktion von kompletten Politikverläufen und von Institutionalisierungsprozessen in Politikfeldern macht deshalb häufig die Anwendung von Konzepten und Forschungsmethoden, die dem interpretativen oder qualitativ-kognitiven Zweig der Sozialwissenschaften zuzuordnen sind, notwendig. Die Auseinandersetzung mit diesen Ansätzen erfolgt im nächsten Kapitel.

Steuerungsziele und Leitideen

6 Policy-Diskurse, deliberative Verhandlungssysteme und Advocacy-Koalitionen

Der Einsatz qualitativer Methoden stellt in den Politikwissenschaften heutzutage keine Besonderheit mehr dar, nichtsdestotrotz wird die explizite Auseinandersetzung mit besonderen interpretativen Verfahren und Ansätzen nur selten unternommen (*Blatter/Janning/Wagemann 2006, Nullmeier* 1997). Konstruktivistische Interpretationsansätze in der Erforschung der internationalen Beziehungen verweisen auf die Rolle von Ordnungsideen, von kulturspezifischen Konflikt- und Verhandlungsmodellen und von Identitätskonstrukten (*Risse* 2000, *Wendt* 2000); die politische Kultur- und Kommunikationsforschung nähert sich mit inhaltsanalytischem Instrumentarium der Erfassung der soziopolitischen Bedeutungen von politischen Symbolen und Ritualen und unterschiedlichen politischen Legitimationsstrategien (*Kuhlmann* 1999, *Sarcinelli* 1987), die politische Diskursanalyse studiert Themenkarrieren und Leitbilder in der politischen Öffentlichkeit und in Parlamentsdebatten (*Diez* 1999, *Gerhards et al.* 1998); und in der politischen Soziologie hat die Beschäftigung mit den Programmaspekten der Selbstdarstellung und des Selbstverständnisses von politischen Parteien eine lange Tradition (*Opp De Hipt* 1987, *Sarcinelli* 1979).

Insbesondere in der Policy-Forschung als Realanalyse von politischen Entscheidungsprozessen schlug sich die Einsicht nieder, dass die Wahrnehmung von Problemen und die Unterbreitung von Lösungsvorschlägen nicht als ein einfacher objektiver Mechanismus abläuft, der ausschließlich durch die Relationierung von Variablen (Institutionen, Handlungsressourcen/Interessen, Entscheidungen) im Policy-Zyklus abgebildet werden kann. Vielmehr liegt der Grund für die Komplexität der politischen Gestaltungsprozesse in der Unschärfe und Subjektivität der Wahrnehmungen und Interpretationen der am Entscheidungsprozess beteiligten Akteure und in der Veränderung der Policy-Inhalte und – Implikationen durch einen fortwährenden Diskussionsprozess im Politikfeld. Dies macht nun allerdings die wissenschaftliche Erklärung und Rekonstruktion des Policy-Making nicht vollkommen unmöglich, jedoch muss gezielt der Eigenanteil einer Aneignungsarbeit durch Interpretation und diskursive Praktiken im politischen Prozess herausgearbeitet und analysiert werden (*Gottweis* 1998). Insofern ergänzen qualitative Forschungsansätze in der Policy-Forschung das variablengestützte Messen von Korrelationen oder Beziehungen der eher quantitativ orientierten Policy-Analyse (*Behrens* 2003).

Die in der Policy-Forschung gemeinhin als qualitativ-kognitiv oder interpretativ bezeichneten Forschungsansätze haben allerdings trotz einer gewissen Gemeinsamkeit in der Zielorientierung und Gegenstandswahl der Analyse recht unterschiedliche Vorstellungen über den Einsatz wissenschaftlicher Verfahren und über angemessene Konzepte zur Unterstützung der interpretativen Rekonstruktionsarbeit (im Sinne der konzeptgeleiteten Rekonstruktion von Handlungsorientierungen, Akteurswahrnehmungen und Diskursformen).

Die folgende Darstellung wichtiger Beiträge in der qualitativen Policy-Forschung versucht ausgehend von der Wiedergabe wichtiger Argumente zur Begründung und Stärkung einer qualitativen Policy-Forschung (6.1), einzelne Forschungsansätze wie die inhaltsanalytische Bestimmung der Bedeutung von Erzählmustern (*Narrativen*), und Interpretationsrahmen (*frames*) im Policy-Making Prozess sowie die Verwendung des diskursanalytischen Instrumentariums für die Policy-Analyse (6.2), die Einbeziehung von Verständigungsprozessen in die Betrachtung von Policy-Interaktionen (6.3) und das Studium von Programmkoalitionen (Advocacy-Koalitionen in 6.4) vorzustellen und im Hinblick auf ihre Vorgehensweise zu erläutern. Zumindest in den Fällen, in denen Policy-Forscher weitergehende Erfahrungen mit den jeweiligen Forschungsansätzen machen konnten, werden auch entsprechende Fallstudien zur Illustration der Ansätze diskutiert.

Zuletzt wird aber das Augenmerk auf ein primär normatives Vorhaben in der qualitativen Policy-Forschung gerichtet: Da qualitative Policy-Forschung Maßnahmen und Entscheidungen aus einer Teilnehmerperspektive zu rekonstruieren trachtet, liegt es nahe zu fordern, dass Policy-Forschung die beteiligten Akteure über ihre diskursiven, ideologischen oder kompetenzbedingten Defizite aufklären soll oder aber Akteure, die bislang aufgrund solcher Defizite nur ungenügend Zugang zu den Arenen des Policy-Making gefunden haben, in ihrem Vorgehen und ihren Mobilisierungen beratend unterstützt. Policy-Forschung wird aus dieser Perspektive zu einem wichtigen Hilfsinstrument zur Verbesserung der Ausgangsbedingungen für eine möglichst breite politische Partizipation von Bürgern in Politikfeldern (6.5).

6.1 Das neue Interesse an normativen und kulturalistischen Ansätzen

Wie schon im ersten Teil ausgeführt wurde, lassen sich für die Policy-Forschung in den USA und in Deutschland bzw. Europa wichtige Gemeinsamkeiten wie auch Unterschiede herausstellen. In den USA wurde die Policy-Forschung als eine empirische Analyse von politischen Entscheidungsprozessen quasi „erfunden", wenngleich früh die normative Orientierung als Demokratiewissenschaft zur Rationalisierung politischer Entscheidungen auf eine praxisorientierte Beraterfunktion der Policy-Analyse verengt wurde. In den anwendungsorientierten Varianten der Evaluationsforschung und der Durchrechnung von Kosten-Nutzen-Relationen für konkrete Programmvorhaben haben Policy-Forscher großen Einfluss innerhalb des amerikanischen Regierungssystems gewonnen und versorgen das politische Alltagsgeschäft mit Analysen, Expertisen und Empfehlungen. In Deutschland und Europa hat die Aufnahme der Ansätze und Methoden der Policy-Forschung vor allem zur Verwissenschaftlichung der Politikwissenschaften beigetragen, wenngleich zeitweise die Policy-Analyse als Instrument zur Verbesserung von staatlichen Handlungskapazitäten begriffen wurde.

Insofern blieb der reformorientierte, wirklichkeitsverändernde Impetus in der kontinentalen Variante erhalten, allerdings haben Policy-Forscher nur selten direkt Zutritt zu den Beraterzirkeln der politischen Entscheider gefunden und ihre Analysen haben sich nur sehr vermittelt in konkrete politische Entscheidungen umgesetzt. Obwohl also in Deutschland und Europa die Policy-Forschung besonders in ihrem Zweig der wissenschaftlichen Analyse von staatlichen Steuerungsleistungen und -potentialen institutionalisiert und fortgeführt wurde, gehen wissenschaftliche Debatten nichtsdestotrotz von Antrieben und Ansätzen der amerikanischen Forschung aus. In den letzten zehn Jahren findet besonders eine Gruppe von Policy-Forschern eine große Aufmerksamkeit jenseits und diesseits des Atlantiks, die sich dem *argumentative turn* in der Policy-Forschung verschrieben hat. Ausgehend von einem in den USA erschienenen Sammelband, der unterschiedliche Forschungsansätze und Vertreter dieser neuen Orientierung in der Policy-Forschung versammelt (*Fischer/Forester* 1993), werden zunehmend auch hierzulande die Implikationen dieser Forschungsrichtung diskutiert (*Nullmeier 1993*; 1997, *Saretzki* 1998; 2003). Grundsätzlich werden mit dem *argumentative turn* zwei neue Zielorientierungen für die Policy-Forschung angemahnt: Zum einen erstrebt der *argumentative turn* eine Auseinandersetzung mit der Praxis der Policy-Forscher, die mit ihren Analysen und Empfehlungen selbst auf den Policy-Prozess einwirken und Argumente für die politische Entscheidungen vorbereiten und prägen. In dieser Hinsicht beinhaltet die erste Zielorientierung die Reflexion über Policy-Analyse als diskursive Praxis: „We need to understand just what policy analysts and planners do, how language and mode of representation both enable and constrain their work, how their practical rhetoric depicts and selects, describes and characterizes, includes and excludes, and more" (*Fischer/Forester* 1993: 2).

Amerikanische Einflüsse

Zum anderen impliziert die Einschätzung, dass politische Entscheidungen nicht einfach als rationale Prozesse verstanden werden können, in denen Wissensressourcen generiert, in Policy-Wissen transformiert und in problemadäquate Entscheidungen überführt werden können, sondern Aspekte der sprachlichen Vermittlung, der milieu-, kultur- und rollenspezifischen Deutung und Verarbeitung von Informationen und der Glaubwürdigkeit und des rhetorischen Geschicks von Sprechern den Policy-Prozess beeinflussen, eine Neufassung des Gegenstands der Policy-Analyse. Die zweite Zielorientierung betrifft deshalb die Reflexion über die narrativ-inhaltliche Dimension von Policies. Politische Programmentwürfe, policyrelevante Stellungnahmen und öffentliche Äußerungen sowie die verabschiedeten Gesetzestexte und spezifizierten Verwaltungsvorschriften werden als Text, als Narrative, als Ideenskripte oder als Ausdruck von Grundüberzeugungen bzw. von handlungssteuernden ‚Rahmen' und als Einsatz bzw. Ergebnis von diskursiven Praktiken zur Generierung von politischen Problemdeutungen und Verantwortungszuweisungen interpretiert.

Politische Entscheidungen sind mehr als rationale Prozesse

Die beiden neuen Zielorientierungen führen die Policy-Forschung in zwei unterschiedliche Richtungen: Einerseits wird die Rolle des Policy-Experten als Berater reflektiert und eine Wertentscheidung hinsichtlich seines Engagement für die Inklusion von Bürgerinteressen oder Gemeinwohlstandpunkten in Policy-Diskussionen gefordert; andererseits sollen Programme nicht nur nach ihren Implikationen für eine kostengünstige Problemlösung untersucht werden, sondern der gesamte Prozess der Hinführung auf spezifische Probleme und Problemgesichtspunkte, der geschickten Vorstellung und wohlbegründeten Auswahl von Programmvorschlägen und der Darstellung von Lösungsvorschlägen als alternativlos soll im Rahmen von Text- und Diskursanalysen rekonstruiert und auf zugrunde liegende Motive und Schemata hin studiert werden. In den folgenden Abschnitten werden wir aber auch immer wieder auf Versuche stoßen, die normative und analytische Perspektive des *argumentative turn* miteinander zu verbinden.

Ablehnung der technokratischen Perspektive

Einig sind sich die unterschiedlichen Forschungsperspektiven und diversen Ansätze des *argumentative turn* allerdings in ihrer Ablehnung der konventionellen Vorgehensweisen und Instrumente der anwendungsorientierten, mit *technokratischen* Problemlösungsmodellen operierenden Policy-Forschung, die über Jahrzehnte die Forschungsszene beherrschte. Folgende Punkte werden im amerikanischen Kontext als Defizite der alten, konventionellen Policy-Forschung herausgestellt (*De Leon* 1993, *Fischer* 1993, 2003: 5-11).

- Entgegen allen Erklärungs- und Rationalisierungsansprüchen der Policy-Forschung trägt die Policy-Expertise zur Beratung der amerikanischen Regierungsadministration im *„war against poverty"* und im Vietnam-Krieg weder zu einer dauerhaften Lösung des Armutsproblems bzw. zu einer Verbesserung der Kriegsstrategien der amerikanischen Streitkräfte bei, noch ermöglicht die Policy-Forschung die Prognose von Entwicklungsverläufen und Politikwirkungen. Insgesamt scheint die Wirkung der Policy-Forscher auf politische Entscheidungsprozesse eher stark eingeschränkt zu sein, die Forscher können höchstens ihre Informationszusammenstellungen und Kostenaufstellungen einbringen, aber keine relevanten Programm- oder Prozessanalysen unterbringen.
- Der Einsatz der Policy-Forschung als Beratungsinstrument in den 60er und frühen 70er Jahren dokumentiert eine technokratische Sichtweise, die auf eine möglichst neutrale und numerisch-statistische Ermittlung von Problemtatbeständen und politischen Handlungsoptionen (Sollwerten) hinausläuft und bewusst die Einschätzungen der Betroffenen und Beteiligten ausklammert.
- Das szientistische, technokratische Selbstverständnis der Policy-Experten führt darüber hinaus dazu, dass eine verzerrte Sichtweise der politischen Prozesse und der gesellschaftlichen Problemlagen insgesamt produziert wird:

> „Policy analysts, by virtue of their scientifically oriented mode of discourse, are often seen as suffering from a technical view of society that distorsts political reality. Committed to the ideals of scientific rationality and technical efficiency, they are prone to finding fault everywhere in the political system ... Against the ideals of technical rationality, nothing in the political world seems to work. Policy problems appear to abound in every domain of a system that is described as slow, ineffective, and inefficient"(*Fischer/Forester* 1993: 27).

Wie sieht nun die Vorgehensweise der neuen Policy-Forschung aus? Fischer und Forester fokussieren in ihrer programmatischen Einleitung zum erwähnten Sammelband auf eine Veränderung der Anwendungspraxis von Policy-Forschung durch eine genaue Analyse der argumentativen Praxis von Policy-Experten und Politikern. Da die Policy-Analyse selbst nur einen besonderen praktischen, anwendungsorientierten Zweig der Argumentation darstellt, lässt sich durch die Verbesserung der Argumentationsstrategien und durch die Integration anderer relevanter Formen des praktischen Wissens der Argumentationsprozess rationalisieren. Die kritische Reflexion der bisherigen Policy-Beratung führt also nicht zu einer Ablehnung der Funktion des Policy-Wissens und auch nicht zu einer redundanten Nabelschau einer kritischen Analyse der Methoden und Vorgehensweisen anderer Policy-Forscher, stattdessen wird erst nach dem *argumentative turn* eine gehaltvolle Auseinandersetzung mit unterschiedlichen Deutungsansprüchen im Policy-Prozess möglich. Wie sieht aber das Analyseinstrumentarium dieser Policy-Forschung aus? Wir werden uns in den folgenden Abschnitten den textkritischen und diskursanalytischen Ansätzen in der neueren Policy-Forschung zuwenden.

6.2 Policy Narratives, Policy Frames und Policy Diskurse

Die vorliegenden Ansätze für eine textkritische und eine diskursanalytische Behandlung von Policy-Debatten sind eng miteinander verwandt. Sie haben die gemeinsame Ausgangshypothese, dass die gelungene bzw. glaubwürdige Darstellung von Programmpositionen innerhalb der Policy-Kontroversen einen maßgeblichen Anteil an dem Erfolg einzelner Programmvorschläge und an der Bewältigung von ideologischen Zerwürfnissen im Politikfeld hat. Die einzelnen qualitativen Ansätze unterscheiden sich aber hinsichtlich des jeweils zentralen Forschungsgegenstandes und der vorgeschlagenen Analysemethoden.

6.2.1 Policy Narratives

Die narrativ-inhaltliche Analyse von Policies bemüht sich dabei um eine Gesamtschau der Programmdiskussionen und versucht spezifische inhaltliche Muster im Verlauf der Policy-Debatte herauszuarbeiten (*Kaplan* 1993, *Roe* 1994). Der Policy-Forscher begibt sich auf die Suche nach *Narrativen*, d.h. nach Geschichten (stories), die eine typische Erzählstruktur (einen Erzählanfang (beginning), eine Erzählmitte (middle) und ein Erzählende (end) aufweisen. *Narrative* ordnen für die handelnde Person im Politikfeld oder den analysierenden Wissenschaftler einzelne, unzusammenhängende und weit voneinander entfernt ablaufende Ereignisse zu einem synchronen Sinnganzen mit kohärenter Argumentations- bzw. Ablaufstruktur (*Kaplan* 1993: 172). *Narrative* können dabei sowohl in sprachlicher als auch in schriftlicher Form vorliegen, bei letzteren überwiegen programmatische Vorschläge oder rekonstruktive Erlebnisdarstellungen von an Entscheidungen beteiligten Akteuren. Inhaltlich können Narrative im Hinblick auf vorliegende Legitimationsstrategien oder Rationalisierungsversuche für vergangene, inkohärente oder inkrementale Prozesse untersucht werden. Die Sprecher ordnen ihre aktuellen Entscheidungen oder Einstellungen in den Verlauf vorheriger Geschehnisse ein und begründen die aktuelle Positionsbestimmung mit der historischen Notwendigkeit von Entwicklungsverläufen und analogen Szenarien im Politikfeld. Ebenso lassen sich aber auch ordnende Ideen (Sinnklammern) in *Narrativen* als plotbildend analysieren. Policy-Leitbilder und

173

Rahmenkonzepte versorgen die kontingente Einzelentscheidung oder aktuelle Debatte mit einem Kontext an schlüssigen Argumenten, griffigen Beispielen und konsistenten Behauptungen und verdeutlichen dadurch die logische Notwendigkeit von situativen Vorgehensweisen und subjektiven Einschätzungen.

stories, nonstories, counterstories

Wichtig für die wissenschaftliche Überprüfung von *Narrativen* ist der Konsistenz- und Vollständigkeitstest, d.h. die Überprüfung der zentralen narrativen Elemente (agent, act, scene, agency and purpose (who, what, where, and why)) auf ihre inhaltliche Stimmigkeit und Vollständigkeit (*Kaplan* 1993: 178). Das Fehlen von einzelnen Elementen deutet auf Argumentationsschwächen in der Programmposition oder aber auf unausgewogene Diskussionsstrategien in der Policy-Debatte hin. Zur besseren Abgrenzung unterschiedlich strukturierter *Narrative* führt *Roe* (1994: 2-4) weitere Typen ein: Die kompletten *Narrative* mit ihrem logischen Aufbau und den notwendigen inhaltlichen Elementen bezeichnet *Roe* als *stories*, während ein zirkulärer Aufbau der Argumentation die Verwendung von *nonstories* dokumentiert. Die gegen die vorherrschenden Policy-Definitionen und Problemgeschichten in Anschlag gebrachten *Narrative* schließlich werden als *counterstories* bezeichnet. Darüber hinaus können dominante *stories* und heterodoxe *counterstories* oder *nonstories* in ihrer Argumentationsstruktur miteinander verglichen und aufeinander bezogen werden. Der Forscher erhält dadurch Informationen über die Gesamtform des Programmkonflikts und der benutzen Argumentationsweisen relevanter Akteure und kann so ein *metanarrative* für eine Policy-Debatte rekonstruieren.

Die Beschäftigung mit *Narrativen* im Policy-Diskurs besitzt eine deutlich wertende Ausrichtung, insofern als Diskussionen, Argumentationsketten und zugrunde liegende Antagonismen von dem Policy-Forscher als auch von den Teilnehmern einer Programmdiskussion bewertet werden: Mangelhafte oder inkonsistente *Narrative* erscheinen weniger überzeugend in der rhetorisch-inhaltlichen Auseinandersetzung, ebenso verleiht der Policy-Forscher, wenn er sich selbst bemüht, die Entscheidungen und Prozesse eines Politikfeldes in Form von *Narrativen* zu präsentieren, seiner eigenen Darstellung eine größere Stimmigkeit und ermöglicht – für den Forscher wie für den Forschungsrezipienten – eine bessere Nachvollziehbarkeit von Detailentscheidungen innerhalb einer spezifischen, nicht selten technischen Materie. In den realen Policy-Debatten dokumentiert die Dominanz mangelhaft konstruierter *Narrative* – also die häufige Verwendung von *nonstories* – eine Abkehr von einer sachlichen, rein inhaltlichen Auseinandersetzung; ebenso erhöht eine ideologisch aufgeladene Polarisierung zwischen *stories* und *nonstories* das Konfliktniveau im Politikfeld und verhindert die Einigung der verfeindeten Lager auf einen Kompromissentscheid. Für *Roe* ergibt sich durch den Hinweis auf das hier zugrunde liegende *metanarrative* – ideologische Polarisierung – die Chance für die beteiligten Akteure, sich nicht mehr krampfhaft um einen Kompromiss zu bemühen, sondern die ideologischen Unterschiede zu akzeptieren.

Fallbeispiel: Medfly Controversy

Wie sieht die Forschungspraxis der narrativen Policy-Analyse aus und zu welchen Ergebnissen gelangt sie? *Roe* (1994: 52-75) demonstriert seinen Ansatz an einer Policy-Kontroverse, die sehr klar die unterschiedlichen Argumentationsstrategien der beteiligten Akteure offen legt: die sog. *,Fruchtfliegen-Kontroverse'* (Medfly Controversy) in Kalifornien. Im Juni 1980 wurden dort auf Obstplantagen mediterane Fruchtfliegen (Medflys) entdeckt, die die Qualität der Früchte und der Obsternte massiv zu gefährden drohten. Als Sofortmaßnahme wurde auf Initiative des Agrarministeriums des Staates Kalifornien das „California Medfly Project" ins Leben gerufen, dem neben administrativen Vertretern vor allem mit Lebensmittelfragen und Agrarproblemen befasste Wissenschaftler und Experten angehörten. Vertreter des nationalen Agrarministeriums mahnten die großflächige Anwendung von Pestiziden aus der Luft (*aerial spraying*) zur Problembekämpfung an, dieser Vorschlag erregte jedoch den erbitterten Protest von Umweltgruppen und lokalen Bürgergruppen und wurde auch von den Wissenschaftlern zuerst kritisch beurteilt. Da die Medflys nur an einzelnen Orten beobachtet wurden, einigte man sich in der Projektgruppe schnell auf eine regionale, territorial eingegrenzte Bekämpfung (*ground program*) des Problems; im Rahmen dieser Maßnahmen wurde das Schälen von Obstbäumen und Früchten, die örtliche Anwendung von Pestiziden und die kontrollierte Freilassung von sterilen Fruchtfliegen zur Eindämmung der Fortpflanzung betrieben. Diese Methode ließ die Populationen in einer ersten Phase bis zum Frühjahr 1981 schrumpfen, allerdings wurden im darauf folgenden Sommer wieder ein Anwachsen und eine Ausbreitung der Fruchtfliegenpopulationen festgestellt. Im Juli 1981 erteilte Gouverneur Brown – eigentlich ein Befürworter von Umweltschutzbestimmungen – die Erlaubnis zum großflächigen Giftsprühen aus der Luft, was bis zum Herbst 1982 auch zur weitestgehenden Auslöschung der Medflys führte.

Die narrative Policy Analyse knüpft an die Frage an, wie es zur Neubewertung des aerial spraying-Programms und zur überraschenden Ablehnung des *ground program* kam, obwohl Vertreter der kalifornischen Administration und die an der Projektgruppe beteiligten Wissenschaftler zuerst die vorsichtigere Bekämpfungsvariante favorisierten. *Roe* macht hier die Wirksamkeit von narrativen Argumentationsmustern geltend. Die Verfechter der *aerial spraying*-Strategie hatten mit dem Wiedererstarken der Medfly-Populationen nicht nur den Anlass auf ihrer Seite, sondern bemühten sich, die besondere Qualität des Problems, die notwendige Art der Problembekämpfung und die Auswirkungen auf das Zielobjekt (Medflys) und die Umwelt im Hinblick auf die Luftbekämpfung zu einem schlüssigen Konzept zu bündeln. Die Befürworter der *aerial spraying*-Strategie verfügten somit über eine klar konturierte „Aerial Story", die mit technischen Hilfsmitteln der Simulation und Datenanalyse veranschaulicht wurde. Den Befürwortern kam dazu allerdings der Umstand zur Hilfe, dass die Gegner zwar an einzelnen Argumenten und Datenanalysen der „Aerial Story" vehement Kritik übten, aber selbst keine eigenständige Story für die konservative Anwendung von Schutzmaßnahmen produzierten. Die Gegner beschränkten sich auf die nonstory der „Aerial Critique" und konnten damit kein konstruktives Handlungsprogramm der großflächigen Giftsprühung aus der Luft entgegensetzen. Für *Roe* (1994: 58-61) leiten sich die Probleme der Gegner, eine konsistente Argumentationsstrategie zu entwickeln, aus argumentativen Widersprüchen in der Alternativstrategie des beschränkten Einsatzes von Pestiziden und dem Aussetzen von sterilen Fliegen (*ground program*) ab. Viele Gegner des „Aerial spraying" waren gegen einen generellen Einsatz von Pestiziden und warfen auch der lokalen Anwendung die ökologischen Folgekosten vor; darüber hinaus wurden bei den lokalen Sprühaktionen in der ersten Phase der Problembehandlung weitaus gefährlichere Gifte verwendet, als für die Besprühung aus der Luft vorgesehen war. Außerdem zerfielen auch die Befürworter der Manipulation der Fortpflanzung von Fruchtfliegen in einzelne Fraktionen; einzelne Forscher gingen beispielsweise davon aus, dass der Aussatz der sterilen Fliegen erst sinnvoll sei, wenn ein großflächiges Sprühen aus der Luft die bestehenden Populationen weitestgehend vernichtet hätte.

Einfluss von Interessengruppen

Die Inkonsistenzen in den Argumenten der „Aerial Critique" haben die Kritik an der „Aerial Story" geschwächt und die Aufmerksamkeit aller Beteiligten – Befürworter wie Gegner – auf das komplette, gut begründete Handlungsprogramm gelenkt, ohne dass die Probleme und Folgekosten dieser Strategie wirklich zum Thema gemacht wurden. Die Dominanz der „Aerial Story" in der Policy-Kontroverse über die Bekämpfung des Medfly-Problems leitet sich aber nicht nur aus der geschlosseneren narrativen Struktur ab. *Roe* (1994: 71) muss eingestehen, dass die „Aerial Story" als Handlungsprogramm vehement unterstützt wurde durch die nationale politische Führung, agrarpolische Interessengruppen und die Medien. Letztlich war der Einfluss der ressourcenstarken Interessen und entscheidungsmächtigen Eliten dafür verantwortlich, dass die „Aerial Story" die Policy-Agenda konkurrenzlos dominierte und aufgrund von politischem Druck auf Gouverneur Brown auch implementiert wurde. *Roe* wertet den Hinweis auf Faktoren wie Interessengruppeneinfluss und Machtpolitik aber nicht als Gegenargument, sondern sieht den Ertrag der narrativen Policy-Analyse bestätigt:

> „For policy issues so complex and uncertain that it is not possible to determine what are the „objectively weaker arguments", asymmetrical narratives used to make sense of these issues are the only index we have that unequal power relations are working themselves out through these policy narratives, through their asymmetries, through getting people to change their stories. Competing and asymmetrical stories are in such cases our primary way of knowing that unequal access to resources among the key parties to the issue really does matter when it comes to how that issue is perceived, communicated and managed" (*Roe* 1994. 72).

6.2.2 Policy Frames

Policy Frames

Werden mit dem Studium von Policy Narratives primär analytische Ziele verfolgt, so bewegt Martin Rein und Donald Schön die Herausforderung, in ideologisch aufgeladene Policy-Kontroversen schlichtend bzw. rationalisierend hineinzuwirken (*Rein/Schön* 1993, *Schön/Rein* 1994). Die Autoren sehen es als Aufgabe der Policy-Analyse an, denen um konkrete Problemdefinitionen und Problemlösungen streitenden Parteien einer Policy-Kontroverse ein höheres Reflexionsniveau für ihre eigenen Programmpositionen anzubieten. Das Wissen über die eigenen Denkschemata und Grundpositionen und über die Policy-Leitorientierungen der Gegner ermöglicht es den Akteuren, die Kontroverse durch ein pragmatisches Vorgehen des Neu-Designs von Programmpositionen und Konfliktstrategien, das die unterschiedlichen Grundeinstellungen der beteiligten Parteien anerkennt, zu lösen. Insofern hat Policy-Forschung eine direkte Auswirkung auf das Design von Policy-Konflikten und Problemlösungen:

„… we believe it is helpful to view policy practice as a kind of distributed designing, undertaken by multiple actors in the policy environment, and to think of policy rationality in terms not only of rational choice, or even rational politics or negotiation, but of a more encompassing kind of rationality, inclusive of higher-level reflection, that we shall call "design rationality". We shall argue that when controversies are situated in messy and politically contentious policy arenas, they may actually lend themselves, through design rationality, to pragmatic resolution" (*Schön/Rein* 1994: XVIII).

Die Analyse von Policy-Frames gibt dem Policy-Forscher genau das Wissen an die Hand, um Vorschläge für das Neudesign von Policy-Kontroversen bzw. von Programmpositionen zu unterbreiten. Hierfür werden Policy-Kontroversen nicht einfach als Austausch von Argumenten betrachtet (oder im Rekurs auf die Datenlage bewertet), sondern die den einzelnen Problembeschreibungen zugrunde liegenden Interpretationsrahmen (*frames*), die eine Integration von Fakten, Werten, Theorien und Interessen leisten, werden herausgearbeitet. Die Betrachtung der *frames* macht deutlich, dass die Opponenten nicht nur unterschiedlicher Meinung sind, sondern sich auch nicht darauf einigen können, was Gegenstand ihrer Uneinigkeit ist; daran können Einigungsvorschläge ansetzen. Was sind aber *frames* und wie können sie analysiert werden?

In der Soziologie hat *Erving Goffman* (2000) zur Popularisierung des Rahmen-Konzeptes beigetragen; für ihn stellt die Gesellschaft Sinnperspektiven, Hintergrundwissen und Interpretationsschemata bereit, die die Handlungen und das Sinnverstehen eines Akteurs in konkreten Situationen organisieren und kontextualisieren und dadurch Verknüpfungen mit anderen Situationen und anderen Sinninterpretationen anderer Akteure aufzeigen. Die von der Gesellschaft zur Situationsbewältigung und Verständigung entwickelten Rahmen konkretisieren sich als Anwendungsregeln in der Sprache (eine besondere Anordnung oder Typik von Sprechakten, die Verwendung von Fremdwörtern und Metaphern) und als Rollenerwartungen oder als verhaltensregulierende Deutungsmuster in allen Interaktionen (zur Entfaltung der Rahmenanalyse siehe *Willems* 1997). In den Sprachwissenschaften wurden Überlegungen aus der Soziologie, Anthropologie und Psychologie zur Wirkungsweise von *frames* aufgenommen, um das Umsetzen von akustischen und optischen Erfahrungen und Erinnerungen in sprachliche Darstellungen und Konversationen besser zu verstehen (*Tannen* 1993). Auch in diesem Kontext fungieren Rahmen als Schemata oder Denkprinzipien, die eine solche Übertragung und Übersetzung anregen und strukturieren.

An dieses etablierte Verständnis von Rahmen schließen auch *Rein* und *Schön* an:

> "In our use of the term, framing is a way of selecting, organizing, interpreting, and making sense of a complex reality to provide guideposts for knowing, analyzing, persuading and acting. A frame is a perspective from which an amorphous, ill-defined, problematic situation can be made sense of and acted on"(*Rein/Schön* 1993: 146).

Auf Policy-Debatten in Politikfeldern angewandt führen unterschiedliche *frames* zu voneinander abweichenden und miteinander konfligierenden Sichtweisen und

Frame Analysis

policy disagreements, policy controversies

Problemdefinitionen und sind damit selbst realitätsgestaltend. Unterscheiden lassen sich dabei allerdings zwei Formen des frameinduzierten Deutungskonfliktes: ‚Policy disagreements' entstehen durch die unterschiedliche Wahrnehmung der Situation und der relevanten Fakten/Informationen, bewegen sich aber im Geltungsbereich eines gemeinsamen *frames* und lassen sich durch Hinweis auf die korrekte Wahrnehmung der Datenbasis und durch eine Verständigung über die Anforderungen der Entscheidungssituation schlichten. ‚Policy controversies' leiten sich aus konfligierenden *frames* ab und lassen sich nicht allein durch Hinweis auf die Sach- bzw. Datenlage befrieden.

Policy-Stories Wie aber erzeugen *frames* in Policy Debatten eigentlich Wirkung und wie lassen sie sich empirisch aufweisen? Policy Frames und ihre divergenten Grundannahmen können in den ‚stories', die die Beteiligten über eine Policy-Debatte oder einen Entscheidungsprozess erzählen, nachgewiesen werden, weil sie die einzelnen Vorschläge und Problembestandteile zu einem Programm und einer kompletten Problemanalyse verknüpfen: „These problem-telling stories, frequently based on generative metaphors, link causal accounts of policy problems to particular proposals for action and facilitate the normative leap from ‚is' to 'ought'" (*Rein/Schön* 1993: 148).

Für die Analyse von Konflikten und Programmveränderungen in Politikfeldern müssen aber die kontingent vorgetragenen Problembeschreibungen und Begründungen für politische Maßnahmen in einen größeren Zusammenhang gestellt werden, um die policykonstituierenden Aspekte von *frames* zu durchleuchten. Grundsätzlich führt die *frame analysis* zurück zu der Grundfrage nach den Konstitutionsprinzipien eines politischen *issues*: „We need to ask what is problematic about these issues, in what policy terrains they lie, and what factors account for the ways in which they are framed" (*Rein/Schön* 1993: 152).

Kontexte von policy frames Diese Grundfrage lässt sich angesichts der Tatsache, dass das Thematisieren von *issues* üblicherweise im Zusammenhang von der Projektierung, Entscheidung und Durchführung von staatlichen Gestaltungsprogrammen anfällt, problematisch wird und zu Konflikten führt, durch die Einbeziehung von Thematisierungsebenen und Programmkontexten von *policies* genauer spezifizieren. *Rein* und *Schön* (1993: 154f.) unterscheiden vier Kontexte, die für die Ausbildung von *policy frames* relevant sind: Als erstes ein *interner Kontext*, den das Gestaltungsprogramm für sich selbst darstellt; damit verbinden sich Interessen und Motive von Personal, Unterstützern und Klienten, die mit einer staatlichen Maßnahme betraut bzw. konfrontiert sind; zweitens der *unmittelbare Kontext*, der durch andere, vorhergehende oder parallele Programme und Programmdiskussionen gebildet wird und die Gestaltungsmöglichkeiten und -instrumente; drittens der *Makrokontext*, bestehend aus institutionellen Zuständigkeiten von Verwaltungsorganen, die für die Implementation von *policies* verantwortlich sind, und aus veränderbaren Regierungs- und Parteienkonstellationen, die den Policy-Vorhaben Unterstützung gewähren oder entziehen können; und schließlich an vierter Stelle der *globale Kontext* historischer bzw. wirtschaftlicher Veränderungen, die möglicherweise einem gewissen Zyklus oder einer Periodizität unterworfen sind. Unstrittig ist, dass Veränderungen in diesen Kontexten sich auf die Wahrnehmung von Problemen der impliziten Lösungsmöglichkeiten von *policies* und die vorgeschlagenen Handlungsstrategien auswirken. Wie wirkt sich das Zusam-

178

menspiel der Kontexte oder einzelner Faktoren darin aber auf die Ausgestaltung und Neuzuschneidung (*framing*) der Wahrnehmungs- und Interpretationsrahmen aus? *Rein* und *Schön* unterschlagen eine genauere konzeptuelle Herleitung von Deutungsschemata und Bezugspunkten aus den einzelnen Kontexten.

Allerdings stellen sie bei Policy-Debatten die Bedeutung von *rhetorical frames'* und *action frames'* heraus (*Schön/Rein* 1994: 32-35). Rhetorische Frames müssen als typische Argumentationsweisen und als besondere Neigung zu bestimmten Begrifflichkeiten und Metaphern verstanden werden, die in den Policy-Debatten als persuasive Strategien und rhetorische Mittel eingesetzt werden; diese *frames* beeinflussen allerdings weniger die programmbezogene, inhaltliche Seite der Policy-Debatten. Eine größere Bedeutung für die inhaltliche Ausgestaltung und ideologische Orientierung von Programmkonflikten besitzen die *action frames'*, wobei diese noch in *policy frames'*, *institutional frames'* und *metacultural frames'* unterschieden werden. Policy-Frames werden von Funktionsträgern im Policy-Prozess zur Einordnung und Fokussierung des Policy-Problems verwandt; sie legen die Zielgruppen und Instrumente für die staatlichen Maßnahmen fest, dabei unterliegen sie aber einem gewissen Einfluss durch die *institutional frames'*. Dies sind *frames*, die Policy-Akteure in der Regel aus ihrer Sozialisation und Tätigkeit in Organisationen (Ministerium, Behörde, Interessengruppe etc.) herleiten. Ihre Erfahrungen und Kompetenzen in bestimmten Tätigkeitsbereichen statten sie mit Wertüberzeugungen, Kategorienschemata, Verständnissen für Bedeutungen, Ritualen und Argumentationsstrategien aus, die sie für die Programmgestaltung und die Interaktion mit Gegnern und Verbündeten einsetzen. Nichtsdestotrotz sind diese institutionellen Frames nicht mit der Interessenorientierung der *Heimatorganisation* im Policy-Konflikt identisch, da die institutionellen Kontexte, in denen Akteure spezifische Erfahrungen machen und Interessenorientierungen ausbilden, auch innerhalb einer Organisation stark variieren können:

> „… the action frames held by individuals may be only loosely coupled to the action frames of the institutions of which they are members. Individuals' frames may represent selections from or variations of the institution's larger store. For example, individuals closer to street-level operations tend to see problems and respond to them differently than individuals closer to the agency's top and center. Individuals, at what-ever level, may differ in their ways of interpreting the action frames that prevail within the agency, or in the degree to which they conform to the agency's prevailing line of thought and action" (*Schön/Rein* 1994: 33).

Policy frames und *institutional frames* werden noch durch weitaus grundlegendere Wertorientierungen beeinflusst, die in den *metacultural frames* niedergelegt sind. Darin finden sich allgemeine Menschenbilder, Gesellschaftsvorstellungen, grundsätzliche Moralvorstellungen und Natur- und Kulturkonzepte wieder, die jedoch in spezifischer Weise rezipiert und miteinander in Beziehung gesetzt werden.

Dieser Differenzierungsversuch trägt aber letztlich nicht dazu bei, die Gestalt der policy-konstituierenden *frames* – im Sinne von Idealtypen – zu bestimmen. Stattdessen scheinen sich *Rein* und *Schön* vielmehr für die Frage zu interessieren, wie *policy controversies* unter Mithilfe des Policy-Forschers bearbeitet oder gelöst werden? Die Autoren bringen hier ihren Standpunkt zum Ausdruck, dass nur durch die Einleitung oder Etablierung eines frame-reflective discourse, „a policy discourse in which participants would reflect on the frame conflicts implicit in their controversies and explore the potentials for their resolution (*Rein/Schön* 1993: 150), eine solche Auflösung von Widerständen und ideologischen Blockaden möglich sei. Der Policy-Analyse kommt zumindest dann, wenn sie sich als rahmenanalytische und rahmenkritische Forschung versteht, die Rolle zu, die unhinterfragten Grundannahmen in den Policy-Vorschlägen und Problemwahrnehmungen zu identifizieren und zu versuchen, für die Konfliktparteien die widerstreitenden *frames* zu explizieren. Es stellt sich dabei aber erneut und umso nachdrücklicher die Frage, wie sich solche *frames* herleiten und genauer explizieren lassen.

Lässt sich diese Frage anhand eines von den Autoren diskutierten Fallbeispiels beantworten? *Schön* und *Rein* (1994) diskutieren zwar keine Fallbeispiele, in denen die *frame resolution* durch Policy-Forscher explizit betrieben wurde; sie beziehen sich allerdings auf Fallstudien, die den Konflikt zwischen *frames* und die Veränderung von Rahmenannahmen bei Programmentscheidungen verdeutlichen sollen. Da die zentralen *frames* jedoch nicht inhaltsanalytisch anhand der Interpretation von Programmvorschlägen, Diskussionsbeiträgen oder Intensivinterviews herausgearbeitet werden, erscheint ihre Abgrenzung und Unterscheidung willkürlich und dem Vorverständnis (als unabgeleitete theoretische Setzung) der Autoren geschuldet. Die Programmentwicklung in den Fallbeispielen wird auch gar nicht inhaltlich bzw. diskursiv erschlossen, statt dessen werden nur die Verteilung und der Wechsel der Zuständigkeiten akteurzentriert geschildert und besondere Handlungsinitiativen von zentralen Spielern dokumentiert.

6.2.3 Policy Diskurse

Policy Diskurse

Im Vergleich zur Analyse von Policy Narratives und den Policy Frames verfügt die wissenschaftliche Betrachtung von Policy Diskursen über den am weitesten geöffneten Blickwinkel (*Fischer* 2003: 73-93). Die Einsatzmöglichkeiten der *Diskursanalyse* in der Policy-Forschung beziehen sich durchaus auch auf den Aufweis von *stories* und *storielines* in Policy-Debatten und darüber hinaus auch auf die kontextspezifischen Hintergrundannahmen. Denn der Policy Analyse liegt hier ein weit gefasster Begriff von Diskurs zugrunde: „Discourse is here defined as a specific ensemble of ideas, concepts, and categorizations that are produced, reproduced and transformed in a particular set of practices through which meaning is given to physical and social realities" (*Hajer* 1995: 44).

Diskursanalyse

Wichtiger theoretischer Bezugspunkt für die Rezeption der *Diskursanalyse* in den Sozialwissenschaften ist das Werk von Michel Foucault, der in seinen Studien über die Humanwissenschaften und ihre Zensur- und Ausschließungsprinzipien (die Konstruktion der Perversionen, der Geisteskrankheiten und des Vernünftigen) die historische Diskursanalyse etabliert hat (*Bublitz* 2001, *Foucault* 1977: 113-138, 1991, *Keller* 2004). Er führt den Diskurs über Gegenstandsbereiche und Wissensgebiete, der in Verlautbarungen, religiösen Vorschriften, Ratschlägen, medizinischen Anweisungen, wissenschaftlichen Berichten und Verhaltensregeln des Common Sense zum Ausdruck kommt und sich durch eine

180

besondere Positionierung (der Wille zur Wahrheit) auszeichnet, eng an den Machtbegriff heran. Diskurse dienen der Reproduktion von wissensbasierten Überordnungs- und Unterordnungsverhältnissen, indem sie an sich kontingente und in sich wenig konsistente Wissenssysteme mit einem übergeordneten Wahrheitsanspruch und einer unhinterfragbaren Legitimität auszustatten versuchen; jedoch müssen sich auch die Vertreter der Heterodoxie, der Gegenmacht und Gegen-Aufklärung, des Diskurses bedienen, um die Autorität ihrer Geltungsansprüche durchzusetzen und abzusichern. Wichtige Erkenntnis der Foucaultschen Diskursanalyse ist dabei, dass Diskurse die Gegenstandsbereiche, über die sie regelsetzend urteilen, nicht nur strukturieren und einzelne Objekte stärker herausheben als andere; vielmehr legen sie in vielen Fällen selbst erst den Objektbereich als Wissensgegenstand und als Herausforderung für Regulation fest, für den sie gleichfalls auch die legitimen Begrifflichkeiten, Objektivierungsinstrumente und Wissenskategorien vorgeben.

Wie lässt sich diese Einsicht für die Policy-Forschung nutzen? *Hajer* (1995, 2003a, 2003b) schlägt eine zweistufige Vorgehensweise vor, die einerseits – ähnlich wie die bisherigen Ansätze – die Sprach- und Textanalyse auf differenzierte Weise betreibt, andererseits auch die Akteurskonstellationen im Hinblick auf ihre Formulierung von spezifischen Diskursen analysiert. Der erste Teil der Diskursanalyse hat den Aufweis von Bedeutungsstrukturen (*terms of policy discourse*) zum Gegenstand; hiermit sind die Hilfsmittel der Textanalyse angesprochen, die einen bias in den Diskussionsbeiträgen und Programmformulierungen dokumentieren können. Genauer schlägt *Hajer* (2003b: 103-107) in der späteren Darstellung der Diskursanalyse als Instrument der Policy-Forschung drei Operationen vor, die drei unterschiedliche Schichten (*layers*) des Policy-Diskurses betreffen: erstens die Analyse von Handlungsfäden (story lines), Mythen und Metaphern im Diskurs, zweitens die Untersuchung des Policy-Vokabulars und drittens die Rekonstruktion von epistemischen (erkenntnistheoretischen) Grundüberzeugungen (epistemic figures). In der früheren Fassung wurde dieser Analyseschritt hauptsächlich auf die Beschäftigung mit den Handlungsfäden (*story lines*) beschränkt (*Hajer* 1995: 52-58). Die Handlungsfäden konstruieren Narrative und ‚catchphrases' und stellen dadurch in der Policy-Debatte Verbindungen zwischen einzelnen Argumenten und Sachverhalten her und machen die Verdichtung einer komplexen Problemmaterie auf einzelne Begriffe oder Leitsätze möglich: „Story lines are defined as (crisp) generative statements that bring together previously unrelated elements of reality. The main function of story lines is that these short narratives help people to fit their bit of knowledge, experience or expertise into the larger jigsaw of a policy debate" (*Hajer* 2003b: 104).

Die Handlungsfäden verwenden Metaphern, um einen Sachverhalt oder eine Kausalitätsannahme bildlich zu verdeutlichen und im Bewusstsein der Policy-Akteure zu verankern. Mit der Untersuchung des Policy-Vokabulars auf der zweiten Ebene ist die Beschäftigung mit wissenschaftlichen Ansätzen und Erklärungsmodellen, die die Policy-Akteure zur Legitimation ihrer Vorschläge und Sichtweisen heranziehen, gemeint. Häufig werden beispielsweise in der Umweltpolitik wissenschaftliche Ansätze aus der Biologie oder Umweltforschung eingesetzt, um das Policy-Problem zu erschließen und Gestaltungsvorschläge abzusichern. Die dritte Schicht der epistemischen Grundüberzeugungen betrifft

Analyse von Bedeutungsstrukturen

demgegenüber noch grundlegendere, unhintergehbare und kaum offen zugestandene Leitbilder und Denkstrukturen, die bei der Wahrnehmung eines Problems und bei der Reflexion über Problemlösungen zum tragen kommen. Am Beispiel der Umweltpolitik lassen sich unterschiedliche Grundüberzeugungen in der Perspektive aufweisen, wie die Umwelt als Gegenstand gesehen wird: Als schützenswertes Gut, das vor weiterer Veränderung oder Zerstörung bewahrt werden muss (nature conservation) oder aber als entwicklungsfähiger Lebensraum, der mit anderen Lebensräumen in Beziehung steht und dessen Stellung in ökologischen Netzwerken neu austariert oder gestärkt werden muss (nature development) (*Hajer* 2003b: 106)

Diskurskoalitionen   Der Hinweis auf diese Analysegegenstände führt kaum über das Reflexionsniveau der anderen qualitativen Ansätze in der Policy-Forschung hinaus. Dazu kommt in der *Diskursanalyse* aber noch die dezidierte Auseinandersetzung mit Diskurskoalitionen, d.h. mit Akteursgruppen, die sich mit den vorgetragenen Handlungsfäden, Policy-Ansätzen und Grundüberzeugungen identifizieren oder sie gezielt nutzen, um in der Policy-Debatte bestimmte Interessen durchzusetzen. Damit wird aber nicht die Position vertreten, dass Diskurse sich einfach für die Realisierung vorgegebener, objektiver Interessen der Akteure instrumentalisieren lassen. Im Gegenteil muss davon ausgegangen werden, dass Interessen erst im Diskurs durch die Zuteilung von Positionen und Handlungsfäden entstehen bzw. eingenommen werden: „Interests are intersubjectively constituted through discourse" (*Hajer* 1995: 59). Vor diesem Hintergrund konstituieren sich Diskurskoalitionen relational durch die Bezugnahmen auf bestimmte Argumente, Konzepte, Metaphern und Erklärungsweisen mit der Intention, diese Darstellungsformen und Problemsichtweisen als hegemoniale Definitionen von der Wirklichkeit durchzusetzen. Insofern müssen Diskurskoalitionen auch als Synthese aus Akteuren und Diskursen bzw. Handlungsfäden aufgefasst werden:

> „Discourse-coalitions are defined as the ensemble of (1) a set of story-lines; (2) the actors who utter these story-lines, and (3) the practices in which this discursive activity is based. Story-lines are here seen as the discursive cement that keep a discourse-coalition together. ... Discourse-coalitions are formed if previously independent practices are being actively related to one another, if a common discourse is created in which several practices get a meaning in a common political project" (*Hajer* 1995: 65).

6.2.4 Fallstudie: Diskurskoalitionen in der Umweltpolitik (Maarten A. Hajer)

Wie können aber die Handlungsfäden und Diskurskoalitionen genauer identifiziert werden und zu welchen Ergebnissen gelangt eine so verfahrende Diskursanalyse? *Hajer* (1995) illustriert die Anwendungsmöglichkeiten der Diskursanalyse anhand der Debatte über Ursachen und Folgen des sog. Sauren Regens (acid rain) in Großbritannien und den Niederlanden in den 70er und 80er Jahren. Ausgangspunkt für die Debatte waren Analysen von Bodenexperten in Skandinavien, die eine Versauerung der dortigen Süßwassergewässer mit Schwefeldioxid-Emissionen aus Großbritannien und Kontinentaleuropa in Verbindung brachten (*Hajer* 2003a: 284). Auf Initiative der schwedischen Regierung organisierte die UN Konferenzen zur Bewertung und Regulierung der grenzüberschreitenden

182

Luftverschmutzung, in denen Vorschläge für nationalstaatliche Regulierungs-programme diskutiert wurden (die Stockholm-Konferenzen von 1972 und 1982). *Hajer* markiert für die britische Diskussion über Sauren Regen und neue Luft-reinhalteprogramme zwei gegensätzliche Diskurskoalitionen, die sich auf zwei unterschiedliche Handlungsfäden zur Erklärung des Umweltproblems berufen: Die erste Diskurskoalition bedient sich eines „*traditionellen Pragmatismus*" in der Problembewertung, da das neue Umweltproblem nach der etablierten Vorge-hensweise gedeutet und behandelt werden soll; diese Vorgehensweise empfiehlt die eingehende und genaue wissenschaftliche Analyse der Erklärungsfaktoren bevor ein staatlicher Eingriff zu erfolgen hat:

„traditioneller Pragmatismus"

> „This committment to science was the primary basis for the credibility claim of tra-ditional-pragmatist story-line. The underlying motive was that action should be ecologically effective and, as far as possible, cost-effective and that therefore an adequate understanding of what was controlling the chemical balance in nature was needed" (*Hajer* 1995: 113).

Die dagegen opponierende Diskurskoalition der "*ökologischen Modernisierung*" beschreibt das Phänomen des sauren Regens als Kulminationspunkt einer um-weltgefährdenden industriellen Entwicklung. Das Gefährdungspotential durch dieses neue Umweltproblem macht die Generierung und Durchführung neuer politischer Lösungen notwendig, das etablierte Instrumentarium der abwartenden Analyse und zögerlichen politischen Steuerung wird dem möglichen Risiko einer Destabilisierung des ökologischen Gleichgewichts nicht gerecht. Zwar wird auch in diesem Diskurs dem Einsatz der Wissenschaft die höchste Priorität zugewie-sen; die wissenschaftliche Beratung dient aber nicht dem letztgültigen Auffinden von *scientific proof*, sondern einer Risikoabschätzung der Umweltfolgen des sauren Regens und der Einwirkungsmöglichkeiten von unterschiedlichen Regu-lierungsmodellen (*Hajer* 1995: 118). In der Rekonstruktion der politischen Aus-einandersetzungen um die Bewältigung des Umweltproblems beispielsweise durch Reduzierung des CO_2-Ausstoßes sieht *Hajer* das fortwährende Aufeinan-derprallen dieser beiden Diskurskoalitionen, wobei die traditionell-pragmatische Diskurskoalition von der konservativen Tory-Regierung unter Thatcher ange-führt wird und vor allem Vertreter der Energie- und Schwerindustrie umfasst, wohingegen die Koalition für die ökologische Modernisierung besonders durch Initiativen von Umweltgruppen und der parlamentarischen Opposition bestimmt wird. Allerdings sind die Akteure nicht unbedingt auf eine der beiden Hand-lungsfäden festgelegt, sondern können sich im Rahmen der politischen Ausei-nandersetzung auf beide Argumentationsstränge beziehen. Dies führt dazu, dass sich die Stellung der Diskurskoalitionen zueinander verändern kann, die Diskur-se können sich aneinander anpassen oder aber auf einen dominanten Handlungs-faden zubewegen. In der britischen Debatte schwenkte die Regierung Thatcher nach der zuerst ablehnenden Haltung gegenüber besonderen Luftreinhaltungs-maßnahmen auf eine Position ein, die eine Forderung der Diskurskoalition der ökologischen Modernisierung aufnahm; die Regierung beschloss im September 1986 Rauchgasentschwefelungsanlagen in allen Kohlekraftwerken zu installieren und übernahm damit eine Forderung der oppositionellen Diskurskoalition (*Hajer* 2003a: 286). Für das Umschwenken in den Policy-Positionen sind aber noch

vs. „ökologische Modernisierung"

andere Faktoren verantwortlich zu machen als die Handlungsfäden und Diskurs-koalitionen. *Hajer* (1995: 138-152) arbeitet besonders den Stellenwert von wis-senschaftlichen Beratungsgremien, policybezogenen Forschungsprojekten und Sondergutachten für den politischen Entscheidungsprozess heraus, der auf einem Science based-policy Policy Approach (SPA) in einzelnen *„issue areas'* der briti-schen regulativen Politik basiert. Für *Hajer* mündet deshalb die diskurszentrierte Analyse von Policy-Kontroversen in eine minutiöse Rekonstruktion von politi-schen Einflusskanälen und von Beratungs- und Entscheidungsprozessen, die eher eine ‚dichte Beschreibung' der politischen Prozesse als bloß eine textzentrierte Interpretation der Policy-Diskurse zum Gegenstand hat (*Hajer* 1995: 125).

Beispiel Niederlande   Die Analyse der Diskurse und Diskurskoalitionen in den Niederlanden führt ebenso zu einer „examination of various institutionally embedded micro-powers" (*Hajer* 1995: 175), da die umweltpolitischen Standpunkte von einem Policy-Mainstream aufgesogen wurden und deshalb die Wirkung der kritischen Diskur-se kaum sichtbar wird. Der niederländische Staat reagiert früh auf das Thema Umweltschutz und die negativen Folgen des ökonomischen Wachstums; schon im Jahre 1971 wird ein Ministerium für *Volksgezondheid en Milieuhygiene* einge-richtet, dass sich neben der Gesundheitspolitik auch gezielt dem Umweltschutz widmet. Nichtsdestotrotz dominiert auf staatlicher Seite die Einstellung, dass Umweltprobleme zwar adressiert werden müssen, aber mit sozialen und ökono-mischen Zielen in Einklang zu bringen sind. Nach *Hajer* formt sich mit dieser Einstellung eine Art synthetischer Diskurs des Öko-Modernismus in der Um-weltpolitik, der die Widersprüche zwischen Umweltschutz und ökonomischem Wohlstand einfach zu nivellieren trachtet: „It is a discourse format that combines a moral outcry with a pragmatic orientation to environmental regulation. It also reflects an ambivalent conception of nature. Nature is on the one hand seen as resource ('where growth has to be produced') but its improvement is also a vir-tue in itself ('a societal desideratum')" (*Hajer* 1995: 178).

Diese typische Mischung aus umweltpolitischer Betroffenheit und pragma-tischer Vorgehensweise kennzeichnet auch die Politik der niederländischen Re-gierung zur Bekämpfung des sauren Regens. Zwar werden früh Experten zu den Ursachen und Folgen des sauren Regens in Auftrag gegeben, und in Reakti-on auf die zweite Stockholm-Konferenz 1982 werden Sofortmaßnahmen zur Bekämpfung des sauren Regens beschlossen. Allerdings führt ein Regierungs-wechsel Ende 1982 zu einer Neuorientierung in der niederländischen Umweltpo-litik. Die neue Mitte-Rechts-Regierung unter Lubbers verfolgt eine weitgehende Liberalisierungs- und Deregulierungsstrategie, um die Marktkräfte zu stärken. Die neue neoliberale Regierungspolitik scheint sich aber gut mit dem etablierten umweltpolitischen Diskurs des Öko-Modernismus zu vertragen. Schließlich war auch die bisherige niederländische Umweltpolitik bestrebt, pragmatische Lösun-gen auf der Basis von Selbstverpflichtungen und Selbstregulierungen (für die Industrie) zu finden, anstatt auf die gesetzliche Standardisierung von Richtwer-ten und das Durchsetzen von Verboten zu vertrauen (*Hajer* 1995: 183). Der neue Umweltminister Winsemius, ein früherer leitender Mitarbeiter der McKinsey-Unternehmensberatungsgruppe in den Niederlanden, nimmt nun auf der Basis des Öko-Modernismus eine Neubewertung der Umweltpolitik vor. Zwar wird die Rhetorik des Umweltschutzes aufrechterhalten, und die Lubbers-Regierung setzt eine Reduzierung der Emissionen auf dem Niveau der in Deutschland durchgeführten Maßnahmen durch; andererseits gerät die Umweltpolitik immer stärker unter den Einfluss eines anreizorientierten Umweltmanagements. Ökonomische Steuerungsinstrumente sollen die klassische Verbotspolitik der konventionellen Umweltpolitik ersetzen, um auch hier den Marktkräften neue Entfaltungsmöglichkeiten zu bieten. Winsemius konzipiert hierfür eine Politik der Verinnerlichung (*verinnerlijking*), die an die Veränderung der Einstellungen und Mentalitäten der Konsumenten und Produzentengruppen appelliert und die Vorsorge und Problemvermeidung im Rahmen einer Partnerschaft mit den emissionsintensiven Industrien und den Haushalten anvisiert (*Hajer* 1995: 185f.).

Neue wissenschaftliche Studien über die verheerenden Auswirkungen des sauren Regens auf den holländischen Baumbestand und über die Folgen der Perforation der globalen Ozonschicht sowie regierungsinterne Memoranden über die Erfolgslosigkeit der bisherigen umweltpolitischen Maßnahmen setzten die Lubbers-Regierung jedoch unter Druck und führten zur Ablösung von Winsemius. Sein Nachfolger im Amt des Umweltministers, Ed Nijpels, sah sich gezwungen, eine Reihe von Sofortmaßnahmen und Verboten durchzusetzen, die wiederum konsequent mit den Zielorientierungen der Verinnerlichungspolitik und des Umweltmanagements brachen. Nijpels versteht sich als Repräsentant einer parteienübergreifenden Umweltbewegung und versucht mit einem umfassenden Gestaltungsplan zur Umweltpolitik (*Deltaplan*) den Bedrohungen der Umweltkrise Herr zu werden. Die Diskussionen im Kabinett um eine Neuorientierung der Umweltpolitik lösen allerdings eine Regierungskrise aus, die das Ende der Mitte-Rechts-Regierung im Mai 1989 herbeiführt.

Die Fallstudie zur Umweltpolitik in den Niederlanden zeigt deutlich die Grenzen der Diskursanalyse als Instrument der Policy-Forschung auf: Da der dominante umweltpolitische Diskurs (Öko-Modernisierung) so breit, diffus und in sich widersprüchlich angelegt war, konnten Regierungen mit unterschiedlicher Programmorientierung ihre Umweltpolitik durch den Rückgriff auf den dominanten Diskurs legitimieren, dabei aber unterschiedliche Policy-Instrumente einsetzen und divergierenden Policy-Ziele verfolgen. Auch von den Interessengruppen und umweltpolitischen Bürgerinitiativen wurden die Grundannahmen der Öko-Modernisierung geteilt, so dass es Kritikern der jeweiligen Regierungspolitik große Schwierigkeiten bereitet hat, die dominanten umweltpolitischen Leitorientierungen in der Öffentlichkeit in Frage zu stellen. Mithin stellt der herrschende Diskurs in der niederländischen Umweltpolitik nur einen unspezifischen ordnungspolitischen Rahmen auf, der durch konkrete Policy-Maßnahmen auf unterschiedliche Weise ausgefüllt werden kann. Die Ebene des realen Policy-Making kann von der eigentlichen Diskursanalyse aber kaum erfasst werden.

Grenzen der Diskursanalyse

Die drei exemplarisch vorgestellten Ansätze einer dezidiert qualitativen Policy-Forschung sind sicherlich in ihrem Anspruch ernst zu nehmen, die inhaltlichen, narrativen und diskursspezifischen Elemente in Policy-Debatten herauszuarbeiten. Es lassen sich aber in methodologischer und konzeptueller Hinsicht große Schwächen in den bisher diskutierten Ansätzen ausmachen. Die methodologischen Defizite betreffen das vorgestellte Analyseinstrumentarium für eine Interpretation und Bewertung der Policy-Diskurse. Nur höchst selten und eher beiläufig wird über die Methode der qualitativen Auswertung und über die

Kritik der qualitativen Ansätze

- methodologische Schwächen

Schritte der Zusammenstellung der Ergebnisse Auskunft gegeben. In theoretisch-konzeptueller Hinsicht fällt auf, dass die behandelten Ansätze über keine dezidierte Vorstellung vom Policy-Prozess, von Struktur- und Sondermerkmalen einzelner Politikfelder und von der Einbettung einzelner Policy-Kontroversen in die nationale oder transnationale Politikgestaltung verfügen. Der Hinweis auf übergeordnete politische Konfliktkonstellationen oder auf internationale Interdependenzen als Auslöser wird zwar zur Komplettierung der Fallanalysen unternommen, die starke Mikro-Orientierung der bislang diskutierten Ansätze bekommt aber Einflüsse aus der politischen Gesamtlage, aus der strukturellen Machtverteilung zwischen Interessengruppen und aus der Verteilung von institutionellen Kompetenzen nur sehr ausschnitthaft in den Blick.

- Rekonstruktion der „Metanarratives" problematisch

Die methodologische Kritik nimmt zur Kenntnis, dass sich die qualitativen Policy-Forscher durchaus mit den in Anschlag gebrachten Methoden auseinandersetzen. *Roe* (1994: 155-162) hat beispielsweise einen kurzen Appendix seiner *Narrative Policy Analysis* nachgestellt, der einige interessante Hinweise zur Sicherstellung einer kontrollierbaren Ermittlung von Stories und Narratives enthält. Problematisch erscheint aber auch hier die Rekonstruktion der Metanarratives, die sich auf die Gestaltpsychologie beruft und aus der ermittelten Polarisierung zwischen den Narrativen ein Gesamtmuster der Argumentation ableiten möchte (*Roe* 1994: 156). Interessant sind die genauen Hinweise auf die Vorgehensweise einer detaillierten Analyse von *Policy Narratives*; diese versucht ausgehend von offenen, höchstens teilstrukturierten Intensivinterviews und deren Transkriptionen durch Herausstellung von *problem statements* eine gewisse Gliederung und Codierung des Interviewmaterials zu ermöglichen (*Roe* 1994: 159).

- Ermittlung der Frames unklar

Bei *Schön* und *Rein* (1994) fehlt eine explizite Auseinandersetzung mit den Prozeduren zur Ermittlung der unterschiedlichen Frames; offensichtlich sind die Autoren der Meinung, dass erfahrene Policy-Forscher auf einem Reflexionsniveau Policy-Kontroversen wahrnehmen, das es ihnen ermöglicht, einzelne Frames zu unterscheiden und über ihre Vereinbarkeit und Integrationsfähigkeit zu reflektieren (*Schön/Rein* 1994: 204). Die zur Illustration des Forschungsansatzes vorgestellten Fallstudien entsprechen dieser Einschätzung der Autoren, waren doch beide in unterschiedlichen Mitarbeiterkonstellationen zu unterschiedlichen Zeitpunkten mit den einzelnen Fällen befasst. Diese Fälle werden nun ‚reflektiert', ohne dass eine wirkliche Interpretation von vorliegendem Text- oder Aussagematerial erfolgt.

- Keine Offenlegung der Analyseschritte

Da *Hajer* (1995) Diskurse und Diskurskoalitionen nicht nur textzentriert untersucht, sondern auch anhand von Fallstudien Prozessanalysen betreibt, geht sein Analyseinstrumentarium über das der narrativen Policy-Analyse hinaus. Zwar stehen auch bei *Hajer* Interviews mit Schlüsselakteuren und Dokumentenanalysen am Anfang der Datengewinnung; diese Arbeiten müssen aber durch eine intensive Aufarbeitung der eigentlichen Policy-Ereignisse und der jeweiligen Beschlüsse, Verordnungen und Entscheidungen ergänzt werden (*Hajer* 2003a: 282-284). Nichtsdestotrotz fehlt auch bei *Hajer* die Offenlegung der Analyse- und Interpretationsschritte bei der wissenschaftlichen Konstruktion und Rekonstruktion der Handlungsfäden und Diskurskoalitionen in den entsprechenden Policy-Debatten. Stattdessen wird der Leser nur mit den Ergebnissen – den bereits deutlich markierten und voneinander abgegrenzten Diskurseinheiten – konfrontiert.

Neben diesen methodologischen Unklarheiten erscheint die Konzipierung der Policy-Kontroversen als Bestandteil von Kräfteverhältnissen und Austauschbeziehungen des gesamten Politikfeldes in allen drei Ansätzen ungenügend ausgeführt. Aufgrund der starken Mikroorientierung besitzt die in den Forschungsansätzen praktizierte Inhalts- und Diskursanalyse nur wenig Möglichkeiten, die Art und den Charakter der Akteurskonstellationen zu erschließen, den internen Zusammenhalt von Programmkoalitionen zu ermitteln und die Beschaffenheit von Macht- und Statusungleichheiten innerhalb und zwischen den Diskurskoalitionen genauer zu bestimmen (ähnlich *Nullmeier* 2001). Darüber hinaus erweisen sich die bisher diskutierten Ansätze als nur wenig anschlussfähig an andere Forschungsansätze in der Policy-Forschung und allgemeinen Politikwissenschaft, die auf Varianten der Konzertierung und Interessenvermittlung in Politikfeldern rekurrieren oder aber die Bedeutung von institutionellen Faktoren wie einer föderalen Aufteilung von Zuständigkeiten und einer starken oder schwachen Gewaltenteilung in den nationalen Regierungssystemen herausstellen. Die qualitativen Forschungsansätze stehen deshalb in der Pflicht, ihre Mikro-Orientierung und ihren Fokus auf *Diskurse* und *Narrative* zu legitimieren. Vor dem Hintergrund konventioneller Ansätze in der Policy-Forschung und in Abgrenzung zu den quantitativ-simulativen Forschungsstrategien müsste zuerst einmal die Relevanz von Diskussionsprozessen und von inhaltlichen Positionierungen in Politikfeldern überzeugend nachgewiesen bzw. konzeptuell hergeleitet werden. Wir wenden uns deshalb in den beiden folgenden Abschnitten zwei Forschungsrichtungen zu, die besonders zu einer solchen sowohl konzeptuell ausgerichteten als auch empirisch abgesicherten Grundlegung einer qualitativen Politikfeldanalyse beigetragen haben.

- Kräfteverhältnisse und Austauschbeziehungen unterbelichtet

6.3 Diskursive Verhandlungssysteme

Gingen die bislang vorgestellten qualitativen Forschungsansätze davon aus, dass sich Policy-Debatten im Hinblick auf die Verwendung von sprachlichen oder rhetorischen Mitteln untersuchen lassen, so stellt ein neuerer Strang in der Policy-Forschung den Tatbestand heraus, dass auch innerhalb der Prozesse des Policy-Making eine Veränderung stattgefunden hat, die es erforderlich macht, alternative Erklärungsansätze zu entwickeln und neue Forschungsmethoden zu erproben (*Barthe* 2001, *Saretzki* 1996a; 1996b). Aufgrund der oben schon eingehend geschilderten Steuerungsprobleme des autoritären bzw. paternalistischen Staates bei der Implementation von gesellschaftsverändernden Programmen, werden insbesondere bei Problemthemen, die einen großen Widerstand der Interessengruppen oder betroffenen Bürger erwarten lassen, neue Formen einer integrativen Politikgestaltung ausprobiert. Ein zunehmend auf Kooperation setzender Staat organisiert und inszeniert Verhandlungen zwischen *stakeholders* unter staatlicher Aufsicht und gewisser Beteiligung der Öffentlichkeit. Wie weiter oben schon dargestellt wurde, können dadurch Konstellationen entstehen, in denen private Interessen eine direkte Beteiligung an politischen Entscheidungen zur Verteilung öffentlicher Güter zugestanden wird. Bereits die amerikanische Pluralismustheorie hat eine tendenzielle Offenheit des allein zu Entscheidungen legitimierten politischen Kernbereichs für soziale Gruppen und ökonomische Interessen unterstellt. Insofern garantiert die *Verhandlungsdemokratie* (*Czada* 2003) die Gemeinwohlorientierung der politischen Entscheidungen durch Inklusion relevanter Interessen in die Prozesse der Meinungsbildung, Entscheidungsfindung und Programmumsetzung.

Verhandlungs-
demokratie

Aber die Perspektive der *Verhandlungsdemokratie* scheint selbst eine unnötige Engführung vorzunehmen, denn nicht in allen Politikfeldern stehen Macht- und Verteilungsfragen im Vordergrund. Gerade in Fragen der Risikoregulierung, bei Entscheidungen über die Gefahrenvermeidung und Vorsorge in der Umwelt- und Gesundheitspolitik, spielen unterschiedliche Risikoeinschätzungen und subjektiv wahrgenommene Betroffenheiten sowie kollektiv artikulierte Ängste eine besondere Rolle. Eine Reduzierung dieser komplexen Wahrnehmungsmuster und heterogenen Interessenstrukturen auf einzelne gut organisierte Verbandsinteressen, die miteinander in Verhandlungen treten, wird den Komplexitäts- und Prognoseproblemen in diesen Politikfeldern nicht gerecht. Statt dessen muss in diesen Politikfeldern ein Argumentationsklima geschaffen und unterstützt werden, in dem politische Entscheidungen möglichst unter Zugrundelegung des besten Arguments oder Handlungsplans zur Risikovorsorge und unter Wahrung eines breiten Konsenses zwischen den *stakeholders* getroffen werden. In der Policy-Forschung macht sich deshalb ein neues Interesse an alternativen Koordinationsformen in Politikfeldern geltend. Dabei erscheinen die Überlegungen zur Rolle von Verständigungsprozessen und Argumentationsformen im Policy Prozess als besonders instruktiv für die Stärkung einer konzeptuellen Orientierung in der qualitativen Policy-Forschung.

6.3.1 Verhandeln oder Argumentieren?

Die konzeptuelle Debatte setzt an der Frage an, wie sich Argumentieren und Verhandeln als typische Interaktionsformen in Politikfeldern unterscheiden (*Saretzki* 1996a; 1996b). Ausgehend von Beobachtungen in der Umweltpolitik wird konzediert, dass die Konzipierung von Verhandlungen für alle Politikfelder nach einem einfachen rationalistischen Bargaining-Modell nicht adäquat erscheint. Zahlreiche Auseinandersetzungen in regulativen Politikfeldern müssen als Kontroversen um alternative Beschreibungen, Erklärungen und Prognosen, als Streit um empirisches Wissen und Nicht-Wissen und als Abschätzung der potentiellen Risiken von Entscheidungen und Nicht-Entscheidungen analysiert werden. Nach der Aufwertung des Verhandlungsbegriffs und der Modellierung von Verhandlungssystemen vor allem in distributiven und redistributiven Politikfeldern muss deshalb Ähnliches für das Argumentieren und für politische (Risiko-)Diskurse geleistet werden. In Anlehnung an Vorstellungen von *Jon Elster* (1991), die dieser freilich im Kontext der Analyse von Verfassungsdebatten vorgelegt hat, und an *Saretzkis* (1996b) wegweisende Überlegungen müssen hierfür drei Argumentationsschritte unternommen werden.

arguing versus
bargaining

Der *erste Schritt* dient der Abgrenzung des *Arguing*-Prinzips vom *Bargaining*-Modell; die Unterschiede zwischen den beiden Kommunikationsmodi liegen in den erhobenen Ansprüchen/Claims, den Kriterien zur Prüfung der Ansprüche und den Zwecken, die Akteure mit den Kommunikationsmodi verfolgen. Man kommuniziert entsprechend im *Arguing-Modus*, wenn empirische und normative Behauptungen mit dem Anspruch auf Gültigkeit/Validität vertreten werden; die Geltungsansprüche lassen sich an Kriterien der Widerspruchslosigkeit und der Unparteilichkeit messen. Ziel des Argumentierens in einer Kommunikation ist es, den Gegenüber mit der Kraft des besseren Argumentes zu überzeugen. Auch bei Kommunikationen im *Bargaining-Modus* werden Forderungen mit dem Anspruch auf Glaubwürdigkeit/Credibility erhoben; sie werden jedoch primär anhand des vorgebrachten Sanktionspotentials (Drohungen, Versprechungen, Exit Optionen) geprüft und akzeptiert oder verworfen. Ziel des Verhandelns in einer Kommunikation ist es, den Gegenüber kraft der eigenen ‚bargaining power' zur Akzeptanz von Forderungen zu bewegen.

Im *zweiten Schritt* werden die elementaren Eigenschaften der beiden Kommunikationsmodi noch genauer mit den prozessbestimmenden Merkmalen der Kommunikationssituation in Beziehung gesetzt. Die gegensätzlichen Eigenschaften lassen sich anschaulich in einer Tabelle zusammenfassen:

Tabelle 6.1: Prozessbestimmende Eigenschaften des Argumentierens und des Verhandelns

	Argumentieren	**Verhandeln**
Funktionaler Bezug	Kognitive Probleme	Distributive Probleme
Grundstruktur	Triadisch (Rekurs auf Drittes)	Dyadisch
Prozess	Reflexiv	Sequentiell

Quelle: *Saretzki* (1996b: 35)

Deutlich wird, dass sich das Argumentieren als Problemlösungsmechanismus für komplexere Interaktionsgegenstände auffassen lässt; die Geltungsansprüche nehmen auch auf Bedeutungen oder Regeln Bezug, die selbst nicht in der direkten Interaktionssituation präsent oder in den primären Bezugspunkten für die situative Kommunikation inhärent sind. Insofern ist das Argumentieren als der viel voraussetzungsvollere und anspruchsvollere Kommunikationsmodus zu bewerten.

Entsprechend kommt *Saretzki* (1996b: 36) dann auch im *dritten Schritt* der Argumentationskette zu einer generellen Einschätzung des Verhältnisses zwischen den beiden Kommunikationsmodi, wobei davon auszugehen sein wird, dass sie in beliebigen Koordinationssituationen nicht vollkommen getrennt voneinander vorkommen, sondern aufgrund ihrer Eigenschaften in einem gewissen Bedingungsverhältnis – einem Abfolge- oder Syntheseverhältnis – stehen. Es ergibt sich dabei das kommunikative Primat des Argumentationsmodus, da intersubjektiv geteilte Annahmen über die Realität auch für die Bewältigung von Verteilungsproblemen notwendig sind. Insofern ist der Argumentationsmodus nicht substituierbar; kognitive Probleme lassen sich nicht durch Bargaining lösen. Umgedreht können Verteilungsprobleme sehr wohl im Argumentationsmodus behandelt werden, insofern als mit Hinweis auf übergeordnete Verteilungs-

Primat des Argumentationsmodus

normen und Gerechtigkeitsprinzipien an die Einsicht der Interaktionsteilnehmer appelliert werden kann. Der Einsatz des *Bargaining*-Modus erscheint in diesem Zusammenhang nur dann sinnvoll bzw. erfolgreich, wenn keine rationale Verständigung zustande kommt, wenn keine etablierte Institution zur Durchsetzung von Verteilungsprinzipien beiträgt oder wenn Akteure sich der Möglichkeit bedienen können, sich den gültigen Verteilungsprinzipien zu entziehen. *Argumentieren* ist der grundlegende und multifunktional aktivierbare, *Verhandeln* der unselbständige und funktional auf einen Problemtyp beschränkte Kommunikationsmodus. Damit wird der Primat des Argumentierens aber nicht für alle Fälle und Situationsgegebenheiten behauptet. Schließlich können Verhandlungen den Argumentationsprozessen vorausgehen, um Voraussetzungen und Bedingungen des Argumentierens nach Maßgabe der *bargaining power* festzulegen. Somit liegt von der Genese eines Kommunikationsprozesses her gesehen der Primat faktisch oft beim Verhandeln, nicht beim Argumentieren (*Saretzki* 1996b: 37).

Für eine komplexe Betrachtung von Kommunikationsverläufen in Politikfeldern scheint es deshalb erforderlich zu sein, das situative Zusammenspiel der Kommunikationsmodi und ihre möglichen Integrations- oder Substituierungsversuche sowie kommunikationsunterstützende Kontextbedingungen für Policy-Interaktionen zu betrachten und zu konzeptualisieren (*Holzinger 2001, Wiesner* 2006). Aus der aktuellen Literatur trägt bislang nur die Analyse von sog. *diskursiven Verhandlungssystemen* zur Rekonstruktion der Kontextbedingungen und Institutionalisierungspotentiale für den Einsatz der beiden Kommunikationsmodi bei.

6.3.2 Empirische Analyse

Diskurse Verfahren als Varianten oder Alternativen zu Verhandlungssystemen?

In ihrer Analyse von diskursiven Verhandlungssystemen fokussiert *Barthe* (2001) auf den Einbau diskursiver Elemente in korporativ strukturierte Verfahren der Interessenvermittlung und Konfliktregulierung (Verhandlungssysteme). Sie spricht in diesem Zusammenhang von einem neuen (reflexiven) Institutionendesign (z.B. Umweltdialoge, Mediationsverfahren, Konsensgespräche, Runde Tische), das nicht nur die organisierten Interessen abgleichen oder die sinnvolle Allokation von Ressourcen sicherstellen will, sondern auch die gestiegenen Ansprüche an die demokratische Legitimation von politischen Entscheidungen durch die symbolische Inszenierung von Diskursivität und Partizipation befriedigen möchte. Daran schließt sich natürlich die Forschungsfrage an, ob durch das neue Institutionendesign ein gänzlich neuer Typus der Interessenvermittlung und Konfliktbewältigung entsteht oder ob durch die Integration diskursiver Verfahren in bestehende Gremien und Verhandlungsrunden bloß Elemente implantiert werden, die die Konsensfindung erleichtern sollen? Kurz gefasst: Sind diese diskursiven Verfahren nur Varianten oder Alternativen zu den konventionellen Verhandlungssystemen?

Beispiel Umweltpolitik

Eine Analyse der Einsatzmöglichkeiten von diskursiven Verfahren in horizontale, an der wechselseitigen Nutzenmaximierung orientierten Verhandlungssystemen bietet sich speziell in der Umweltpolitik an, weil in diesem Politikfeld eine Verquickung von Verteilungs- mit Wert- und Identitätsproblemen stattfindet und die Debatte über den angemessenen Umgang mit Natur und Umwelt einen weiten Problemhorizont eröffnet. In diesen Problemhorizont fallen ganz unterschiedliche Aspekte wie der Schutz bzw. die selektive Nutzung von Kollektivgütern (Trinkwasser, Luft, Bodenschätze), die Nutzung von riskanten Technologien und die Einschränkung von natürlichen Lebensformen durch die technische Entwicklung und die Veränderung der Ökosysteme (*Barthe* 2001: 22-27).

Diskursive Verhandlungssysteme werden als Weiterentwicklung und Ergänzung neokorporatistischer Verhandlungssysteme verstanden, wobei sie anstatt der strategischen Kompromissbildung die aktive Konsenssuche befördern, um die kooperative Orientierung und das gemeinschaftliche Handeln der Verhandlungsteilnehmer zu stärken (*Barthe* 2001: 58-59). Im Gegensatz zur Selektivität der konventionellen Verhandlungssysteme, die nur ressourcenstarke bzw. wohlorganisierte Interessengruppen zur Förderung der Durchsetzung von politischen Entscheidungen zu integrieren trachten, sind die diskursiven Verhandlungssysteme an der Idee der Chancengleichheit bei der Beteiligung an umweltpolitischen Entscheidungen und an der Leitvorstellung eines transparenten, nachvollziehbaren und deliberativen Entscheidungsprozesses orientiert. Das Ziel der Durchführung von diskursiven Verfahren ist die gemeinsame Konfliktlösung von normativ strittigen Fragen mit antagonistischen Akteuren. Hierfür sind Kommunikationsabläufe und Treffen zu organisieren, um die kontinuierliche Kommunikation zwischen Betroffenen über Werte, Interessen und Normen in der Bewertung von Technologien und umweltpolitischen Vorhaben zu ermöglichen. Durch die Einbeziehung von sowohl stark wie schwach organisations- und konfliktfähigen Interessen wird das Wissen aller Betroffenen genutzt und ein Abgleich ganz unterschiedlicher Problemperspektiven erzielt:

[Margin note:] Diskursive Verhandlungssysteme

[Margin note:] Diskursive Verfahren

> „Diskursive Verfahren beteiligen im Unterschied zu traditionellen Verfahren Akteure, die in herkömmlichen Planungs- und Entscheidungsverfahren keine Mitwirkungsrechte bekommen. In diskursiven Verfahren werden neben den etablierten Interessenvertretern Protestakteure eingebunden und allgemein- und zivilgesellschaftliche Interessen systematisch integriert. Gewährleistet werden soll, dass die Ansprüche und Interessen verschiedener sozialer Gruppen und alle „relevanten" kontroversen Positionen in einem Konfliktfeld eingebunden werden. Die teilnehmenden Akteure – Interessenvertreter oder nichtorganisierte Individuen – zählen nicht als Einzelpersonen, sondern sie repräsentieren einen Teil der Öffentlichkeit im Verfahren. Dies ist eine Konsequenz aus dem Umstand, dass gerade bei Issues mit einem Kollektivgutcharackter sich das Konfliktfeld um neue Konfliktakteure geweitet hat, die u.a. aufgrund ihrer Vetoposition nicht mehr übergangen werden können" (*Barthe* 2001: 64).

Der Einsatz von diskursiven Verfahren kann sich von der reinen Informationsvermittlung bei laufenden Verhandlungen bis zur konkreten fallbezogenen Entscheidung (z.B. durch Mediationsverfahren) erstrecken. Die Eigenschaften der beiden Idealtypen werden in folgender Tabelle übersichtlich zusammengefasst:

191

Tabelle 6.2: Diskursive und konventionelle Verhandlungssysteme im Vergleich

	Neokorporatistische Verhandlungssysteme	Diskursive Verhandlungssysteme
Problemfelder	Verteilungskonflikte: begrenzter, kognitiver Dissens	Kollektivgutproblematik: kognitiver Dissens über Deutungen und Bewertungen
Geltungsansprüche	Funktionale Leistungsbehauptungen:	Normative und funktionale Leistungsbehauptungen:
	Effizienzsteigerung als Ziel	Effizienz verbunden mit Realisation von Effektivität, Chancengleichheit und Deliberation
	Vermeidung dysfunktionaler Konflikte	Wirksamkeit gegen Legitimations- & Integrationsdefizite von politischen Entscheidungen
	Politikformulierung, Umsetzung	Politikformulierung
	kooperative Suche nach Interessenausgleich (Kompromiss)	Ausgleich sozialer Werte und Weltbilder (Gemeinwohlorientierung)
Partizipation	Teilnahme von etablierten, gut organisierten, zentralisierten Interessengruppen	Breite, faire Repräsentation aller relevanten „kontroversen" Interessen
Handlungsrationalität (Interaktion)	Wechselseitiger Nutzen über erfolgsorientiertes, strategisch-rationales Handeln	Konsens- bzw. Dissenserklärung über einen verständigungsorientierten Prozess, beruhend auf dem Prinzip der prozeduralen, kommunikativen Rationalität
Handlungsrationalität (beobachtende Öffentlichkeit)	Informell geprägte Aushandlungsprozesse nach innen, ritualisierte Formen der Konfliktaustragung nach außen	Zwang, Angemessenheit des Handelns nachzuweisen; formalisierter Prozess nach innen, Transparenz und Nachvollziehbarkeit nach außen

Quelle: nach *Barthe* (2001: 70).

Leitbilder der Diskursivität

Die empirische Analyse von *diskursiven Verhandlungssystemen* kann sich nach *Barthe* (2001: 71-74, 112-120) nicht unvermittelt ihrem Gegenstand nähern; institutionalisierte diskursive Verfahren, die Handlungszusammenhänge dauerhaft organisieren, bringen implizit Glaubensvorstellungen, Weltbilder und Wertbezüge zum Ausdruck und diese lassen sich nur durch die Identifizierung von Leitbildern der Diskursivität in umweltpolitischen Verhandlungen und Diskussionen aufweisen. Der symbolische Ausdruck von Geltungsansprüchen unterschiedlicher (strategischer oder kommunikativer) Rationalität erfolgt nämlich durch (institutionelle) Leitideen – das konventionelle Verständnis von Verhandlung und Verhandlungssystemen wird beispielsweise durch das Leitbild des Macht- oder Kampfspiels ausgedrückt. Die kollektiv geteilten und anerkannten Leitideen zeigen die Durchsetzung von neuen Entscheidungsverfahren an. Entsprechend müssen sich bei diskursiven Verhandlungssystemen analoge Leitideen aufweisen lassen. Wie lassen sich aber die Leitideen für diskursive Verhandlungssysteme genauer bestimmen bzw. eingrenzen? Leider gibt es in der Studie nur eine sehr knappe und theorielastige Zusammenfassung (*Barthe* 2001: 96). Einerseits wird auf normativ-theoretische Vorstellungen von (deliberativer) Demokratie, Zivilgesellschaft und Öffentlichkeit rekurriert, die gewisse Leitkategorien enthalten können, andererseits wird auf die Spezifizität der diskursiven Verfahren in dem Einbau und der Institutionalisierung von prozeduralen Regeln verwiesen, die der diskursiven Verständigung verpflichtet sind (z.B. Regeln wie „gleiche Redefreiheit für alle") (*Barthe* 2001: 90). Dies würde aber bedeuten, dass die Leitbilder für Diskursivität selbst wieder in den Verfahren aufgelöst werden. Darüber hinaus verweist *Barthe* direkt auf die Leitidee des *Konsens* in diskursiven Verfahren (z.B. Energiekonsensgespräche), auf die der Konsensleitidee entsprechende Idee des *Dialogs* und auf die für eine breite Öffentlichkeit nachvollziehbare Metapher des *Runden Tisches* bei Verhandlungsrunden (*Barthe* 2001: 120-138). Lassen sich aber mit dem Abrufen bzw. Aufweisen solcher Leitideen in Policy-Debatten wirklich diskursive Verhandlungssysteme oder diskursive Elemente in Verhandlungssystemen gehaltvoll analysieren?

Die Schwierigkeiten bei der Analyse von diskursiven Verhandlungssystemen resultieren aus dem ungeklärten empirischen Status der diskursiven Verfahren in Policy-Verhandlungen. Die Leitbilder des Konsenses und des Dialogs mögen für die Initiierungsphase der diskursiven Verhandlungssysteme eine strukturierende Wirkung ausüben. Die Festlegung von dialogbasierten Veranstaltungsformen und Verhandlungsrunden kann aber nicht die Geltung der Verständigungsorientierung für alle Policy-Interaktionen sicherstellen. Dies würde voraussetzen, dass sich die diskursiven Verhandlungssysteme gegenüber Steuerungsversuchen und Handlungsimprägnierungen von außen abschotten ließen. Ansonsten sind die während der Gesprächsrunden aufgebauten Vertrauensbeziehungen und Wissenspotentiale ständig der Gefahr ausgesetzt, von strategischen Imperativen der politischen Organisationen (Regierungsorganisationen, Verwaltungen, Parteien, Verbände, Bürgergruppen), die ihre Vertreter in die Verhandlungen schicken, zersetzt oder nachhaltig verändert zu werden. Eine solche Dekontextualisierung der diskursiven Verhandlungssysteme mag für eine idealtypische Modellbildung, die Hinweise auf Verhandlungsergebnisse durch eine unverzerrte Deliberation liefert, statthaft sein; sie bezieht sich damit aber auf eine Vorstellung von Policy-Prozessen, die dem politischen Alltagsgeschäft mit Machtkämpfen, Ressourcentransfers und organisationspolitischen Strategiedebatten weiter entrückt erscheint als die vergleichsweise reduktionistische Abbildung von strategiegeleiteten Policy-Interaktionen mit Hilfe der Spieltheorie. Letztere negiert zwar das deliberative Moment in den politischen Programmdebatten völlig, dafür präsentiert sie eine realistische Vorstellung von der Beeinflussung der politischen Verhandlungen durch organisationspolitische Imperative – Imperative des Machterhalts, des Ressourcenzugewinns und der Budgetmaximierung und der absichtsvollen Schwächung des Verhandlungsgegners.

Kritik diskursiver Verfahren

Barthe erhofft sich von der Initiierung diskursiver Verfahren eine möglichst erfolgreiche Einübung von verständigungsorientierten Verhandlungsrollen, die die Teilnehmer in diskursiven Verfahren sozusagen auf Diskursivität verpflichten und gegen eine Außensteuerung – eine Steuerung durch strategische Handlungslogiken – imprägnieren:

> „Im Idealfall sind Rollen und Verhaltensformen so internalisiert und habitualisiert, dass sie Berechenbarkeit und Stabilität gewähren und jederzeit wieder mobilisierbar sind. Das bedeutet: Die Beteiligten eines diskursiven Verfahrens können ohne größere Schwierigkeit zu einem x-beliebigen Zeitpunkt diese Rollen wieder einnehmen. Die Thesen in diesem Zusammenhang lauten: Diskursive Verfahren integrieren erfolgreich, wenn die Leitideen als institutionelle Handlungsmuster über wechselseitige Orientierung Verhaltenssicherheit bieten und die Teilnehmer ihr Handeln an einem gemeinsamen Wertbestand ausrichten. Über diese Integrationsfunktion wird auch eine Steuerungsfunktion erfüllt. Eine erfolgreiche Selbstbindung über die symbolische Form ermöglicht eine Generalisierung von Motiven und eine Rollenverallgemeinerung. Dadurch stabilisiert sich der Handlungsraum, so dass Handlungsoptionen regulierbar sind und Entscheidungshandeln möglich ist" (*Barthe* 2001: 259).

Auch der Fokus auf die Ausdifferenzierung von (sub)systemstabilisierenden Rollen löst nicht das Problem, dass man – hier mit einem funktionalistischen Argument – die Abschottung der diskursiven Verhandlungssysteme als eine Voraussetzung für ihre Reproduktion als verständigungsorientierter Interaktionszusammenhang postulieren muss.

6.4 Advocacy-Koalitionen

Neben dem Versuch, diskursive Verfahren als wichtigen Bestandteil von Politikfeldern zu konzeptualisieren, existiert ein zweiter wichtiger Anknüpfungspunkt für das Bestreben, aus einer qualitativen Perspektive zu einer Gesamtschau der Entwicklungsprozesse und Konfliktkonstellationen in Politikfeldern zu kommen. Gemeint ist hiermit der von *Paul Sabatier* und Mitarbeitern entwickelte *Advocacy-Koalitionen-Ansatz*, der die Existenz von mehreren Programmkoalitionen in einem Politikfeld, ihre Stellung zueinander und die Veränderungen in ihrem Kräfteverhältnis zu Analysegegenständen macht. Eine stark interpretative Ausrichtung ist dem Advocay-Koalitionen-Ansatz durch den Hinweis auf die Bedeutung von gemeinsamen Programmvorstellungen und politischen Grundüberzeugungen für die Koalitionsbildung eingeschrieben, was aber den Einsatz auch quantitativer Verfahren der Inhaltsanalyse zu ihrer Bestimmung nicht ausschließt. *Sabatiers Advocacy-Koalitionen-Ansatz* verfügt nicht nur über einen klaren konzeptuellen Aufbau, sondern wurde bereits für Untersuchungen in ganz unterschiedlichen nationalen Kontexten und für die Bestimmung der politischen Prozesse in diversen Politikfeldern verwandt. Auch in Deutschland hat sich dieser Ansatz bereits gut etabliert und wurde auf so unterschiedliche Untersuchungsgegenstände wie die Krankenhauspolitik in Deutschland, die deutsche Gentechnologiedebatte, das bayerische (und niederländische) System der Abfallbeseitigung und die Europäisierung der deutschen (und irischen) Umweltpolitik angewandt (*Bähr* 2003, *Bandelow* 1999, *Eberg* 1997, *Simon* 2000).

6.4.1 Der Advocacy-Koalitionen-Ansatz von Sabatier

Der Advocacy-Koalitionen-Ansatz, der von *Sabatier* in Zusammenarbeit mit Jenkins-Smith und anderen Mitarbeitern entwickelt wurde, konzentriert sich auf die Erklärung von Policy-Wandel und betont die Bedeutung von policy-orientiertem Lernen für diesen Wandel (*Sabatier* 1988; 1993, *Sabatier/Jenkins-Smith* 1999). Dabei geht der Advocacy-Koalitionen-Ansatz von folgenden drei Annahmen aus: Um den Prozess des Policy-Wandels zu verstehen, bedarf es einer Betrachtung des Policy-Prozesses, die sich, erstens, über eine Zeitspanne von mindestens einem Jahrzehnt erstreckt und sich, zweitens, auf ein Policy-Subsystem konzentriert, das aus denjenigen Akteuren besteht, die sich aktiv mit einem Policy-Problem bzw. einem *issue* auseinandersetzen. Schließlich beinhalten öffentliche Policies und Programme implizit Theorien über deren Zielerreichung und können deshalb in gleicher Weise wie *belief systems* verstanden werden (*Sabatier* 1988: 131f.). Analyse von Advocacy Koalitionen

Gegenüber der Betrachtung kurzfristiger Zeitperioden und einzelner Entscheidungsprozesse ermöglicht die längerfristige Zeitperspektive des Advocacy-Koalitionen-Ansatzes die Berücksichtigung der Wirkungen im Politikfeld, die von mehreren Programm- und Entscheidungszyklen herrühren (*Sabatier* 1993: 120). Dadurch lässt sich überhaupt erst eine Information über den Programmerfolg oder das Scheitern von distinkten Policies oder Programmpaketen aufnehmen. Darüber hinaus können Programme, die anfangs als Misserfolge oder als besonders aussichtsreich bewertet wurden, mit ihrem mittel- und langfristigen Gesamtertrag evaluiert werden. Längerfristige Zeitperspektive

Die relevante Einheit, um Policy-Wandel zu verstehen, ist das Policy-Subsystem, das sind „diejenigen Akteure oder Anzahl öffentlicher oder privater Organisationen, die aktiv mit einem Policy-Problem oder Policy-Fragen, wie beispielsweise der Luftreinhaltepolitik, Fragen der psychischen Gesundheit oder Transportproblemen, befasst sind" (*Sabatier* 1993: 120). Die Untersuchungseinheit des *Policy-Subsystems* geht nicht von einer typischen oder dominanten Akteurskonfiguration (z.B. die sog. *iron triangles* in der distributiven Politik) aus, sondern bezieht grundsätzlich alle Akteure aus Politik, Verwaltung, Wissenschaft und Gesellschaft mit ein, die ein besonderes Interesse an politischen Regulierungsfragen artikulieren und versuchen, Wirkung im Politikfeld zu erzeugen. Policy-Subsystem

Der *Advocacy-Koalitionen-Ansatz* geht weiter davon aus, dass sich Akteure im politischen Prozess engagieren, um die handlungsleitenden Orientierungen ihrer *belief systems* in praktische Politik umzusetzen. Die *belief systems* enthalten auf spezifische Politikausschnitte bezogene Wertvorstellungen, Annahmen über wichtige Kausalbeziehungen, Perzeptionen von Weltzuständen (z.B. Größenordnung von Problemen) und Auffassungen über die Wirksamkeit von Policy-Instrumenten. Etwas theoretischer gefasst, ist ein belief system „ein Set von grundlegenden Wertvorstellungen, Kausalannahmen und Problemperzeptionen" (*Sabatier* 1993: 127), das eine hierarchische, dreiteilige Struktur aufweist. Die belief systems höchste und umfassendste Ebene des *belief systems* bildet den Hauptkern, der grundlegende normative und ontologische Überzeugungen umfasst, die über einzelne Policy-Subsysteme hinausgehen und für sämtliche Politikfelder Gültigkeit beanspruchen, wie z.B. die relative Bewertung von individueller Freiheit vs. sozialer Gleichheit. Der Hauptkern ist nur sehr schwierig zu ändern. Der Policy Kern des *belief systems* auf der mittleren Ebene ist weniger umfassend und nur zu verändern, wenn die Erfahrung der Akteure schwerwiegende Anomalien aufweist. Der Policy Kern bezieht sich auf sämtliche Aspekte eines Policy-Subsystems und beinhaltet wesentliche Policy-Positionen und Strategien, mit denen zentrale Wertvorstellungen innerhalb des Subsystems umgesetzt werden können, wie z.B. Auffassungen über die grundlegende Bedenklichkeit eines Problems und dessen wesentlichen Ursachen oder über die angemessene Verteilung von Steuerungsleistungen zwischen Markt und Staat. Auf der untersten Ebene des *belief systems* sind die sekundären Aspekte angesiedelt, die sich auf einen engen Bereich beziehen, der in der Regel nur Teile des Policy-Subsystems abdeckt. Sie sind relativ leicht zu ändern und beinhalten instrumentelle Entscheidungen und Informationssuchen, die notwendig sind, um Inhalte des Policy Kerns durchzusetzen, wie z.B. Einschätzungen über die Ernsthaftigkeit einzelner Problemaspekte oder die relative Wichtigkeit einzelner Kausalzusammenhänge (*Sabatier/ Jenkins-Smith* 1999: 121f., 132-134).

Advocacy-
Koalitionen

Innerhalb eines Policy-Subsystems können diejenigen Akteure zu einer so genannten Advocacy-Koalition aggregiert werden, die den Policy Kern eines *belief systems* teilen und ihre Handlungen über einen längeren Zeitraum hinweg zu einem nicht-trivialen Grad koordinieren (*Sabatier/Jenkins-Smith* 1999: 138). Ein nicht-trivialer Grad der Koordination liegt bereits bei einer schwachen Koordination unter den Akteuren vor. Im Gegensatz zu einer starken Koordination, die die Entwicklung, Kommunikation, Akzeptanz und Durchführung eines gemeinsamen Handlungsplans umfasst, bezieht sich eine schwache Koordination auf Akteure, die ihr politisches Verhalten gegenseitig beobachten und ihre Handlungen so anpassen, dass sich ihre politischen Strategien hinsichtlich des gemeinsamen Ziels ergänzen (*Zafonte/Sabatier* 1998: 480). Neben privaten und öffentlichen korporativen Akteuren, die unterschiedlichen Ebenen der Staatsorganisation angehören können, können auch Einzelpersonen wie Wissenschaftler, Journalisten und Politikberater Teil einer Advocacy-Koalition sein. Innerhalb eines Policy-Subsystems gibt es jedoch immer auch Akteure, die zu keiner Koalition angehören. Zu diesen Akteuren zählen Policy-Vermittler, die versuchen vernünftige Kompromisse zwischen den Koalitionen herbeizuführen, um das Konfliktniveau gering zu halten. Die Annahme ist jedoch, dass sich langfristig die Akteure entweder einer Advocacy-Koalition anschließen oder das Policy-Subsystem verlassen. Ferner wird davon ausgegangen, dass innerhalb eines Policy-Subsystems in der Regel ein bis vier Koalitionen bestehen, wobei es sich in dem Fall einer einzigen Koalition um ein ruhiges Subsystem handelt, in dem das Konfliktniveau gering ist (*Sabatier* 1988: 140, *Sabatier/Jenkins-Smith* 1999: 119-122).

Policy-Wandel

Der Advocacy-Koalitionen-Aansatz identifiziert zwei Faktoren, die für einen Policy-Wandel ursächlich sind: Es sind dies zum einen Umbrüche innerhalb des Subsystems, hervorgerufen durch Veränderungen in den Wertvorstellungen

196

der Koalitionsmitglieder und zum anderen Perturbationen, d. h. Störungen und ungewöhnliche Veränderungen, die außerhalb des Policy-Subsystems liegen (*Sabatier/Jenkins-Smith* 1999: 151). Wertvorstellungen bilden die handlungsleitende Motivation der Akteure und geben somit an, welche Akteure sich für spezifische Politikinhalte einsetzen. Die Advocacy-Koalitionen versuchen, das Verhalten von Regierungsorganisationen so zu beeinflussen, dass der Policy-Kern ihres jeweiligen *belief systems* in öffentliche Policies übertragen wird. Der Advocacy-Koalitionen-Ansatz weist die Vorstellung zurück, dass die Akteure primär nach ihren kurzfristigen ökonomischen Eigeninteressen handeln, schließt interessengeleitetes Handeln jedoch nicht vollständig aus. Vielmehr können Wertvorstellungen auch Interessen von individuellen und komplexen Akteuren einschließen. Durch diese umfassende Konzeption handlungsleitender Faktoren können unterschiedlichste Handlungsmotivationen erfasst werden. Während das *belief system* somit die Handlungsrichtung angibt, ist die Fähigkeit, tatsächlich Einfluss auf die Politikgestaltung auszuüben, abhängig von den Ressourcen einer Advocacy-Koalition, wie Geld, Expertise, Zahl der Unterstützer und rechtliche Autorität (*Sabatier* 1988: 141-143). Die Ressourcen, über die die Akteure verfügen, hängen wiederum von strukturellen Faktoren außerhalb des Policy-Subsystems ab. Dabei können sowohl institutionelle Faktoren, wie Verfassungsnormen zur Staatsorganisation, die Entscheidungsbefugnisse festlegen, als auch nicht-institutionelle Faktoren, wie die Verteilung natürlicher Rohstoffe, die Handlungsmöglichkeiten der Akteure beeinflussen (*Sabatier/Jenkins-Smith* 1999: 149).

Policy-Wandel wird jedoch nicht auf die strukturellen Faktoren selbst, sondern auf eine Perturbation dieser Strukturen zurückgeführt, durch die sich die Handlungsmöglichkeiten der Subsystem-Akteure verändern und somit eine Veränderung des Status quo ermöglicht wird. Das Hauptargument des Advocacy-Koalitionen-Ansatzes ist, externe Faktoren

> „dass das policy-orientierte Lernen zwar ein wichtiger Aspekt des Policy-Wandels ist und die sekundären Aspekte des ‚belief system‘ einer Koalition oft verändern kann, dass die Veränderungen in den Kernaspekten einer Policy jedoch in der Regel das Resultat von Veränderungen oder ‚perturbations‘ in nicht-kognitiven Faktoren darstellen, die außerhalb des Subsystems existieren." *(Sabatier 1993: 123)*.

Der Zusammenhang zwischen externen und subsysteminternen Faktoren lässt sich auch in einem Schema darstellen, das gleichsam alle relevanten Elemente des Ansatzes in Beziehung setzt:

Abbildung 6-1: Der Advocacy-Koalitionen-Ansatz

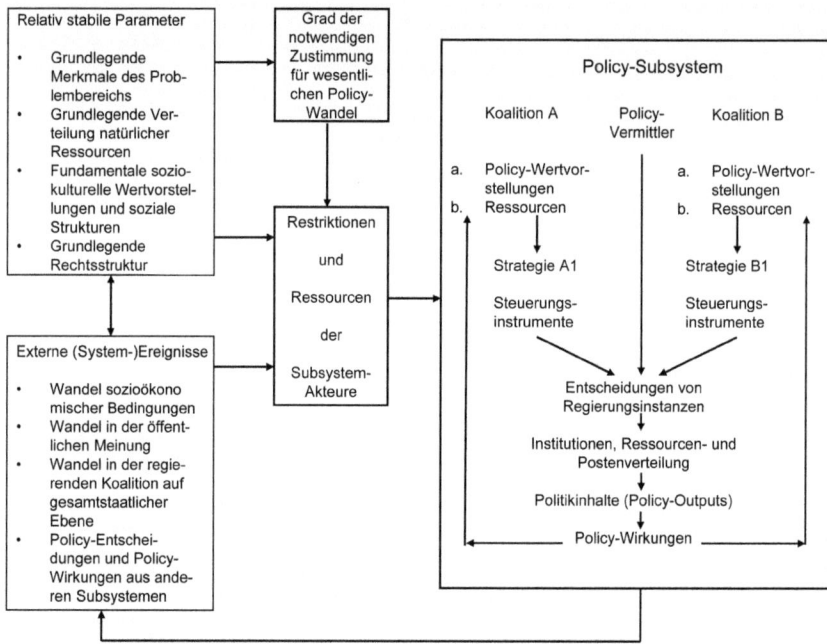

Quelle: nach *Sabatier/Jenkins-Smith* (1999: 149)

Policy-Wandel durch
externe System-
ereignisse

Die externen, nicht-kognitiven Faktoren werden unterschieden nach relativ stabilen Parametern, die sehr schwer zu verändern sind und gewöhnlich sowohl zwischen Ländern als auch zwischen Politikfeldern eines Landes variieren, und
externen Systemereignissen, die sich innerhalb einiger Jahre ändern können, sich
jedoch weitgehend der Kontrolle der Subsystemakteure entziehen. Folglich sind
es hauptsächlich die externen Systemereignisse, die einen Policy-Wandel hervorrufen. Relativ stabile Parameter beinhalten wesentliche Eigenschaften des Prob-
lembereichs (z. B. die Eigenschaften der Nichtausschließbarkeit und des rivali-
sierenden Konsums von Gemeinschaftsgütern), die grundlegende Verteilung
natürlicher Ressourcen (z. B. Kohlereserven eines Landes), fundamentale sozio-
kulturelle Werte und soziale Strukturen (z. B. Verstaatlichung von Produktions-
mitteln als tatsächliche Policy-Option) und grundlegende Rechtsstrukturen (z. B.
die Verfassung eines Landes). Zu den relativ stabilen Parametern ist auch das
Ausmaß des Konsenses zu zählen, das notwendig ist, um bedeutende Policy-Ver-
änderungen durchführen zu können. Das notwendige Ausmaß an Konsens reicht
von der Dominanz einer Minderheit in Diktaturen über eine einfache Mehrheit in
Westminster-Demokratien und eine qualifizierte Mehrheit in politischen Systemen mit einer ausgeprägten Gewaltenteilung bis zu Konsens in Konsensus-
Demokratien. Externe Systemereignisse, die durch eine Veränderung der Hand-
lungsbeschränkungen und Handlungsmöglichkeiten der Subsystemakteure einen
Policy-Wandel bewirken, sind Veränderungen der sozioökonomischen Bedingungen, der öffentlichen Meinung und der Regierungskoalition auf gesamtstaat-

licher Ebene sowie Policy-Entscheidungen und Policy-Wirkungen aus anderen Subsystemen (*Sabatier* 1993: 122-126, *Sabatier/Jenkins-Smith* 1999: 148f.).

Policy-orientiertes Lernen lässt sich als „relativ stabile Veränderung des Denkens oder von Verhaltensintentionen verstehen, die aus Erfahrungen resultieren und die sich mit der Realisierung oder der Veränderung von Policy-Zielen befassen" (*Sabatier* 1993: 121f.). Policy-orientiertes Lernen ist ein instrumentelles Lernen, mit dem die Mitglieder unterschiedlicher Koalitionen ein besseres Verständnis der Welt anstreben, um ihre Policy-Ziele durchzusetzen (*Sabatier/Jenkins-Smith* 1999: 123). Policy-orientiertes Lernen findet dabei in erster Linie innerhalb von Advocacy-Koalitionen statt. Die nachgeordnete Bedeutung, die policy-orientiertem Lernen für die Erklärung von Policy-Wandel zugeschrieben wird, ist zum einen auf die relativ große Stabilität des Policy-Kerns zurückzuführen und zum anderen Folge sozialer Kontakten innerhalb der Koalitionen, die dazu führen, dass sich die Koalitionsmitglieder in ihren gemeinsamen Zielen gegenseitig bestätigen und diese aufrecht erhalten. Allerdings kann policy-orientiertes Lernen auch Politikinhalte verändern, wenn es über die Grenzen der Advocacy-Koalitionen hinausgeht. Die Möglichkeit eines Lernprozesses zwischen Koalitionen ist jedoch abhängig von dem institutionellen Rahmen der Konfliktaustragung sowie dem Konfliktgegenstand. Policy-orientiertes Lernen über Koalitionsgrenzen hinweg ist möglich, wenn alle Koalitionen dasselbe übergeordnete Ziel verfolgen und ein gemeinsames Forum besteht, an dem führende Vertreter aller Koalitionen teilnehmen. Ferner ist ein solches Lernen bei Konfliktgegenständen möglich, für die anerkannte Indikatoren zur Messung des Problems bestehen und deren grundsätzlicher Problemzusammenhang nicht angezweifelt wird. Dies trifft stärker auf naturwissenschaftliche und technische Probleme und weniger auf politische und soziale Probleme zu (*Bandelow* 2003: 317f.).

Zur Charakterisierung der Advocacy-Koalitionen und zur Rekonstruktion von Lernprozessen in Politikfeldern greifen *Sabatier* und Mitarbeiter auf ein breites Repertoire an qualitativen und quantitativen Analyseinstrumenten zurück. Die einfachere qualitative Vorgehensweise umfasst im Rahmen der Analyse von Einzelfällen oder der historischen Rekonstruktion von Programmverläufen das Durchführen von Experteninterviews und von Intensivinterviews mit am Policy-Prozess Beteiligten sowie die qualitative Inhaltsanalyse von policyrelevanten Dokumenten, Aufrufen, Programmschriften etc. der einzelnen Programmkoalitionen. Diese Ausgangsuntersuchungen lassen sich allerdings ergänzen und verfeinern durch etwas aufwendigere Verfahren der quantitativen Inhaltsanalyse (*Sabatier/Jenkins-Smith* 1999). Insbesondere die Inhaltsanalyse von Statements, Positionspapieren und Programmkommentaren der Vertreter von Parteien, Interessengruppen und Betroffenen bei Parlamentshearings bietet die Möglichkeit, ein Set an Programmvorstellungen für alle Akteure des Policy-Subsystems zu ermitteln. Intelligente Codierungslösungen zur Verarbeitung und Aufschlüsselung der *public documents* erlauben die standardisierte Auswertung von Programmpräferenzen; darüber hinaus lässt sich die quantitative Inhaltsanalyse durch Clusteranalyse und durch Analyse der Korrelationskoeffizienten zwischen *issues* bzw. Programmvorschlägen und policyinteressierten Akteuren zur Erhebung bzw. Bestätigung von *belief systems* und Advocacy-Koalitionen nutzen (*Sabatier/Brasher* 1993).

Policy-Lernen

Analyseinstrumente

6.4.2 Fallstudie: Advocacy-Koalitionen in der Gentechnologiepolitik (Nils C. Bandelow)

Fallstudie Der Advocacy-Koalitionen-Ansatz hat bereits in unterschiedlichen Politikfeldern der regulativen Politik Anwendung gefunden; international dominieren dabei Studien über die Entwicklung von Policy-Kontroversen und Veränderungen von programmpolitischen Polarisierungen in der Umweltpolitik und dabei insbesondere über die Programmentwicklung bei der Regulierung sog. Gemeinschaftsgüter. Allerdings haben auch Studien über so unterschiedliche Themenfelder wie die Drogenpolitik in der Schweiz oder die Schulpolitik in Kanada Anregungen durch den Advocacy-Koalitionen-Ansatz erhalten (*Kübler* 2001, *Mawhinney* 1999). Hierzulande hat vor allem *Bandelows* (1999) Studie über Advocacy-Koalitionen in der deutschen Gentechnologiepolitik eine gewisse Aufmerksamkeit erfahren und zur Verbreitung von *Sabatiers* Forschungsansatz beigetragen, deshalb soll sie hier als eine exemplarische Anwendung detaillierter vorgestellt werden.

Gentechnologie-politik Da sich die Gentechnologiepolitik erst langsam als eigenständiges Politikfeld profiliert hat und bislang nur geringe Aufmerksamkeit in den Politikwissenschaften gefunden hat, versteht sich *Bandelows* Studie als ein Beitrag zur Grundlagenforschung über dieses Politikfeld. Im Mittelpunkt steht dabei die Frage, ob sich langfristige Entwicklungstendenzen im Policy-Making zwischen den Jahren 1973 und 1997 aufzeigen lassen und auf welchen Erklärungsfaktoren diese Trends und Veränderungen im Politikfeld beruhen (*Bandelow* 1999: 17). Da keine klare Folgenabschätzung über die Resultate von politischen Entscheidungen möglich ist, agieren die politischen Entscheider in einem unsicheren Bereich; statt auf bestätigtes Datenmaterial können sie nur auf ihre politischen Überzeugungen als Entscheidungsmotivation zurückgreifen. Die Studie stellt deshalb drei Anschlussfragen und zwar „(1) welche unterschiedlichen Überzeugungen dem Verhalten der Politikeliten zugrunde lagen, (2) wie diese wirksam wurden und (3) welchen Einfluss Erfahrungen und Argumente auf die Politikergebnisse beim Schutz vor Risiken der Gentechnologie hatten" (*Bandelow* 1999: 17).

Aus der Langfristperspektive interessiert dabei natürlich besonders der Einfluss der Überzeugungen auf den Policy-Wandel in der Gentechnologiepolitik, wobei angenommen werden kann, dass die Überzeugungen in manchen Fällen konstant geblieben sind, häufig aber selbst gewissen Veränderungen unterlagen und sich dann auch auf die Politikergebnisse auswirkten. Die starke Berücksichtigung von kognitiven Faktoren zur Erklärung des Policy-Wandels soll allerdings nicht alle anderen feldinternen wie -externen Faktoren ausschließen, sondern vielmehr soll genau herausgearbeitet werden, welche anderen Faktoren die Diskussion beeinflusst haben, gerade wenn sich der Erklärungswert der kognitiven Faktoren auf einzelne Aspekte beschränken sollte.

Methodisches Vorgehen Um die Veränderungen in den Überzeugungen innerhalb der Gentechnologiepolitik nachzuzeichnen, wählt *Bandelow* (1999: 18) ein dreistufiges methodisches Vorgehen: Um die Entwicklung der Programmdiskussion angemessen zu erfassen muss *erstens* eine möglichst vollständige Literaturanalyse der vorliegenden empirischen Studien zum Gegenstandsbereich vorgenommen werden, um die Hintergründe auch länger zurückliegender Entscheidungen und Diskussi-

200

onen zu rekonstruieren. Danach kann *zweitens* auf der Grundlage leitfadenge-stützter Experteninterviews mit wichtigen Teilnehmern des Politikfeldes das Informationsbild ergänzt und die ausgehend von der Literaturanalyse postulier-ten Entwicklungslinien mit dem Urteil der Experten abgeglichen werden. Da *Bandelow* das anspruchsvolle Ziel verfolgt, Hypothesen über den Überzeugungs- und Policy-Wandel in der Gentechnologiepolitik aufzustellen und zu prüfen, muss er *drittens* auf ein standardisierbares Verfahren zurückgreifen, das die Korrelation von Variablen erlaubt; dieses soll eine stärker standardisierte Doku-mentenanalyse der Stellungnahmen, Anhörungs- und Sitzungsprotokolle, öffent-lichen und internen Kommentare sowie Rechtsakte leisten. Gerade auf letzteres wird später noch einzugehen sein.

Der Fokus auf Policy-Wandel und auf Veränderungen in den *belief systems* wichtiger Akteure legt natürlich die Orientierung an dem Advocacy Koalitionen-Ansatz nahe, *Bandelow* (1999: 60-73) möchte aber diesen Ansatz um Facetten einer interpretativen Lerntheorie ergänzen. Warum reichen aber die Erklärungs-muster im Advocacy-Koalitionen-Ansatz nicht für die Zwecke der Rekonstrukti-on des Policy-Wandels in der deutschen Gentechnologiepolitik aus? *Sabatier* lässt ja – wie oben ausgeführt wurde – Policy-Lernen nur bei sekundären Aspek-ten der Überzeugungssysteme zu; die grundlegenden Werthaltungen, die *core beliefs* lassen sich nicht durch Debatten innerhalb oder zwischen den Advocacy-Koalitionen beeinflussen. Falls die grundlegenden Wertorientierungen der diver-sen Koalitionen weit auseinander liegen oder sich widersprechen, ist eine Annä-herung in den Grundpositionen demnach wenig wahrscheinlich. Trotzdem ist Lernen im Sinne einer *belief system modification* bei gleich bleibenden Hand-lungsbedingungen für die Politikfeldakteure möglich. Folgende Faktoren ermög-lichen Policy-Lernen im Rahmen des vorliegenden *belief systems* eines Akteurs (*Bandelow* 1999: 59).

Erweiterung des Advocacy-Koalitionen-Ansatzes

- individuelles Lernen und Einstellungsänderungen,
- die Diffusion neuer Überzeugungen und Einstellungen unter den Individuen (einer Koalition),
- Veränderungen – Abgänge und Neuzugänge – bei der personalen Zusam-mensetzung einer Koalition
- gruppendynamische Prozesse, die durch die Polarisierung des Inter-Koali-tionen-Konflikts entstehen,
- Regeln für die Aggregation von Präferenzen und für die Förderung oder Be-hinderung von Kommunikationsbeziehungen zwischen den Individuen.

Für *Sabatier* haben aber nur externe Faktoren, wie ökonomische Krisen oder soziostruktureller Wandel, eine strukturverändernde Bedeutung für den Einstel-lungswandel, weil sie die institutionellen Ausgangsbedingungen des politischen Handelns, die Ressourcenverteilung zwischen den Akteuren und die zur Bearbei-tung anstehenden Regulierungsprobleme neu ordnen können.

Bandelow (1999: 60) kritisiert nun die inkonsistente Vermengung von rati-onalistischen Hypothesen (Präferenzwechsel ausgehend von exogenen Faktoren) und interpretativen Annahmen (Einstellungswandel aufgrund endogener Fakto-ren) im Advocacy-Koalitionen-Ansatz in Anlehnung an die Kritik an *Sabatier*

Lerneffekte auch durch politikfeld-interne Faktoren

aus dem konstruktivistischen Lager (*Nullmeier 1993, Singer* 1993). Hier wird auf die überzeugungsverändernde Wirkung von Ideen in Diskursen und Interaktionen hingewiesen. Somit können auch koalitions- oder politikfeldinterne Innovationen und Veränderungen strukturelle Lerneffekte auslösen. Außerdem können die externen Faktoren ihre Wirkung auf die Policy-Akteure nur dann entfalten, wenn diese die Pertubationen aus der Umwelt des Politikfeldes als Gefahren und Risiken, neue Herausforderungen und Handlungsoptionen etc. wahrnehmen und interpretieren. *Bandelow* möchte im Anschluss an diese Kritik die Wirkungsweise von externen Faktoren anders konzeptualisieren. Für ihn sind die externen Veränderungen primär als Informationen für die feldinternen Akteure aufzufassen. Je nachdem, ob es sich um policy-externe oder policy-bezogene Informationen, also direkt programmbezogene Daten und Einschätzungen handelt oder um eine neue Informationslage, die nicht direkt mit den diskutierten Policies zusammenhängt, können die Akteure mit unterschiedlichen Aufnahme- und Lerneffekten reagieren.

Tabelle 6.3: Dimensionen politischen Lernens

	Policy-bezogene Information	Policy-externe Informationen
Konsensuale Wahrnehmung	Policy-bezogener Impact (Fall 1)	Policy-externer Impact (Fall 2)
Dissensuale Wahrnehmung	Strategisches Lernen (Fall 3)	Taktisches Lernen (Fall 4)

Quelle: nach *Bandelow* (1999: 67)

Dimensionen politischen Lernens
Im ersten Fall führt die intersubjektiv geteilte Einschätzung der Relevanz neuer problembezogener Informationen zu einer Neujustierung des Policy-Prozesses. In Fall 2 liegt eine gemeinsame Wahrnehmung von externen politischen Veränderungen vor (z.B. eine Wahlniederlage), die Implikationen werden nach *Bandelow* aber nicht auf die internen Policy-Diskussionen gelenkt, sondern wieder nach außen geleitet (z.B. Veränderung des Koalitionsverhaltens oder der Wahlkampfstrategie) – damit wird *Sabatiers* These von der Wirksamkeit externer Faktoren auf Politikfelder stark eingeschränkt. Im dritten Szenario ergeben sich neue Erkenntnisse über die Risiken und Folgen von Regulierungen oder Nicht-Regulierungen, die weder Gegnern noch Befürwortern einer Politik Bestätigung verschaffen; die Akteure stellen deshalb nicht ihr ganzes Weltbild um, sondern versuchen die neuen Erkenntnisse strategisch für ihre Policy-Argumentation zu nutzen. Der vierte Fall unterscheidet sich von dem vorherigen darin, dass neue Informationen über feldexterne Tatbestände (z.B. eine größere Offenheit oder Geschlossenheit von internationalen politischen Entscheidungssystemen gegenüber der nationalen Ebene) auftauchen, die es den Policy-Akteuren nahe liegend erscheinen lassen, eine neue Taktik zur Beeinflussung des politischen Institutionensystems auszuprobieren.

Akteure definieren Framing des Policy-Problems
Da die Entscheidung über die Relevanz neuer Erkenntnisse oder Daten oder allgemeiner politischer Stimmungsschwankungen aber letztlich von den Politik-

202

feldakteuren abhängt, lässt sich kein objektives Kriterium ausmachen, das vorab über die Integrationsfähigkeit von Entscheidungen und Informationen aus der Umwelt des Politikfeldes befindet. Letztlich bestimmen die Akteure eines Politikfeldes und ihre Interpretation dessen, was zum Framing des Policy-Problems und der Konzipierung einer Problemlösung beiträgt, darüber, welche externen Faktoren als Anregungen aufgenommen oder als Störungen abgewiesen werden. *Bandelow* geht sogar so weit zu behaupten, dass diese Akteure aufgrund ihrer policy-bezogenen *belief systems* gar nicht in der Lage sind, auf externe Anforderungen und Veränderungen differenziert und differentiell zu reagieren:

> „Im Gegensatz zu policy-bezogenen Informationen wird die Wirkung policy-externer Informationen nicht durch policy-bezogene ,belief systems' eingeschränkt. Zwar werden auch policy-externe Faktoren oft unterschiedlich wahrgenommen. Die unterschiedlichen Wahrnehmungen hängen aber nicht unmittelbar mit den jeweiligen ,belief systems' zusammen. Dies führt dazu, dass sie auch von Akteuren verschiedener Koalitionen oft einheitlich wahrgenommen werden, während auf der anderen Seite eine unterschiedliche Perzeption und Bewertung innerhalb einer Koalition vergleichsweise häufig ist" (*Bandelow* 1999: 71-72).

Bandelows Lerntheorie behauptet somit, dass die *belief systems* von Politikfeldakteuren sich nicht auf programmpolitische Grundorientierungen und organisationspolitische Machtstrategien beziehen lassen, die außerhalb eines Politikfeldes generiert werden; diese Vorstellung suggeriert eine statische, abgeschlossene Akteurskonstellation, in der Akteure nicht durch ihre Mitgliedschaft in anderen Politikfeldern oder anderen politischen Handlungskontexten geprägt werden.

Wie wird die Modifikation des Advocacy-Koalitionen-Ansatzes nun für eine Analyse der langfristigen Entwicklung in den Programmdiskussionen der Gentechnikpolitik genutzt? Der erste Teil, der der sekundäranalytischen Rekonstruktion der historischen Entwicklung gewidmet ist, soll belegen, dass allgemeine situative Bedingungen (wechselnde Regierungsmehrheiten, ökonomische Konjunkturzyklen, taktisches Ausnützen des EU-Mehrebenensystems durch einzelne Akteure) die langfristige Programmentwicklung nicht erklären können (*Bandelow* 1999: 87). Zu diesem Zweck werden wichtige wissenschaftliche Diskussionen und politische Entscheidungen im Rahmen einer dichten historischen Fallbeschreibung für zwei Phasen der Gentechnologiepolitik – bis 1992 und nach 1992 – zusammengestellt und aufeinander bezogen.

Die *erste Phase* setzt mit den ersten gentechnologischen Entdeckungen und Verfahren in den frühen 70er Jahren ein. Aufgrund der Angst vor einer Ausbreitung gentechnisch erzeugter, krebsverursachender Virusgene verhängen die relevanten Wissenschaftsorganisationen 1974 ein vorübergehendes Gentechnikmoratorium, das die *scientific community* trotz des nicht rechtsverbindlichen Charakters eines solchen allgmeinen Aufrufs weltweit befolgt (*Bandelow* 1999: 89). Im Februar 1975 wird das Moratorium auf einer internationalen Tagung von mit Problemen der Gentechnik befassten Biologen für beendet erklärt, weil nunmehr die Mehrheit der Wissenschaftler glaubt, dass sich die Risiken der Gentechnik durch hohe Sicherheitsmassnahmen und verantwortungsvolle Forschung bewältigen lassen. In den USA wird im Jahre 1983 sogar die gezielte Freisetzung von gentechnisch veränderten Pflanzen vorbereitet, dieses Unterfangen mobilisiert

(margin note:) Umsetzung des Ansatzes

(margin note:) Policy-Entwicklung: Phase 1

allerdings einen breiten Widerstand in der politischen Öffentlichkeit gegen sich, der sich auch auf die Gentechnikdiskussion in Europa auswirkt. Waren bislang die Auseinandersetzungen um die neue Technologie weitestgehend auf die spezialisierte *scientific community* beschränkt, so fühlen sich nunmehr Gesetzgeber und staatliche Behörden genötigt, auf die veränderte politische Stimmungslage zu reagieren.

In Deutschland orientiert sich die Gesetzgebung zur Gentechnik stark am amerikanischen Vorbild; der Einsatz der Gentechnik wird in entsprechenden Richtlinien auf einige wenige Anwendungsfelder beschränkt, in diesen kann allerdings mit einzelnen Einsatzmöglichkeiten unter Wahrung der hohen Sicherheitsanforderungen experimentiert werden. Bis in die frühen 80er Jahre hinein erfahren diese gesetzlichen Regelungen eine weitere Lockerung, weil – wie in den USA – neue Verfahren und Anwendungsmöglichkeiten für die wissenschaftliche Forschung in den Blick geraten. Gleichzeitig erhöht sich durch die öffentliche Debatte der Druck auf die politischen Entscheider, einen verbindlichen rechtlichen Rahmen für den Einsatz und die Erforschung der Gentechnik zu schaffen. Die entsprechenden Gesetzesinitiativen scheitern allerdings in Deutschland wie in den USA, weil die Initiativen weder die Unterstützung von Wissenschaftlern noch der sektoralen Wirtschaftsinteressen (Pharmalobby, Lebensmittelproduzenten) findet. Erst im Juni 1990 hat der Bundestag ein ‚Gesetz zur Regelung von Fragen der Gentechnik' verabschiedet (*Bandelow* 1999: 98). Zusammen mit den ebenfalls 1990 verabschiedeten EU-Richtlinien zur Gentechnik (die sog. *Systemrichtlinie 90/219/EWG* und die sog. *Freisetzungsrichtlinie 90/220/EWG*) liegt nun ein allgemeinverbindliches Gen-technikrecht vor.

Für *Bandelow* dokumentiert die Einigung auf ein Gentechnikgesetz in Deutschland und die Verabschiedung von analogen EU-Richtlinien den seltenen Fall einer Neustrukturierung des Politikfeldes durch situative bzw. externe Faktoren. Den maßgeblichen Anteil für die rechtliche Fixierung haben die Entscheidungsprozesse auf der EU-Ebene, die neue Handlungsspielräume und Konsensbereitschaften auf der nationalen Ebene produzierten. So konnten sich die betroffenen, im Biotechnologiebereich operierenden Unternehmen in Deutschland erst dann mit gewissen Restriktionen anfreunden, als offensichtlich war, dass sie aufgrund entsprechend gefasster EU-Richtlinien keinen Konkurrenznachteil gegenüber Unternehmen aus anderen europäischen Ländern erleiden würden (*Bandelow* 1999: 101). Die Regelungen der EU-Richtlinien sprechen sich zwar prinzipiell für die weitere Nutzung und Erforschung der Gentechnik aus, ziehen aber enge Grenzen bei der Freisetzung von genmanipulierten Organismen und geben hohe Sicherheitsstandards vor; im Zweifelsfall sollen auch die Gesundheit des Menschen und die Unversehrtheit der Natur Vorrang gegenüber den ökonomischen Verwertungsinteressen der biotechnischen Industrie erhalten. Das deutsche *Gentechnikgesetz von 1990* folgt in wesentlichen Punkten den rechtlich-inhaltlichen Vorgaben der EU-Richtlinien und übernimmt somit eine externe Prägung im Rahmen der Europäisierung der Gentechnikpolitik.

Phase 2   Auch für die zweite Phase ab 1992 kann *Bandelow* (1999: 126) nur teilweise auf policy-bezogenes Lernen in der Gentechnikpolitik verweisen. Die Novelle des Gentechnikgesetzes geht zwar durchaus auf die interne Kritik der biotechnologischen Industrie an den schwerfälligen, bürokratisch organisierten Verfahren

204

der bestehenden Gesetzgebung zurück. Die rasche Konzipierung und Verabschiedung der Novelle im November 1993 mit einem relativ breiten überparteilichen Konsens ist aber der allgemeinen konjunkturellen Lage – der allgemeinen Wachstumsschwäche – und der in der Wirtschaft verbreiteten Auffassung einer vermeintlichen Gefährdung des Wirtschaftsstandorts Deutschlands durch das bestehende Gentechnikgesetz geschuldet (*Bandelow* 1999: 129, 133). In der Novelle werden Fristen für Genehmigungen und Anmeldungen von gentechnischen Verfahren gekürzt, Anhörungen bei der Genehmigung neuer Anlagen und bei Freisetzungen fast ganz ausgesetzt und insgesamt das Verfahren für die Bewilligung gentechnischer Produktion und Forschung stark vereinfacht. Darüber hinaus wurde auch die Risikoabschätzung bei Experimenten mit neuen Standards versehen, so dass die gängigen gentechnischen Vorhaben und Neuerungen kaum noch in den Geltungsbereich der höheren Sicherheitsstufen fallen konnten.

Zu betonen ist an der Stelle noch einmal, dass *Bandelow* kaum interne Lernprozesse markiert, die den Policy-Wandel erklärbar machen, sondern nur auf externe Konstellationen und Veränderungen hinweist: Neben den schlechten Wirtschaftsdaten und der Debatte um Überregulierungen und die Gefährdung des Wirtschaftsstandortes Deutschland gehört dazu auch das Misslingen des Wiedereinzugs der GRÜNEN in den Bundestag bei den Bundestagswahlen 1990 *Bandelow* (1999: 133). Hierdurch hat eine wichtige Kraft auf Seiten der Gentechnologiekritiker an Schlagkraft verloren. Außerdem trugen die unterschiedlichen Mehrheitsverhältnisse im Bundestag und im Bundesrat dazu bei, dass sich die Kohl-Regierung und die SPD-Opposition im Gegenzug für sozialpolitische Reformen auch auf Maßnahmen der Wirtschaftsförderung verständigten. Neben diesen innenpolitischen Faktoren trug auch die Diskussion auf der EU-Ebene zu einer Liberalisierung in der Gentechnik-Frage bei. Hier waren es besonders die Initiativen des FDP-Politikers und Vizepräsidenten der EU-Kommission für Industrie und Technologie Bangemann, der sich erfolgreich für eine Novellierung der EU-Richtlinien zur Gentechnologie einsetzte. Die Neufassungen der entsprechenden Richtlinien sehen ähnliche Verfahrensvereinfachungen und verminderte Anforderungen bei der Risikoabschätzung und bei den Sicherheitsstandards vor, wie sie von den Novellierungen in Deutschland ausgingen.

Bandelow sieht sich natürlich an diesem Punkt seiner Rekonstruktion des Policy-Wandels in der deutschen und europäischen Gentechnologiepolitik mit dem Problem konfrontiert, dass seine Hauptthese von der Bedeutung politikfeldinterner Lernprozesse für die Veränderung von Programmpositionen eigentlich kaum bestätigt wurde. Stattdessen liefert seine Analyse zahlreiche Belege für die Stichhaltigkeit der Grundannahmen des Advocacy-Koalitionen-Ansatzes von *Sabatier*.

Bandelow greift für eine Charakterisierung der Advocacy-Koalitionen in der Gentechnologiepolitik primär auf Stellungnahmen der Akteure zurück, in der ersten Phase vor allem Wissenschaftler, später hauptsächlich Verbandsvertreter, die sich bei den Anhörungen der jeweils zuständigen Ministerien äußerten. Die Analyse der Policy-Kernüberzeugungen in der frühen Gentechnikdiskussion erfolgt mittels einer inhaltsanalytisch grundierten Clusteranalyse. Die Clusteranalyse versucht Ähnlichkeiten (oder Divergenzen) zwischen Klassifikationsobjekten (Ländern, Personen, Variablen) zu analysieren und graphisch darzustellen

Bedeutung externer Konstellationen

These kaum bestätigt

Methode Clusteranalyse

(*Wagschal* 1999: 246-277). Mittels der Berechnung von Ähnlichkeits- und Distanzmaßen lassen sich die Übereinstimmungen und Abweichungen zwischen den Merkmalen bzw. Merkmalsträgern feststellen. Hohe Werte für Ähnlichkeitsmaße lassen auf eine hohe Übereinstimmung zwischen den Objekten, hohe Werte für die Distanzmaße lassen auf eine hohe Divergenz zwischen den Objekten schließen. Die Berechnung der Ähnlichkeits- und Distanzmaße basiert auf Koeffizientenberechnungen der Merkmalsausprägungen zwischen allen Objektpaaren. Ausgehend von der ermittelten Ähnlichkeitsstruktur (der Objekte) lassen sich durch die Anwendung agglomerativer Verfahren die Klassifikationsobjekte zu Clustern zusammenschmelzen. Bei den am häufigsten angewandten hierarchischen agglomerativen Verfahren werden ausgehend von der feinsten Gruppenaufteilung – die Menge der Klassifikationsobjekte ist in Einergruppen zerlegt – sukzessive möglichst ähnliche Gruppen zu größeren Gruppen (Clustern) verschmelzen. Jedes Objekt wird dadurch eindeutig einem Cluster zugeordnet, allerdings gibt es keine Überlappungen zwischen den Clustern, da jedes Objekt nur in einem Cluster auftauchen kann. Die Anzahl der Cluster reduziert sich in jedem Verschmelzungsschritt um 1, bis am Ende der Operation sich alle Cluster (und damit alle Objekte) in einem großen Cluster befinden. Für die graphische Darstellung der verschiedenen Verschmelzungsschritte wird auf das *Dendrogramm* – ein Baumdiagramm, das das verästelte Verfahren der sukzessiven Clusterbildung abbilden kann – zurückgegriffen (*Wagschal* 1999: 269).

Gruppierung von Überzeugungsprofilen

Bandelow nutzt die Clusteranalyse, um ähnliche und divergierende Profile für die Antworten im Fragebogen zu gruppieren, die allgemeine Überzeugungen und Werte, aber auch spezifische Wahrnehmungen von Problemen der Gentechnik und konkrete Programmpositionen (Verbot oder Kontrolle der Arbeit mit Gentechnik, öffentliche Anhörungen bei Genehmigungsverfahren, Orientierung am technischen Fortschritt oder an der demokratischen Kontrolle) betreffen (*Bandelow* 1999: 267-268). Für die erste Phase lässt sich eine deutliche Unterscheidung der Programmkoalitionen zwischen Gentechnikbefürwortern und Gentechnikgegnern dokumentieren (Abbildung 6-2). Aufgrund der größeren Zahl der bei Anhörungen auftretenden Koalitionsmitglieder muss die Koalition der Gentechnikbefürworter als dominante Koalition aufgefasst werden. Dieser Koalition gehören überwiegend Mikrobiologen an und die Policy-Einstellungen der Befürworter münden in die Forderung nach einem möglichst unregulierten, staatlich geförderten Ausbau der Gentechnik, wobei durchaus unterschiedliche Gründe für die Befürwortung der Gentechnik geltend gemacht werden, beispielsweise das Bekenntnis zur Freiheit der Forschung und das Argument von der Erschließung neuer Wissenshorizonte durch die Gentechnik (*Bandelow* 1999: 166, 168).

Auch die Koalition der Gentechnikkritiker wurde von Wissenschaftlern dominiert, allerdings waren hier eher grundlagentheoretisch forschende Naturwissenschaftler führend, die sich ökologischen Positionen und Forschungsprogrammen verschrieben haben. Einig waren sich die Kritiker in der Betonung der Risiken der Gentechnik, wobei die Untergruppe der Fundamentalisten einen direkten Bezug zur Kernenergie sieht und von Gefahren des Machtmissbrauchs und der Wahrscheinlichkeit unethischer Experimente ausgeht (*Bandelow* 1999: 169).

Abbildung 6-2: Clusteranalyse der Überzeugungen für 1973-1983

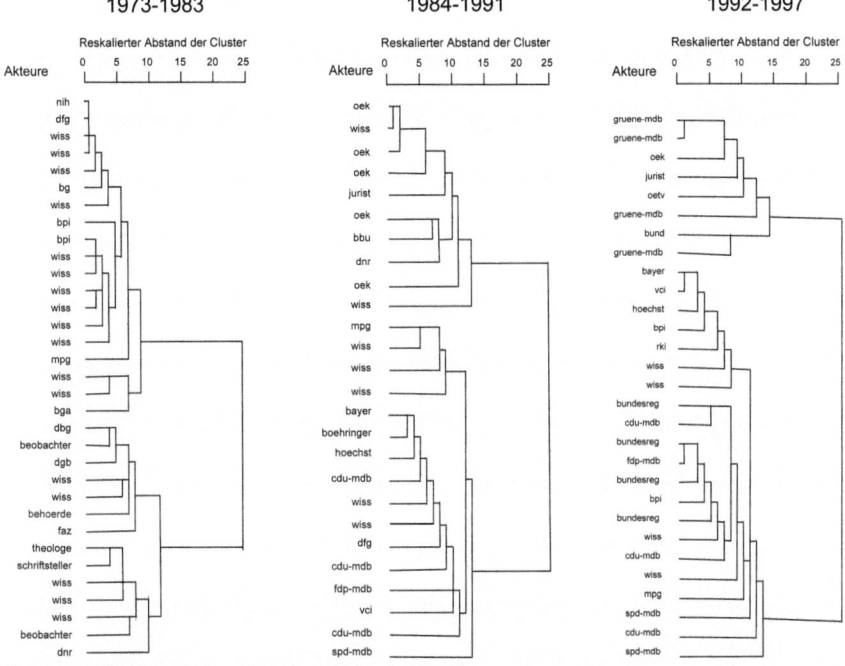

Quelle: *Bandelow* (1999: 162, 178 und 202)

Mit der Politisierung der Gentechnikfrage änderte sich die Zusammensetzung der Advocacy-Koalitionen im Politikfeld. Vertreter von Interessenverbänden und zivilgesellschaftlichen Gruppierungen verdrängten die Fachwissenschaftler und brachten neue Problemthemen in den Policy-Diskurs ein (*Bandelow* 1999: 176-177). Die Clusteranalyse der individuellen Einstellungsprofile setzt nun nicht mehr an den Programmpositionen von Einzelpersonen (Wissenschaftlern) an, sondern konzentriert sich auf die Stellungnahmen von Verbandsvertretern und Vertretern der politischen Parteien sowie Repräsentanten der Forschungsinstitute und Einrichtungen zur Forschungsförderung bei den Bundestagsanhörungen 1990. Die Analyse dokumentiert eine deutliche Verschärfung des inhaltlichen Konflikts zwischen den beiden Programmlagern (Gegner versus Befürworter der Gentechnik). Die Vertreter der Regierungsparteien sind eindeutig dem Befürworterlager zuzurechnen, und auch die Vertreter der Großverbände (VCI, IG Chemie, Papier und Keramik) unterstützen die Weiterentwicklung der Gentechnik (*Bandelow* 1999: 190). Die Gegnerkoalition wird demgegenüber von den ‚linken' Forschungsinstituten (z.B. Öko-Institut e.V.) und Umweltverbänden (BUND) angeführt und profitiert von dem Einzug der GRÜNEN in den Bundestag nach den Wahlen von 1983 und 1987. Obwohl eine Verstärkung der programmpolitischen Polarisierung in der Gentechnologiepolitik auszumachen ist und ein enger Programmaustausch vor allem die gemeinsamen Positionen innerhalb der einzelnen Koalitionen stärkt, können sich Vertreter von beiden Koalitionen auf die Ausarbeitung eines Gentechnikgesetzes einigen, weil damit nicht

Veränderung von Advocacy-Koalitionen

207

nur die Sicherheitsstandards festgeschrieben werden, sondern auch der Genehmigungsprozess standardisiert wird.

Phase 3

Auf der Basis der Bundestagsanhörungen zur Gentechnik in den Jahren 1992 und 1993 werden in der dritten Programmphase die widerstreitenden Koalitionen verglichen (*Bandelow* 1999: 200-203). Als neuer Tatbestand lässt sich eine Ausdifferenzierung innerhalb der Koalitionen markieren: Bei den Gentechnikgegnern haben die Fundamentalgegner weniger Überschneidungen mit den gemäßigteren Positionen; bei den Gentechnikbefürwortern lässt sich fast ebenso deutlich eine Gruppe von Verbandsvertretern der Wirtschaft und von wirtschaftsnahen Politikern einer anderen Gruppe von eher wertkonservativen und gesundheitspolitisch orientierten Politikern gegenüberstellen, wobei letztere sich zwar auch für eine Deregulierung einsetzen, aber einer vollkommenen Entlassung der Gentechnologieentwicklung aus der staatlichen Kontrolle eher skeptisch gegenüberstehen. Nichtsdestotrotz dominieren in der Befürworterkoalition stärker als vorher standortbezogene und wirtschaftspolitische Erwägungen bei der Verteidigung der Gentechnologie; die wirtschaftliche Sicht auf den Nutzen und den (potentiellen) Nachteil der Gentechnik setzt sich verstärkt auch bei den Gewerkschaftsvertretern durch (*Bandelow* 1999: 208). In der Gegnerfraktion wächst andererseits die Kritik an dem wissenschaftlichen Diskurs über Risiken und Sicherheit der Gentechnik. Demnach lassen sich durch wissenschaftliche Erkenntnisse gar nicht die grundsätzlichen Risiken des Einsatzes und der Weiterentwicklung der Gentechnik bestimmen, schließlich vernachlässigt eine solche Risikoeinschätzung übergeordnete ethische, soziale und ökonomische Faktoren (*Bandelow* 1999: 211).

Lernprozesse nur in Phase 3

Bandelow versucht die skizzierten Koalitionskonstellationen in den drei Phasen der Programmentwicklung zur Profilierung seiner lerntheoretischen Annahmen zu nutzen; dies kann aber nur im letzten Fall gelingen, weil sich hier Lernprozesse innerhalb der Koalitionen ansatzweise nachweisen lassen. Die Koalitionen spalten sich jeweils in gemäßigte und radikale Flügel auf. Darüber hinaus wird zumindest die Befürworterkoalition jetzt noch stärker durch ökonomische Überlegungen geprägt, diese akzentuieren aber besonders die gesundheitspolitischen Implikationen der Gentechnik, die auf eine Verbilligung von Medikamenten und die Rationalisierung von Therapieverfahren und Behandlungsmethoden hinauslaufen. Da die Gentechnikentwicklung als relativ neue Forschungsdisziplin immer neue Anwendungsfelder und lukrative Marktsegmente generiert, müssen zumal in der Befürworterkoalition die ökonomischen Implikationen der Gentechnik immer wieder neu reflektiert werden, um die positiven Aspekte der Gentechniknutzung angemessen erfassen und darstellen zu können.

Kritik des Advocacy-Koalitionen-Ansatzes

Der von *Bandelow* als Kritik und Weiterentwicklung des Advocacy-Koalitionen-Ansatzes vorgestellte interpretative Forschungsansatz erweist sich in mehrer Hinsicht als zu anspruchsvoll, als dass alle Anforderungen eingelöst werden könnten.

Die insbesondere von Verfechtern eines *diskursiven Ansatzes* in der Policy-Forschung gegen *Sabatiers* Forschungsansatz vorgebrachte Kritik wird zwar von *Bandelow* aufgenommen, aber nicht umgesetzt. Die Kritik am Advocacy-Koalitionen-Ansatz (ACF) moniert ein zu statisches Verständnis der Konstitutionsweisen von Programmkoalitionen und *belief systems*:

„The discursive-analytic approach takes argumentative interaction to operate through an informal interpretative logic more complex than seen in the empirical-deductive logic of the ACF framework. Whereas empiricists sees (sic!) the politics of discourse as a mere expression of power resources through language, discourse analysis recognizes that narratives go beyond the expression of existing resources to structure the very fields of action itself, positioning the relevant actors and the selective employment of discourses and modes of argumentation. Whereas problems and solutions in the ACF are seen to present themselves as relatively well-defined with analysis focused on the identification of the coalitions arguing for particular understandings and approaches to them, storylines are discursive elements that create particular ‚takes‘,on policy problems in the first place ...“ (*Fischer* 2003: 113, siehe auch *Hajer* 1995: 68-72).

Ein unterkomplexes Verständnis der diskursiven und interaktiven Genese von Koalitionen und *belief systems* vernachlässigt die Auswirkungen von neuen Ideen und Einstellungsänderungen auf die Grundorientierungen der Policy-Akteure. *Bandelow* greift diese Einschätzung auf, um die zu starke Fokussierung auf externe Faktoren im Advocacy-Koalitionen-Ansatz zu kritisieren. Allerdings sieht er keine Notwendigkeit, weitere qualitative Verfahren zur Analyse der internen Faktoren, die den Einstellungswechsel auslösen sollen, einzusetzen. Vielmehr beschränkt sich *Bandelow* (1999: 154) auf eine quantitative inhaltsanalytische Auswertung nach einem Codierungsschema, das allgemeine Einschätzungen zur Gentechnologie und spezifische Programmvorstellungen in den Dokumenten mit starken und schwachen Ladungen versieht. Auf der Basis einer quantitativen Auswertung der Stellungnahmen wird dann mit Hilfe der statistischen Clusteranalyse versucht, Beziehungen (Nähe und Ferne) zwischen den Programmpositionen und den zu Problemen und Regelungsfragen Stellung beziehenden Akteuren herzustellen. Da jedoch nur Stellungnahmen bei öffentlichen Bundestagsanhörungen zur Auswertung herangezogen wurden, macht die Charakterisierung der Advocacy-Koalitionen primär die offiziellen Programmpositionen der Interessengruppen und der politischen Akteure zu ihrem Bezugspunkt. In die offiziellen Stellungnahmen fließen allerdings Ambivalenzen gegenüber den eigenen Problemwahrnehmungen und Programmpositionen sowie Neuinterpretationsversuche im Rahmen der bestehenden *belief systems* nur sehr gefiltert und sozusagen nach abgeschlossener Reflexions- und Reinterpretationsarbeit ein. Die Auswertung von weniger offiziellen Statements, von Medieninterviews mit Politikern, Wissenschaftlern und Interessengruppenvertretern, und von *narrativen Interviews* über den Verlauf und die jeweilige Motivation des Engagements einzelner Akteure im Politikfeld liefert sicher anschaulicheres und reichhaltigeres Material, um Stimmungsumschwünge und Lernerfahrungen in der Gentechnikpolitik zu rekonstruieren.

Kein Einsatz qualitativer Analyseverfahren

In einem weiteren Punkt bleibt *Bandelow* hinter den ursprünglichen Intentionen des Advocacy-Koalitionen-Ansatzes zurück. Wenn man die Codierungsbögen für die (quantitative) Inhaltsanalyse der Public Statements vergleicht, fällt auf, dass *Jenkins-Smith* und *Sabatier* (1993) deutlich unterscheiden zwischen Auswertungskriterien für die Ermittlung der allgemeinen *core beliefs* und des *policy core* (insgesamt 13 Codierungsfragen) und für die direkten Policy-Einstellungen, die an dem konkreten Regulierungsgegenstand bzw. dem Gegenstand

Defizite der Inhaltsanalyse

der Policy-Auseinandersetzungen ansetzen (hier: insgesamt 31 Codierungsfragen, die die Wasserqualität des Lake Tahoe und die Besitzverhältnisse am See sowie die Landesnutzungsplanung und die Verkehrsinfrastruktur der Region betreffen). Auf Basis dieser detaillierten Inhaltsanalyse wird für den konkreten Policy-Konflikt oder das regulierungsrelevante *issue* überhaupt erst eine Unterteilung der Programmpositionen und Urteile, die eher die feststehenden Policy-Grundprinzipien oder kontingente Bewertungen von konkreten Problemen und Maßnahmen betreffen, möglich. Da *Bandelow* sich nicht auf spezifische Regulierungsfragen innerhalb der Gentechnikdiskussion konzentriert (z.B. die Initiierung und Umsetzung der EU-Genfood-Richtlinie), sondern den allgemeinen Entwicklungsprozess im Politikfeld abbilden will, fehlen solche auf einzelne *issues* bezogenen Codierungselemente. Stattdessen bezieht sich die Inhaltsanalyse nur auf grundsätzliche Gesichtspunkte wie allgemeine Überzeugungen und Werte, Wahrnehmung der Gentechnik, allgemeine policy-bezogene Einstellung und konkrete Einstellung zu Einzelfragen (*Bandelow* 1999: 267-268). Hier werden nur fünf Fragen codiert: Fragen nach der Intensität, mit der ein staatliches Verbot und eine staatliche Kontrolle gefordert oder verhindert werden soll und nach dem Status von öffentlichen Anhörungen bei Genehmigungsverfahren sowie nach der demokratischen Kontrolle der Verfahren und der politischen Zuständigkeit. Da auch die Bezugspunkte für konkrete Einschätzungen immer noch relativ weit gefasst sind, lassen sich aus den offiziellen Dokumenten kaum Policy-Positionen zu konkreten gentechnischen Regulierungsfragen ableiten. Damit wird es aber praktisch unmöglich, das Verhältnis zwischen sekundären Einstellungsmerkmalen und primären *core beliefs* anhand inhaltlicher Positionierungen der Policy-Akteure zu bestimmen. Nur eine auf einzelne *policy issues* fokussierte Inhaltsanalyse könnte *Sabatiers* Hauptannahme von der Veränderbarkeit der sekundären Policy-Einstellungen und der Stabilität der Policy-Grundorientierungen widerlegen.

Diese Kritik sollte aber nicht als Argument für *Sabatiers* Stabilitätshypothese gelesen werden. Nur müssen die Bedingungen, unter denen ein von *Sabatier* ausgeschlossener, grundsätzlicher Policy-Wandel aufgrund von Verständigungsprozessen innerhalb oder zwischen Advocacy-Koalitionen oder aufgrund von inneren Reflexionsbemühungen der Akteure stattfinden soll, entweder konzeptuell klarer markiert oder aber empirisch in Detailanalysen aufgewiesen werden. Ein Vorschlag, die *belief systems* und ihre interaktive Genese anders zu fassen, lässt sich aus *Nullmeiers* (1993) Konzipierung einer Wissenspolitologie herleiten. Demnach sind Politikfelder als Wissensmärkte zu konzipieren, in denen die Policy-Akteure um die Anerkennung ihrer spezifischen Wissensformen und Wissensbestände konkurrieren und gleichzeitig den einfachen Abfluss von *Wissenskapital* ohne neue Wissenszufuhr zu verhindern trachten.

Bedeutung von Wissenschaftlern und Experten

Eine besondere Bedeutung kommt in dieser Beschreibung von Politikfeldern, zumal in Politikfeldern wie der Gentechnologiepolitik, Umweltpolitik oder Wirtschaftspolitik, den Wissenschaftlern und Experten zu, die die Policy-Akteure mit neuen Problembeschreibungen, Informationen über Risiken und Policy-Folgen und Kategorien für die Unterscheidung zwischen Wissen und Nicht-Wissen ausstatten (*Brint* 1994, *Grundmann* 1999, *Lahusen* 2003: 171-243, *Litfin* 1994, *Singer* 1993). Der von Wissenschaftlern und Experten in die Politikfelder importierte Sachverstand sollte aber nicht als gänzlich abstrakt und wertfrei verstanden werden; Wissenschaftler treffen selbst *epistemische Entscheidungen* über die Art und Ausrichtung ihres Wissenschaftsverständnisses und diese Entscheidungen beeinflussen auch ihr Engagement in spezifischen Politikfeldern. *Sabatiers „belief systems"* sind deshalb in diesem Kontext als konsistente und zusammenhängende Doktrinen aufzufassen, die Informationen über Entwicklungsprozesse und Problemlagen nach gewissen Kriterien selektieren und ordnen. Die *belief systems* sollten demnach nicht rein als kognitive Ordnungsschemata beschrieben werden, sondern im Sinne *Sabatiers* als Überzeugungssysteme aufgefasst werden, die Wertigkeiten von Informationen, Problemen und Maßnahmen festlegen und realitätsstrukturierende Effekte für die Akteure zeitigen, die mit ihnen operieren.

Advocacy-Koalitionen funktionieren in den politikfeldspezifischen Wissensmärkten analog der *epistemischen Gemeinschaften* (*epistemic communities*), die vor allem bei zwischenstaatlichen Regulierungsfragen und Problemkonstellationen Policy-Lösungen erarbeiten und dabei auf eine enge Kooperation zwischen Wissenschaftlern aus unterschiedlichen nationalen Wissenschaftskontexten und Disziplinen vertrauen.

epistemic communities

> „An epistemic community is a network of professionals with recognized expertise and competence in a particular domain and an authoritative claim to policy-relevant knowledge within that domain or issue-area. Although an epistemic community may consist of professionals from a variety of disciplines and backgrounds, they have (1) a shared set of normative and principled beliefs, which provide a value-based rationale for the social action of community members; (2) shared causal beliefs, which are derived from their analysis of practices leading or contributing to a central set of problems in their domain and which then serve as the basis for elucidating the multiple linkages between possible policy actions and desired outcomes; (3) shared notions of validity – that is, intersubjective, internally defined criteria for weighing and validating knowledge in the domain of their expertise; and (4) a common policy enterprise – that is, a set of common practices associated with a set of problems to which their professional competence is directed, presumably out of the conviction that human welfare will be enhanced as a consequence" (*Haas* 1992: 3)

Natürlich wird mit der einfachen Übertragung der Wesensmerkmale von epistemischen Gemeinschaften auf Advocacy-Koalitionen der Herrschaftscharakter des Policy-Making in Politkfeldern fast unterschlagen, der darin besteht, dass politische Entscheidungen zwar für alle gesellschaftliche Statusgruppen verbindlich sind, sie aber nicht alle und in gleichem Maße auf diese Entscheidungen einwirken können.

Herrschaftscharakter unterschlagen

Die Heranführung des Konzeptes der epistemischen Gemeinschaften an den Advocacy-Koalitionen-Ansatz kann aber zumindest auf den Tatbestand hinweisen, dass Entscheidungsprozesse in nationalen Politikfeldern zunehmend damit konfrontiert sind, das Policy-Making mit internationalen Standards und Verträgen in Einklang zu bringen oder sogar direkt Gesetzesvorgaben aus transnationalen politischen Mehrebenensystemen umzusetzen. Die international vernetzten epistemischen Gemeinschaften versorgen die Advocacy-Koalitionen in nationalen Politikfeldern mit dem state of the art der policy-bezogenen Wissensentwicklung und sorgen so für eine kontinuierliche Anpassung des nationalen Policy-

Internationale Einbettung von Advocacy-Koalitionen

211

Making an internationale Herausforderungen. Insbesondere Fallstudien über die Problembewältigung von internationalen Umweltproblemen (z.B. transnational abgestimmte Reaktionen auf das Ozonloch-Problem oder das ‚saure Regen'-Phänomen) weisen auf die besondere Rolle von epistemic communities bei der Verbreitung neuer Erklärungsmodelle und Programmdefinitionen hin (*Schneider/Ingram* 1997). Will man an diesem Punkt die Kritik an Sabatiers Ansatz wieder aufnehmen, so sind Advocacy-Koalitionen in Politikfeldern so zu konzipieren, dass sie trotz einer feldinternen Konkurrenz mit anderen Programmkoalitionen aufgrund ihrer Beziehungen zu international operierenden epistemic communities neues Problemwissen aufnehmen können, das langfristig auch für die Zerrüttung einer Policy-Doktrin verantwortlich sein kann.

6.5 Partizipative Policy-Forschung

Policy-Forschung als Demokratiewissenschaft

In den USA setzen sich die Verfechter einer *argumentativen Wende* in der Policy-Forschung dezidiert für eine substantielle Erweiterung der demokratischen Mitbestimmungsmöglichkeiten ein (*De Leon* 1997, *Fischer* 1993; 2003, *Schneider/Ingram* 1997, *Torgerson* 2003). Der Policy-Forschung kommt dabei eine doppelte Funktion zu: Sie soll in Anlehnung an *Lasswells* (1951) ursprüngliches, normatives Verständnis von Policy-Forschung als Demokratiewissenschaft zur Aufklärung der Policy-Akteure über sinnvolle und gemeinwohlorientierte Handlungsoptionen, versteckte Wissensressourcen und undemokratische Machtasymmetrien beitragen. Der Policy-Forscher muss aber noch weiter gehende Bemühungen unternehmen, um die Diskussionen und Entscheidungsprozesse im Politikfeld für alle gesellschaftlichen Kräfte zu öffnen, die als potentielle *stakeholder* in einer deliberativen Programmentwicklung auftreten können. Mithin stehen aber diese beiden Stoßrichtungen einer demokratietheoretisch reflektierten Policy-Forschung – radikale Aufklärung über die Strukturen des Policy-Prozesses und Parteinahme für bislang nur ungenügend berücksichtigte *policy stakeholder* – in einem gewissen Spannungsverhältnis zueinander. Die machtkritische Analyse von Abschottungsstrategien und Mechanismen der Elitenreproduktion in Politikfeldern liefert nicht ohne weiteres Anknüpfungspunkte für die Öffnung der offensichtlich von Experten und Organisationseliten dominierten Policy-Diskurse und der auf die Berücksichtigung von konfliktfähigen Interessen beschränkten Verhandlungssysteme.

6.5.1 Der Reformoptimismus der partizipatorischen Policy-Forschung

deliberative Demokratie

Auffällig ist der optimistische Grundton bei der Einschätzung der Aufgaben und des Stellenwerts einer postpositivistischen bzw. partizipatorischen Politikfeldanalyse (*De Leon* 1997, *Fischer* 2003). Durch ihre Orientierung an deliberativen Leitvorstellungen von Demokratie entkräftet die post-positivistische Policy-Analyse technokratische Entscheidungslösungen, die nur auf einer Expertenmeinung fußen oder nur spezifische Interessenpositionen gelten lassen. Das Leitbild der deliberativen Demokratie sieht demgegenüber einen öffentlichen Diskurs über politische Herausforderungen und adäquate Gestaltungsprogramme vor; die besondere deliberative Qualität erhält dieser öffentliche Entscheidungsprozess dadurch, dass sich alle teilnehmenden politischen Repräsentanten, Interessenorganisationen und Bürger zur Auflage machen, den eigenen Interessenstandpunkt in Richtung auf gemeinwohlorientierte Lösungsvorschläge zu transzendieren (*Bohman* 1996, *Cohen* 1989, *Fishkin* 1991).

Der Beitrag der Policy-Forschung kann in zwei Richtungen gehen, um die Programmdiskussionen in Politikfeldern für deliberative Verfahren zu öffnen. Die moderate Forschungsrichtung möchte einen Beitrag zu einer möglichst umfassenden und fairen Analyse der Dimension der politischen Auseinandersetzung, der perspektivischen Konstitution von Policy-Alternativen und der real anfallenden Kosten und Nutzen leisten; sie kritisiert vor allem die Verwendung von negativen Stereotypen und Stigmatisierungen und wendet sich gegen populistische Schuldzuweisungen und die Markierung von *target groups* in Policy-Debatten (*De Leon* 1997, *Fischer* 2003). Policy-Forschung trägt dadurch zu einer Entschärfung und Rationalisierung von Policy-Konflikten bei und entlarvt die gezielte Adressierung von Vorurteilen oder irrationalen Ängsten als Versuche, die eigentlichen Interessenpositionen von Policy-Akteuren zu verschleiern. Im besten Fall gelingt es der Policy-Forschung, dass der interessierte Bürger durch die Heranziehung kritischer Studien zu einem realistischen und unvoreingenommenen Bild über politische Entscheidungsprozesse gelangt und sein Engagement als Akteur im Politikfeld oder seine Unterstützung für spezifische Programmpositionen selbstbestimmt steuern kann.

Die radikale Variante der demokratietheoretisch orientierten Politikfeldanalyse definiert sich demgegenüber als partizipative Policy-Forschung, d.h. der Policy-Forscher soll gezielt zu einem Abbau von Partizipationshürden im Politikfeld beitragen und den bislang ausgeschlossenen Bürgerinteressen und Policy-Standpunkten zu einer Beteiligung an Programmdiskussionen und Planungsentscheidungen verhelfen (*Fischer* 1993). Partizipative Policy-Forschung unternimmt deshalb wissenschaftliche Dienstleistungen und Beratungstätigkeiten zur Förderung und Unterstützung von benachteiligten Betroffenengruppen und Bürgerinitiativen, um ihre faire Einbeziehung in Entscheidungsprozesse, die in den meisten Fällen auf der lokalen Ebene angesiedelt sind, zu gewährleisten. Häufig handelt es sich bei diesen Entscheidungen um politische Interventionen und Vorhaben, die auf großen Widerstand von Bevölkerungsgruppen vor Ort treffen. Angesichts der Zunahme von „*Not in my backyard*"(*Nimby*)-Problemen – heftige Abwehrreaktionen von lokalen oder regionalen Bürgerinitiativen gegen den Bau von Kernkraftwerken, Mülldeponien, Gefängnissen, Autobahnzubringern etc. – wird die Notwendigkeit, anspruchsvolle und risikoträchtige Gestaltungsvorhaben in einem partizipativen Verfahren zu beschließen, immer dringlicher (*Singer* 1993). Denn nur ein offener und demokratischer Diskussionsprozess schafft Verständnis für Probleme und Problemlösungen auf beiden Seiten (Staat und Bürgern), stellt unterschiedliche Lösungsmodelle zur Diskussion und bemüht sich um die Akzeptanz der Betroffenen. Als *Bürger-Experte* stellt der partizipative Policy-Forscher deshalb den Betroffenengruppen verständliches Fachwissen zur Verfügung, bereitet wissenschaftliche Daten und offizielle Berichte auf, stellt Kontakte zu wissenschaftlichen Instituten oder Medien her, überwacht für die Betroffenen die sachgerechte Durchführung der in den Verhandlungsprozessen

partizipative
Policy-Forschung

213

kollektiv abgestimmten Maßnahmen und unterstützt Initiativen der Mitglieder von Bürgerinitiativen, zusätzliche Expertise zu akquirieren, um die eigene Beraterfunktion obsolet zu machen.

6.5.2 Reformblockaden aus der Sicht der Politikfeldanalyse

Reformblockaden Nicht nur die Ergebnisse von quantitativen, sondern auch von qualitativen Untersuchungen geben wenig Anlass zu einer optimistischen Einschätzung der Reformpotentiale in Politikfeldern hoch entwickelter Industriestaaten. Der Advocacy-Koalitionen-Ansatz sieht gar nur Veränderungsmöglichkeiten in den festgefahrenen Programmpositionen der etablierten Policy-Koalitionen durch Anstöße von außen gegeben, wie etwa durch Katastrophen und Krisen, die im gesamten politischen System Strukturveränderungen hervorrufen. Aufgrund von internen Umstrukturierungen durch neue Ideen und neue Koalitionsmitglieder lassen sich die angestammten Glaubenssätze der Policy-Eliten nicht verändern, man erzeugt höchstens Resonanz bei Detailfragen von Programmvorhaben. Die Anbindung der Advocacy-Koalitionen an die *epistemischen Gemeinschaften* stellt sicher, dass die Policy-Akteure mit dem aktuellen Wissensstand über Probleme und Lösungsansätze in dem jeweiligen Politikfeld versorgt sind. Ein grundsätzlicher Wandel in den Erklärungsmodellen für Policy-Probleme wird durch die internationale Anbindung der politikfeldspezifischen *belief systems* aber nur dann möglich, wenn sich innerhalb der internationalen Netzwerke der Wissenschaftler und Policy-Experten ein neues Paradigma zur Betrachtung und Lösung von Umwelt-, Wirtschafts- oder Armutsproblemen durchgesetzt hat. Ein Paradigmawechsel kann aber nur dann stattfinden, wenn nicht konkurrierende Ordnungsvorstellungen in Berater- und Wissenschaftlerzirkeln in stetem Wandel fluktuieren – beispielsweise je nach dominanter Regierungspartei bzw. -koalition ein Wechsel von einer eher marktliberalen zu einer eher neokeynesianischen Wirtschaftstheorie (*Singer* 1993: 166) – und damit die einheitliche Betrachtung von Policy-Problemen über einen längeren Zeitraum erschweren. Letztlich steht damit die Paradigmafähigkeit der Ordnungsvorstellungen und Erklärungsmodelle für einzelne Politikfelder selbst in Frage.

Diskursive Verfahren Ebenso zeigt die Integration *diskursiver Verfahren* – ein aus demokratie-
ambivalent theoretischer Sicht begrüßenswerter Schritt – ambivalente Folgeergebnisse für die Policy-Debatten. Einerseits erhöhen diskursive Verhandlungssysteme, die interessenbasierte Verhandlungen rückkoppeln an Verständigungsprozesse zur Begründung von Verhandlungspositionen gegenüber verschiedenen Unterstützergruppen und der politischen Öffentlichkeit, die demokratische Legitimität von abgeschotteten Insidergesprächen und Gremiensitzungen. Andererseits produzieren die diskursiven Verfahren für die Verhandlungsteilnehmer das Risiko, dass das *Legitimationsspiel* außer Kontrolle gerät und immer neue Forderungen in das Verhandlungssystem einfließen oder aber – ein Diffusionsprozess in die andere Richtung – der Verhandlungsgegenstand und die einzelnen Verhandlungspositionen in die Medienöffentlichkeit getragen werden, was zu einer weiteren Politisierung des Policy-Konflikts beitragen und die Rückkehr an die Verhandlungstische erschweren kann.

214

Die stärker quantitativ ausgerichteten Forschungsansätze in der Politikfeld- analyse gelangen zu einer noch radikaleren politischen Zeitdiagnose, die aller- dings nur selten explizit gemacht wird (*Benz* 1998, *Janning* 1998, *Papadopolous* 2004, *Schneider* 2000). Zugespitzt formuliert sind aus dieser Sicht nicht nur einzelne Reformbemühungen auf der Mikro-Ebene von Politikfeldern wenig aussichtsreich, für sie hat sich tendenziell die gesamte politische Willensbildung aus den demokratisch legitimierten Institutionen hinaus verlagert. Mit der Ein- bindung der konfliktfähigen Interessen in Entscheidungsprozesse zur Generie- rung implementationsfähiger Programmentscheidungen kann die starre Unter- scheidung zwischen öffentlich und privat für Prozesse der Politikformulierungen nicht mehr aufrechterhalten werden. Durch die Verlagerung von Entscheidungen in neo-korporatistische Verhandlungssysteme, die für die Initiierung von Geset- zesvorschlägen meist schon vor der parlamentarischen Willensbildung ansetzen, droht der zentrale *institutionelle Ort* für politische Entscheidungen zu diffundie- ren. Mit der Diffusion der politischen Entscheidungsgewalt in nicht-öffentliche Gremien und Verhandlungsrunden können die Anforderungen an demokratische Verfahren der Willensbildung (gegenseitige Kontrolle der Gewalten, Transpa- renz der Verfahren, Zurechenbarkeit der Entscheidungsgewalt, Ausübung der Entscheidungsgewalt durch Volksvertreter) nicht mehr aufrechterhalten werden.

Verlagerung von Entscheidungs- kompetenzen

Dadurch, dass Großunternehmen, Konzerne und Interessenverbände ausgie- big – allerdings ohne demokratische Legitimation – auf vielen Ebenen bei der politischen Entscheidungsfindung und Entscheidungsimplementation mitwirken, ergibt sich außerdem tendenziell eine Verletzung des demokratischen Gleich- heitsgrundsatzes in der Ausübung und Wahrnehmung von politischen Partizipa- tionsrechten. Schließlich können Konzerne und Interessenverbände mehr Res- sourcen einsetzen, um für ihre Programmpositionen zu werben, und sie sind darüber hinaus in viel direkterer Weise in Gespräche zur Vorklärung von Interes- senpositionen und Programmanliegen eingebunden, als dies einfachen Bürgern oder Parteimitgliedern möglich ist. Die komplexen Demokratien westlicher In- dustriestaaten reagieren auf diese offensichtliche Verletzung des Gleichheits- prinzips mit einer Institutionalisierung von Mitsprache und demokratischer Teil- habe, die die Dominanz von Verhandlungssystemen und der Interessen von kor- porativen Akteuren in verschiedenen wichtigen Politikfeldern (Wirtschaftspoli- tik, Energie- und Infrastrukturpolitik, Umweltpolitik) durch eine Inszenierung von öffentlichem Diskurs und demokratischer Teilhabe in anderen Politikfeldern (Sozialpolitik, Rentenpolitik, Ausländerpolitik) kompensiert (*Edelman* 1976, *Janning* 1998: 302-304, *Laumann/Knoke* 1987). Die normative Unterscheidung zwischen öffentlichen und privaten Interessen bzw. Bedürfnissen wird auf der Ebene der Politikfelder in einer Asymmetrie zwischen Interessen und Politikfel- dern, die korporative Akteure betreffen und Interessen und Politikfelder, die natürliche Personen betreffen, reproduziert. Die Politikfelder für korporative Akteure werden durch interessenbasiertes Bargaining und verteilungspolitische Interessenkoalitionen organisiert, die Politikfelder für natürliche Personen wer- den durch symbolische Politik und populistische Diskurse zur Emotionalisierung der Bevölkerungsmehrheit geprägt, die dies als Akt der politischen Teilhabe erfährt.

Verletzung des Gleichheitsgrund- satzes

215

7 Die Zukunft der Policy-Forschung

Auch wenn sich die Politikfeldanalyse als Subfeld der Politikwissenschaft in den letzten Jahrzehnten gut etablieren konnte und in dieser Zeit wichtige konzeptuelle und methodologische Neuerungen zur Verwissenschaftlichung der Forschungsansätze beitrugen, lassen sich einzelne wichtige Gesichtspunkte für ihre notwendige Weiterentwicklung herausstellen:

Neue Methoden 1. Die Politikfeldanalyse präsentiert sich mit ihren Forschungsansätzen und Analysemethoden vorwiegend als eine *deskriptive Forschungsrichtung*; in ihr dominieren Beschreibungen von Problemlösungsprozessen, politischen Entscheidungsverläufen und Diskursstrukturen. Kausale Erklärungsmodelle werden häufig nur für besondere Entscheidungskonstellationen verwendet, die aber in der Regel das Politikfeld als Kontext ausblenden. Es erscheint deshalb geboten, über die Weiterentwicklung von Erklärungsansätzen, die das *Politikfeld als komplexe Struktur* erfassen und als *erklärende Variable* einsetzen, nachzudenken. Darüber hinaus kann die deskriptive Forschungsausrichtung von einer Zusammenführung quantitativer und qualitativer Analyseinstrumente und von weiteren Bemühungen um eine abstrahierende Typologisierung von politikfeldspezifischen Akteurkonstellationen und Beziehungsstrukturen profitieren.

Internationalisierung 2. Die Politikfeldanalyse konzentriert sich, selbst wenn sie vergleichend operiert, auf Akteurkonstellationen und Prozesse der nationalen Politikgestaltung. Auswirkungen von internationen Verträgen oder Gremienentscheidungen und Aktivitäten von internationalen Organisationen oder Regimes werden als externe Faktoren zwar berücksichtigt, die fundamentalen Veränderungen durch eine zunehmend international verflochtenen Politikgestaltung im Zeichen der Europäisierung der regulativen Politik und der Globalisierung der Geld- und Wirtschaftspolitik werden damit aber nur ausschnitthaft erfasst. Erst in jüngerer Zeit mehren sich die Versuche, den Konsequenzen der internationalen Verflechtung in einzelnen Politikfeldern nachzuspüren, und insgesamt wächst die Bereitschaft, Phänomene der Europäisierung und Globalisierung in der Policy-Forschung stärker zu berücksichtigen (*Eising* 2000, *Keohane/Milner* 1996, *Knill/Lehmkuhl* 2004, *Levi-Faur/Vigoda-Gadot* 2004, *Reinicke* 1998, *Schumann* 1996). Hierfür müssen neue Konzepte und Analysemethoden entwickelt und in Anschlag gebracht werden.

Machtforschung 3. Politikfeldanalyse als Teil einer allgemeinen Policy-Analyse ist durch ihre sozialtechnologische Orientierung vor allem *Problemlösungswissenschaft*. Ihre Kernfrage ist, unter welchen Bedingungen gesellschaftliche Probleme im Kontext weitgehend dezentralisierter Problemverarbeitung auf die politische Tagesordnung gelangen, wie Problemlösungsstrategien in politische Programme transformiert werden und wie letztere dann an der Implementationsfront von den damit betrauten Akteuren umgesetzt werden. Auch wenn dieser Policy-Zyklus letztlich als Entscheidungs- und Diskussionsprozess konzipiert ist, wird häufig ausgeblendet, dass die Auseinandersetzung um öffentliche Politiken in Politikfeldern letztlich ein politischer Prozess ist. Aus einer sozialtechnologischen Perspektive wird leicht vergessen, dass öffentliche Politik dominant machtvermittelt ist und dass in ihr Machtkämpfe, Machtressourcen und Machtstrukturen weiterhin eine zentrale Rolle spielen.

7.1 Die Entwicklung der Forschungsansätze und -methoden der Politikfeldanalyse

Die Entwicklung neuer Forschungsansätze und der Einsatz innovativer Analyse-methoden haben zur Neuorientierung der Politikfeldanalyse beigetragen. Die detailgenaue Auflösung oder abstrahierende Rekonstruktion von politischen Entscheidungsprozessen unter Hinzuziehung der oben diskutierten Forschungsinstrumente und Konzepte hat dazu beigetragen, dass das Wissen über Konfliktkonstellationen, Programmentwicklungen und Partizipationsstrukturen in der bereichsspezifischen Politikgestaltung deutlich zugenommen hat. Überhaupt hat sich das Politikfeld als abgrenzbarer Forschungsgegenstand mit besonderen Akteurkonstellationen und *issue areas* etablieren können. Die Konsolidierung der Politikfeldanalyse geht aber auch mit einer gewissen Distanzierung gegenüber einzelnen Strängen der vergleichenden Policy-Forschung einher. Der typische Forschungsstil der Politikfeldanalyse orientiert sich an Einzelfallstudien oder vergleichenden Fallstudien, wobei sich der Vergleich auf wenige Fälle – der Vergleich unterschiedlicher Politikfelder innerhalb eines politischen Systems oder des gleichen Politikfeldes verschiedener Nationalstaaten – beschränkt. Die vergleichende Staatstätigkeitsforschung bezieht sich demgegenüber auf größere Fallzahlen und versucht Gesetzmäßigkeiten für Policy-Outputs oder Policy-Outcomes auf der Basis der Analyse von Zusammenhängen zwischen Makrovariablen aufzuzeigen, die dann als Kausalbeziehungen und Determinanten aufgefasst werden bzw. überprüft werden (*Schmidt* 1988). Die Fortentwicklung der Politikfeldanalyse hat dagegen hauptsächlich Fortschritte in der kontextspezifischen Mikrofundierung von Politikprozessen gemacht. Durch ihre hohe deskriptive Auflösung ist die Politikfeldanalyse eher in der Lage, die spezifischen Mechanismen herauszuarbeiten und zu rekonstruieren, die Makrozusammenhängen zugrunde liegen (*Blomquist 1999, Kittel* 2003).

Zur Verbesserung der deskriptiven Auflösung hat vor allem die *quantitativ-relationale Politikfeldanalyse* beigetragen, weil durch ihre relationalen Methoden und Messstrategien die Identifikation und Analyse von Akteurkonstellationen und die Charakterisierung von Austausch- und Machtbeziehungen in Politikfeldern am überzeugendsten gelingen. Nichtsdestotrotz bedeutet eine detailgenaue analytische Deskription eines Politiknetzwerks noch nicht, Kausalerklärungen politischer Prozesse oder Prognosen über politische Entscheidungen leisten zu können. Demgegenüber bieten spieltheoretische Modellierungen politischer Verhandlungssituationen und der Einsatz der sozialen Tauschtheorie für die vereinfachte Beschreibung von Transaktionen in Politikfeldern gute Voraussetzungen, zu *Kausalmodellen für Entscheidungs- und Interaktionsprozesse* zu gelangen. Allerdings sind die Modellvorstellungen der Spieltheorie und der Tauschtheorie in der Regel extrem idealisiert, weil von den besonderen inhaltlichen Eigenschaften und den spezifischen Kontexten von Verhandlungskonstellationen und Entscheidungssituationen letztlich abstrahiert wird. Wichtige strukturelle Merkmale von Politikfeldern und insbesondere die nicht-intendierten Effekte von Policy-Interaktionen und Beziehungsmustern werden beim Einsatz derartiger Kausalmodelle häufig ausgeblendet.

Dominanz deskriptiver Forschungsansätze

Besonders in der *qualitativen Politikfeldanalyse* dominieren deskriptive Forschungsansätze. Die Analyse des Gebrauchs von *story lines, Interpretationsrahmen* oder *Policy-Diskursen* in Programmdiskussionen informiert über sprachlich-rhetorische Manipulationstechniken und rationale Überzeugungsmöglichkeiten in politischen Auseinandersetzungen. Erklärungsmodelle für das Zustandekommen spezifischer Programmentscheidungen können diese diskursanalytischen oder interpretativen Ansätze nicht aufzeigen. Dies würde auch der normativen Zielorientierung dieser Ansätze widersprechen; Ziel der interpretativen Forschung ist nämlich nicht Steuerungswissen – im Sinne eines Wissens über spezifische Voraussetzungen oder Hindernisse in Politikfeldern, die die Durchsetzung von Programminitiativen vereinfachen bzw. blockieren, – zu generieren, sondern die Gleichwertigkeit von Wissensformen in Politikfeldern herauszuarbeiten und bislang ungenutzte Wissensressourcen – das *local knowledge* von Bürgerinitiativen und nur schwach organisationfähigen Interessengruppen – zu mobilisieren (*Yanow* 2000). Als Ausnahme fällt der Advocacy Koalitionen-Ansatz auf, der ein Kausalmodell für Veränderungen in den Grundüberzeugungen von Programmkoalitionen aufstellt, aber die auslösenden Faktoren nicht im Politikfeld lokalisiert, sondern in feldexternen Umwälzungen und Strukturumbrüchen, seien sie politischer oder ökonomischer Natur. Der Advocacy-Koalitionen-Ansatz gibt damit tendenziell die deskriptiven Elemente preis, die dem Ansatz ebenso innewohnen. Hiermit sind besonders die Annahmen über die Konstitution von Advocacy-Koalitionen und *belief systems* gemeint, die durch interpretative und inhaltsanalytische Verfahren erschlossen werden.

Kombination qualitativer und quantitativer Analyse

In welche Richtung sollte sich die *Methodendiskussion in der Politikfeldanalyse* weiterentwickeln? Da die Stärken der Politikfeldanalyse bislang hauptsächlich in ihrer deskriptiven Forschungsausrichtung begründet sind, kann eine Standardisierung der für die Beschreibung von Politiknetzwerken und Programmdiskussionen verwendeten Analyseinstrumente und Auswertungsverfahren einen Fortschritt bedeuten, weil sich dadurch auch ein Überblick über die Integrationsfähigkeit von quantitativen und qualitativen Methoden und konzeptuellen Annahmen über die Struktur und Funktionsweise von Politikfeldern gewinnen lässt. Aktuell wird insbesondere von Seiten der *quantitativen Netzwerkanalyse* eine Integration qualitativer Forschungselemente befürwortet (*Jansen* 2003, *Marin/Mayntz* 1991). In der bahnbrechenden Studie von *Laumann* und *Knoke* (1987) wird durch die Verbindung der Analyse der strukturellen Eigenschaften von Politiknetzwerken in einzelnen Politikbereichen mit einer Clusteranalyse der Programmpositionen relevanter Netzwerkakteure der Versuch unternommen, *issue coalitions* in den Netzwerken aufzuweisen, um die Programmdimension der politischen Transaktionen im Politikfeld angemessen abzubilden. Damit ist eine strukturale Deskription möglich, die relevante qualitative Politik-

218

feldanalysen bislang nur selten angewandt haben, die jedoch beispielsweise die Analyse von Diskurs- und Advocacy-Koalitionen befruchten könnte.

Größere Unklarheit herrscht freilich bei der Frage, ob die *Politikfeldanalyse* noch komplexere kausale Erklärungsmodelle generieren kann, als die aus der Spiel- und Tauschtheorie abgeleiteten Modellierungen von Verhandlungen, die bereits mit einigem Erfolg für die Rekonstruktion einzelner, besonderer Entscheidungsverläufe verwandt wurden. Bislang wurde hier als Königsweg die Verknüpfung zwischen netzwerkanalytischen Verfahren und tauschtheoretischen Modellen zur Vorhersage von politischen Entscheidungen angesichts besonderer Tauschkonstellationen empfohlen (*Pappi/König/Knoke* 1995). Die methodologische und konzeptuelle Anlage dieser Studien erscheint allerdings über die Maßen komplex und heterogen, als dass von einer geglückten Integration der unterschiedlichen Forschungsperspektiven schon gesprochen werden kann. Die Suche nach Kausalität in Politikfeldern, die mit ihrer überbordenden Komplexität an unterschiedlichen Akteurskategorien, Entscheidungsregeln und Kompetenzverteilungen sowie Struktureffekten innerhalb und außerhalb des Politikfeldes die einfache Unterscheidung zwischen abhängiger und unabhängiger Variable fast unmöglich erscheinen lassen, wird aber Policy-Forscher solange weiter beschäftigen, wie die durch wissenschaftliche Analyse ermöglichte Transparenz der politischen Entscheidungsprozesse auch als Grundvoraussetzung und Bestandsgarantie einer demokratischen Willensbildung erscheint.

Suche nach Kausalität

7.2 Die Internationalisierung von Politikfeldern

Wird der Policy-Forscher mit einem bis heute konventionellen Fokus auf die nationale Politikgestaltung schon mit einer Vielzahl an Akteuren und Ressourcenbeziehungen und an Problemthemen und Lösungsvorschlägen konfrontiert, so mutet diese Schwerpunktsetzung doch zunehmend als unterkomplex an. Denn nur noch wenige Politikbereiche werden durch eine mehr oder weniger abgeschlossene, nationalstaatlich verfasste Politikgestaltung determiniert. Und selbst in diesen Politikfeldern, so beispielsweise in der Sozial- und Arbeitsmarktpolitik, fungieren erfolgreiche Reformmodelle aus anderen Industriestaaten als Beispiel und Referenzpunkt für eigene Policy-Innovationen. Insbesondere für die Politikfelder der regulativen Politik (z.B. Umweltschutz, Produktsicherheit, Verbraucherschutz) ist eine Internationalisierung der Regeln und Standards aber kaum noch aufzuhalten, da Umweltprobleme oder das Konsumverhalten in virtuellen Märkten (E-Commerce) sich offensichtlich nicht an nationalen Grenzen orientieren, sondern für Bürger und Politiker immer mehr internationale Betroffenheiten produzieren, weshalb Vertreter von Staaten und von internationalen Organisationen sich dazu aufgerufen fühlen, solche Probleme durch supranational verbindliche Regulierungen und Abkommen zu regeln. Vollkommen grenzenlos stellen sich die Kapital- und Geldströme einer globalisierten Wirtschaftsordnung dar, in der international operierende und multinational verfasste Banken und Großunternehmen kaum noch Rücksicht auf Belange und Bedürfnisse von Nationalstaaten und entsprechende Politikfeldkonstellationen nehmen (*Gilpin* 2000, *Strange* 1996).

Grenzen der nationalstaatlichen Perspektive

Die mit dem Schlagwort „Europäisierung" gekennzeichnete Politikentwicklung im europäischen Maßstab, die anfangs von der Organisation des gemeinsamen Binnenmarktes getragen war und sich nachfolgend durch Initiativen und Interventionen der EU-Kommission als treibender Kraft verstärkt hat, hat ebenfalls große Auswirkungen auf Politikfelder der regulativen Politik und der wirtschaftlichen Ordnungspolitik (*Héritier* et al. 2001, *Kohler-Koch/Conzel-mann/Knodt* 2004, *Scharpf* 1999). Einzelne Beobachter sprechen gar schon von dem „neuen Regulationsstaat Europa" der die europaweite Vereinheitlichung von Produktmaßen und von Standards für die Transport- und Produktsicherheit durchgesetzt und in der Umweltschutz- und Verbraucherschutzpolitik die hohen Standards einzelner Mitgliedsländer als verbindliche Richtwerte für alle etabliert hat (*Majone* 1997, *Vogel* 2003). Es handelt sich bei dieser Europäisierung in Politikfeldern der regulativen Politik vor allem um eine „heimliche" Internationalisierung, da die Problemmaterien und Regelungsgegenstände vor allem die Fachpolitiker beschäftigen und nur selten auf die Agenda der öffentlichen Aufmerksamkeit gelangen. Dies bedeutet natürlich für den Policy-Forscher, dass sich mit einer Analyse von Europäisierungseffekten somit fast ein demokratiewissenschaftlicher Auftrag verbindet, und in der Tat haben einzelne Politikwissenschaftler interessante Forschungsarbeiten und Konzeptvorschläge vorgelegt, um der Internationalisierung in einzelnen Politikfeldern auf die Spur zu kommen.

Für die Analyse von Internationalisierungsprozessen in Politikfeldern haben sich bislang zwei Forschungsstränge ausgebildet: Zum einen wird von einer bewussten Angleichung und Anpassung nationaler Politiken an internationale Vorbilder ausgegangen. Der Fokus liegt entsprechend klar auf einer Akteur- und Input-Perspektive, und der Policy-Forscher fragt hier nach der Relevanz und dem Anteil von „Lesson Drawing" oder „Policy Learning" bei der Übernahme von politischen Programmen und untersucht den gelungenen „Policy Transfer" von als erfolgreich angesehenen Reformprogrammen und deren Voraussetzungen in den nationalen Politikfeldern (*Dolowitz/Marsh* 1996; 2000, *Evans/Davies* 1999). Die andere Forschungsrichtung beschreibt die Internationalisierung von Politikfeldern als ungesteuerten Veränderungsprozess, verfügt demnach vor allem über eine Strukturperspektive und analysiert Policy-Outcomes. Hier dominieren Forschungsansätze, die mit Hilfe von Vorstellungen und Konzepten der „Policy Diffusion" und „Policy Konvergenz" Angleichungsprozesse in nationalen Politikfeldern vergleichend analysieren (*Knill* 2005, *Holzinger/Knill* 2005). Aus beiden Forschungsrichtungen soll stellvertretend nur ein Ansatz, der als besonders erfolgsversprechend interpretiert wird, vorgestellt werden, um die unterschiedliche Stoßrichtung der Forschungsansätze zu illustrieren.

Die Analyse von Policy Transfer setzt an der Beobachtung an, dass der transnationale Austausch und Import von erfolgreichen und innovativen Policy-Programmen in den westlichen Industrieländern zugenommen hat. Formal handelt es sich bei Policy Transfer um Prozesse, durch die das Wissen über Maßnahmen (policies), administrative Arrangements, Institutionen und Ideen in einem politischen System für die Entwicklung entsprechender Programme in einem anderen Staat verwendet wird. Die Analyse solcher Transferprozesse versucht nach *Dolowitz und Marsh* (1996; 2000) folgende Fragen zu beantworten:

- Warum betreiben Akteure überhaupt Policy Transfers?
- Welche Akteure übernehmen dabei eine Schlüsselrolle?
- Welche Art von Programm wird übernommen?
- Welche spezifischen Länder dienen als Vorbild?
- Bis zu welchem Anteil oder Grad werden die als Vorbild dienenden Programme wirklich umgesetzt?
- Welche Faktoren begünstigen oder erschweren den Umsetzungsprozess?
- In welchem Zusammenhang steht der vollständige Policy Transfer mit dem Erfolg oder Misserfolg des transferierten Programms?

In dem von *Dolowitz und Marsh* (1996; 2000) entwickelten Analysekonzept werden die einzelnen in den Fragen genannten Kategorien weiter aufgeschlüsselt; die Autoren nehmen Spezifizierungen vor für möglicherweise relevante Akteure (von gewählten Repräsentanten bis Interessengruppen und Policy-Berater), für die Bestandteile eine Policy Programms (von den Zielen und Inhalten bis zu den Instrumenten), für die unterschiedlichen Governance-Ebenen, auf denen sich Transferprozesse abspielen können (international, national, lokal) und für den unterschiedlichen Grad der Umsetzung (von der Eins-zu-eins-Kopie, über das Kopieren bloß der Leitideen (emulation) und das Kombinieren unterschiedlicher policies bis zur einfachen Inspiration mit abweichenden outcomes). Ergänzt werden diese Spezifizierungen, die bloß eine Deskription der Umstände und Bestandteile des Transferprozesses ermöglichen, um Hypothesen für mögliche Gründe eines Scheiterns des Transfers. Ein solches Scheitern ist wahrscheinlich, wenn die am Transferprozess beteiligten Akteure zu wenig Informationen über das originäre Programmpaket haben (= uninformed transfer), die wichtigen Bestandteile der Programme zugunsten von Nebenaspekten vernachlässigen (= incomplete transfer) oder aber die Unterschiedlichkeit der nationalen oder lokalen Anwendungskontexte nicht angemessen berücksichtigen (= inappropriate transfer). Illustriert wird der Ansatz anhand der Wohlfahrtsreformen in der britischen Sozialpolitik in den 80er und 90er Jahren, die sich stark am Workfare-Modell für Sozialhilfe in den USA orientierten (*Dolowitz* 1998). Die Studie kann aufzeigen, dass neben dem politischen Druck durch steigende Arbeitslosigkeitsraten, der schon die Tory-Regierung unter Thatcher dazu zwingt, arbeitsmarktpolitische Maßnahmen zu initiieren, vor allen Dingen die Kompatibilität der Sozialhilfesysteme (und deren Finanzierung) und ähnliche Dezentralisierungskonzepte in der Umsetzung den Policy Transfer erleichtern.

Die Forschung über Policy Konvergenz weist eine gewisse Nähe zur Beschäftigung mit Policy-Transfer auf. Auch die Konvergenzforschung geht von einem Angleichungsprozess insbesondere unter den westlichen Industriestaaten aus, schließlich bezeichnet Konvergenz ja die Tendenz dieser Gesellschaften, sich immer mehr aneinander anzunähern und Ähnlichkeiten hinsichtlich von Strukturen, Prozessen und Leistungen auszubilden (*Bennett* 1991, *Drezner* 2001). Ebenso gibt es Überschneidungen mit der Diffusionsforschung – dem Studium der Ausbreitungsprozesse und -verläufe von policies innerhalb und zwischen Nationalstaaten aufgrund struktureller Ähnlichkeiten und Verflechtungen (*Berry/Berry* 1999, *Kern/Jörgens/Jänicke* 2000) – und der Forschung über insitutionelle Isormophie – die Analyse von gegenseitigen organisationellen

Policy Konvergenz

221

Anpassungsprozessen unter Einbeziehung staatlicher und suprastaatlicher Regulierungen und der Durchsetzung von erfolgreichen Steuerungsmodellen (*DiMaggio/Powell* 1983, *Radaelli* 2000). Gegenüber diesen Forschungsrichtungen konzentriert sich die Konvergenzforschung aber die auf die Messung der Policy-Effekte (die vollzogenen politischen Maßnahmen und ihre Auswirkungen) und strebt an, Wandel und Veränderung der Politikähnlichkeiten (policy similarity) im Zeitverlauf zu erklären (*Knill* 2005, *Holzinger/Knill* 2005, *Seeliger* 1996). Die Konvergenzforschung soll erfassen, ob sich policies angeglichen haben oder nicht. Insofern unterscheiden sich auch die Leitfragen der Analyse von Policy Konvergenz:

- Welche Faktoren erklären die Anwendung und Aufnahme ähnlicher Programme im Zeitverlauf?
- Unter welchen Bedingungen können wir erwarten, dass nationale Programme und Politikfelder miteinander konvergieren oder sich voneinander weg entwickeln?
- Warum konvergieren Länder bei einzelnen Maßnahmen und Politikfeldstrukturen, aber nicht bei allen?
- In welche Richtung weist die Policy Konvergenz?
- Richtet sich die Konvergenz von Programmen an den oberen oder unteren Richtwerten aus, was die Durchsetzung von regulativen Standards betrifft und wie lässt sich dieser Trend erklären?

Offensichtlich sind mit diesen Fragen unterschiedliche Komplexitätsniveaus und Ansatzpunkte für die Messung von Policy Konvergenz vorgegeben. In der Forschung werden vier unterschiedliche Konvergenzmaße diskutiert und miteinander verglichen, die Konvergenz auf je unterschiedliche Weise messen wollen, nämlich als Abnahme von Variation zwischen Programmen (Alpha-Konvergenz), als Aufschließungstendenz von Nachzügler-Staaten (Beta-Konvergenz), als Veränderung der Rangposition einzelner Länder im Hinblick auf den gelungenen Vollzug einzelner Programme (Gamma-Konvergenz) oder als Veränderung der Distanz zu einem exemplarischen Policy-Modell (Delta-Konvergenz). Am ertragreichsten sind zurzeit noch Studien, die mit einfachen Konvergenzindikatoren (im Sinne der Alpha-Konvergenz) den Grad, die Richtung und die Reichweite der Policy Konvergenz bestimmen wollen. Insgesamt kommt die Erforschung von Policy Konvergenz bislang aber kaum über die Beobachtung und Messung einzelner Tatbestände hinaus, es fehlen noch umfassendere (Konvergenz mehrerer Politikfelder) und detailliertere (Langzeitbeobachtungen) Studien über politische Angleichungsphänomene (*Heichel/Pape/Sommerer* 2005).

Perspektiven   Als Grundproblem der bislang vorliegenden Erforschung der Internationalisierung von Politikfeldern erweist sich der Tatbestand, dass unterschiedliche Analyseansätze zur Erklärung und Erfassung der Angleichungsprozesse und Interdependenzen miteinander konkurrieren und sich dabei auf einzelne zweifelsohne wichtige Aspekte der Internationalisierung konzentrieren. Interessant ist, dass sich dabei ein für die Policy-Forschung der 60er und frühen 70er Jahre typischer Dualismus in den Forschungsorientierungen wiederholt: Man fokussiert entweder einseitig auf bestimmte Interessenkonstellationen unter den relevanten Policy-Akteuren (Transferforschung) oder aber auf die Policy-Outputs (Konvergenzforschung). Der komplexe Entstehungs- und Umsetzungsprozess des eigentlichen Policy-Making mit den in der Politikfeldanalyse konzise beschriebenen Akteurkonstellationen, institutionellen Prägungen, Beziehungsnetzwerken, Ressourcentransfers und Diskursstrategien wird als „black box" behandelt und kaum miteinbezogen. Eine Weiterentwicklung der Internationalisierungsforschung ist deshalb vor allen Dingen durch eine Auseinandersetzung mit den in der Politikfeldanalyse etablierten Forschungsmethoden und Theorieansätzen zu erwarten.

7.3 Die Politikfeldanalyse und das Studium der politischen Macht

Wenn die heutige Policy-Forschung und Politikfeldanalyse als die Fortsetzung des inter- oder transdisziplinären Projektes der Policy Sciences verstanden wird, in dem gesellschaftliche Problemlagen mit Hilfe sozialwissenschaftlichen Grundlagenwissens diagnostiziert werden und auf Grundlage unterschiedlicher sozialwissenschaftlicher Ansätze dann Lösungsansätze entwickelt werden, dann ist Politikfeldanalyse im Wesentlichen Sozialtechnologie, die Sozialsysteme diagnostizieren, reparieren, umbauen und verbessern hilft (*Bunge* 1996). Sie will und soll dann das für die Gesellschaft erbringen, was die Humanmedizin für den menschlichen Organismus leistet (siehe 1.2.1).

Politikfeldanalyse als Sozialtechnologie

Nun ist die Gesellschaft aber kein Organismus, wie sie etwa von holistischen Theorien dargestellt wird. Die Erklärung von Problemlösungen muss daher am Handeln von Individuen und Organisationen (korporative Akteure) ansetzen. Auch die Wahrnehmung und Definition dessen, was als soziales Problem und gesellschaftliche Dysfunktion betrachtet werden muss, ist selbst keine objektive Tatsache. Vorstellungen und Definitionen sind *Repräsentationen*, die sich auf objektive Tatsachen beziehen können, selbst aber reine soziale Konstruktionen sind (*Berger/Luckmann* 1969). Als solche gehen sie als Datum in den politischen Prozess ein, der letztlich bestimmt, ob das Problem auf die öffentliche und staatliche Tagesordnung kommt oder nicht. Ein weiterer wichtiger Unterschied ist, dass Diagnose und therapeutische Maßnahmen nicht von einer unabhängigen, außerhalb der Gesellschaft wirkenden Instanz bestimmt werden, sondern öffentliche Politik (neben anderen Steuerungsformen) eine spezifische Form der gesellschaftlichen Selbstregulierung darstellt, wie dies in der *Governance-Diskussion* konzipziert wird (siehe 5.5)

Selbstregulierungs- und Selbststeuerungsmechanismen, die in der institutionalistischen *Governance-Theorie* konzipiert werden, basieren auf den policyrelevanten Interaktionen und Interessenkämpfen multipler Akteure, die in unterschiedlichen Kontexten stehen und variierende Interessenlagen haben. Diese Akteure und Akteurskonstellationen sind meist bestrebt, bereits in der Definition von Problemen, vor allem aber in der Programmformulierung und Implementation ihre bevorzugten Problemdiagnosen und Therapieformen durchzusetzen.

Selbst in modernen demokratischen Systemen sind die Chancen hierzu asymmetrisch verteilt. Es gibt Akteure und Akteurkoalitionen, die Problemdefinitionen dominieren und in Problemlösungsdiskursen hegemoniale Positionen

Aktualität der Macht

einnehmen. Ähnliches gilt für den Programmformulierungs- und Implementationsprozess, in dem Partizipations- und Zugangschancen analoge ungleiche Verteilungsmuster aufweisen. Die Frage, worauf sich diese Machtasymmetrien zurückführen lassen, war eine wichtige Frage der politischen Soziologie und Politikwissenschaft der 60er und 70er Jahre. Leider ist diese Frage nach den unterschiedlichen Gesichtern und Dimensionen der Macht (etwa *Bachrach/Baratz* 1975) in der heutigen Policy-Forschung und Governance-Analyse weitgehend in den Hintergrund gerückt. Aus der Steuerungsperspektive steht meist der Problemlösungsaspekt öffentlicher Politik im Vordergrund, und Politikanalyse benutzt nicht selten – zumindest implizit – das in der Organisationssoziologie zeitweise prominente kontingenztheoretische Erklärungsmuster, nach dem versucht wird, eine optimale Passgüte zwischen Policy-Problemen und angemessenen Problemlösungsmechanismen zu suchen. Was in dieser Kontingenztheorie als rein technisches Problem erscheint, ist meist jedoch eine Machtfrage.

Die theoretische Problematik, an der die Machteliten- und Machtstrukturforschung orientiert war, ist damit weiterhin aktuell. Darüber hinaus würde eine stärkere Betonung von Machtstrukturen und -prozessen auf allen Ebenen (Individuen, Organisationen, Nationalstaaten) der Politikfeldanalyse, die Policy-Forschung wieder stärker in der allgemeinen Politikwissenschaft verankern, deren zentrale Problematik das Machtphänomen ist (*Greven* 1985). Im Unterschied zu Ansätzen, die öffentliche Politik als rationalen kollektive Entscheidungsprozess konzipieren (*Public Choice*) und Politikergebnisse von Effizienzkriterien und Nutzengleichgewichten ableiten, würde damit Macht als Schlüsselbegriff der Politikwissenschaft wieder ins Zentrum der Analyse rücken. Zwar geht es auch in einer machtbezogenen Politikfeldanalyse um Kollektiventscheidungen und darauf bezogene Handlungsstrategien von Akteuren. Ein wichtiger Unterschied liegt jedoch darin, dass unterschiedliche Machtressourcen und Positionen in Beziehungsstrukturen (Kommunikation, Ressourcenaustausch) wichtige Implikationen für die unterschiedliche Realisierung von Interessen haben. Auch auf kognitiver Ebene sind Diskurse, Verhandlungen und Deliberationen von Machtasymmetrien gekennzeichnet. Ebenso ist das Handeln von korporativen Akteuren keine objektive Exekution perzipierter Interessenlagen, sondern Ergebnis interner Mikropolitik (*Bogumil/Schmid* 2001, *Crozier/Friedberg* 1993). Auch wenn öffentliche Politik auf das Lösen gemeinschaftlicher Probleme gerichtet ist, ist sie weiterhin Macht- und Interessenkampf. Wie der heute nur noch wenig bekannte deutsche Soziologe *Franz Oppenheimer* (1926) formulierte, ist das „scheinbar friedlichste Gesetz der momentane Abschluss einer Periode des Kampfes, worauf die gegenseitigen Parteien zu neuem Kampf sich rüsten."

Literaturverzeichnis

Acham, K., 1983: Philosophie der Sozialwissenschaften, Freiburg, München: Alber.

Albert, H., 1965: Modellplatonismus. Der neoklassische Stil des ökonomischen Denkens in kritischer Beleuchtung, in: Topitsch, E. (Hrsg.), Logik der Sozialwissenschaften, Köln: Verlagsgruppe Athenäum, 352-380.

Alemann, U. v./Eckert, F., 2006: Lobbyismus als Schattenpolitik, in: Aus Politik und Zeitgeschichte, B.15-16/06, 3-10.

Almond, G.A., 1960: A functional approach to comparative politics, in: Almond, G. A./Coleman, J. S. (eds.), The politics of developing areas, Princeton: Princeton University Press, 3-64.

Almond, G.A., 1974: The study of comparative politics, in: Almond, G. A. (ed.), Comparative Politics Today. A World View, Boston: Little, Brown, 3-9.

Almond, G.A./Powell, G.B./Strom, K./Dalton, R. J., 2004: Comparative Politics Today. A World View, New York: Pearson Longman, 8th ed.

Altvater, E./Mahnkopf, B., 2002: Globalisierung der Unsicherheit. Arbeit im Schatten, schmutziges Geld und informelle Politik, Münster: Westfälisches Dampfboot..

Axelrod, R. (ed.), 1976: Structure of Decision, The Cognitive Maps of Political Elites, Princeton: Princeton University Press.

Axelrod, R., 1997: The Complexibility of Cooperations. Agent-based Models of Competition and Collaboration, Princeton: Princeton University Press.

Bachrach, P./Baratz, M. S., 1975: Zwei Gesichter der Macht, in: Narr, W.-D./Offe, C. (Hrsg.), Wohlfahrtsstaat und Massenloyalität, Köln: Kiepenheuer & Witsch, 224-234.

Bähr, H., 2003: Probleme der Implementation von Umweltpolitik in der Europäischen Union. Eine vergleichende Policy-Analyse am Beispiel der IVU-Richtlinie. Diplomarbeit, Universität Konstanz.

Bandelow, N.C., 1999: Lernende Politik. Advocacy-Koalitionen und politischer Wandel am Beispiel der Gentechnologiepolitik, Berlin: Edition Sigma.

Bandelow, N.C., 2003: Policy Lernen und politische Veränderungen, in: Schubert, K./Bandelow, N. C. (Hrsg.), Lehrbuch der Politikfeldanalyse, München: Oldenbourg, 289-330.

Barthe, S., 2001: Die verhandelte Umwelt. Zur Institutionalisierung diskursiver Verhandlungssysteme im Umweltbereich, Baden-Baden: Nomos.

Bates, R. H/Greif, A./Levi, M./Laurent, J., 1998: Analytic Narratives, Princeton, NJ: Princeton University Press.

Bauer, M., 2006: Politikbeendigung als policyanalytisches Konzept, in: Politische Vierteljahresschrift 47, 147-168.

Baumgartner, F. R./Jones, B. D., 2002: Policy dynamics, Chicago: University of Chicago Press.

Behrens, M., 2003: Quantitative und qualitative Methoden in der Politikfeldanalyse, in: Schubert, K./Bandelow, N. C. (Hrsg.), Lehrbuch der Politikfeldanalyse, München: Oldenbourg, 203-235.

Bennett, C. J., 1991: Review Article: What Is Policy Convergence and What Causes It?. British Journal of Political Science 21, 215-233.

Benveniste, G., 1987: Professionalizing the Organization. Reducing Bureaucracy to Enhance Effectiveness, San Francisco: Jossey.

Benz, A., 1997: Policies als erklärende Variable in der politischen Theorie, in: Benz, A./Seibel, W. (Hrsg.), Theorieentwicklung in der Politikwissenschaft – eine Zwischenbilanz., Baden-Baden: Nomos, 303-322.

Benz, A., 1998: Postparlamentarische Demokratie? Demokratische Legitimation im kooperativen Staat, in: Greven, M. Th. (Hrsg.), Demokratie – eine Kultur des Westens?, Opladen: Leske + Budrich, 201-222.

Benz, A. (Hrsg.), 2004: Governance. Regieren in komplexen Regelsystemen. Eine Einführung, Wiesbaden: VS Verlag für Sozialwissenschaft.

Berger, P./Luckmann, T., 1969: Die gesellschaftliche Konstruktion der Wirklichkeit. Eine Theorie der Wissenssoziologie, Frankfurt a. M.: Fischer.

Berry, F. S./Berry, W. D., 1999: Innovation and Diffusion Models in Policy Research, in: Sabatier, P. A. (ed.), Theories of the Policy Process, Boulder: Westview, 169-200.

Berry, J.M., 1989: Subgovernments, Issue Networks, and Political Conflict, in: Harris, R. M./Mills, S. M. (eds.), Remaking American Politics, Boulder: Westview Press, 239-260.

Beyme, K. v., 1985: Policy Analysis und traditionelle Politikwissenschaft, in: Hartwich, H.-H. (Hrsg.), Policy-Forschung in der Bundesrepublik Deutschland, Opladen: Westdeutscher Verlag, 7-29.

Beyme, K. v., 1999: Die parlamentarische Demokratie. Entstehung und Funktionsweise 1789-1999, Opladen: Westdeutscher Verlag.

Birkland, T., 2001: An Introduction to Policy Analysis. Theories, Concepts, and Models of Public Policy Making, Armonk: Sharpe.

Blatter, J./Janning. F./Wagemann, C., 2006: Qualitative Politikanalyse. Eine Einführung in Methoden und Forschungsansätze, Fernuniversität zu Hagen: Studienbrief.

Bleek, W., 2001: Geschichte der Politikwissenschaft in Deutschland, München: C. H. Beck.

Blomquist, W., 1999: The Policy Process and Large-N Comparative Studies, in: Sabatier, P. A. (ed.), Theories of the Policy Process, Boulder: Westview, 201-230.

Böllhoff, D., 2002: Developments in Regulatory Regimes – An Anglo-German Comparison on Telecommunications, Energy and Rail, Bonn: Preprints aus der Max-Planck-Projektgruppe Recht der Gemeinschaftsgüter, 02/5.

Böllhoff, D., 2005: The Regulatory Capacity of Agencies. A Comparative Study of Telecoms Regulatory Agencies in Britain and Germany, Berlin: BWV.

Bogumil, J./Schmid, J., 2001: Politik in Organisationen. Organisationstheoretische Ansätze und praxisbezogene Anwendungsbeispiele, Opladen: Leske + Budrich.

Bohman, J., 1996: Public deliberation: pluralism, complexity, and democracy, Cambridge, Mass.: MIT Press.

Bohne, E., 1981: Der informale Rechtsstaat, Berlin: Duncker & Humboldt.

Boudon, R., 1978: La Logique du social, Paris: Hachette.

Bourdieu, P., 1985: Sozialer Raum und Klassen. Leçon sur la leçon, Zwei Vorlesungen Frankfurt a.M..: Suhrkamp.

Brandes, U./Erlebach, T., 2005: Networ Analysis. Methodological Foundations, Heidelberg/Berlin: Springer.

Brandes, U./Kenis, P./Raab, J./Schneider, V./Wagner, D., 1999: Explorations in the Visualization of Policy Networks. Journal of Theoretical Politics 11, 75-106.

Brandes, U./Kenis, P./Wagner, D., 2003: Communicating Centrality in Policy Network Drawings. IEE Transactions on Visualization and Computer Graphics 9, 241-253.

Braun, D., 1999: Theorien rationalen Handelns in der Politikwissenschaft. Eine kritische Einführung, Opladen: Leske + Budrich.

Breitmeier, H., 1996: Wie entstehen globale Umweltregime? Der Konfliktaustrag zum Schutz der Ozonschicht und des globalen Klimas, Opladen: Leske & Budrich.

Brint, S., 1994: In an Age of Experts. The Enhancing Role of Professionals in Policy and Public Life, Princeton: Princeton University Press.

Bublitz, H., 2001: Differenz und Integration. Zur diskursanalytischen Rekonstruktion der Regelstrukturen sozialer Wirklichkeit, in: Keller, R./Hirseland, A./Schneider, W./Viehöver, W. (Hrsg.), Handbuch Sozialwissenschaftliche Diskursanalyse, Bd. 1. Theorien und Methoden, Opladen: Leske + Budrich, 225-260.

Bunge, M., 1996: Finding Philosophy in Social Science, New Haven: Yale University Press.

Bunge, M., 2000: Systemism, the alternative to indivdualism and holism. Journal of Socio-Economics 29, 147-157.

Busch, A., 1993: The Politics of Price Stability: Why German-Speaking Nations are Different', in: Castles, F. G. (ed.), Families of Nations: Patterns of Public Policy in Western Democracies, Aldershot: Dartmouth, 35-92.

Castles, F. G., 1998: Comparative Public Policy: Patterns of Post-War Transformation, Northampton, Mass: Edward Elgar.

Cater, D., 1964: Power in Washington. A Critical Look at Today's Struggle to Govern in the Nation's Capital, New York: Random House.

Cobb, R. W./Elder, R. C., 1972: Participation in American Politics. The Dynamics of Agenda Building, Baltimore: John Hopkins University Press.

Cobb, R. W./Ross, J. K./Ross, M. H., 1976: Agenda-building as a Comparative Process. American Political Science Review 70, 126-138.

Cohen, J., 1989: Deliberation and Democratic Legitimacy, in: Hamlin, A./Petit, P. (eds.), The Good Polity. Normative Analysis of the State, Oxford: Basil Blackwell, 17-34.

Coleman, J.S., 1971: Control of Collectivities and the Power of a Collectivity to Act, in: Lieberman, B. (ed.), Social Choice, New York: Gordon & Breach, 269-300.

Coleman, J.S., 1972: Integration of Sociology and Other Social Sciences through Policy Analysis, in: Charlesworth, J. C. (ed.), Integration of the Social Sciences through Policy Analysis, Philadelphia: The American Academy of Political and Social Sciences, 162-195.

Coleman, J.S., 1979: Macht und Gesellschaftsstruktur, Tübingen: Mohr.

Coleman, J.S., 1991: Grundlagen der Sozialtheorie, Bd. 1, Handlungen und Handlungssysteme, München: Oldenbourg.

Coleman, J.S., 1992: Grundlagen der Sozialtheorie, Bd. 2, Körperschaften und die moderne Gesellschaft, München: Oldenbourg.

Considine, M., 2005: Making Public Policy: Institutions, Actors, Strategies, Cambridge/Oxford: Polity Press.

Crepaz, M., 2002: Global, Constitutional, and Partisan Determinants of Redistribution in Fifteen OECD Countries, Comparative Politics 34, 169-188.

Creveld, M. van, 1999: Aufstieg und Untergang des Staates, München: Gerling.

Crozier, M./Friedberg, E., 1993: Die Zwänge kollektiven Handelns: Über Macht und Organisation, Frankfurt a.M.: Hain (Neuausgabe).

Czada, R., 2003: Der Begriff der Verhandlungsdemokratie und die vergleichende Policy-Forschung, in: Mayntz, R./Streeck, W. (Hrsg.), Die Reformierbarkeit der Demokratie. Innovationen und Blockaden, Frankfurt a.M.: Campus, 173-204.

Czada, R./Schmidt, M.G. 1993: Einleitung, in: Czada, R./Schmidt, M. G., (Hrsg.), Verhandlungsdemokratie, Interessenvermittlung und Regierbarkeit. Festschrift für Gerhard Lehmbruch, Opladen: Westdeutscher Verlag, 7-22.

Czayka, L., 1974: Systemwissenschaft : eine kritische Darstellung mit Illustrationsbeispielen aus den Wirtschaftswissenschaften, Pullach: Verl. Dokumentation.

Dahl, R.A., 1967: Pluralist Democracy in the United States: Conflict and Consent, Chicago: McNally.

De Haven-Smith, L./Van Horn, C. E., 1984: Subgovernment Conflict in Public Policy. Policy Studies Journal 12, 627-642.

De Leon, P., 1988: Advise and Consent. The Development of the Policy Sciences. New York: Russell Sage Foundation.

De Leon, P., 1993: Demokratie und Policy-Analyse, Ziele und Arbeitsweise, in: Héritier, A. (Hrsg.), Policy-Analyse. Kritik und Neuorientierung (PVS Sonderheft 24), Opladen: Westdeutscher Verlag, 471-485.

De Leon, P., 1997: Democracy and the Policy Sciences, Albany: State University of New York Press.

De Swaan, A., 1988: In Care of the State. Health Care, Education and Welfare in Europe and the USA in the Modern Era. Cambridge: Polity Press.

Decker, F., 1994: Umweltschutz und Staatsversagen. Eine materielle Regierbarkeitsanalyse, Opladen: Leske + Budrich.

Diez, Th., 1999: Die EU lesen. Diskursive Knotenpunkte in der britischen Europadebatte, Opladen: Leske + Budrich.

DiMaggio, P.J./Powell, W. W., 1983: The Iron Cage Revisited: Institutional Isomorphism and Collective Rationality in Organizational Fields. American Sociological Review 48, 147-160.

Dixit, A.K./Nalebuff, B. J., 1997: Spieltheorie für Einsteiger, Strategisches Know-how für Gewinner, Stuttgart: Schäffer – Pöschel.

Döhler, M./Manow, P., 1997: Strukturbildung von Politikfeldern: Das Beispiel bundesdeutscher Gesundheitspolitik seit den fünfziger Jahren, Opladen: Leske + Budrich.

Dolowitz, D. P., 1998: Learning from America. Policy Transfer and the Development of the British Workfare State, Brighton: Sussex Academic Press.

Dolowitz, D. P./Marsh, D., 1996: Who Learns What from Whom: a Review of the Policy Transfer Literature. Political Studies 44, 343-357.

Dolowitz, D. P./Marsh, M., 2000: Learning from Abroad: The Role of Policy Transfer in Contemporary Policy Making, in: Governance 13, 5-24.

Drezner, D. W., 2001: Globalization and Policy Convergence. The International Studies Review 3, 53-78.

Dryzek, J. S., 1990: Discursive democracy: politics, policy, and political science, Cambridge: Cambridge University Press.

Dunn, W. N., 2003: Public Policy Analysis: An Introduction, Englewood Cliffs: Prentice Hall, 3rd ed.

Dye, T. R., 1966: Politics, Economics, and the Public. Policy Outcomes in the American States, Chicago: Rand Mc Nally.

Dye, T. R., 1972: Understanding Public Policy, Englewood Cliffs: Prentice-Hall.

Easton, D., 1953: The Political System. An Inquiry into the State of Political Science, New York: Knopf.

Easton, D., 1965a: A Framework for Political Analysis, Englewood Cliffs: Prentice-Hall.

Easton, D., 1965b: A System Analysis of Political Life, New York: John Wiley & Sons.

Eberg, J., 1997: Waste Policy and Learning. Policy Dynamics of Waste Management and Waste Incineration in the Netherlands and Bavaria, Delft: Eburon.

Eberlein, B./Grande, E., 2000: Regulation and Infrastructure Management: German Regulatory Regimes and the EU Framework, German Policy Studies 1, 39-66.

Eberlein, B./Grande, E., 2003: Entscheidung und Konsensfindung, in: Schubert, K./Bandelow, N. C. (Hrsg.), Lehrbuch der Politikfeldanalyse, München: Oldenbourg, 175-202.

Eckstein, H., 1988: A Culturalist Theory of Political Change. The American Political Science Review 82, 789-804.

Edelman, M., 1976: Politik als Ritual. Die symbolische Funktion staatlicher Institutionen und politischen Handelns, Frankfurt a.M.: Campus.

Eising, R., 2000: Liberalisierung und Europäisierung. Die regulative Reform der Elektrizitätsversorgung in Großbritannien, der Europäischen Union und der Bundesrepublik Deutschland, Opladen: Leske + Budrich.

Eisner, M. A., 1993: Regulatory Politics in Transition, Baltimore/London: The John Hopkins University Press.

Elster, J., 1987: Subversion der Rationalität, Frankfurt a.M.: Campus.

Elster, J., 1991: Arguing and Bargaining in the Federal Convention and the Assemblée Constituante. Working Paper No. 4. Center for the Study of Constitutionalism in Eastern Europe, School of Law, University of Chicago.

Esping-Andersen, G., 1990: The Three Worlds of Welfare Capitalism, Cambridge, UK: Polity Press

Esser, H., 1996: What is wrong with 'variable sociology'? European Sociological Review 12, 159-166.

Esser, H., 1999: Soziologie. Allgemeine Grundlagen, Frankfurt a.M.: Campus, 3. A.

Evans, M./Davies, J., 1999: Understanding Policy-Transfer: A Multi-Level, Multi-Disciplinary Perspective. Public Admninistration 77, 361-385.

Falter, J. W., 1980: Die Behavioralismus-Kontroverse in der Politikwissenschaft, in: Topitsch, E. (Hrsg.): Logik der Sozialwissenschaften, Königstein: Athenäum, 423-448.

Fink, S./V. Schneider, 2004: Die Determinanten nationaler Privatisierungspfade. Parteipolitik, Globalisierungsdruck und institutionelle Rahmenbedingungen, in: Schneider, V./Tenbücken, M. (Hrsg.): Der Staat auf dem Rückzug. Die Privatisierung öffentlicher Infrastrukturen, Frankfurt a.M.: Campus, 209-240.

Fischer, F., 1993: Bürger, Experten und Politik nach dem „Nimby"-Prinzip, Ein Plädoyer für die partizipatorische Policy-Analyse, in: Héritier, A. (Hrsg.): Policy-Analyse. Kritik und Neuorientierung (PVS Sonderheft 24), Opladen: Westdeutscher Verlag, 451-470.

Fischer, F., 2003: Reframing Public Policy. Discursive Politics and Deliberative Practices, Oxford: Oxford University Press.

Fischer, F./Forester, J., (eds.), 1993: The Argumentative Turn in Policy Analysis and Planing, Durham: Duke University Press.

Fishkin, J. S., 1991: Democracy and Deliberation. New Directions for Democratic Reform, New Haven: Yale University Press.

Foucault, M., 1977: Der Wille zum Wissen. Sexualität und Wahrheit I, Frankfurt a. M.: Suhrkamp.

Foucault, M., 1991: Die Ordnung der Diskurse, Frankfurt a. M.: Fischer.

Francis, J. G., 1993: The Politics of Regulation. A Comparative Perspective, Cambridge/Oxford: Blackwell.

Freidson, E., 1986: Professional Powers. A Study of the Institutionalization of Formal Knowledge, Chicago: University of Chicago Press.

Freitag, M./Vatter, A./Müller, Ch., 2003: Bremse oder Gaspedal? Eine empirische Untersuchung zur Wirkung der direkten Demokratie auf den Steuerstaat. Politische Vierteljahresschrift 44: 348-369.

Freud, S., 1977[1916]: Vorlesungen zur Einführung in die Psychoanalyse, Frankfurt a.M.: Fischer.

Friedrich, C. J., 1953: Der Verfassungsstaat der Neuzeit, Berlin: Springer.

Fuchs, D., 1993: Eine Metatheorie des demokratischen Prozesses. Discussion Paper, Wissenschaftszentrum Berlin.

Gais, T. L./Peterson, M. A./Walker, J. L., 1984: Interest Groups, Iron Triangles, and Representative Institutions in American National Government. British Journal of Political Science 14, 161-185.

Garrett, G., 1998: Partisan politics in the global economy, Cambridge: Cambridge University Press.

Gehring, Th., 1994: Dynamic International Regimes. Institutions for International Environmental Governance, Frankfurt a. M.: Peter Lang.

Gellner, W., 1995: Ideenagenturen für Politik und Öffentlichkeit. Think Tanks in den USA und in Deutschland, Opladen: Westdeutscher.

Genschel, Philip, 1998: Markt and Staat in Europa. Politische Vierteljahresschrift 39, 55-79

George, A. L./Bennett, A., 2005: Case Studies and Theory Development in the Social Sciences, Cambridge/London: MIT Press.

Gerhards, J./Neidhardt, F./Rucht, D., 1998: Zwischen Palaver und Diskurs. Strukturen öffentlicher Meinungsbildung am Beispiel der deutschen Diskussion zur Abtreibung, Opladen: Westdeutscher Verlag.

Gerring, J., 2004: What Is a Case Study and What Is It Good for?. American Political Science Review 98, 341-354.

Gilpin, R., 2000: The Challenge of Global Capitalism: The World Economy in the 21st Century, Princeton: Princeton University Press.

Goffman, E., 2000: Rahmen-Analyse. Ein Versuch über die Organisation von Alltagserfahrungen, Frankfurt a.M.: Suhrkamp, 5. A..

Goodin, R. E./Headey, B./Muffels, R./Dirven, H.-J., 1999: The Real Worlds of Welfare Capitalism, Cam-bridge: Cambridge University Press.

Gottweis, H., 1998: Governing Molecules. The Discursive Politics of Genetic Engineering in Europe and the United States, Cambridge, Mass./London: MIT Press.

Grande, E. 1993: Die neue Architektur des Staates, in: Czada, R./Schmidt, M. G., (Hrsg): Verhandlungsdemokratie, Interessenvermittlung, Regierbarkeit. Festschrift für Gerhard Lehmbruch, Opladen: Westdeutscher, 51-71.

Grande, E./V. Schneider, 1991: Reformstrategien und staatliche Handlungskapazitäten. Eine vergleichende Analyse institutionellen Wandels in der Telekommunikation in Westeuropa. Politische Vierteljahresschrift 32, 452-478.

Green Cowles, M./Caporaso, J./Risse, Th. (eds.), 2001: Transforming Europe: europeanization and domestic change, Ithaca, NY: Cornell University Press.

Greenberg, G.D./Miller, J. A./Mohr, L. B./Vladeck, B. C., 1977: Developing Public Policy Theory. Perspectives from Empirical Research. American Political Science Review 71, 1532-1543.

Greven, M.Th., 1985: Macht, Herrschaft und Legitimität. Eine Erinnerung der Politologen und die Grundfragen ihrer Disziplin, in: Hartwich, H.-H. (Hrsg.), Policy-Forschung in der Bundesrepublik Deutschland, Opladen: Westdeutscher Verlag, 143-147.

Grimm, D., 1998: Staatsaufgaben, Frankfurt a.M.: Suhrkamp.

Grote, J.R./Gbipki, B. (ed.), 2002: Participatory Governance. Political and Societal Implications, Opladen: Leske + Budrich.

Grundmann, R., 1999: Transnationale Umweltpolitik zum Schutz der Ozonschicht. USA und Deutschland im Vergleich., Frankfurt a.M.: Campus.

Haas, E. B.,1974/75: On Systems and International Regimes. World Politics 27, 147-174.

Haas, E. B., 1980: Why Collaborate? Issue-Linkage and International Regimes. World Politics 32, 357-402.

Haas, P. M., 1990: Saving the Mediterranean: The Politics of International Environmental Cooperation: New York: Columbia University Press.

Haas, P.M., 1992: Introduction: epistemic communities and international policy coordination. International Organization 46, 1-35.

Häge, F. M./Schneider, V., 2004: Hauptachsen staatlicher Redimensionierung. Die Rolle von Europäisierung und Globalisierung, in: Volker Schneider/ Marc Tenbücken

(Hrsg.), Der Staat auf dem Rückzug Die Privatisierung öffentlicher Infrastrukturen, Frankfurt a.M.: Campus, 280-313.

Hajer, M.A., 1995: The Politics of Environmental Discourse. Ecological Modernization and Policy Process., Oxford: Oxford University Press.

Hajer, M.A., 2003a: Argumentative Diskursanalyse. Auf der Suche nach Koalitionen, Praktiken und Bedeutung, in: Keller, R./Hirseland, A./Schneider, W./Viehöfer, W. (Hrsg.), Handbuch Sozialwissenschaftliche Diskursanalyse, Bd. 2, Forschungspraxis, Opladen: Leske + Budrich, 271-298.

Hajer, M.A., 2003b: A Frame in the Fields, Policymaking and the Reinvention of Politics, in: Hajer, M. A./Wagenaar, H. (eds.), Deliberative Policy Analysis. Understanding Governance in the Network Society, Cambridge: Cambridge University Press, 88-110.

Hall, P. A./Soskice, D. W., 2001: Varieties of Capitalism: the Institutional Foundations of Comparative Advantage, Oxford: Oxford University Press.

Hamm, K.E., 1986: The Role of "Subgovernments" in U. S. State Policy Making, An Exploratory Analysis. Legislative Studies Quarterly 11, 321-351.

Harrington, M., 1964: The Other America. Poverty in the Unites States, New York: Macmillan.

Harris, R. A./Milkis, S. M., 1989: The Politics of Regulatory Change. A Tale of Two Agencies, New York/ Oxford: Oxford University Press

Hasenclever, A./Mayer, P./Rittberger, V., 1997: Theories of International Regimes, Cambridge: Cambridge University Press.

Heclo, H., 1978: Issue Networks and the Executive Establishment, in: King, A. (ed.), The New American Political System, Washington: American Enterprise Institute for Public Policy Research, 87-124.

Heichel, S./Pape, J./Sommerer, T., 2005: Is There Convergence in Convergence Research. An Overview of Empirical Studies on Policy Convergence. Journal of European Public Policy 12, 817-840.

Heinz, J.P./Laumann, E. O./Nelson, R. L./Salisbury, R. H., 1993: The Hollow Core. Private Interests in National Policy-Making, Harvard/London: Harvard University Press.

Héritier, A., (Hrsg.), 1993: Policy-Analyse: Kritik und Neuorientierung (PVS-Sonderheft 24), Opladen: Westdeutscher Verlag.

Héritier, A./Kerwer, D./Knill, Ch./Lehmkuhl, D./Teutsch, M., 2001: Differential Europe. New Opportunities and Constraints for National Policy-Making, Lanham: Rowman & Littlefield.

Hesse, J.J., 1985: Policy-Forschung zwischen Anpassung und Eigenständigkeit. Wider die „Moden" der sozialwissenschaftlichen Staats- und Verwaltungsforschung, in: Hartwich, H. H. (Hrsg.), Policy-Forschung in der Bundesrepublik Deutschland, Opladen: Westdeutscher Verlag, 30-68.

Hibbs, D.A., 1977: Political parties and macroeconomic policy. American Political Science Review 71, 1467-1487.

Hjern, B./Porter, D. O., 1979: Implementation Structure. A New Unit of Administrative Analysis. Discussion Paper, Wissenschaftszentrum Berlin.

Hjern, B./Porter, D. O., 1980: The Organizational Society and Organization Analysis. Discussion Paper, Wissenschaftszentrum Berlin.

Hofferbert, R.I., 1974: The Study of Public Policy, Indianapolis: Bobbs-Merrill.

Hoffmann-Riem, W., 1982: Selbstbindungen der Verwaltung, in: Scheuing, D./Hoffmann-Riem, W./ Raschauer, B., (Hrsg.), Selbstbindungen der Verwaltung. Veröffentlichungen der Vereinigung der Deutschen Staatsrechtslehrer, Heft 40, Berlin: de Gruyter, 190-234.

Holzinger, K., 2001: Verhandeln statt Argumentieren oder Verhandeln durch Argumentieren. Einie Analyse auf der Basis der Sprechakttheorie. Politische Vierteljahresschrift 42, 414-446.

Holzinger, K./Knill, K., 2005: Causes and Conditions of Cross-National Policy Convergence. Journal of European Public Policy 12, 775-796.

Homans, G.C., 1968: Elementarformen sozialen Verhaltens. Opladen: Westdeutscher Verlag.

Hood C./Rothstein, H./Baldwin, R., 2001: The Government of Risk. Understanding Risk Regulation Regimes, Oxford: Oxford University Press.

Hood, C./Rothstein, H./Baldwin, R./Rees, J./Spackman, M., 1999: Where Risk Society Meets the Regulatory State: Exploring Variations in Risk Regulation Regimes. Risk Management 1, 21-34.

Howlett, M./Ramesh, M., 2003: Studying public policy: policy cycles and policy subsystems, Toronto: Oxford University Press, 2. ed.

Howlett, M./Ramesh, M., 1995: Studying public policy: policy cycles and policy, Toronto [u.a.]: Oxford University Press

Huber, E./Ragin, Ch./Stephens, J. D., 1993: Social Democracy, Christian Democracy, Constitutional Structure, and the Welfare State. American Journal of Sociology 99, 711-749.

Hume, D., 1988 [1741]: Politische und ökonomische Essays, Hamburg: Meiner.

Immergut, E.M., 1992: Health Politics. Interests and Institutions in Western Europe, Cambridge: Cambridge University Press.

Jänicke, M., 1986: Staatsversagen. Die Ohnmacht der Politik in der Industriegesellschaft, München/Zürich: Piper.

Jann, W., 1983: Policy-Forschung – ein sinnvoller Schwerpunkt der Politikwissenschaft? Aus Politik und Zeitgeschichte B 47/83, 26-38.

Jann, W./Wegrich, K., 2003: Phasenmodelle und Politikprozesse: Der Policy Cycle, in: Schubert, K./Bandelow, N. C. (Hrsg.): Lehrbuch der Politikfeldanalyse, München/Wien: Oldenbourg, 71-104.

Janning, F., 1998: Das politische Organisationsfeld. Politische Macht und soziale Homologie in komplexen Demokratien, Wiesbaden: Westdeutscher Verlag.

Janning, F., 2004: Der Staat der Konsumenten. Plädoyer für eine politische Theorie des Verbraucherschutzes, in: Czada, R./Zintl, R., (Hrsg.): Politik und Markt (PVS-Sonderheft 34), Wiesbaden: VS Verlag, 151-185.

Janning, F., 2006: Regime in der regulativen Politik. Chancen und Probleme eines Theorietransfers, Aufsatzmanuskript (under review).

Jansen, D., 2003: Einführung in die Netzwerkanalyse, Opladen: Leske + Budrich (UTB).

Jenkins-Smith, H.C./Sabatier, P. A., 1993: Methodological Appendix, Measuring Longitudinal Change in Elite Beliefs Using Content Analysis of Public Documents, in: Sabatier, P. A./Jenkins-Smith, H. C. (eds.), Policy Change and Learning. An Advocacy Coalition Approach, Boulder: Westview Press, 237-256.

John, P., 1998: Analysing Public Policy, London/New York: Continuum.

Jordan, G., 1990: Sub-Governments, Policy Communities and Networks. Refilling the Old Bottles? Journal of Theoretical Politics 2, 319-338.

Justi, J.H.G. v., 1759: Grundsätze der Policeywissenschaft in einem vernünftigen, auf den Endzweck der Policy gegründeten, Zusammenhange und zum Gebrauch academischer Vorlesungen abgefasset. Göttingen: Vandenhoeck.

Kaplan, T., 1993: Reading Policy Narratives, in: Fischer, F./Forester, J. (eds.), The Argumentative Turn in Policy Analysis and Planing, Durham: Duke University Press, 167-185.

Keller, R., 2004: Diskursforschung. Eine Einführung für SozialwissenschaftlerInnen, Opladen: Leske + Budrich.

Kenis, P./Schneider, V., 1991: Policy Networks and Policy Analysis. Scrutinizing a New Analytical Toolbox, in: Marin, B./Manytz, R. (eds.), Policy Networks, Empirical Evidence and Theoretical Considerations, Frankfurt a.M.: Campus, 25-59.

Kenis, P./Schneider, V. (Hrsg.), 1996: Organisation und Netzwerk. Institutionelle Steuerung in Wirtschaft und Politik. Frankfurt a.M.: Campus.

Keohane, R., 1982: The Demand for International Regimes. International Organization 36, 325-355.

Keohane, R., 1984: After Hegemony: Cooperation and Discord in the World Political Economy, Princeton: Princeton University Press.

Keohane, R./Milner, H., (eds.), 1996: Internationalization and Domestic Politics, Cambridge: Cambridge University Press.

Kern, K./Jörgens, H./Jänicke, M., 2000: Die Diffusion umweltpolitischer Innovationen. Ein Beitrag zur Globalisierung von Umweltpolitik. Zeitschrift für Umweltpolitik 23, 507-546.

Kingdon, J. W., 1984: Agendas, Alternatives, and Public Policies. Boston: Little Brown.

Kittel, B., 2003: Perspektiven und Potenziale der vergleichenden politischen Ökonomie, in: Obinger, H../Wagschal, U./Kittel, B. (Hrsg.), Politische Ökonomie, Opladen: Leske + Budrich, 385-414.

Knill, Ch., 2005: Introduction: Cross-National Policy Convergence: Concepts, Approaches and Explanatory Factors. Journal of European Public Policy 12, 764-774.

Knill, Ch./Lehmkuhl, D., 2002: Private Actors and the State: Internationalization and Changing Patterns of Governance. Governance 15, 41-63.

Knill, Ch./Lehmkuhl, D., 2004: Die Europäisierung nationaler Staatstätigkeit: Erkenntnisse aus der vergleichenden Policy-Forschung, in: Holtmann, E., (Hrsg.): Staatsentwicklung und Policyforschung. Politikwissenschaftliche Analysen der Staatstätigkeit, Wiesbaden: VS, 141-167.

Knoke, D./Pappi, F. U./Broadbent, J./Tsujinaka, Y., 1996: Comparing Policy Networks. Labor Politics in the U.S., Germany and Japan, Cambridge: Cambridge University Press.

Kohler-Koch, B./Conzelmann, Th./Knodt, M., 2004: Europäische Integration – Europäisches Regieren, Wiesbaden: VS.

Kooiman, J. 2003: Governing as Governance, London/Thousand Oaks/New Delhi, Sage.

Korpi, W., 1980: Social policy and distributional conflict in the capitalist democracies. A preliminary comparative framework. West European Politics 3, 296-316.

Korpi, W., 1985: Power Resources Approach vs. Action and Conflict: On Causal and Intentional Explanations in the Study of Power. Sociological Theory 3, 31-45.

Kraft, M.E. /Furlong, S., 2003: Public Policy: Politics, Analysis, and Alternatives, Washington, D.C.: CQ Press.

Krasner, S. D.; 1983: Structural Causes and Regime Consequences: Regimes as Intervening Variables, in: Krasner, S. D., (ed.): International Regimes, Ithaca/London: Cornell University Press, 1-21.

Kübler, D., 2001: Understanding Policy Change with the Advocacy Coalition Framework: an Application to Swiss Drug Policy. Journal of European Public Policy 8, 623-641.

Kuhlmann, C., 1999: Die öffentliche Begründung politischen Handelns. Zur Argumentationsrationalität in der politischen Massenkommunikation, Opladen: Westdeutscher Verlag.

Kuhn, Th., 1979[1962]: Die Struktur wissenschaftlicher Revolutionen, Frankfurt a.M.: Suhrkamp.

Lahusen, C., 2003: Kontraktuelle Politik. Politische Vergesellschaftung am Beispiel der Luftreinhaltung in Deutschland, Frankreich, Großbritannien und den USA, Weilerswist: Velbrück.

Landmann, T., 2000: Issues and Methods in Comparative Politics, London: Routledge.

Lasswell, H.D., 1951: The Policy Orientation, in: Lerner, D./Lasswell, H.D. (eds.): The Policy Sciences: Recent Developments in Scope and Method, Palo Alto: Stanford University Press, 3-15.

Lasswell, H.D., 1968: Policy Sciences. International Encyclopedia of the Social Sciences 12, 181-189.

Lasswell, H.D./Kaplan, A., 1950: Power and society a framework for political inquiry, New Haven: Yale University Press.

Laumann, E.O./Knoke, D., 1987: The Organizational State. The Social Choice in National Policy Domains, Madison: University Press.

Laumann, E.O./Marsden, P.V., 1979: The analysis of oppositional structures in political elites, Identifying collective actors. American Sociological Review 44, 723-732.

Lehmbruch, G., 1985: Sozialpartnerschaft in der vergleichenden Politikforschung. Journal für Sozialforschung 25, 285-303.

Lerner, D./Lasswell, H. D. (eds.), 1951: The Policy Sciences. Recent Developments in Scope and Method. Palo Alto: Stanford University Press.

Lessenich, S./Ostner, I., (Hrsg.), 1998: Welten des Wohlfahrtskapitalismus. Der Sozialstaat in vergleichender Perspektive, Frankfurt/New York: Campus.

Levi-Faur, D., 2000: The Rise of the Competition State: the Dynamics of British and American Telecom and Electricity Regimes. Current Politics and Economics of Europe 9, 427-454.

Levi-Faur, D./Vigoda-Gadot, E., (eds.), 2004: International Public Policy and Management: Policy Learning Beyond Regional, Cultural, and Political Boundaries, New York: Dekker.

Liebowitz, S. J., 1995: Path Dependence, Lock-in and History. Journal of Law Economics & Organization 11, 205-227.

Lijphart, A., 1971: Comparative Politics and the Comparative Method. American Political Science Review 65, 682-693.

Lindblom, C., 1959: The Science of Muddling Through. Public Administration Review 19, 79-88.

Litfin, K. T., 1994: Ozone Discourses. Science and Politics in Global Environmental Cooperation, New York: Columbia University Press.

Lowi, Th. J., 1964: American Business, Public Policy, Case Studies, and Political Theory. World Politics 16, 677-715.

Lowi, Th. J., 1972: Four Systems of Policy, Politics, and Choice. Public Administration Review 33, 298-310.

Luhmann, N., 1968: Zweckbegriff und Systemrationalität, Frankfurt a.M.: Suhrkamp.

Luhmann, N., 1984: Soziale Systeme. Grundriss einer allgemeinen Theorie, Frankfurt a.M.: Suhrkamp.

Lütz, S., 1995: Politische Steuerung und die Selbstregelung korporativer Akteure, in: Mayntz, R./ Scharpf, F. W. (Hrsg.), Gesellschaftliche Selbstregelung und politische Steuerung, Frankfurt a.M.: Campus, 169-197.

Maier, H., 1966: Die ältere deutsche Staats- und Verwaltungslehre (Polizeiwissenschaft). Ein Beitrag zur Geschichte der politischen Wissenschaft in Deutschland, Neuwied: Luchterhand.

Majone G., 1997: From the Positive to the Regulatory State: Causes and Consequences of Changes in the Mode of Governance. Journal of Public Policy 17, 139-167.

Mannheim, K., 1985 [1929]: Ideologie und Utopie, Frankfurt a.M.: Klostermann.

March, J.G., 1978: Bounded Rationality, Ambiguity and the Engineering of Choice. The Bell Journal of Economics 9, 587-608.

March, J.G./Olsen, J. P., 1989: Rediscovering Institutions. The Organizational Basis of Politics, New York/ London: The Free Press/Collier Macmillan Publishers.

Marin, B., 1996: Generalisierter politischer Austausch, in: Kenis, P./Schneider, V. (Hrsg.), Organisation und Netzwerk, Frankfurt a.M.: Campus, 425-470.

Marin, B./Mayntz, R. (eds.), 1991: Policy networks: empirical evidence and theoretical considerations. Frankfurt a.M.: Campus.

Marsden, P.V./Laumann, E. O., 1977: Collective Action In A Communitive Elite: Exchange, Influence Ressources and Issue Resolution, in: Liebert, R. J./Imersheim, A. W. (eds.), Power, Paradigms and Community Research, London: Sage, 199-250.

Mawhinney, H.B., 1999: An Advocacy Coalition Approach to Change in Canadian Education, in: Sabatier, P. A./Jenkins-Smith, H. C. (eds.), Policy Change and Learning. An Advocacy Coalition Approach, Boulder, CO: Westview Press, 59-82.

Mayntz, R., 1977: Die Implementation politischer Programme, Theoretische Überlegungen zu einem neuen Forschungsgebiet. Die Verwaltung 10, 51-66.

Mayntz, R. (Hrsg.), 1980: Implementation politischer Programme. Empirische Forschungsberichte, Königstein: Athenäum.

Mayntz, R., 1982: Problemverarbeitung durch das politisch-administrative System, in: Hesse, J. J. (Hrsg.), Politikwissenschaft und Verwaltungswissenschaft (PVS Sonderheft 13), Opladen: Westdeutscher Verlag, 74-89.

Mayntz, R., 1983: The Conditions of Effective Public Policy, a New Challenge for Policy Analysis. Policy and Politics 11, 123-143.

Mayntz, R., 1993: Policy-Netzwerke und die Logik von Verhandlungssystemen, in: Héritier, A. (Hrsg.), Policy-Analyse. Kritik und Neuorientierung (PVS Sonderheft 24), Opladen: Westdeutscher Verlag, 39-56.

Mayntz, R., 1997: Soziale Dynamik und politische Steuerung. Theoretische und methodologische Überlegungen, Frankfurt a.M.: Campus.

Mayntz, R., 2004: Governance Theory als fortentwickelte Steuerungstheorie? Working Paper 04/1, Max-Planck-Institut für Gesellschaftsforschung, Köln.

Mayntz, R./Scharpf, F. W., 1973: Kriterien, Voraussetzungen und Einschränkungen aktiver Politik, in: Mayntz, R./Scharpf, F. W. (Hrsg.), Planungsorganisation. Die Diskussion um die Reform von Verwaltung und Regierung des Bundes, München: Piper, 115-145.

Mayntz, R./Scharpf, F. W., 1975: Policy-making in the German federal bureaucracy, Amsterdam: Elsevier.

Mayntz, R./Scharpf, F. W., 1995: Der Ansatz des akteurzentrierten Institutionalismus, in: Mayntz, R./Scharpf, F. W., (Hrsg.), Gesellschaftliche Selbstregelung und politische Steuerung, Frankfurt a.M.: Campus, 39-72.

McCool, D., 1989: Subgovernments and the Impacts of Policy Fragmentation and Accomodation. Policy Studies Review 8, 264-287.

McCool, D., 1990: Subgovernments as Determinants of Political Viability. Political Science Quaterly 105, 269-293.

Mény, Y./Thoenig, J.-C., 1989: Politiques publiques, Paris: Presses universitaires de France.

Moore, B., 1974: Soziale Ursprünge von Diktatur und Demokratie, Frankfurt a. M.: Suhrkamp.

Moynihan, D. P., 1969: Maximum Feasible Misunderstanding. Community Action in the War of Poverty, New York: Free Press.

Müller, M. M., 2002: The New Regulatory State in Germany, Birmingham: University of Birmingham Press.

Müller, M. M./Sturm, R., 1998: Ein neuer regulativer Staat in Deutschland? Die neuere Theory of the Regulatory State und ihre Anwendbarkeit in der deutschen Staatswissenschaft. Staatswissenschaften und Staatspraxis 9, 507-534.

Myrdal, G., 1962: An American Dilemma, The Negro Problem and Modern Democracy, New York: Harper & Row.

Nullmeier, F., 1993: Wissen und Policy-Forschung. Wissenspolitologie und rhetorisch-dialektisches Handlungsmodell, in: Héritier, A. (Hrsg.), Policy-Analyse.Kritik und Neuorientierung (PVS Sonderheft 24), Opladen: Westdeutscher Verlag, 175-196.

Nullmeier, F., 1997: Interpretative Ansätze in der Politikwissenschaft, in: Benz, A./Seibel, W. (Hrsg.), Theorieentwicklung in der Politikwissenschaft – eine Zwischenbilanz, Baden-Baden: Nomos, 101-144.

Nullmeier, F., 2001: Politikwissenschaft auf dem Weg zur Diskursanalyse?, in: Keller, R./Hirseland, A./Schneider, W./Viehöver, W. (Hrsg.), Handbuch Sozialwissenschaftliche Diskursanalyse, Bd. 1, Theorien und Methoden, Opladen: Leske + Budrich, 285-312.

Nullmeier, F./Rüb, F., 1993: Die Transformation der Sozialpolitik. Vom Sozialstaat zum Sicherungsstaat, Frankfurt a.M./New York: Campus.

Oberthür, S. 1997: Umweltschutz durch internationale Regime. Interessen, Verhandlungsprozesse, Wirkungen, Opladen: Leske & Budrich.

Obinger, H./Wagschal, U./Kittel, B. (Hrsg.), 2003: Politische Ökonomie, Opladen: Leske + Budrich.

Offe, C., 1972: Strukturprobleme des kapitalistischen Staates, Frankfurt a.M.: Suhrkamp.

Offe, C./Wiesenthal, H., 1980: Two Logics of Collective Action. Theoretical Notes on Social Class and Organizational Form. Political Power and Social Theory 1, 67-115.

Olsen, J.P., 1981: Integrated Participation in Governmental Policy-making, in: Nystrom, P. C./ Starbuck, W. H. (Hrsg.), Handbook of Organizational Design, vol. 2, Oxford: Oxford University Press, 492-515.

Olsen, J.P., 1983: Organized Democracy. Political Institutions in a Welfare State – the Case of Norway, Bergen: Universitetsforlaget.

Olson, M., 1968: Die Logik des kollektiven Handelns. Kollektivgüter und die Theorie der Gruppen, Tübingen: Mohr.

Opp De Hipt, M., 1987: Denkbilder in der Politik. Der Staat in der Sprache von CDU und SPD, Opladen: Westdeutscher Verlag.

Oppenheimer, F., 1926: System der Soziologie. Zweiter Band: Der Staat, Jena: Gustav Fischer.

Ostrom, E., 1986: An Agenda for the Study of Institutions. Public Choice 48, 3-25.

Ostrom, E., 1990: Governing the Commons. The Evolution of Institutions for Collective Action, Cambridge: Cambridge University Press.

Ostrom, E., 1999: Institutional Rational Choice, An Assessment of the Institutional Analysis and Development Framework, in: Sabatier, P. A. (ed), Theories of the Policy Process, Boulder: Westview Press, 35-71.

Papadopolous, I., 2004: Governance und Demokratie, in: Benz, A. (Hrsg.), Governance – Regieren in komplexen Regelsystemen – Eine Einführung, Wiesbaden: VS, 215-237.

Pappi, F.U., 1993: Policy-Netze, Erscheinungsform moderner Politiksteuerung oder methodischer Ansatz?, in: Héritier, A. (Hrsg.), Policy Analyse. Kritik und Neuorientierung (PVS Sonderheft 24), Opladen: Westdeutscher Verlag, 84-94.

Pappi, F.U./Henning, Ch., 1999: The organization of influence on the EC's common agricultural policy: A network approach. European Journal of Political Research 36, 257.

Pappi, F.U./Kappelhoff, P., 1984: Abhängigkeit, Tausch und kollektive Entscheidung in der Gemeindepolitik. Zeitschrift für Soziologie 13, 87- 117.

Pappi, F.U./König, Th./Knoke, D., 1995: Entscheidungsprozesse in der Arbeits- und Sozialpolitik. Der Zugang der Interessengruppen zum Regierungssystem über Politikfeldnetze. Ein deutsch-amerikanischer Vergleich, Frankfurt a.M.: Campus.

236

Parsons, T., 1961: An Outline of the social system, in: Parsons, T./Shils, E./Naegele, K. D./ Pitts, J. R. (Hrsg.), Theories of Society, Foundation of Modern Sociological Theory, New York: Free Press, 85-97.

Parsons, T., 1972: Das System moderner Gesellschaften, München: Juventa.

Parsons, T., 1975: Gesellschaften. Evolutionäre und komparative Perspektiven, Frankfurt a.M.: Suhrkamp.

Parsons, W., 1995: Public Policy. An Introduction to the Theory and Practice of Policy Analysis, Cheltenham: Edward Elgar.

Perrow, Ch., 1996: Eine Gesellschaft von Organisationen, in: Kenis, P./Schneider, V. (Hrsg.), Organisation und Netzwerk: Frankfurt a.M.: Campus, 75-121.

Peters, G.B., 1992: The policy process, an institutionalist perspective. Canadian Public Administration 35, 160-180.

Petersohn, F. A., 2000: Zur Bedeutung von Informalisierung und Parteipolitisierung im Politikformulierungsprozess der Bundesrepublik Deutschland, Münster: LIT.

Pierce, C.S., 1991 [1878]: Schriften zum Pragmatismus und Pragmatizismus. Frankfurt a.M.: Suhrkamp.

Pierson, P., 2004: Politics in Time: History, Institutions, and Social Analysis, Princeton, N.J.: Princeton University Press.

Powell, W.W., 1996: Weder Markt noch Hierarchie. Netzwerkartige Organisationsformen, in: Kenis, P./Schneider, V. (Hrsg.), Organisation und Netzwerk. Institutionelle Steuerung in Wirtschaft und Politik, Frankfurt a.M.: Campus, 213-271.

Pressman, J.L./Wildavsky, A., 1973: Implementation, Berkeley: University of California Press.

Prittwitz, V. v., 1994: Politikanalyse, Opladen: Leske + Budrich.

Przeworski, A./Teune, H., 1970: The Logic of Comparative Social Inquiry, New York: John Wiley & Sons.

Raab, J., 2002: Steuerung von Privatisierung. Eine Analyse der Steuerungsstrukturen der Privatisierung der ostdeutschen Werft- und Stahlindustrie 1990 – 1994, Wiesbaden: Westdeutscher Verlag.

Radaelli, C. M., 2000: Policy Transfer in the European Union: Institutional Isomorphism as a Source of Legitimacy. Governance 13, 25-43

Raelin, J.A., 1986: The Clash of Cultures. Managers and Professionals, Boston: Harvard Business School Press.

Ragin, Ch.C., 1987: The Comparative Method. Moving Beyond Qualitative and Quantitative Strategies, Berkeley: University of California Press.

Rakoff, S.H./Schaefer, G. F., 1975: Das politische System und seine Umwelt, Alternativen in der Strategie der Politikforschung, in: Narr, W.-D./Offe, C. (Hrsg.), Wohlfahrtsstaat und Massenloyalität, Köln: Kiepenheuer & Witsch, 144-160.

Rein, M./Schön, D 1993: Reframing Policy Discourse, in: Fischer, F./Forester, J. (eds.), The Argumentative Turn in Policy Analysis and Planing, Durham: Duke University Press, 145-166.

Reinicke, W. H., 1998: Global Public Policy: Governing Without Government, Washington: Brookings.

Ripley, R.B./Franklin, G. A., 1984: Congress, the Bureaucracy and Public Policy, 3rd edn. Homewood: Dorsey Press.

Risse, Th., 2000: Let's Argue! Communicative Action in World Politics. International Organization 54, 1-39.

Roe, E., 1994: Narrative Policy Analysis. Theory and Practice, Durham: Duke University Prss.

Ronit, K./Schneider, V., 1997: Organisierte Interessen in nationalen und supranationalen Politökologien. Ein Vergleich der G7-Länder mit der Europäischen Union, in: Alemann, U. v./Wessels, B. (Hrsg.), Verbände in vergleichender Perspektive. Beiträge zu einem vernachlässigten Feld, Berlin: Edition Sigma, 29-62.

Ronit, K./Schneider, V. 1999: Global Governance through Private Organizations. Governance 12, 243-266.

Rose, R., 1984: Understanding Big Government. The Programme Approach, Beverly Hills: Sage.

Rudzio, W., 1977: Die organisierte Demokratie, Stuttgart: Metzler.

Russ-Mohl, S., 1993: Konjunkturen und Zyklizität in der Politik, Themenkarrieren, Medienaufmerksamkeits-Zyklen und „lange Wellen", in: Héritier, A. (Hrsg.), Policy-Analyse. Kritik und Neuorientierung (PVS Sonderheft 24), Opladen: Westdeutscher Verlag, 356-368.

Sabatier, P.A., 1988: An advocacy coalition framework of policy change and the role of policy-oriented learning therein. Policy Sciences 21, 129-168.

Sabatier, P.A., 1993: Advocacy-Koalitionen, Policy-Wandel und Policy-Lernen, Eine Alternative zur Phasenheuristik, in: Héritier, A. (Hrsg.), Policy-Analyse. Kritik und Neuorientierung (PVS Sonderheft 24), Opladen: Westdeutscher Verlag, 116-148.

Sabatier, P.A. (ed.), 1999: Theories of the Policy Process, Boulder: Westview Press.

Sabatier, P.A./Brasher, A. M., 1993: From Vague Consensus to Clearly Differentiated Coalitions, Environmental Policy at Lake Tahoe, 1964-1985, in: Sabatier, P. A./Jenkins-Smith, H. C. (eds.), Policy Change and Learning. An Advocacy Coalition Approach, Boulder: Westview Press, 177- 209.

Sabatier, P.A./Jenkins-Smith, H. C., 1999: The Advocacy Coalition Framework, An Assessment, in: Sabatier, P. A. (ed.), Theories of the Policy Process, Boulder: Westview Press, 117-166.

Samuelson, P.A./Nordhaus, W. D., 2001: Economics, Boston: McGraw-Hill, 17th ed.

Sarcinelli, U., 1979: Das Staatsverständnis der SPD. Ein Beitrag zur Analyse des sozialdemokratischen Staatsverständnisses auf Grundlage der SPD-Programm- und Grundsatzdiskussion in den Jahren 1969-1975, Meisenheim: Hain.

Sarcinelli, U., 1987: Symbolische Politik. Zur Bedeutung symbolischen Handelns in der Wahlkampfkommunikation der Bundesrepublik Deutschland, Opladen: Westdeutscher Verlag.

Saretzki, Th., 1996a: Verhandelte Diskurse? Probleme der Vermittlung von Argumentation und Partizipation am Beispiel des TA-Verfahrens zum „Anbau von Kulturpflanzen mit gentechnisch erzeugter Herbizidresistenz" am Wissenschaftszentrum Berlin, in: Prittwitz, V. v. (Hrsg.), Verhandeln und Argumentieren. Dialog, Interessen und Macht in der Umweltpolitik, Opladen: Leske + Budrich, 135-167.

Saretzki, Th., 1996b: Wie unterscheiden sich Argumentieren und Verhandeln? Definitionsprobleme, funktionale Bezüge und strukturelle Differenzen von zwei verschiedenen Kommunikationsmodi, in: Prittwitz, V. v. (Hrsg.), Verhandeln und Argumentieren. Dialog, Interessen und Macht in der Umweltpolitik, Opladen: Leske + Budrich, 19-39.

Saretzki, Th., 1998: Post-positivistische Policy-Analyse und deliberative Demokratie, in: Greven, M. Th./ Münkler, H./Schmalz-Bruns, R. (Hrsg.), Bürgersinn und Kritik, Baden-Baden: Nomos, 297-321.

Saretzki, Th., 2003: Aufklärung, Beteiligung und Kritik: Die "argumentative Wende" in der Policy-Analyse, in: Schubert, K./Bandelow, N. C. (Hrsg.), Lehrbuch der Politikfeldanalyse, München: Oldenbourg, 391-417.

Scharpf, F.W., 1973: Planung als politischer Prozeß. Aufsätze zur Theorie der planenden Demokratie, Frankfurt a.M.: Suhrkamp.

Scharpf, F.W., 1978: Die Theorie der Politikverflechtung, ein kurzgefaßter Leitfaden, in: Hesse, J. J. (Hrsg.), Politikverflechtung im föderativen Staat, Studien zum Planungs-

und Finanzierungsverbund zwischen Bund, Ländern und Gemeinden, Baden-Baden: Nomos, 21-31.

Scharpf, F.W., 1987: Sozialdemokratische Krisenpolitik in Europa, Frankfurt a.M.: Campus.

Scharpf, F.W., 1992: Die Handlungsfähigkeit des Staates am Ende des 20. Jahrhunderts, in: Kohler-Koch, B. (Hrsg.), Staat und Demokratie in Europa, Opladen: Leske + Budrich, 93-115.

Scharpf, F.W., 1993: Positive und negative Koordination in Verhandlungssystemen, in: Héritier, A. (Hrsg.), Policy-Analyse. Kritik und Neuorientierung (PVS Sonderheft 24), Opladen: Westdeutscher Verlag, 57-83.

Scharpf, F.W., 1994: Optionen des Föderalismus in Deutschland und Europa, Frankfurt a.M.: Campus.

Scharpf, F. W., 1999: Regieren in Europa. Effektiv und demokratisch?, Frankfurt/New York: Campus.

Scharpf, F.W., 2000: Interaktionsformen. Akteurzentrierter Institutionalismus in der Politikforschung, Opladen: Leske + Budrich.

Schelling, Th., 1972: Commentary on Lindblom's Paper, in: Charlesworth, J. C. (ed.), Integration of the Social Sciences through Policy Analysis, Philadelphia: The American Academiy of Political and Social Sciences, 15-19.

Schimank, U., 1996: Theorien gesellschaftlicher Differenzierung, Opladen: Leske + Budrich.

Schmidt, M.G., 1982: Wohlfahrtsstaatliche Politik unter bürgerlichen und sozialdemokratischen Regierungen: ein internationaler Vergleich, Frankfurt a.M.: Campus.

Schmidt, M.G. (Hrsg.), 1988: Staatstätigkeit. International und historisch vergleichende Analysen, Opladen: Westdeutscher Verlag.

Schmidt, M.G., 1993: Theorien in der international vergleichenden Staatstätigkeitsforschung, in: Héritier, A. (Hrsg.), Policy-Analyse. Kritik und Neuorientierung, Opladen: Westdeutscher Verlag, 371-393.

Schmidt, M.G., 1996: When parties matter: A review of the possibilities and limits of partisan influence on public policy. European Journal of Political Research 30, 155-183.

Schmidt, M. G., 1998: Sozialpolitik in Deutschland: historische Entwicklung und internationaler Vergleich, Opladen: Leske + Budrich, 2. Aufl.

Schmidt, M.G., 2000: Die sozialpolitischen Nachzüglerstaaten und die Theorien der vergleichenden Staatstätigkeitsforschung, in: Obinger, H./Wagschal, U. (Hrsg.). Der gezügelte Wohlfahrtsstaat. Sozialpolitik in reichen Industrienationen, Frankfurt/New York: Campus, 22-36.

Schmidt, Manfred G., 2001: Still on the Middle Way? Germany's Political Economy at the Beginning of the Twenty-First Century. German Politics 10, 1-12.

Schmidt, M.G., 2002: The Impact of Political Parties, Constitutional Structures and Veto Players on Public Policy, in: Keman, H. (ed.), Comparative Democratic Politics. A Guide to Contemporary Theory and Research, London: Sage, 166-184.

Schmidt, M.G., 2003: Vergleichende Policy-Forschung, in: Berg-Schlosser, D./Müller-Rommel, F. (Hrsg.), Vergleichende Politikwissenschaft, Opladen: Leske + Budrich, 261-276, 4 A.

Schmidt, S., 1998: Liberalisierung in Europa. Die Rolle der Europäischen Kommission, Frankfurt/New York: Campus.

Schneider, A.L./Ingram, H. 1997: Policy Design for Democracy, Lawrence: University Press of Kansas.

Schneider, V., 1988: Politiknetzwerke der Chemikalienkontrolle. Eine Analyse einer transnationalen Politikentwicklung, Berlin: de Gruyter.

Schneider, V., 1999: Staat und technische Kommunikation. Die politische Entwicklung der Telekommunikation in den USA, Japan, Großbritannien, Deutschland, Frankreich und Italien, Opladen: West-deutscher Verlag.

Schneider, V., 2000: Organisationsstaat und Verhandlungsdemokratie, in: Werle, R./Schimank, U. (Hrsg.), Gesellschaftliche Komplexität und kollektive Handlungsfähigkeit., Frankfurt a.M.: Campus, 243-269.

Schneider, V., 2003: Komplexität und Policy-Forschung. Über die Angemessenheit von Erklärungsstrategien, in: Mayntz, R./Streeck, W. (Hrsg.), Die Reformierbarkeit der Demokratie. Innovationen und Blockaden, Festschrift für Fritz W. Scharpf, Frankfurt a.M..: Campus, 291-317.

Schneider, V., 2004: State Theory, Governance and the Logic of Regulation and Administrative Control, in: Warntjen, A./Wonka, A. (eds), Governance in Europe, Baden-Baden: Nomos, 25-41.

Schneider, V./Tenbücken, M. (Hrsg.), 2004: Der Staat auf dem Rückzug. Die Privatisierung öffentlicher Infrastrukturen. Frankfurt a.M.: Campus.

Schneider, V./Häge, F., 2006: Europeanization and the Retreat of the State. Paper prepared for a presentation at the Center for European Studies, Harvard University, May 17th, 2006.

Schnell, R./Hill, P./Esser, E., 1999: Methoden der empirischen Sozialforschung, München: Oldenbourg.

Schön, D./Rein, M. 1994: Frame Reflection. Toward the Resolution of Intractable Policy Controversies, New York: Basic Books.

Schubert, K., 1991: Politikfeldanalyse. Eine Einführung, Opladen: Leske + Budrich.

Schubert, K., 2003: Innovation und Ordnung. Grundlagen einer pragmatistischen Theorie der Politik, Münster: LIT.

Schubert, K./Bandelow, N. C., 2003a: Politikdimensionen und Fragestellungen der Politikfeldanalyse, in: Schubert, K./Bandelow, N. C. (Hrsg.), Lehrbuch der Politikfeldanalyse, München: Oldenbourg, 1-21.

Schubert, K./Bandelow, N. C., (Hrsg.), 2003b: Lehrbuch der Politikfeldanalyse, München: Oldenbourg.

Schumann, W., 1996: Neue Wege in der Integrationstheorie. Ein policy-analytisches Modell zur Interpretation des politischen Systems der EU, Opladen: Leske & Budrich.

Scott, J., 1991: Social Network Analysis. A Handbook, London: Sage.

Seeliger, R., 1996: Conceptualizing and Researching Policy Convergence. Policy Studies Journal 4, 287-306.

Sharkansky, I./Hofferbert, R. I., 1969: Dimensions of State Politics, Economics, and Public Policy. The American Political Science Review 63, 867-879.

Shepsle, K. A./Bonchek, M. S., 1997: Analyzing Politics. Rationality, Behavior and Institutions, New York: Norton.

Simon, H. A., 1993: Homo rationalis. Die Vernunft im menschlichen Leben, Frankfurt a.M.: Campus.

Simon, H. A., 1996: Organisation und Märkte, in: Kenis, P./Schneider, V. (Hrsg.), Organisation und Netzwerk. Institutionelle Steuerung in Wirtschaft und Politik, Frankfurt a.M.: Campus, 47-74.

Simon, M., 2000: Krankenhauspolitik in der Bundesrepublik Deutschland. Historische Entwicklung und Probleme der politischen Steuerung stationärer Krankenversorgung, Opladen: Westdeutscher Verlag.

Singer, O., 1993: Policy-Communities und Diskurs-Koalitionen, Experten und Expertise in der Wirtschaftspolitik, in: Héritier, A. (Hrsg.), Policy-Analyse. Kritik und Neuorientierung (PVS Sonderheft 24), Opladen: Westdeutscher Verlag, 149-174.

240

Sjöblom, G., 1986: Problems and Problem Solutions in Politics. Some Conceptualisations and Conjectures, in: Castles, F./Wildenmann, R., (eds.), Visions and Realities of Party Government, Berlin: de Gruyter, 72-119.

Skidmore, W., 1979: Theoretical Thinking in Sociology, Cambridge: Cambridge University Press, 2nd ed..

Stehr, N., 1994: Arbeit, Eigentum und Wissen. Zur Theorie von Wissensgesellschaften, Frankfurt a.M..: Suhrkamp.

Stein, A. A., 1982: Coordination and Collaboration: Regimes in an Anarchic World. International Organization 36, 299-324.

Stolleis, M., 1988: Geschichte des öffentlichen Rechts in Deutschland. Bd. 1, Reichspublizistik und Policeywissenschaft 1600-1800, München: Beck.

Strange, S.; 1982: Cave! Hic Dragones: a Critique of Regime Analysis. International Organization 36, 133-157.

Strange, S., 1996: The Retreat of the State. The Diffusion of Power in the World Economy, Cambridge: Cambridge University Press.

Streeck, W./ P. C. Schmitter, 1991: From National Corporatism to Transnational Pluralism – Organized Interests in the Single European Market. Politics & Society 19, 133-164.

Streeck, W./Schmitter, P. C., 1996: Gemeinschaft, Markt, Staat – und Verbände?, in: Kenis, P./ Schneider, V. (Hrsg.), Organisation und Netzwerk. Institutionelle Steuerung in Wirtschaft und Politik, Frankfurt a.M.: Campus, 123-164.

Swank, Duane, 2002: Global capital, political institutions, and policy change in developed welfare states, Cambridge: Cambridge University Press.

Tannen, D., 1993: What's in a Frame? Surface Evidence for Underlying Expectations, in: Tannen, D. (ed.), Framing in Discourse, New York: Oxford University Press, 14-56.

Tenbücken, M., 2006:The Regulation of Network Infrastructures in the New European Union, Dissertation, Universität Konstanz.

Thatcher, M., 1998: Institutions, Regulation, and Change: New Regulatory Agencies in the British Privatised Utilities. West European Politics 21, 120-147.

Torgerson, D., 2003: Democracy through Policy Discourse, in: Hajer, M. A./Wagenaar, H. (eds.), Deliberative Policy Analysis. Understanding Governance in the Network Society, Cambridge: Cambridge University Press, 113-138.

Trappmann, M./Hummell, H. J./Sodeur, W., 2005: Soziale Netzwerke. Konzepte, Modelle, Methoden, Wiesbaden: VS.

Tsebelis, G., 1990a: Nested Games. Rational Choice in Comparative Politics, Berkeley: University of California Press.

Tsebelis, G., 1990b: Penalty has no Impact on Crime, A Game-Theoretic Analysis, Rationality and Society 2, 255-286.

Tsebelis, G., 2002: Veto Players. How Political Institutions Work, Princeton: Princeton University Press.

Vanberg, V., 1979: Colemans Konzeption des korporativen Akteurs – Grundlegung einer Theorie sozialer Verbände, in. Coleman, J. S. (Hrsg.), Macht und Gesellschaftsstruktur, Tübingen: Mohr, 93-123.

Vogel, D., 2003: The Hare and the Tortoise Revisited: The New Politics of Consumer and Environmental Regulation in Europe. British Journal of Political Science 33, 557-580.

Wagschal, U., 1999: Statistik für Politikwissenschaftler, München: Oldenbourg.

Waschkuhn, A., 2005: Regimebildung und Netzwerke. Neue Ordnungsmuster und Interaktionsformen zur Konflikt- und Verantwortungsregulierung im Kontext politischer Steuerung, Berlin: De Gruyter.

Wasserman, S./Faust, K., 1994: Social Network Analysis, Methods and Applications, Cambridge: Cambridge University Press.

Watson, J., 1968 [1930]: Behaviorismus, Köln: Kiepenheuer & Witsch.

Weber, M., 1972: Wirtschaft und Gesellschaft, Tübingen: Mohr.

Weber, M., 1988: Gesammelte Aufsätze zur Wissenschaftslehre, Tübingen: Mohr, 7. Aufl.

Wendt, A., 2000: Social Theory of International Politics, Cambridge: Cambridge University Press.

Westney, E., 1987: Imitation and Innovation. The Transfer of Western Organizational Patterns to Meiji Japan, Cambridge: Harvard University Press.

Wiesner, A., 2006: Politik unter Einigungszwang. Eine Analyse föderaler Verhandlungsprozesse, Frankfurt a.M.: Campus.

Wildavsky, A., 1987: Choosing Preferences by Constructing Institutions: A Cultural Theory of Preference Formation. The American Political Science Review 81, 3-22.

Willems, H., 1997: Rahmen und Habitus. Zum theoretischen und methodischen Ansatz Erving Goffmans, Vergleiche, Anschlüsse und Anwendungen. Frankfurt a.M..: Suhrkamp.

Williamson, O.E., 1990: Die ökonomischen Institutionen des Kapitalismus, Unternehmen, Märkte, Verträge. Tübingen: Mohr.

Williamson, O.E., 1996: Vergleichende ökonomische Organisationstheorie, Die Analyse diskreter Strukturalternativen, in: Kenis, P./Schneider, V. (Hrsg.), Organisation und Netzwerk. Institutionelle Steuerung in Wirtschaft und Politik, Frankfurt a.M..: Campus, 167-212.

Wilson, J.C., 1973: Political Organizations, New York: Basic Books.

Windhoff-Héritier, A., 1980: Politikimplementation. Ziel und Wirklichkeit politischer Entscheidungen, Königstein: Athenäum.

Windhoff-Héritier, A., 1987: Policy-Analyse. Eine Einführung, Frankfurt a.M.: Campus.

Wilensky, H. L., 1975: The Welfare State and Equality: Structural and Ideological Roots of Public Expenditures, Berkeley: University of California Press.

Wolf, K.-D., 1991: Internationale Regime zur Verteilung globaler Ressourcen, Baden-Baden: Nomos.

Yanow, D., 2000: Conducting Interpretive Policy Analysis. Thousand Oaks, London, New Delhi: Sage.

Young; O. R., 1989: International Cooperation. Building Regimes for Natural Resources and the Environment, Ithaca: Cornell University Press.

Zafonte, M./Sabatier, P.A., 1998: Shared Beliefs and Imposed Interdependencies as Determinants of Ally Networks in Overlapping Subsystems. Journal of Theoretical Politics (Special Issue) 10:,473-505.

Zahariadis, N. 1999: Ambiguity, Time, and Multiple Streams, in: Sabatier, P. A. (ed.): Theories of the Policy Process, Boulder: Westview, 73-93.

Zahariadis, N., 2003: Ambiguity and Choice in Public Policy: Political Decision-Making in Modern Democracies, Washington, DC: Georgetown University Press.

Zürn, M., 1992: Interessen und Institutionen in der internationalen Politik. Grundlegung und Anwendung des situationsstrukturellen Ansatzes, Opladen: Leske + Budrich.

Neu im Programm Politikwissenschaft

Wilfried von Bredow

Die Außenpolitik der Bundesrepublik Deutschland
Eine Einführung
2., akt. Aufl. 2008. 306 S. (Studienbücher Außenpolitik und Internationale Beziehungen) Br. EUR 16,90
ISBN 978-3-531-16159-4

Dieses Studienbuch bietet eine gegenwartsbezogene Einführung in die Außenpolitik der Bundesrepublik Deutschland und ihre über fünfzigjährige Geschichte. Es behandelt systematisch die Grundlinien und Schwerpunkte dieser Außenpolitik, ihre wichtigen Institutionen und Akteure, die entscheidenden Stationen seit der Gründung der Bundesrepublik und die Einbindung des Landes in europäische und atlantische Strukturen. Neben den grundlegenden Aspekten befasst sich diese Einführung besonders mit der Entwicklung der deutschen Außenpolitik seit dem weltpolitischen Umbruch 1989/90. Die 2. Auflage wurde um die gesamte Außenpolitik der Großen Koalition seit 2005 erweitert.

Klaus Brummer

Der Europarat
Eine Einführung
2008. 285 S. Br. EUR 29,90
ISBN 978-3-531-15710-8

Nach einer Einführung in die historische Entwicklung des Europarats analysiert

dieses Buch im Detail die institutionellen Strukturen der Organisation und entwickelt im Ausblick eine „Zukunftsagenda" für den Europarat.

Oscar W. Gabriel / Sabine Kropp (Hrsg.)

Die EU-Staaten im Vergleich
Strukturen, Prozesse, Politikinhalte
3., akt. und erw. Aufl. 2008. 720 S. Br.
EUR 39,90
ISBN 978-3-531-42282-4

Mit der Einrichtung des europäischen Binnenmarktes und dem Inkrafttreten des Maastrichter Vertrages hat sich die gesellschaftliche, wirtschaftliche und politische Verflechtung innerhalb der Europäischen Union intensiviert. Die Vertiefung der Zusammenarbeit zwischen den EU-Staaten wird nicht nur die europäischen Institutionen verändern, sondern auch die Abläufe in den nationalen politischen Systemen beeinflussen. Für das Verständnis der politischen Vorgänge im integrierten Europa ist eine gründliche Kenntnis der nationalen politischen Systeme erforderlich. Solche Kenntnisse vermittelt dieser Band in einer systematischen, vergleichenden Übersicht über die politischen Strukturen und Prozesse der EU-Mitgliedsstaaten sowie über ausgewählte Inhalte der staatlichen Politik.

Erhältlich im Buchhandel oder beim Verlag.
Änderungen vorbehalten. Stand: Juli 2008.

www.vs-verlag.de

VS VERLAG FÜR SOZIALWISSENSCHAFTEN

Abraham-Lincoln-Straße 46
65189 Wiesbaden
Tel. 0611.7878 - 722
Fax 0611.7878 - 400

Neu im Programm
Politikwissenschaft

MIX
Papier aus verantwortungsvollen Quellen
Paper from responsible sources
FSC® C105338

If you have any concerns about our products,
you can contact us on
ProductSafety@springernature.com

In case Publisher is established outside the EU,
the EU authorized representative is:
Springer Nature Customer Service Center GmbH
Europaplatz 3, 69115 Heidelberg, Germany

Printed by Libri Plureos GmbH
in Hamburg, Germany